अनबाउंड स्क्रिप्ट

मेरे देश की धरती

रश्मि बंसल लेखिका, उद्यमी और यूथ एक्सपर्ट हैं। उद्यमिता पर उनकी पांच किताबें--*स्टे हंग्री स्टे फूलिश, कनेक्ट द डॉट्स, आई हैव अ ड्रीम, पूअर लिटिल रिच स्लम* और *फॉलो एवरी रेनबो* की लाखों प्रतियां बिक चुकी हैं और उनका 10 भाषाओं में अनुवाद भी किया जा चुका है।

रश्मि छात्रों और युवा उद्यमियों के लिए प्रेरक वक्ता भी हैं। आप सोफिया कॉलेज, मुंबई से इकोनॉमिक में स्नातक और आईआईएम अहमदाबाद से एमबीए हैं।

आप उन्हें फॉलो कर सकते हैं:
www.facebook.com/rashmibansal
www.twitter.com/rashmibansal
या मेल mail@rashmibansal.in

उर्मिला गुप्ता बतौर संपादक और अनुवादक कई वर्षों से कार्यरत हैं। फेसबुक अपडेट और फिल्मी गपशप से अपना कीमती समय निकालकर, गंभीर विषयों के साथ-साथ बच्चों की टैक्स्ट बुक्स और स्टोरी बुक्स पर भी काम कर रही हैं।

मेरे देश की धरती

भारत के छोटे शहरों से आए 20 उद्यमी,
जिनके सपने बड़े थे

रश्मि बंसल

अनुवाद
उर्मिला गुप्ता

अनबाउंड स्क्रिप्ट

प्रथम संस्करण : 2014

अनबाउंड स्क्रिप्ट से प्रथम संस्करण : 2023

अनबाउंड स्क्रिप्ट

ISBN : 978-93-92088-01-8

मूल्य : 349/-

प्रकाशक : अनबाउंड स्क्रिप्ट
बी-10, सेवेन वंडर्स बिजनेस सेंटर,
प्लॉट नं॰ जी-20, बेसमेंट, प्रीत विहार,
नई दिल्ली-110092

वेबसाइट : www.unboundscript.com

ई-मेल : books@unboundscript.com

मुद्रक : यश प्रिंटोग्राफिक्स
नोएडा, उत्तर प्रदेश

MERE DESH KI DHARTI
by Rashmi Bansal
Translated by Urmila Gupta

मेरे भाई, आलोक

जो कुछ भी हमने साथ मिलकर किया

‘मेरे देश की धरती सोना उगले, उगले हीरे-मोती, मेरे देश की धरती’

--फिल्म उपकार

आभार

मैं पूरे देश, छोटे-छोटे शहरों में फैले पूरे भारतीय परिवार का आभार मानती हूं, जिनकी वजह से मुझे यह किताब लिखने की प्रेरणा मिली।

बचपन की मेरी यादेंः मनीष, राकेश, योगेश (उज्जैन), राकेश (रतलाम), रेखा (रतलाम), अमित, दीप्ति, रोहित (इंदौर), श्वेता (रतलाम), अनिता दीदी (धार), संजू 'द टेरर' (धार), शरद, अमित, धीरेन, मोना, सीपी (जयपुर), अशोक, अरविंद भैया (बनारस), मीता, ऋतु (कानपुर), अंकित, आकांक्षा (नागपुर), द दिल्ली गैंग (राहुल, रजत, गौरव, स्वाति, मिली, पिंकी, प्रीति)।

शादी के बाद का मेरा परिवारः यतिन (लुधियाना), रीटा, मुकुल (लुधियाना), पिंकी दीदी, बृज जीजाजी, अंशु, अखिल (शिमला), विभा दीदी (होशियारपुर), राकेश, कविता (चंडीगढ़), अश्विनी भाई, कल्पना भाभी, विपन, नीरा... और सभी।

काकीनाडा से लेकर कानपुर तक के सारे संस्थान, जिन्होंने मुझे अपने कैंपस में बुलाया, और सफर के दौरान मुझे किताब के लिए सामग्री इकट्ठी करने का मौका मिला। खासतौर पर, आईआईटी कानपुर, आईआईएम लखनऊ, आईआईएम रायपुर, आईआईटी जोधपुर, आईआईटी गोवाहाटी, एक्सआईएम भुवनेश्वर, एमआईटी मणिपाल, बीईटी ग्लोबल बिजनेस स्कूल बेलगाम, केआईईटी काकीनाडा, कॉलेज ऑफ इंजीनियरिंग, चेंगनुर और टीआईई नागपुर।

केरल में मेरा खास ध्यान रखने के लिए मि. रोशन बाबू और उनके ड्राइवर, निसुफन का आभार।

राजकोट में एक यादगार दिन बिताने के लिए मेरी दोस्त माधुरी और उनके ड्राइवर, जीतुभाई का आभार।

नेटवर्क 18 की सुधन्वा जेतगांवकर का आभार, जिन्होंने गोवा की लीप कॉन्फ्रेंस में पराक्रमभाई से मेरा परिचय करवाया।

इंटरव्यू के दौरान सहयोग देने के लिए निखिल मनचंदा का आभार।

सुनील हांडा जो मुझे हमेशा अच्छा करने के लिए प्रेरित करते रहे। और दिव्या हांडा जिन्होंने कमाल की मेहमाननवाजी की।

मेरे दोस्त रवीश कुमार का हर ऑनलाइन और ऑफलाइन मदद के लिए विशेष आभार।

मेरी कलीग, नियति पटेल और मेरी कजिन आकांक्षा का प्रूफरीडिंग में मदद करने के लिए आभार।

मेरी ट्रांस्क्रिप्शन टीमः जॉन बी के, विकास बक्रेवाल, डॉ. अतिशय ममता, जगजीत सिंह, श्वेता गडकरी जोशी और प्रियंका (राइटर्समेलन)। ज्योति आर्या, पूजा चक्रपाणि, प्रिया नवीन और आंचल पाटिल का भी आभार।

नए कवर के लिए आइडिया स्पाइस डिजाइन के सौरव राय और साजिथ अंसार का आभार।

कोर हाउस के दुर्गेशभाई का डीटीपी में सहयोग देने के लिए।

मेरी मशीन खराब हो जाने पर अपना मैक मेरे घर पर दे जाने वाले रूपेश शाह का आभार।

द टीपॉट कैफे की डेलना और उनके स्टाफ का आभार जिन्होंने मुझे बड़े मजे में उनके नीले सोफे पर बैठकर लिखने दिया।

मेरी संपादक, अराधना बिष्ट, मेरी सारी मीन-मेख झेलने के लिए। हमेशा मेरे सहयोगी रहे, वैस्टलैंड के प्रकाशक गौतम पद्मनाभन और पॉल कुमार।

मेरी प्यारी बेटी निवेदिता, जिसकी उपस्थिति मुझे 'घर' का अहसास कराती है।

अंतिम लेकिन उतने ही जरूरी वाईबी, मॉम, डैड और लता, जो जानते हैं कि डेड लाइन पास आने पर मैं थोड़ी पागल हो जाती हूं।

हमेशा मुझे ताकत देने वाले स्वामी विवेकानंद, मेज पर रखी जिनकी तस्वीर इस समय भी मुझे प्रेरणा दे रही है।

लेखिका की कलम से

कुछ चीजें हैं, जिन्हें आप जिंदगी में कभी नहीं बदल सकते। उनमें से एक है 'जन्म स्थान'। मेरा जन्म रतलाम में हुआ और मुझे यही अपने बायोडाटा, पासपोर्ट और स्कूल डायरी के पहले पेज पर लिखना पड़ा।

मेरे मां-पिताजी ने इस बारे में क्यों नहीं सोचा होगा?

मेरे भाई की किस्मत अच्छी थी कि उसका जन्म बॉम्बे में हुआ। उसे कभी इस सवाल का जवाब नहीं देना पड़ा, 'रतलाम कहां है?' हम्म... वह मध्यप्रदेश में है। 'सच में--हमने तो कभी नहीं सुना!' और मैं बस शर्मिंदा-सी होकर रह जाती थी।

रतलाम के लोगों को दो चीजों पर बहुत नाज हैः उनका शहर एक महत्वपूर्ण रेलवे जंक्शन है और वे दुनिया के बेस्ट *नमकीन सेव* बनाते हैं।

मेरे लिए, वही मेरा जन्म स्थान है। जहां मैं आंटियों, अंकल और कजिन से भरे घर में गर्मी की छुट्टियां बिताती थी। हर किसी का अपना खास किरदार।

जैसे मेरे चाचाजी, श्याम सुंदर अग्रवाल, जो कभी कुर्सी-मेज पर नहीं बैठे, न ही उन्होंने कभी पेंट-शर्ट पहनी। कुर्ता-पजामा पहनकर वह साइकिल से काम पर जाते थे। जहां वह मोटी सी गद्दी पर बैठकर बहीखाते में अग्रवाल स्टील कंपनी का हिसाब-किताब संभालते थे।

जब किसी बच्चे से कोई गलती हो जाती तो चाचाजी उसे बेंदा और बेंदी कहते। यह 'इडियट' के लिए स्पेशल रतलामी शब्द है।

हम बरामदे में सोते और ताश के पत्तों पर लड़ाई करते। मैं पूरा दिन तीन-दो-पांच खेला करती और फिर भी बोर नहीं होती।

जितना मैं रतलाम में पैदा होने के विचार से चिढ़ती थी, उतना ही रतलाम

मुझे भाता भी था।

पीछे मुड़कर देखती हूं, तो मुझे लगता है कि मैं कितनी नकचढ़ी थी। क्योंकि मैं बॉम्बे में रहती थी, इंग्लिश जानती थी, क्योंकि मैंने कभी अपने बालों में तेल नहीं लगाया, कभी बिंदी नहीं लगाई।

'कूलनेस' का विचार कितना वैस्टर्न है, कितना खोखला है। केयरलैस विस्पर के शब्दों की तरह ही, जिसे कभी एक महान गाना मानती थी।

आज मुझे अपनी रतलामी धरोहर पर गर्व है। अपने कजिन, आंटी और अंकल पर। उनमें से काफी अभी भी इंग्लिश नहीं बोलते हैं, अभी भी बालों में तेल लगाते हैं। लेकिन अब वाकई में इससे कोई फर्क नहीं पड़ता।

यह नया भारत है, 'असली' भारत, जिस तक हर बड़ा ब्रांड, हर डेली सोप अपनी पहुंच बनाना चाहता है। वह अपनी महत्वाकाक्षाओं से हर शहर को भर रहे हैं। कुछ करने की चाह के जरिए। वे शिक्षा, प्रेरणा और काम की लगन के जरिए कुछ करना चाहते हैं।

वे अवसरों की तलाश में बड़े शहरों में आते हैं। उद्यमियों की एक नई नस्ल जो पुराने मानदंडों को बदलते हुए अपने जन्मस्थान से ही विश्वस्तरीय कंपनियों की नींव रख रहे हैं।

इन शहरों में बॉम्बे जैसा ग्लैमर तो नहीं हैं, लेकिन फिर भी यह चमचमा रही हैं। जिंदगी जीने का यह ज्यादा शांत और बेहतर रास्ता है, जहां आपको हर समय ट्रेन पकड़ने के लिए भागना नहीं होता।

यह तो तय है कि उनका भविष्य उज्ज्वल है। अपनी आंखें बंद करो और हमेशा अपनी जड़ों को याद रखो। तब आप भी अपने मन की आवाज को सुन पाओगे, 'मैंने दुनिया देख ली है... अब मुझे घर ले चलो।'

जनवरी 2014 **रश्मि बंसल**

मुंबई

अनुक्रम

धरती पुत्र

वे जिन्हें चांदी का पलना तो नहीं मिला, लेकिन उनके सपने और महत्वाकांक्षाएं उनके जन्म स्थान से कहीं आगे के थे।

तकनीकी चुनौती भरा उद्योग, लेकिन उनके अपने राज्य की महक के काफी करीब। चार दशक बाद, 1000 करोड़ रुपए की कंपनी सिंथाइट, मसालों के क्षेत्र में भारत की सबसे बड़ी कंपनी है।

पृ.70 **एंग्री यंग मैन**

पराक्रमसिंह जडेजा--ज्योति सीएनसी

राजकोट (गुजरात) जन्मः 21 अक्टूबर 1956

1989 में, राजकोट में एक युवक ने फुटकर काम की एक दुकान शुरू की। शहर में वैसी दुकानें हजारों थीं। पिछले दशक में, ज्योति सीएनसी 7 करोड़ रुपए की एसएसआई यूनिट से 1000 रुपए करोड़ की कंपनी बनकर, मशीनों के औजार उत्पादन में भारत की सबसे बड़ी कंपनी बन गई है।

पृ.92 **बी पॉजीटिव**

जगजीत सिंह कपूर--कश्मीर अपीयरीज

दोराहा (पंजाब) जन्मः 30 नवंबर 1950

जगजीत सिंह कपूर ने मधुमक्खी के 10 बक्सों के साथ शुरू करते हुए मधुमक्खी पालन को पूरे भारत में लोकप्रिय कर दिया। आज *कश्मीर अपीयरीज* शहद एक्सपोर्ट करने की भारत की सबसे बड़ी कंपनी है, जिसकी सालाना आय 100 करोड़ रुपए है।

पृ.108 **सोने का घड़ा**

मुख्तारुल अमीन--सुपरहाउस ग्रुप

उन्नाव (उत्तर प्रदेश) जन्मः 17 जून 1954

मुख्तारुल अमीन अपनी पढ़ाई छोड़कर पारिवारिक बिजनेस से आ जुड़े, फिर वह भी छोड़कर उन्होंने खुद का काम शुरू किया। आज, उनका सुपरहाउस ग्रुप, 900 करोड़ रुपए की सालाना आय के साथ भारत का सबसे बड़ा लैदर एक्सपोर्टर है।

पृ.122 **रोज खाओ अंडे**

बहादुर अली--इंडियन ब्रायलर ग्रुप

राजनंदगांव (छत्तीसगढ़) जन्मः 22 जून 1956

1984 में, बहादुर अली और उनके भाई सुल्तान अली ने 100 चूजों को लेकर एक पॉल्ट्री फॉर्म शुरू किया। हर भारतीय को प्रोटीन उपलब्ध करा सकने के मकसद से चिकन और सोया के बिजनेस में आए आईबी ग्रुप की सलाना आय आज 2200 करोड़ रुपए है।

जड़ों की ओर

उन्होंने अपने पंख फैलाए और देश-विदेश के बेहतरीन संस्थानों पर अपनी छाप छोड़ी। लेकिन एक दिन, उन्होंने अपनी जड़ों में वापस लौटकर अपने सपनों को एक नया आयाम दिया।

ध्यान में रखते हुए, परफ्यूम का रिटेल आउटलेट खोला।

पृ.216 **प्ले स्टेशन**

विराट कुठाल--ट्विस्ट मोबाइल

इंदौर (मध्य प्रदेश) जन्मः 30 जुलाई 1980

2009 में, विराट कुठाल ने मोबाइल गेम्स बनाने की कंपनी शुरू की, और बहुत थोड़े समय में ही नोकिया के ओवी प्लेटफॉर्म पर उल्लेखनीय सफलता दर्ज कर ली। अब उनका फोकस एंड्राइड मार्केट पर है, और वो अगला 'एंग्री बर्ड' बनाने का सपना देखते हैं।

पृ.238 **एयर सप्लाई**

अभिजीत बरूआ--प्रीमियर क्रायोजेनिक्स

गोवाहाटी (असम) जन्मः 8 जुलाई 1962

80 के दशक के मध्य में एक युवा केमिकल इंजीनियरिंग में एमएस की डिग्री के साथ भारत वापस आया और देश के संवेदनशील हिस्से, असम में बिजनेस शुरू किया। आज प्राकृतिक गैस के क्षेत्र में उनकी कंपनी सालाना 50 करोड़ रुपए कमा रही है।

पृ.252 **लोहा गर्म है**

विभोर अग्रवाल--मल्टीमैक्स इंजीनियरिंग

मेरठ (उत्तर प्रदेश) जन्मः 23 फरवरी 1980

आईआईटी-आईआईएम स्नातक विभोर अग्रवाल एक आकर्षक कंसल्टिंग जॉब छोड़कर मेरठ वापस आए और अपने पिता की छोटी सी इंजीनियरिंग सर्विस फर्म को संभाला। 7 साल के कम अरसे में, उन्होंने न सिर्फ बिजनेस का व्यवसायीकरण किया बल्कि उसे 25 गुणा बढ़ा भी दिया।

पृ.266 **दूध की गंगा**

श्रीकुमार मिश्रा--मिल्क मंत्रा

भुवनेश्वर (ओडिशा) जन्मः 8 जनवरी 1977

जेवियर इंस्टीट्यूट ऑफ मैनेजमेंट, भुवनेश्वर (XIMB) स्नातक ने वह सब किया, जिसकी किसी एमबीए से उम्मीद की जा सकती है, लेकिन वह उनके लिए काफी नहीं था। लंदन में टाटा टेटली की नौकरी छोड़कर, श्रीकुमार वापस अपनी जड़ों में लौट आए, एक आधुनिक मिल्क प्लांट लगाने के लिए--ओडिशा के लोगों का 'अमूल'।

छोटी सी आशा

जबकि दूसरे समस्याओं को देखते हैं, ये हमेशा समाधान पर काम करते हैं। वे नई पीढ़ी के लिए

बदलाव और आशा के दूत हैं।

पृ.288 **पगला कहीं का**

ए मुरुगनाथम--जयश्री इंडस्ट्रीज

कोयम्बटूर (केरल) जन्मः 25 नवंबर 1962

9वीं क्लास तक पढ़े हुए मुरुगन एक स्वतंत्र विचारों वाले चिंतक और आविष्कारक हैं। एक साधारण सी वर्कशॉप में अकेले काम करते हुए, उन्होंने एक ऐसी मशीन बनाई जिससे सस्ते नैपकिन बनाए जा सकते हैं। जिसने पूरे भारत की सामान्य महिलाओं के जीवन को बदलकर रख दिया।

पृ.308 **प्यार से आगे**

डॉ. चंद्रशेखर संकुराथ्रि--श्रीकिरण इंस्टीट्यूट ऑफ ऑप्थामोलॉजी

काकीनाडा (आंध्र प्रदेश) जन्मः 20 नवंबर 1943

डॉ. चंद्रशेखर संकुराथ्रि ने त्रासदी पर विजय हासिल करते हुए नेत्रों के लिए श्रीकिरण इंस्टीट्यूट की स्थापना की। पिछले 20 सालों में, उनके धर्मार्थ अस्पताल ने यह साबित कर दिया है कि कनाडा हो या काकीनाडा--श्रेष्ठता की कोई सीमा नहीं होती।

पृ.332 **हम होंगे कामयाब**

दिलफिरोज काजी--एसएसएम कॉलेज ऑफ इंजीनियरिंग

परिहासपोरा (कश्मीर) जन्मः 21 जून 1962

1988 में, दिलफिरोज काजी ने श्रीनगर में महिलाओं के लिए एक पॉलीटेक्नीक की स्थापना की। हर चुनौती का डटकर सामना करते हुए--आतंकवादियों के हमले के बावजूद--इस साहसी महिला ने एसएसएम कॉलेज ऑफ इंजीनियरिंग की नींव रख दी। यह कश्मीर का पहला और एकमात्र कॉलेज था।

पृ.356 **पार्टी यूं ही चलेगी**

संजय विजयकुमार, सिजो कुरुविला जॉर्ज और प्रणव सुरेश--स्टार्टअप विलेज

कोच्चि (केरल) जन्मः संजयः 3 मई 1984; सिजोः 13 जुलाई 1983; प्रणवः 8 सितंबर 1984

केरल का पहला कैंपस स्टार्टअप एक नए मिशन पर है--स्टार्टअप का वायरस केरल के सारे कॉलेजों में फैलाना। उनका सपना है कि स्टार्टअप के 1000 प्रोडक्ट को वहां रोपित करके एक 'सिलिकोन कोस्ट' का निर्माण--भारत की सिलिकोन वैली।

धरती पुत्र

वे जिन्हें चांदी का पलना तो नहीं मिला, लेकिन उनके सपने और महत्वाकांक्षा उनके जन्म स्थान से कहीं आगे के थे।

खारा नमक

चंदूभाई वीरानी—बालाजी वेफर्स
राजकोट (गुजरात)

वीरानी भाइयों ने अपने कैरियर की शुरुआत राजकोट के एस्ट्रोन सिनेमा में चिप्स बेचने से की। चार दशक बाद भी, *बालाजी वेफर्स एंड नमकीन* ने अनगिनत बहुराष्ट्रीय ब्रांडों का सामना करते हुए, पांच राज्यों के 65 प्रतिशत कारोबार पर अपना हक जमाया हुआ है।

चंदूभाई वीरानी बिल्कुल सादे व जमीन से जुड़े इंसान हैं।

वे सफेद और हरे चैक की एक साधारण-सी कमीज पहनकर, ब्राउन रैक्सीन की कुर्सी पर बैठे थे। ऑफिस की दीवारों और मेज पर उनके पिता, गुरु और स्वामी विवेकानंद की तस्वीर लगी थी।

'1974 से राजकोट में पहले हमने एस्ट्रोन सिनेमा में नौकरी की। तब से ये जो नमकीन है, चिप्स है... ये बेचते हैं हम।'

वेतनभोगी कर्मचारी से शुरू करते हुए, वीरानी भाई कॉन्ट्रेक्ट पर सिनेमा का कैंटीन चलाने लगे। 1982 में, उन्होंने घर पर ही तवा लगाया और आलू के चिप्स बनाने लगे।

काम में लाभ तो ज्यादा नहीं था, लेकिन वह धीरे-धीरे बढ़ रहा था। और उसी के साथ-साथ वीरानी भी चल निकले।

1992 में, चंदूभाई वीरानी ने एक लंबी छलांग लगाने का फैसला किया--50 लाख रुपए के लोन के साथ ऑटोमैटिक प्लांट लगाने का निर्णय करके। जोखिम रंग लाई और फिर तब से कंपनी ने कभी पीछे मुड़कर नहीं देखा। आज बालाजी वेफर्स 1000 करोड़ की कंपनी है, जिसका देश के पांच बड़े राज्यों में दबदबा है। और कंपनी लगातार आगे बढ़ती जा रही है।

चंदूभाई के ऑफिस के एक कोने में हनुमान जी मूर्ति रखी है। पृष्ठभूमि में वह पुल दिखाई देता है, जिसे वानर सेना ने श्रीराम को लंका ले जाने के लिए बनाया था।

'सन् 74 से आज तक एक-एक पत्थर डालते गए, एक दिन पुल बन गया और सोने की लंका आ गई।'

निराशा और संदेह के सागर को आशा के पत्थर से पुल बनाकर ही पार किया जा सकता है।

'सफलता' आपके मन का ही एक द्वीप है। आप चाहो तो वहां पहुंच सकते हो।

खारा नमक

चंदूभाई वीरानी--बालाजी वेफर्स
राजकोट (गुजरात)

चंदूभाई वीरानी का जन्म जामनगर जिले के कालावाड तालुक में धुन-धोराजी गांव में हुआ।

'दो हजार की बस्ती का गांव है हमारा, वहां मेरे पिताजी किसान थे।

बारिश कम होने की वजह से खेती-बाड़ी मुहाल हो गई थी। 1972 में, चंदूभाई के पिता ने अपने पुश्तैनी खेत बेचकर बेटों को 20,000 रुपए दिए।

पोपटभाई ने उनसे कहा, 'जाओ कुछ बिजनेस शुरू करो।'

किसान परिवार से होने के कारण वीरानी भाइयों ने खाद और खेती उपकरणों का काम करने का फैसला लिया। लेकिन अनुभव और बाजार की कम जानकारी की वजह से वे सफल नहीं हो पाए।

'किसी ने हमें नकली सामान बेच दिया और हम सारे पैसे गवां बैठे।'

फिर वीरानी भाई राजकोट आ गए, और वहां कॉलेज छात्रों के लिए बोर्डिंग और लोजिंग मैस संभालने लगे। वह काम भी नहीं चला, लेकिन वीरानी भाइयों का हौसला नहीं थमा।

उस समय चंदूभाई महज 17 साल के थे। उन्हें अपना स्कूल छोड़कर भाइयों के साथ शहर आना पड़ा, ताकि उनका हाथ बंटा सकें।

'हमको कुछ करना है, कुछ बनना है, वहां गांव में तो कुछ है नहीं। एक ही वो मानसिकता थी हमारी।'

1974 में, राजकोट में एस्ट्रोन सिनेमा का शुभारंभ हुआ। भाइयों को शुरुआत

में कैंटीन में काम मिल गया, लेकिन वे सबकुछ करने को तैयार रहते थे। टिकट काउंटर संभालने से लेकर, दरबान का काम, कुछ भी। वे बिना थके काम करते रहते, जैसे सिनेमा हॉल खुद उनका ही हो।

सेठ गोविंदभाई कुंठ उनसे खुश थे। 1976 में, उन्होंने वीरानी भाइयों को किराए पर सिनेमा कैंटीन चलाने का प्रस्ताव दिया। इस तरह, चारों भाई साथ मिलकर सिनेमा देखने आने वालों को चिप्स, स्नैक्स, नमकीन और सॉफ्टड्रिंक्स बेचने लगे।

शुरुआत में चंदूभाई अपने बड़े भाइयों के निर्देशन में सहायक की तरह काम करते थे। लेकिन, धीरे-धीरे उनमें जिम्मेदारी और महत्वाकांक्षा का भाव पनपने लगा। कैंटीन का काम ठीक चल रहा था, लेकिन इससे ज्यादा तरक्की नहीं हो सकती थी।

'तो मैंने सोचा, हमको करना पड़ेगा कुछ, मेहनत करनी पड़ेगी।'

कैंटीन में सबसे ज्यादा बिकने वाला उत्पाद वेफर्स थे। पहले वीरानी रेडीमेड पैकेट खरीदकर बेचते थे। चंदूभाई और उनके बड़े भाई, भीकाभाई ने निर्णय लिया कि वे खुले वेफर्स खरीदकर, उन्हें पैकेट में डालकर बेचेंगे। इस तरह, हर बिक्री से वे थोड़ा ज्यादा कमाने लगे।

सन् 76-77 में वीरानी ने घर पर सैंडविच बनाना शुरू किया, और कुछ अतिरिक्त मुनाफा होने लगा। लेकिन बदलाव का समय तब आया, जब 1982 में, वीरानी ने घर पर तवा लगाकर आलू के चिप्स और नमकीन बनाना शुरू कर किया। इस उत्पादन की मुख्य जिम्मेदारी, भाइयों की मदद से चंदूभाई उठा रहे थे।

उनका विचार था कि इन चिप्स को कैंटीन में बेचा जाए, लेकिन उनमें से किसी ने सलाह दी, 'कोशिश करते हैं अपने बनाए चिप्स को दूसरी दुकानों पर बेचने की।'

वीरानी भाइयों ने वैफर्स को 'बालाजी' नाम से बेचने का निर्णय लिया।

शुरुआत में, कोई एक भाई पैकेटों को लूना पर लादकर दुकान दर दुकान जाया करता था। लेकिन स्टॉक रखने वाले को ढूंढ़ना भी कठिन काम था। और उससे भी कठिन था, सामान बिकने के बाद पैसा लेना। कुछ दुकानदार खुले पैकेट वापस कर देते और दावा करते कि ग्राहक इन्हें ऐसे ही वापस कर गया।

दूसरे लोग पैसे को थोड़ा-थोड़ा करके लौटाते।

'हमें लग रहा था कि हम भिखारी हैं...'

रेलवे कैंटीन और हाइवे के ढाबों का तो और भी बुरा हाल था। वो महीना पूरा होने पर पैसा देते और कभी तो वह भी नहीं। भले ही उन्हें अपने पैसे वापस मिलें या नहीं, लेकिन बालाजी की पॉलिसी थी कि वे अपने सप्लायर का पैसा समय पर देते थे। तेल, आलू, पॉलिथीन सबके दाम समय पर चुकाए जाते थे।

उस मुश्किल समय में चंदूभाई हर व्यक्ति से निजी तौर पर मिलते और सुनिश्चित करते कि भुगतान जरूर किया जाएगा, भले ही कुछ देरी क्यों न हो जाए।

'उन दिनों बहुत से प्रतियोगी मैदान में थे, लेकिन वो आए, घाटा किया और बंद करके चले गए।'

मुख्य बात रही कि एक कंपनी अभी भी मैदान में मौजूद थी, जो वेफर्स की सप्लाई कर रही थी।

'जैसे-जैसे काम चलता गया, विश्वास बढ़ता गया। पहले एक दुकानदार, फिर 10 और आज हमारे पास 200 ईमानदार ग्राहक हैं।'

जैसे-जैसे बिजनेस बढ़ता गया, वेफर्स को मोपेड पर ले जाना मुश्किल हो गया। वीरानी भाइयों ने एक रिक्शा लेने का निर्णय लिया, लेकिन यह कहना आसान था और करना मुश्किल--रिक्शे आसानी से उपलब्ध नहीं थे।

यद्यपि, जो आदमी वीरानी भाइयों को तेल सप्लाई करता था, उसके पास अपना रिक्शा था। और वह उन्हें आपसी व्यवहार के चलते, बेचने को तैयार हो गया।

तेल व्यापारी ने कहा, 'आप मेरे बड़े और अच्छे कस्टमर हैं। आपको जरूरत है, मैं आपको दे दूंगा।'

दरअसल, उसने रिक्शा लोन पर खरीदा था और वह लोन वीरानी भाइयों के नाम ट्रांसफर कर दिया। बिजनेस और बढ़ने के साथ अब एक टेंपू की जरूरत भी पेश आने लगी थी। इस बार, बालाजी वेफर्स को स्टेट बैंक ऑफ इंडिया से लोन मिलने को दिक्कत का सामना नहीं करना पड़ा।

वित्त और प्रचार के अलावा, उनके बिजनेस की एक खासियत आलू के

सुनहरे चिप्स थे। बालाजी वैफर्स करारे और स्वादिष्ट थे, जिससे उनकी लोकप्रियता बढ़ती ही चली गई। इसमें कला और विज्ञान दोनों निहित थे।

चंदूभाई को अच्छा रसोइया मिल गया था, जो वेफर्स बनाने में एक्सपर्ट था। परेशानी यह थी कि वह महीने में लगभग 15 दिन गायब हो जाता और कभी-कभी तो बिना बताए। उस मोड़ पर चंदूभाई ने तवे की कमान खुद अपने हाथ ले ली।

'शुरुआत में हमने बहुत माल बिगाड़ा। पर थोड़े समय में सब मुझे प्रैक्टिकल समझ आ गया।'

दरअसल, चंदूभाई वेफर्स बनाने में उस्ताद हो गए, उन्हें पता था कि कब कढ़ाही में तेल गर्म होगा और किस तापमान पर उन्हें आलू उसमें डालने हैं।

इसका दूसरा मुख्य पहलू था, अच्छी गुणवत्ता का कच्चा माल खरीदना। बढ़िया आलू न तो ज्यादा बड़ा होता है और न ज्यादा छोटा। तो, ज्यादा मेहनत का काम था मंडी में अच्छा आलू पसंद करना। साथ ही साथ, चंदूभाई खुद हर कदम पर 'क्वालिटी कंट्रोल' संभालते थे।

टूटे और जले हुए टुकड़ों को बिना पल गवाएं निकाल दिया जाता था।

चिप्स बनाना खासी मेहनत का काम है, जिसमें तलने से पहले आलू को छीलना और काटना भी शामिल है। आलू छीलने के लिए एक लोकल मशीन का इंतजाम किया गया। वह एक गोल डिब्बा था, जिसमें जाली लगी थी--जब आलू अंदर घूमता था, तो उसका छिलका बाहर आने लगता था। हालांकि उस मशीन में एक बार में 5 किलो आलू ही छीले जा सकते थे।

'उस समय कोई बड़ी मशीन नहीं आती थी, तो हमें एक बनवानी पड़ी।'

औद्योगिक शहर होने के कारण राजकोट में बहुत सी औद्योगिक ईकाइयां हैं। चंदूभाई ने लोकल सप्लायर के साथ मिलकर 10 किलो से 20 किलो क्षमता वाली आलू छीलने की मशीन पर काम किया।

इसी तरह, आलू काटने की मशीन भी, उसमें एक बार में एक आलू रखना पड़ता। वीरानी भाइयों ने ऐसी यूनिट तैयार करवाई, जिसमें एक बार में दस आलू काटे जा सकते थे, इससे उत्पादन क्षमता में नाटकीय रूप से बढ़ोतरी हुई।

1982 से 1989 के बीच बिजनेस में तेजी आई, हालांकि मुनाफे में कुछ खास नहीं था। लेकिन यह आगे बढ़ने की उम्मीद और ऊर्जा देने के लिए पर्याप्त

था। यद्यपि बड़े भाई अपना काम अन्य क्षेत्रों में भी बढ़ाना चाहते थे, लेकिन चंदूभाई, भीकाभाई और कांजीभाई का मत चिप्स में ही था।

'इसको ही आगे ले जाएंगे। मैंने सोचा, जब हमें एक ही काम करना है, तो क्यों न इसी पर टिके रहकर, इसे आगे बढ़ाया जाए।'

1989 में, बालाजी लगभग हर महीने 2 लाख रुपए के चिप्स बेच रहे थे। उसी साल, सिटीजन बैंक से 3.6 लाख रुपए का लोन लेकर, वीरानी भाइयों ने राजकोट के औद्योगिक क्षेत्र में 1000 मीटर का प्लॉट खरीदा। घर के 2 तवा से बढ़ाकर, अब उन्होंने 8 तवा डाल लिए थे, और प्रोडक्शन संभालने के लिए भी कुछ स्टाफ बढ़ा लिया था।

1992 तक, बालाजी वेफर्स लगभग 3 करोड़ रुपए की सालाना आय करने लगा था। लेकिन चंदूभाई संतुष्ट नहीं थे। जो करने की चाहत थी, उसकी अपेक्षा उनका संघर्ष कम था।

इस समय तक चंदूभाई जान गए थे कि 'कस्टमर' जिसे उन्हें खुश करना है, वह दुकानदार नहीं है, बल्कि सड़क पर चलता वह आदमी है, जो वास्तव में चिप्स खाता है। और वह कस्टमर चाहता क्या था? बेहतर क्वालिटी, बेहतर पैकेजिंग और बेहतर दाम।

'तो अच्छी क्वालिटी के लिए क्या चाहिए। एक बात मैं अच्छी तरह जानता था कि हम तवा पद्धति से ज्यादा सुधार नहीं कर सकते थे।'

1992 में, बालाजी ने पहला ऑटोमैटिक वेफर-मेकिंग प्लांट शुरू किया। इसमें 50 लाख के निवेश की जरूरत थी--काफी बड़ी रकम। बड़े भाई ने आपत्ति उठाई--इतने बड़े जोखिम की क्या जरूरत है?

'मेरे तो मन में था कुछ भी हो जाए, कितना भी लगाना पड़े, पूरा घर-बार गिरवी रख देंगे लेकिन हमको आगे बढ़ना है।'

चंदूभाई, कांजीभाई और भीकाभाई ने आगे बढ़कर पुणे की मैथर एंड प्लाट, कंपनी से मशीनरी खरीद ली। हालांकि सब आसान नहीं था। वीरानी भाई न तो इंजीनियर थे, और न ही उनके पास कोई तकनीकी स्टाफ था। हालात और बदतर हो गए, जब वह कंपनी जिससे उन्होंने मशीन खरीदी थी, उसी साल बंद हो गई।

पहले छह महीने तो बेहद खराब रहे। प्लांट की क्षमता थी--प्रति घंटे 1000

किलो चिप्स उत्पादन। लेकिन उत्पादन तो शायद नाममात्र का ही था, क्योंकि मशीन बार-बार बंद हो जाती थी। भाइयों में कहा-सुनी होने लगी, 'दोष दिया जाए तो किसे?'

'मैंने सोचा झगड़े से कुछ हासिल नहीं होगा। हमें आगे बढ़ने पर ध्यान देना होगा।'

आखिरकार ये मसले हल हुए, लेकिन कुछ और उठ खड़े हो गए। 90 के दशक की शुरुआत में, *अंकल चिप्स* और *बिन्नी* जैसे नए ब्रांड, आकर्षक पैकेजिंग के साथ मार्केट में आने लगे। उस समय तक, बालाजी पारदर्शी पैकेट में अपना सामान बेच रहा था, जिस पर सादे से संतरी, नीले और पीले रंग के लोगो थे।

वीरानी भाइयों ने निर्णय लिया कि वे पैकेजिंग मशीन में निवेश करेंगे। ये मशीनें परतदार मैटिरियल का इस्तेमाल करती थीं, जिनमें नाइट्रोजन भरा था, जो चिप्स को लंबे समय तक ताजा रख सकता था। इस मशीन को खरीदने की कीमत 60 लाख रुपए थी, जबकि ऐसी ही लोकल मशीन 6 लाख रुपए की पड़ रही थी। बालाजी ने लोकल मशीन को वरीयता दी।

'लेकिन वो चली नहीं। हमें तकनीकी रूप से नहीं पता था कि दोनों मशीनों में बहुत फर्क था।'

बहुत सी शिकायतों, पूछताछ और एक कानूनी नोटिस के बाद ही बड़ोदा का रहने वाला सप्लायर उसे वापस लेने पर तैयार हुआ। लेकिन इस सबमें 2-3 साल बर्बाद हो गए।

आखिरकार उन्होंने 1995 में जापान से एक इम्पोर्टेड मशीन खरीदी। उसी साल पेप्सी के *फ्रीटो-ले* के कदम रखने के साथ ही बाजार में और तेजी आ गई। क्या इन सबके सामने एक छोटी भारतीय कंपनी अपना अस्तित्व बचा पाएगी?

'हम मर भी सकते हैं लेकिन हम लड़ेंगे, हिम्मत से लड़ेंगे।'

चिप्स बनाना कोई रॉकेट साइंस तो नहीं था। बालाजी पहले ही *करकरापन* और *मसालेदार* स्वाद के लिए लोकप्रिय थे। डीलर्स भी कंपनी में अटूट विश्वास रखते थे। इस प्रकार बालाजी वेफर्स मार्केट में अपनी पोजिशन बचाए रख पाई, साथ ही प्रतिवर्ष 20-25 प्रतिशत की दर से वृद्धि भी। यद्यपि चंदूभाई अभी भी

संतुष्ट नहीं थे।

'हमें अपने उत्पादों में और सुधार व तकनीकी में निवेश करना होगा।'

1999 में, 2000 किलो प्रतिदिन की उत्पादन क्षमता वाला ऑटोमैटिक प्लांट लगाकर बालाजी वेफर्स और आगे बढ़ा। इसके लिए, कंपनी को 2 करोड़ रुपए का लोन लेना पड़ा। मांग लगातार बढ़ रही थी। 2003 में, राजकोट में चिप्स के लिए एफएमसी पॉटेटो प्रोसेसिंग मशीनरी (पीपीएम) लगी, जिसकी क्षमता प्रतिघंटे 5000 किलो थी।

इस समय तक, बालाजी वैफर्स की सालाना आय 20 करोड़ रुपए तक थी, और दिन ब दिन के काम वे आसानी से निपटा लेते थे। चंदूभाई ने एक पल ठहरकर सोचा--अब क्या?

'हमने नमकीन के बारे में सोचना शुरू किया।'

बालाजी छोटे पैमाने पर *भुजिया* का उत्पादन शुरू कर चुका था--समस्या थी कि उत्पादन में उछाल कैसे लाया जाए। आखिरकार, नमकीन पूरी तरह से भारतीय उत्पाद था। चिप्स की तरह--जहां जर्मनी या अमेरिका से ऑटोमैटिक प्लांट मंगाए जा सकते--नमकीन बनाने की कोई रेडीमेड मशीन नहीं थी।

'हमने तवा से शुरू किया लेकिन साथ ही साथ हम ऑटोमैटिक सिस्टम भी लगाने की कोशिश कर रहे थे।'

एक ऑस्ट्रेलियन कंपनी ने इस चुनौती को स्वीकार किया। उनके इंजीनियर बालाजी फैक्टरी में आए ये देखने के लिए कि *सिंग भुजिया* कैसे बनाया जाता है। इसके लिए उन्हें घंटों चटक गर्म तवे के सामने खड़े रहना पड़ा।

'वो फॉरेन वाले एकदम लाल-लाल हो गए, वो लोग रिसर्च में जान गवां देते हैं!'

कई तकनीकी समस्याएं भी थीं, जैसे बेसन के चिकनेपन को कैसे संभालें। लेकिन टीम समस्या का हल ढूंढ़ने पर अमादा थी, और आखिरकार उन्होंने कर

'जो भी जिसकी गलतियां हैं... ये बातें छोड़कर हमको आगे बढ़ना है।' 'मैंने कभी नहीं मांगा कि भगवान, मेरे पास साइकिल है, बड़ी कार कब होगी। मेरे लिए साइकिल की भी बहुत बड़ी कीमत थी।'

दिखाया।

'इसमें कुछ भी राज नहीं है, हमने बहुत मेहनत की। मशीन बनने में लगभग 2-3 साल लग गए।'

हालांकि, सभी प्रयास बिजनेस की अच्छी समझ से ही हो पाए। 20 सालों तक, बालाजी वेफर्स आलू के चिप्स के जरिए ही अपनी पकड़ बनाए रख पाया। एक बेहतरीन उत्पाद, लेकिन जिसे बनाना बेहद जटिल था। तलने से पहले कच्चे आलू को धोना, छीलना और काटना भी शामिल था। छोटे और टूटे हुए चिप्स को बाहर कर देना भी जरूरी था।

'100 किलो आलू से महज 25 किलो चिप्स बन पाते हैं। बाकी सब बेकार जाता है।'

नमकीन कई दूसरे तरीकों से भी फायदेमंद था। सेव-भुजिया पैक करने की लोकल मशीन की कीमत 50,000 रुपए थी। और जहां एक ट्रक में महज 2 टन फूले-फूले चिप्स के पैकेट लद पाते थे, वहीं उसी ट्रक में 8 टन नमकीन आसानी से चला जाता था।

'सब जगह ईजी नमकीन है, मुसीबत वाली चिप्स है। एक-एक करके हम कई तरह की नमकीन बनाने लगे।'

दरअसल, बाजार की जरूरत के हिसाब से ही विस्तार होता है। शुरुआत में, बालाजी *चने की दाल* और मटर की वैरायटी ही बेच रहा था, सींग दाना नहीं। सींग भुजिया के सप्लायर अक्सर डीलर को कहते कि 'अगर आप बालाजी नमकीन रखोगे, तो मैं आपको अपने उत्पाद देना बंद कर दूंगा।'

तब बालाजी ने अपने सामान में भुजिया भी जोड़कर दूसरी पार्टियों की पकड़ ढीली कर दी।

'हमें लगा कि दुकानदार को हमारे पास नमकीन की सारी वैरायटी मिलनी चाहिए। इससे उसको भी एक कंपनी के साथ सौदा करने में आसानी होगी।'

इतना ही जरूरी सही स्वाद बरकरार रखना भी था। और यहां, बालाजी की अपनी अलग समझ थी। उनका मकसद महज स्वाद तक ही सीमित न होकर इस पर भी था कि उनके उत्पाद का पेट पर क्या असर पड़ेगा।

लोकप्रिय *रतलामी सेव* का उदाहरण लेते हैं। उसे बनाने के पारंपरिक तरीके में बहुत तेल और मसाले लगते थे। लेकिन बालाजी ने उसे व्यापक दायरे तक

पहुंचाने के लिए उसके स्वाद में कुछ बदलाव किया। आज बालाजी का रतलामी सेव राजस्थान जैसे पारंपरिक राज्य में सर्वाधिक बिकने वाला उत्पाद है। और इसी फॉर्मूले को बालाजी ने सफलतापूर्वक अपने सभी प्रकार के नमकीन पर लागू किया।

'थोड़ा स्वीटपना होना चाहिए, थोड़ा तीखा होना चाहिए, थोड़ा खट्टा होना चाहिए। और लोगों को स्वादिष्ट लगता है।'

चंदूभाई की ऐसी समझ ग्राहकों और दुकानदारों के साथ लंबे समय तक रखे गए सीधे संबंध का अनुभव है। स्वाद और गुणवत्ता के अलावा, बालाजी का ब्रह्मास्त्र इसके किफायती दाम हैं। कंपनी 50-55 ग्राम चिप्स का पैकेट 10 रुपए में बेचती है, जिसकी मात्रा मल्टीनेशनल ब्रांड की मात्रा से दोगुनी है।

'जब हमने शुरू किया था, तब हम 50 ग्राम चिप्स 50 पैसे में बेचते थे। आज भी, आप हमारे नमकीन के पाउच 5 रुपए में खरीद सकती हैं।'

जबकि लेस चिप्स का और हल्दीराम नमकीन का पर्यायवाची बन चुका है, फिर भी बालाजी ने पांच राज्यों में इन दोनों ही क्षेत्रों में अपना एकाधिकार बरकरार रखा हुआ है। पूरे गुजरात, महाराष्ट्र, गोआ, मध्यप्रदेश और राजस्थान में बालाजी ने मार्केट* का 65 प्रतिशत अपने हिस्से में कर रखा है।

कंपनी के 8 बड़े डीलर हैं, जिनके पास से 500 वितरकों तक सामान पहुंचता है, और वहां से 7 लाख दुकानों पर।

इस मुकाम तक पहुंचने के लिए, बालाजी वेफर्स ने कभी रेडियो या टेलीविजन पर प्रचार नहीं किया। यहां तक कि प्रचार के लिए कोई बोर्ड तक भी नहीं लगाया। और तो और कंपनी ने कभी कोई थोक के लिए डिस्काउंट स्कीम भी नहीं रखी। चंदूभाई का मानना है कि छोटा सा पानवाला भी उतना ही महत्वपूर्ण है जितना बड़ा सा रिलायंस फ्रेश।

'हम छोटे थे, तो जो छोटा आदमी है, वो हमारे लिए ज्यादा मायने रखता है।'

यही बात कारीगरों पर भी लागू होती है। आज, बालाजी वेफर्स के राजकोट और वलसाड फैक्टरी में 1800 से ऊपर कारीगर काम करते हैं। अच्छी पगार

* इन 5 राज्यों की ही बदौलत बालाजी वेफर्स ने अखिल भारत के 14 प्रतिशत बाजार पर प्रभाव जमा रखा है।

'जीवन में कभी बगीचा ग्रीन आएगा,
तो कभी सूखा हुआ आएगा... यही जिंदगी है।'

और काम करने के सुविधापूर्ण माहौल के साथ ही कंपनी उनके ट्रांसपोर्ट और स्वास्थ्य सेवाओं का भी ध्यान रखती है।

'हम अपने कारीगरों को सरकारी अस्पताल में नहीं भेजते। हम उन्हें अपने ही पारिवारिक डॉक्टर को दिखाते हैं।'

इसी कारण से बालाजी के साथ काम करने वाले लोग उनके 'विश्वास के साथी' बनते हैं।

आज राजकोट में बैठे हुए, विश्व में कहीं से भी अच्छी गुणवत्ता का कच्चा सामान, और अच्छी तकनीक मंगा सकते हैं। कंपनी के अधिकारियों को इजराइल जैसे देशों में आलू की खेती के आधुनिकतम तरीके सीखने के लिए भेजा जाता है। बानसकांठा जिले में किसान अब बालाजी वेफर्स से अनुबंध के कारण आलू की 'लेडी रोजेटा' जैसी वैरायटी की भी खेती कर रहे हैं।

'सब मेहनत कर रहे हैं, सबके साथ यह बिजनेस बढ़ा है।'

मार्च 2013 में, वेफर्स और नमकीन की 50:50 की साझेदारी के साथ बालाजी की आय 1000 करोड़ को पार कर गई। यद्यपि चंदूभाई कंपनी के एमडी हैं, लेकिन भीकाभाई चेयरमैन ओर कनुभाई तकनीकी निदेशक हैं। अब भीकाभाई के बेटे, केयुर (33) और मिहिर (29) व चंदूभाई का बेटा, प्रणय (29) अब रोज के कामों की जिम्मेदारी संभालने के साथ ही भविष्य के लिए भी तैयार हो रहे हैं।

नई पीढ़ी का मानना है कि कंपनी को आगे बढ़ाने के लिए बाहर के निवेश की आवश्यकता है। अगस्त 2013 में, बालाजी वेफर्स ने अर्नस्ट एंड यंग के साथ मिलकर भावी निवेशकों, जिनमें पेप्सीको भी शामिल था, पर बात की। *द इकोनॉमिक टाइम्स** के अनुसार, 25 प्रतिशत शेयरों की बिक्री से लगभग 100-125 मिलियन डॉलर (600-750 करोड़ रुपए) आने की उम्मीद है। लेकिन चंदूभाई इसको लेकर सुनिश्चित नहीं थे।

* किताब के प्रिंट में जाने तक कोई भी डील फाइनल नहीं हो पाई थी।

'मैं समझता हूं जो हम अच्छा कर सकेंगे उतना ही करना चाहिए।'

कहना मुश्किल है कि धीमी और स्थिर गति से चलने वाले की ही जीत होगी। निश्चित रूप से चंदूभाई खरगोश से ज्यादा कछुए की ताकत पर भरोसा करते हैं। और बिजनेस के उनके 40 साल कुछ और ही नजरिया पेश करते हैं।

'बिजनेस हमारे लिए पैशन है, बिजनेस हमारे लिए आदत है। यह सब हमने पैसे के लिए तो नहीं किया है...'

वह अक्सर एस्ट्रोन सिनेमा में बिताए हुए दिनों को याद करते हैं। यहां तक कि छोटी-छोटी बातें भी, जैसे कैंटीन की एस्प्रेसो कॉफी मशीन--राजकोट शहर में अपने तरह की इकलौती। जब सिनेमा मालिक के कोई खास मेहमान आते, तो वह बालाजी की कैंटीन से कॉफी मंगाते। उसे लेकर जाना चंदूभाई का काम था।

'मुझे सेठ का बंगला तो याद नहीं है लेकिन सिनेमाघर की एक-एक सीट मुझे याद है, मुझे अपने काम से बहुत प्यार था।'

हर सुबह चंदूभाई अपने घर पर एक मिनट पूजा करते, एक मिनट फैक्टरी के मंदिर में और एक मिनट अपने ऑफिस में रखे हनुमान जी की। भगवान के साथ रोज की बातों में, वह कभी उनसे सफलता, पैसे या भौतिक चीजें नहीं मांगते।

'भगवान से मांगता हूं कि सबको सद्बुद्धि देना। इतना ही मांगता हूं।'

चंदूभाई मानते हैं कि हर व्यक्ति से आप कुछ न कुछ सीख सकते हैं। खराब से खराब इंसान में भी कुछ अच्छाई होती है। वीरानी भाई वैष्णवय हैं लेकिन उनका विश्वास उदार है।

'हम सबके भक्त हैं। जहां सब जगह छाया मिलेगी... थोड़ा-थोड़ा सबसे लेना है बस।'

चंदूभाई स्वामीनारायण मत के, आध्यात्मिक गुरु पूज्य प्रमुखवामी जी को मानते हैं। प्रबंधन क्षमता में इस संप्रदाय से उन्होंने बहुत कुछ सीखा है।

'अगर आप एक साल तक स्वामीनारायण की पूजा करते हैं, तो काफी कुछ सीख सकते हैं।'

छोटी-छोटी चीजें, किस निपुणता से वहां के आयोजक समारोह में आई

हजारों गाड़ियों की पार्किंग कराते हैं, किस सम्मान से वे अनुयायियों की आवभगत करते हैं--आप चाहे वीआईपी हों या आम आदमी।

एक बार अमेरिकी दौरे के दौरान, चंदूभाई एक ड्राइवर का इंतजाम नहीं कर पाए। लेकिन जब वह यूएस में स्वामीनारायण के समारोह में गए थे, तो वहां मेहमानों की गाड़ी पार्क करने के लिए 15-20 वॉलंटियर मौजूद थे।

'तो वो उनके मैनेजमेंट की शक्ति है, संबंध की शक्ति है।'

वह शक्ति जिसकी जरूरत आपको इस बड़ी, बुरी और पागल दुनिया को चिप्स से लेकर कोई भी आइडिया बेचने के लिए चाहिए।

*

युवा उद्यमियों को सलाह

नौजवानों को यह नहीं सोचना चाहिए कि हम दुखी हैं। भगवान ने हमको इंसान बनाया है, इससे ज्यादा हमको क्या सुख होना चाहिए।

हमारी मानसिकता यह होनी चाहिए कि सुखी रहें। और समय का सदुपयोग करें।

कुछ करना है, कुछ बनना है, कुछ पहचान बनानी है, तो बन जाएगी। तो कुछ पाने की अपेक्षा कम रखेंगे, कुछ करने की कोशिश ज्यादा रखेंगे तो एक दिन सक्सेस होगा ही होगा।

लेकिन हमारे आदमी को सेटिस्फाई नहीं होता, और सुखी होना है, और होना है। रास्ता बदलते रहते हैं। सुखी होने की दौड़ में आज जो 80 प्रतिशत जवान हैं, दुखी हो जाते हैं।

सुख और दुख जिंदगी का एक-एक भाग होता है। कोई दुनिया में सुखी, सुखी, सुखी नहीं होता, कोई दुखी, दुखी, दुखी नहीं होता। बस मन से आदमी टूटना नहीं चाहिए।

कुछ अच्छे इंसान

नंद किशोर चौधरी--जयपुर रग्स
जयपुर (राजस्थान)

1978 में, एक युवा स्नातक ने राजस्थान के चुरू से कारपेट व्यवसाय की शुरुआत की। आज, जयपुर रग्स हाथ से बुने कारपेट के क्षेत्र में भारत का सबसे बड़ा निर्यातक है, जिसके पास भारतभर के गांवों से लगभग 40,000 बुनकर काम कर रहे हैं।

यह तो लगभग तय बात है कि कोई भी युवा मारवाड़ी अपना भविष्य बिजनेस में ही देखेगा। मारवाड़ियों की पीढ़ियां भविष्य की तलाश में बॉम्बे, कलकत्ता और ऐसे ही दूरस्थ महानगरों का रुख करेंगी।

नंद किशोर चौधरी कुछ अलग हैं। उन्होंने अपने धंधे की शुरुआत मारवाड़ के केंद्र, चुरू से की। काम शुरू करते समय उनके पास थे तो महज कारपेट बुनने के लिए 2 करघे और 'अछूत' मानी जाने वाली जाति के कुछ बुनकर।

'परिवार और आस-पड़ोस के लोग मुझे समझ नहीं पाए--मेरी सोच कुछ अलग थी।'

लेकिन नंद किशोर का विश्वास अपने ऊपर से, अपनी सोच से, और अपने बिजनेस पर से कभी नहीं डोला।

अगले 20 सालों में, नंद किशोर ने बुनकरों का एक बड़ा नेटवर्क तैयार कर लिया, जो अपने गांवों और कबीलों से उनके लिए काम करते हैं। एक कॉन्ट्रेक्टर से आगे बढ़कर, वह अब निर्यातक हैं।

सैंकड़ों निर्यातकों से अलग उनकी सामाजिक उद्यमी के रूप में अलग पहचान बनी है, जिन पर 'केस स्टडी' की गई है।

'मैंने लिखने लायक कुछ ऐसां किया ही नहीं,' सी.के. प्रहलाद से पहली बार मिलने पर वह कहते हैं।

और यकीनन, नंद किशोर ने जो भी किया वह 'सामाजिक उद्यमी' बनने के लिए नहीं था। जो भी कदम उन्होंने उठाए--बिचौलिये की भूमिका को कम कर बुनकरों का जीवन बेहतर बनाने की दिशा में--वह एक आम विचार से प्रेरित थे।

'अगर मेरे बुनकर खुश होंगे, तो वह काम भी बढ़िया करेंगे। और काम बेहतर होगा, तो बिजनेस अच्छा चलेगा ही।'

और एक *अच्छा इंसान* बनना भी क्या महत्वपूर्ण होता है। इससे कोई फर्क नहीं पड़ता कि उनकी जाति, वर्ग या सामाजिक हैसियत क्या है।

जयपुर के मानसरोवर औद्योगिक क्षेत्र में स्थित कंपनी हेडक्वार्टर में, नंद किशोर मुझे अपने विश्वस्तरीय डिजाइन दिखाते हैं। जूट कारपेट, जिनकी थोक कीमत 250 डॉलर प्रति पीस, से लेकर शानदार कारीगरी के नमूने, जिनकी कीमत 10,000 डॉलर प्रति पीस तक है, मौजूद हैं।

गरीब हाथों से निकलकर अमीर पैरों तक जाने वाला जयपुर रग्स एक ब्रिज है। एक ऐसा पुल जिसकी नींव मानवता पर रखी गई है, जिसे परिवार के पसीने द्वारा सींचा जाता है। गांवों को विश्व से जोड़ने वाला पुल।

कुछ अच्छे इंसान

नंद किशोर चौधरी--जयपुर रग्स
जयपुर (राजस्थान)

नंद किशोर चौधरी का जन्म राजस्थान के जिले चुरू में हुआ।

'मैं चुरू में लोहिया कॉलेज से बीकॉम करने के बाद अपने पिता का व्यवसाय देखने लगा।'

व्यवसाय एक छोटी सी दुकान थी, जिस पर ब्रांडेड जूते बेचे जाते थे। 22 साल की उम्र में, नंद किशोर को *यूनाइटेड बैंक ऑफ इंडिया* में कैशियर की स्थायी नौकरी मिल गई थी। सभी को हैरान और हताश छोड़ते हुए उन्होंने वह नौकरी ठुकरा दी।

'मैंने नौकरी न करने का निर्णय लिया, क्योंकि मैं जानता था कि मुझे बिजनेस करना है। मुझे अपना कुछ करना है, और बड़ा करना है।'

जूते की दुकान में भविष्य उतना उज्ज्वल नहीं था। चुरू एक छोटा शहर था, जहां लोगों के पास फैशन पर खर्च करने के लिए ज्यादा पैसा नहीं था। तो एक युवा क्या कर सकता था?

लगभग उसी समय, नंद किशोर की पहचान इले कूपर, इंग्लैंड से आए युवा लेखक और फोटोग्राफर से हुई। कूपर उस समय शेखावती पेंटिंग्स पर अध्ययन कर रहे थे। दोनों युवाओं में गांवों और रेगिस्तान के प्रति लगाव था--वे जल्दी ही अच्छे दोस्त बन गए।

उस दौरान नंद किशोर अपना ज्यादा समय जीवन और काम के संदर्भों को समझने में लगा रहे थे। उन्होंने ओशो, भगवद् गीता, महात्मा गांधी और

टैगोर को पढ़ा। उनका ज्यादातर समय अपने अंग्रेज मित्र के साथ चर्चा और आत्मावलोकन में बीतता।

'मैंने इस बारे में गहराई से सोचा कि मैं किस तरह का इंसान हूं? मैं किस तरह का काम कर सकता हूं?'

शोध के दौरान ही उन्होंने कारपेट बिजनेस के बारे में सुना। ट्रांसपोर्ट क्षेत्र के एक दोस्त ने उनसे कहा, 'कारपेट की मांग बहुत ज्यादा है, लेकिन सप्लाई कम... क्यों न तुम एक करघा लगा लो?'

नंद किशोर को वह विचार भा गया--वह जयपुर गए ताकि इस सिलसिले में ज्यादा जानकारी हासिल कर सकें। तथ्य चौंका देने वाले थेः भारत में 45 प्रतिशत ऊन का उत्पादन राजस्थान में होता है, लेकिन ज्यादा मात्रा में कारपेट यूपी में बनाए जा रहे थे। अर्थव्यवस्था और परंपरा के इस मेल से नंद किशोर ने निर्णय लिया कि कारपेट का बिजनेस ही उनके लिए सही व्यवसाय है।

साल 1978 था। युवक ने अपने पिता से 5000 रुपए उधार लिए और अपने ही घर के आंगन में कारपेट बनाने के 2 करघे लगाए।

'मैंने 9 लोगों को काम पर रखा, जिन्हें सरकार ने प्रशिक्षित किया था, लेकिन उनके पास करने को कोई काम नहीं था।'

बुनकर 'चमार' समुदाय से थे--जिन्हें 'अछूत' माना जाता था। उनके इस निर्णय से पूरा परिवार हक्का-बक्का था।

'मेरे पिता, मां और पड़ोसी, सभी कहा करते थे, "ये क्या शुरू कर दिया है तुमने?"'

'जिन लोगों से हमारा कोई मेल नहीं है, जिन्हें हम अपने घरों में आने नहीं देते, तुम उनके साथ काम करोगे? वो तुम्हारे घर भी आया करेंगे!'

नंद किशोर पर इन तानों का कोई असर नहीं होने वाला था।

'बचपन से मैंने देखा कि हमारे समाज में दिखावे की कोई कमी नहीं है। मैं जात-पात नहीं मानता।'

बुनकर कुशल थे और मेहनत से काम करते थे। शुरुआत में, नंद किशोर ने काम के निरिक्षण के लिए बनारस से आए एक 'मास्टर' को भी नियुक्त किया। लेकिन वह मास्टर पैसों के मामले में भी उस्ताद था--उसका मकसद बस 'एडवांस' लेने में ही था।

'एक दिन उसने बदतमीजी की। मैंने उससे कहा, "आप जा सकते हो, मुझे जो आपसे सीखना था, मैं सीख चुका हूं।"'

शांति से उस्ताद पर नजर रखते हुए, और दिन-रात बुनकरों के साथ बिताने की वजह से नंद किशोर व्यापार के तामझाम से दो-चार हो चुके थे। कारपेट की गुणवत्ता मुख्य रूप से उसकी बुनाई में ही है।

'फंदे की नौ बराबर हो, लच्छे की जोड़ बराबर ठुके, तड़ी का टेंशन बराबर हो। यही बेसिक चीजें मुझे समझ में आ गईं।'

लेकिन एक महत्वपूर्ण पहलू था कि प्रति स्क्वेयर इंच पर कितनी गांठ लगाई जाएं। जितनी ज्यादा गांठें होंगी, उतना ही महीन काम होगा, और उतना ही महंगा कारपेट।

नंद किशोर का बुनकरों के साथ भी घनिष्ठ रिश्ता हो गया था। वह उनके साथ बैठते, खाते और बात करते।

'उनके ऊपर मेरा विश्वास बढ़ता गया।'

यह भरोसा तब रंग लाया, जब पहला कारपेट बनकर तैयार हुआ। उसे जयपुर के एक बड़े निर्यातक के लिए तैयार कराया गया था। खरीदार उसकी क्वालिटी से बहुत खुश था, उसने अपने कारीगरों से भी उसका मुआयना करने को कहा।

'यह लड़का कारपेट बिजनेस में नया है, लेकिन देखो इसने क्या कमाल का पीस तैयार करवाया है!'

सितंबर 1980 में, इले कूपर का लिखा एक लेख *इनसाइड आउटसाइड* मैगजीन में छपा। शीर्षक था, 'मोर देन ए रिवाइवल,' पुनरुद्धार से ज्यादा। इसमें नंद किशोर के पहले कारपेट की पूरे पृष्ठ पर फोटो छपी थी। लेख में हाथ से बुने कारपेट उद्योग के उज्ज्वल भविष्य के बारे में बात की गई थी और यह भी कि क्यों इस उद्योग को नंद किशोर जैसे युवाओं की जरूरत थी।

'मुझे बहुत आत्मविश्वास मिला और मैंने इस काम को बढ़ाने का निर्णय

'मेरी सोच हमेशा से अलग थी। परिवार वाले कभी मुझे समझ नहीं पाए।'
'उस्ताद को देख देखकर मैं खुद उस्ताद बन गया।'

लिया।'

इसके साथ ही, अपनी पहली बिक्री से नंद किशोर को 4000 रुपए और काम भी मिला। अगले 2 सालों में 6 नए करघों के साथ बिजनेस मजे से चल निकला। बिचौलियों से कच्चा माल लेकर नंद उन्हें तैयार कारपेट देते। मजदूरी और माल भत्ता निकालकर, वह हर महीने 30-40,000 रुपए कमा लेते--1980 में यह काफी बड़ी रकम थी।

'मैं जो भी कमा रहा था, उसे नए करघे* खरीदने में निवेश कर रहा था।'

हालांकि, इस बार वह चुरू से बाहर, रतनगढ़, सुजानगढ़, लक्ष्मनगढ़ और जोधपुर जैसे गांवों में भी गए। मुख्य चुनौती थी--अच्छे बुनकरों की पहचान और प्रशिक्षण। लोग काम करने को लालायित थे, पर नंद किशोर समझ बूझ से चुनाव करना चाहते थे।

'मुझे वो लोग चाहिए थे, जिनमें इसके प्रति जुनून हो, अनुशासन हो। अच्छा आदमी होना भी जरूरी है।'

अच्छी बुनाई में टीम का सहयोग जरूरी है। एक 8 बाय 10** के बेहतरीन कारपेट पर 4 बुनकर काम करते हैं, जिसमें लगभग 3-4 महीनों का समय लगता है।

जैसे-जैसे कारीगरों की संख्या और साइट बढ़ीं, नंद किशोर ने एक मैनेजमेंट सिस्टम बनाया। एक बुनकर को तैयार करके 'क्वालिटी सुपरवाइजर' के काम पर लगाया गया। उसे एक मोटरसाइकिल दी गई, और उसका काम था एक लूम से दूसरे लूम पर जाकर काम की गति देखना। उसे पीपीआर, प्रोडक्शन प्रोग्रेस रिपोर्ट भरनी थी।

वह सुपरवाइजर हर बुनकर के काम पर नजर रखता। वह काम के हिसाब से ही उन्हें पगार भी देता।

एक कॉन्ट्रेक्टर के रूप में 8 साल तक काम करने के बाद, बिजनेस 15 लाख रुपए तक पहुंच गया था, जिसमें 300 बुनकर और 100 लूम भी शामिल थे। लेकिन फिर भी कुछ कमी थी।

* 1980 में एक करघे की कीमत लगभग 3000 रुपए थी

** कारपेट की क्वालिटी प्रति वर्ग इंच लगाई जाने वाली गांठों की संख्या पर निर्भर होती है।

'मेरे अंदर कुछ बढ़िया काम करने की इच्छा थी। मगर एक्पोर्टर के लिए पैसा ही भगवान था।'

और नंद किशोर का पूरा व्यवसाय उसके लालची कंधों पर टिका था। आदर्शवादी नंद किशोर को यह बात रह-रहकर परेशान करती। 1986 में, उन्होंने एक्सपोर्टर से अलग होकर, खुद ही अपना माल एक्सपोर्ट करने का निर्णय लिया। उन्होंने अपने भाई के साथ साझेदारी में एक नई कंपनी शुरू की।

नंद किशोर जयपुर में आकर रहने लगे, यहां उन्होंने एक किराए का घर लिया। उन्होंने अलग से लूम लगाया और कच्चे माल में निवेश किया। लेकिन एक्सपोर्टिंग शुरू करना उतना आसान नहीं था।

'शुरुआत में हमने जयपुर और दिल्ली के दूसरे एक्सपोर्टरों को अपना माल सप्लाई किया। 3 साल बाद हमें एक जर्मन कस्टमर से सीधा ऑर्डर मिला।'

पहला ऑर्डर 10 लाख रुपए का था, और यह तो महज शुरुआत थी। यकीनन वह एक बड़ा मौका था। लेकिन क्या हाथ से बने कारपेट को इतने बड़े स्तर पर प्रस्तुत किया जा सकता था?

'इस काम को बड़े रूप में कैसे करें?'

लगभग उसी समय, इले कूपर को इंटेक द्वारा दिउ पर कुछ शोध काम करने के लिए नियुक्त किया गया। दिउ गुजरात के समुद्री तट पर स्थित एक भूतपूर्व पुर्तगाली एंक्लेव है। इस सिलसिले में इले ने समग्र गुजरात और इसके कबीलों का भी सफर किया था।

'क्या गुजरात में भी बुनकर मिल सकते हैं?' नंद किशोर ने अपने दोस्त से पूछा।

इले ने जवाब दिया, 'हां--क्यों नहीं। कबायली अच्छे कारीगर होने के साथ-साथ भरोसेमंद भी हैं, बस आप उनसे प्यार और सम्मान से पेश आओ।'

'बुनकरों के साथ मेरा इतना लगाव हो गया कि दोपहर का खाना भी लूम पर बैठकर ही खाता था।'

'गांवों में रहने की मेरी रुचि और प्रकृति के प्रेम ने ही मुझे कबायलियों के साथ काम करने में सहूलियत दी।'

उन्होंने यह भी कहा कि गुजरात महिलाओं के लिए बहुत सुरक्षित है।

'महिलाएं यहां स्वतंत्र हैं--आपकी बीवी और बेटी के लिए यहां का माहौल बहुत अच्छा है।'

साथ ही साथ, कारपेट बुनाई में कबायलियों को प्रशिक्षित करने के लिए राज्य सरकार के पास कई योजनाएं भी हैं। जिला प्रशासन ने कई कॉपरेटिव सोसाइटीज भी बनाई हैं और फ्री लूम भी उपलब्ध कराता है। लेकिन जब नंद किशोर गांव-गांव गए, तब उन्हें एक परेशानी का आभास हुआ। कबायली अच्छे बुनकर तो थे, लेकिन प्रबंधन में बहुत खराब थे।

यह नंद किशोर जैसे उद्यमी के लिए अच्छा मौका साबित हो सकता था।

'1990 में, मैंने गुजरात को अपने उत्पादन का आधार बनाने का निर्णय लिया।'

राजस्थान में 200 लूम्स को भरोसेमंद हाथों में सौंपकर, नंद किशोर अपने साजो-सामान के साथ वलसाड में आकर बस गए। उनकी 3 बेटियों और 2 बेटों का दाखिला स्थानीय स्कूल में करा दिया गया। काम नंद किशोर को दूरस्थ गांवों में ले गया, जहां कबायली रहते थे। लेकिन शुरुआत में वह आसान नहीं था।

'बाहरी लोगों के प्रति कबायली उतने मित्रवत नहीं थे। लेकिन मुझे इले के कहे शब्द याद थे, और मैं जानता था कि मैं धीरे-धीरे उन्हें अपना बना लूंगा।'

अपनी साख बनाने में 3 साल लग गए, तब कहीं जाकर वह उनके मार्गदर्शक और 'भाईसाहब' बन पाए। नंद किशोर ने बुनाई की गुणवत्ता को ध्यान में रखते हुए उन्हें प्रशिक्षित करना शुरू कर दिया। वहां की महिलाओं ने उन्हें खासतौर पर प्रभावित किया।

'मैंने देखा कि कबायली महिलाएं घर, चूल्हा-चौका, बच्चे और खर्च संभालते हुए भी कारपेट बुनने का समय निकाल लेती हैं। वे संभवतः दुनिया की बेस्ट मैनेजर हैं!'

दूर-दराज के गांवों में काम करने से अनेक समस्याओं से भी रूबरू होना पड़ता है। बिना फोन, फैक्स या इंटरनेट के आप उत्पादन कैसे संभाल सकते हैं? इसका हल उस वायरलैस सेट से मिला, जिसे नंद किशोर ने अहमदाबाद

में एक प्रदर्शनी के दौरान देखा था।

'हमने एक रिपीटर (टॉवर) सप्तुरा पहाड़ी पर लगवा दिया और 15 वायरलैस के साथ एक स्टेशन सेट कर दिया। जिसकी कीमत लगभग 6 लाख रुपए आई।'

पहाड़ी के ऊबड़-खाबड़ रास्तों पर क्वालिटी इंस्पेक्टर्स के आने-जाने के लिए उन्होंने 2 जीप और 20 मोटरसाइकिलों में निवेश किया। जैसे राजस्थान में सुपरवाइजर एक लूम से दूसरी लूम में जाकर उत्पादन पर नजर रखता था।

क्रमशः उत्पादन में सुधार आया, एक्सपोर्ट से पहले हर हफ्ते ट्रक भरकर कारपेट जयपुर जाते, निरीक्षण की लिए। लेकिन अब दूसरी समस्याएं सिर उठाने लगी थीं। नंद किशोर की बुनकरों के साथ सीधे काम की सफलता से इस क्षेत्र में बिचौलिये की भूमिका खत्म होती जा रही थी।

एक सुबह, एक राजनैतिक ताकत रखने वाला कॉन्ट्रेक्टर हवा में बंदूक लहराता हुआ उनके ऑफिस में आ पहुंचा।

'अच्छा होगा कि तुम गुजरात छोड़कर चले जाओ!'

नंद किशोर ने धमकी को गंभीरता से नहीं लिया।

'मैं जानता था कि यह असफलता की हताशा है... मैं अच्छा काम कर रहा था और मेरे साथ कबायली समुदाय था।'

1999 तक, नंद किशोर 10,000 कबायली बुनकरों को प्रशिक्षित करके गुजरात में 2000 लूम लगा चुके थे। उसी साल नंद किशोर और उनके भाई ने अलग होने के बारे में सोचा।

'फिर शुरू हुआ जो मैं बोलता हूं... जिंदगी का असली इम्तेहान (हंसते हुए)।'

नंद किशोर ने 'जयपुर कारपेट' के नाम से एक नई फर्म शुरू की। समस्या थी कि उन्होंने अपनी पूरी जिंदगी जमीनी बुनकरों के साथ काम करते हुए बिताई थी। उन्हें बिजनेस चलाने के बारे में भी थोड़ा आइडिया था। अब उनके पास

'कारपेट बनाने में 60 प्रक्रियाएं हैं, कच्चा माल खरीदने से लेकर फाइनल माल की डिलीवरी तक... हर स्तर पर क्वालिटी को नियंत्रित किया जाना बहुत जरूरी है।'

'जो बिना पढ़े-लिखे हैं उनके अंदर एक अलग प्रतिभा, एक अलग समझ, एक अलग अनुभव है।'

था जयपुर और गुजरात के कुछ लूम्स और 20 सालों की साख।

'मेरा बुनाई के क्षेत्र में बहुत नाम रहा... उसका मार्केट में कुछ फायदा मिला।'

एक खाली स्लेट से शुरू करते हुए, नंद किशोर अपने पहले ही साल में 4 करोड़ का एक्सपोर्ट लेने में सफल रहे। लेकिन उसके बाद मानो समस्याओं का अंबार लग गया। फाइनेंस और एचआर उनके लिए दो बड़े जंजाल थे। इस पहलू को संभालने के लिए, उन्होंने प्रोफेशनल मैनेजर्स को नियुक्त किया। लेकिन उनकी महत्वाकांक्षाएं और ईगो को संभालना एक नया सिरदर्द था।

'इससे काम पर भी फर्क पड़ा, हमें घाटा होने लगा।'

एक समय ऐसा भी आया, जब लगा कि कंपनी को अब बंद करना पड़ेगा।

एक बार फिर, नंद किशोर ने अपने अंदर झांका--धर्मग्रंथ पढ़े, सत्संग में भाग लिया और प्रकृति से बातचीत की। इस प्रक्रिया से एक सीधा सच निकलकर आयाः 'आप दूसरों को दोष दे सकते हो, लेकिन आखिरकार, सारी सीमाएं खुद आप में ही निहित हैं।'

'मुझे एक बात समझ में आ गई--धंधे को बदलना है तो अपनी सोच बदलनी होगी।'

जो फलसफा नंद किशोर ने ग्रहण किया वह था, 'खुद को खोकर ही, खुद को पाया जा सकता है।'

बर्फ का एक टुकड़ा, जो सख्त और जिद्दी होता है, उसकी तुलना स्वतंत्र बहते पानी से कीजिए। पानी जरूरत के मुताबिक अपना आकार ले लेता है।

'अपना बिजनेस बढ़ाने के लिए, मुझे पानी की तरह स्वच्छंद और लचीला बनने की जरूरत होगी।'

दरअसल इसका मतलब था कि अपने घमंड को साइड करो। और आसपास के लोगों को देखो।

'मुझे लोग दिखाई देने लगे... उनकी क्षमता दिखाई देने लग गई।'

नंद किशोर ने महसूस किया कि उनके प्रोफेशनल मैनेजर्स और ऊंचे पदों पर बैठे लोगों को एक-दूसरे का सम्मान करना चाहिए। इसी से 'हायर स्कूल ऑफ अनलर्निंग' की शुरुआत हुई, जहां एमबीए और सीए लोग विभिन्न विभागों के पुराने और अशिक्षित लोगों के साथ मिलकर काम करते थे। इससे व्यवसाय को और गहराई से समझने का मौका मिला।

हर कोई कंपनी के लिए 'सही' पसंद नहीं हो सकता और इसी कारण बहुत से कर्मचारी काम बदलते हैं।

'मैं किताबें पढ़ता था... बहुत सी किताबें। मुझे लगा कि मुझे बेहतरीन लोगों को नियुक्त करना चाहिए--जो अलग सोचते हों और मुझसे ज्यादा काबिल हों।'

अपनी बड़ी बेटी को बिजनेस में लाने का फैसला नंद किशोर की उसी समझ का परिणाम है। आशा ने 2001 में, एमोरी यूनिवर्सिटी, अटलांटा से बीबीए किया। वह 23 वर्षीय युवती नई सोच और ऊर्जा के साथ जयपुर वापस आईं। बिजनेस में उनके प्रवेश से दो क्षेत्रों--प्रोडक्ट डिजाइन और मार्केटिंग--में अच्छा उछाल देखने को मिला।

आशा को पढ़ाई के लिए अमेरिका भेजना एक मारवाड़ी परिवार के लिए थोड़ा असामान्य है।

'यह सच है,' नंद किशोर सहमति जताते हैं। 'मारवाड़ी परिवारों में लड़कियों को लड़कों की अपेक्षा कम प्राथमिकता मिलती है। लेकिन मैंने और मेरी पत्नी ने अपने सभी बच्चों को बराबर माना।'

जब आशा ने विदेश जाकर पढ़ाई करने की इच्छा जाहिर की तो नंद किशोर सहमत हो गए।

उन्होंने उससे कहा, 'बेटी मैं तो कभी जहाज में बैठा नहीं हूं, मैंने दुनिया

'क्वालिटी का शौक पहले से था मुझे, कारपेट की क्वालिटी का और आदमी की क्वालिटी।'

'किसी भी एनजीओ वाले ने मुझे मिलने का समय नहीं दिया... क्योंकि वो समझते थे बिजनेस शोषण करता है।'

नहीं देखी। तुम मेरी आंख और कान बनना। अमेरिका में जाकर पढ़ाई करो और खासतौर पर वहां की गृहणियों को समझो। वही तो हमारे कारपेट की बड़ी ग्राहक हैं।'

आशा अपने पापा को खरीदारों और व्यापारियों से संघर्ष करता देखते हुए बड़ी हुईं थी। वे अक्सर डिजाइन या रंगों में कोई न कोई नुक्स निकालकर कारपेट में अतिरिक्त डिस्काउंट मांगते।

'जब पापा के साथ ऐसा बर्ताव होता... तो वे घर आकर भगवान से प्रार्थना करते!' आशा बताती हैं।

प्रार्थनाओं का जवाब, उनके एक-एक बच्चे का उनके बिजनेस में भागीदार बनने से मिला। 2004 में नॉर्थ कारोलिना यूनिवर्सिटी से टैक्सटाइल कैमिस्ट्री में बीए करने के बाद, अर्चना बिजनेस से आ जुड़ीं और फिर कविता। कविता ने 2006 में आर्ट इंस्टीट्यूट ऑफ शिकागो से ग्रेजुएशन की। उसी साल उनका बेटा योगेश भी बोस्टन कॉलेज से पढ़ाई आधी छोड़कर अपने पापा के साथ उनके काम में हाथ बंटाने के लिए आ गया।

हर बच्चे ने बिजनेस पर अपना उल्लेखनीय प्रभाव छोड़ा।

आशा ने रिटेल कारपेट स्टोर्स और इंटीरियर डिजाइनर्स के साथ काम करके यूएस में सेल को बढ़ाया। उन्होंने नए जमाने के हिसाब से कारपेट डिजाइनिंग में कुछ बदलाव किए। अर्चना का ध्यान क्वालिटी पर केंद्रित था--उत्पादन के हर कदम पर नजर रखना।

'हम कच्चे माल को परखने से लेकर, फिर हर कदम--कातने, रंगने, बुनने और आखिर में पूरा पीस तैयार होने तक उस पर पकड़ बनाए रखते।'

फील्ड वर्कर, जिन्हें 'एरिया कमांडर' भी कहा जाता था, भी बुनाई में माहिर होते थे, जिससे आखरी समय में भी कोई गलती को ढूंढ़कर दूर किया जा सके। यहां तक कि अगर किसी कारपेट में हल्की सी भी कमी रह जाती, तो उसे हेडक्वार्टर में चैक करने के लिए भेजा जाता।

'हम बारीकी से एक-एक चीज का मुआयना करते--जैसे तीन अलग-अलग स्तरों पर कारपेट की लंबाई व चौड़ाई की जांच!'

क्वालिटी के प्रति दीवानगी चीज की लागत बढ़ा देती है, लेकिन यही तो कंपनी की नींव थी। और उसके पुराने ग्राहकों का आधार।

जैसे-जैसे ऑर्डर बढ़े, तो अलग प्रकार की चुनौतियां पेश आने लगीं। आप देशभर में फैले लूम्स के जरिए कैसे 200 बिल्कुल एक जैसे दिखने वाले कारपेट तैयार कर सकते हैं? हाथ से बने डिजाइन को कंप्युटरीकृत करना पड़ा। आशा ने ग्राफ-आधारित 'मैप' बनाया और पारंपरिक डिजाइनर्स को उन पर काम करने के लिए प्रशिक्षित किया।

'मैप में सरल निर्देश दिए गए थे, जैसे बुनाई कहां से शुरू करनी है। बुनकरों के पास कच्चे सामान और अपेक्षित रंगों के धागे के साथ वह मैप भेजा जाता।'

इस तरह से कंपनी अपने बुनकरों को दोबारा प्रशिक्षित किए बिना, अपने डिजाइन बदल सकती थी। अब कविता चौधरी डिजाइन डिपार्टमेंट संभाल रही हैं।

ईआरपी को अपनाना कंपनी के लिए अगला मील का पत्थर साबित हुआ, जिसमें बेटे योगेश ने महत्वपूर्ण भूमिका निभाई। 2005 में कंपनी ने माइक्रोसॉफ्ट डायनामिक्स सॉफ्टवेयर खरीदा, हालांकि उसे पूरी तरह एक्टिव करने में लगभग चार साल लग गए। इससे कंपनी भारत और यूएस में होने वाले काम और बिक्री पर नजर रख सकती थी।

'हमारे ग्राहक भी अपने ऑर्डर की प्रोग्रेस चैक कर सकते हैं।'

साल 2006 में कंपनी में कुछ मूलभूत परिवर्तन हुए, जब उसका नाम 'जयपुर कारपेट' से बदलकर 'जयपुर रग्स' रखा गया। हालांकि सारे काम को कानून के जानकार लोगों ने संभाला, साथ ही घर के सदस्यों ने भी उसमें पूरा सहयोग दिया।

जयपुर रग्स कंपनी, जिसका मुख्यालय जयपुर में है, उसके सीएमडी हैं नंद किशोर और डायरेक्टर हैं बेटा योगेश। यह कंपनी और इसकी 22 शाखाएं उत्पादन के इंतजाम से लेकर एक्सपोर्ट तक का सारा काम संभालती है। जयपुर रग्स की अटलांटा की ब्रांच आशा (सीईओ) और अर्चना (सीओओ) संभालती हैं--यह कंपनी यूएस की सेल्स और डिस्ट्रीब्यूशन देखती है, जो 'जयपुर रग्स' की बड़ी मार्केट है।

नंद किशोर के रिश्तेदार (साले/बहनोई), नवरतन सराफ, ऊन के इंतजाम के साथ-साथ, बीकानेर के 7 वेयरहाउस का काम भी संभालते हैं। काम का

'अगर बिजनेस में नुकसान हो जाए तो भी, उससे मुझे सीखने को क्या मिला, उस चीज पर ध्यान दो।'

बड़ा भाग स्थानीय साझेदारों की मदद से भी होता है, जिसमें धुनाई और कताई शामिल है।

'हम हाथ से की हुई धुनाई और कताई का इस्तेमाल करते हैं, इससे बेहतरीन क्वालिटी आती है,' नंद किशोर बताते हैं।

यह काम गांवों और बीकानेर के आसपास की महिलाएं प्रति किलो के हिसाब से करती हैं।

इस संगठन का तीसरा और महत्वपूर्ण स्तंभ है 'जयपुर रग्स फाउंडेशन'। 2004 में स्थापित हुए इस फाउंडेशन को जयपुर रग्स कंपनी के मुनाफे से कुछ भाग मिलता है। इस फंड को बुनकरों के कल्याण और प्रशिक्षण में लगाया जाता है।

'हमें पता चला कि अगर बुनकरों के पास 'कारीगर' कार्ड हो तो उन्हें सरकार की कई योजनाओं का लाभ मिल सकता है। तो, हमने उनकी यह कार्ड बनवाने में मदद की।'

कारीगर कार्ड के लाभों में *ग्रुप हेल्थ इंश्योरेंस* और *बैंक लोन* भी शामिल हैं। फाउंडेशन बुनकरों और उनके परिवारों के लिए मेडिकल कैंप और साक्षरता क्लासें भी चलाता है। लेकिन 2008 में जाकर नंद किशोर को अहसास हुआ कि यह 'सीएसआर' संगठित सामाजिक उत्तरदायित्व है।

इसकी शुरुआत अमेरिका से आए एक फोन से हुई।

'मैं सी.के. प्रहलाद बोल रहा हूं,' फोन के दूसरी तरफ से आवाज आई।

'मैं आपको जानता हूं,' हैरान, नंद किशोर ने जवाब दिया--आखिर यह मैनेजमेंट गुरु मुझे क्यों फोन करेंगे?

प्रहलाद ने बताया कि वह 'जयपुर रग्स' पर एक केस स्टडी करना चाहते हैं।

'मैं एक साधारण आदमी हूं, और साधारण सा काम कर रहा हूं। अगर आप मेरे पड़ोसी से भी मेरे बारे में पूछेंगे, तो वह भी शायद मेरे काम के बारे

में नहीं जानता होगा। मेरे बारे में कौन पढ़ना चाहेगा?'

प्रहलाद ने बताया कि उन्हें जयपुर रग्स में रुचि इसलिए है, क्योंकि इसने एक पारंपरिक काम को विश्वस्तरीय पहचान दिलाई है।

'आप गरीब को अमीर से जोड़ रहे हैं... आपसे बहुत कुछ सीखा जा सकता है।'

प्रहलाद के छात्रों ने भारत आकर जयपुर रग्स पर शोध किया। सितंबर 2009 में, मिशिगन यूनीवर्सिटी के रॉस स्कूल ऑफ बिजनेस के जरनल में जयपुर रग्स पर किया गया शोध प्रकाशित हुआ। यह नंद किशोर के लिए बदलाव का क्षण था। वह काम जिसे उन्होंने शुरू किया था, अब 'सामाजिक उद्यम' के दायरे में था।

'मैंने तो बस यह सोचा था कि अगर मेरे साथ काम करने वाले खुश हैं तो ज्यादा मेहनत करेंगे। कस्टमर के लिए अच्छा काम करेंगे और हमारा मुनाफा अच्छा होगा।'

नंद किशोर ने औरों से अलग जो किया, वह बस इतना थाः वह बुनकरों के साथ सम्मान से पेश आए। उन्हें एक इंसान का दर्जा दिया।

दूसरा महत्वपूर्ण काम उन्होंने किया, उनकी पगार में सुधार लाकर। बुनकरों को सीधे काम देकर उन्होंने बिचौलियों की भूमिका गौण कर दी, जो उनकी मेहनत का 30-40 प्रतिशत हक मार जाते थे। साथ ही बुनकरों को काम, कच्चा सामान या पगार के लिए कहीं दर ब दर नहीं भटकना पड़ा।

'घर बैठे उनको सबकुछ मिल जाता था।'

समय के साथ, बुनकरों की हालत में सुधार आता गया। उदाहरण के लिए, स्वारमल, जो जयपुर रग्स के साथ पिछले 20 सालों से काम कर रहा है। वह बुनकर के रूप में शुरुआत करते हुए, मैप रीडर, फिर एरिया कमांडर और अब ब्रांच मैनेजर है। उसका मासिक वेतन 30,000 रुपए है। और भी बहुत से लोग

'मैं खुद को बुनकर ही मानता हूं और मैंने अपने बच्चों को भी बता दिया कि बुनाई ही मेरी जिंदगी की सबसे बड़ी ख़ुशी है। उन्हें यह नहीं भूलना चाहिए।'

'मारवाड़ी परिवारों में, लड़कों को लड़कियों की बजाय ज्यादा प्राथमिकता मिलती है। लेकिन शुरू से ही, मैंने और मेरी पत्नी ने बच्चों में कोई फर्क नहीं रखा।'

जयपुर के झंडे तले काम करते हुए उद्यमी तक बने हैं।

इस बुनियादी सुधार पर सबसे पहले सी.के. प्रहलाद की नजर पड़ी, और अचानक ही जयपुर रग्स लाइम लाइट में आ गया। 2009 में, नंद किशोर को यूनीवर्सिटी ऑफ मिशिगन और वार्टन बिजनेस स्कूल में वक्ता के तौर पर आमंत्रित किया गया।

'मुझे थोड़ी झिझक थी क्योंकि मैं अंग्रेजी इतनी अच्छी तरह नहीं बोल सकता।'

लेकिन उनके लैक्चर्स काफी अच्छे रहे।

'पहले कोई सूटेड-बूटेड आदमी मिलता था, तो मैं नाक नीचे करके बैठता था। मगर धीरे-धीरे मुझे कॉन्फिडेंस आया।'

सीआईआई के वार्षिक सत्र में बोर्ड के सीईओ को संबोधित करते हुए, नंद किशोर ने महसूस किया कि वह सही रास्ते पर आगे बढ़ रहे हैं।

'पता चला कि जो मैं सोचता हूं वो मेरा *विजन* है।'

मार्च 2013 में, 104 करोड़ रुपए की सालाना आय के साथ जयपुर रग्स भारत की हाथ से बुने कारपेट की सबसे बड़ी निर्यातक कंपनी बन गई। कंपनी के पास 400 कर्मचारी हैं, और 40,000 लोग उनके साथ अप्रत्यक्ष रूप से काम कर रहे हैं, जिनमें 28,000 बुनकर भी शामिल हैं।

'मेरा सपना है कि 2020 तक मेरे साथ 1,00,000 लोग काम कर रहे हों।'

अधिकांश बुनकरों का ध्यान गुजरात, उत्तर प्रदेश और राजस्थान पर केंद्रित है। लेकिन जयपुर रग्स फाउंडेशन नई सीमाओं--जैसे नागालैंड, झारखंड, उड़ीसा और बिहार--में प्रतिभाओं को तलाशने की कोशिश कर रही है।

'जहां गरीबी ज्यादा है, रोड नहीं हैं, स्कूल नहीं हैं--वहां हम काम शुरू कर रहे हैं।'

उड़ीसा में जयपुर रग्स उन मुस्लिम महिलाओं के साथ काम कर रहा है, जिन्हें घर से बाहर निकलने की इजाजत नहीं है।

इससे पहले, ये महिलाएं बीड़ी बनाकर दिन में 10-15 रुपए कमाती थीं। बुनकर के रूप में वे रोज़ 100-150 रुपए तक कमाती हैं, और यह काम कभी बंद भी नहीं होता।

'हमारे पास बड़े-बड़े ऑर्डर हैं और उन्हें पूरा करने के लिए हमें और ज्यादा बुनकरों की जरूरत है... एक कारपेट लूम से उतरता है, दूसरा लग जाता है।'

2005 से 2008 में जयपुर रग्स ने लगभग 38 प्रतिशत प्रतिवर्ष की दर से प्रगति की। जब वैश्विक बाजार पर मंदी की मार पड़ी, तब कंपनी ने प्रगति तो नहीं की, लेकिन वह अपनी पकड़ कायम रख पाई।

'मंदी की वजह से हमारी सोच में बहुत ज्यादा परिवर्तन आया।'

नंद किशोर को अहसास हुआ कि कस्टमर को कारपेट तो उतना ही स्टाइलिश चाहिए, लेकिन उसे दाम में कमी की दरकार है। कंपनी ने अपना ध्यान कम दाम के आकर्षक कारपेट बनाने पर लगाया। उन्होंने इंडो-तिब्बतन स्टाइल पर काम किया, जो अपेक्षाकृत जल्दी तैयार हो जाते थे। यह रणनीति काम कर गई।

'सिल्क बेहतर मुनाफा तो देता था, लेकिन 8 बाय 8 के वूल कारपेट हमारी रोजी-रोटी* थे,' नंद किशोर सहमत होते हैं।

जयपुर रग्स मजबूत होती जा रही है, लेकिन चुनौतियां अभी भी बरकरार हैं। कंपनी का मकसद बुनकरों से प्रत्यक्ष काम लेने का ही है, लेकिन 20 प्रतिशत काम फिर भी बिचौलिये उठा ही लेते हैं। बाल मजदूरी के मामले में यह और अधिक पाया जाता है।

'हम उन्हीं बुनकरों को काम देते हैं, जो कानूनी रूप से काम करने की उम्र के होते हैं। हमारे सभी लूम्स रग मार्क फाउंडेशन के तहत रजिस्टर्ड हैं, जहां कभी भी जांच की जा सकती है।'

भविष्य के बारे में सोचते हुए, नंद किशोर चाहते हैं कि कंपनी की संपदा में बुनकरों का भी अच्छा शेयर हो। *फैबइंडिया* की राह पर चलते हुए वह उन्हें

* सिल्क कारपेट पर 18 प्रतिशत तक का मुनाफा था, जबकि सकल मुनाफा 6-7 प्रतिशत आता था।

'और आगे बढ़ने के लिए क्या-क्या योग्यता होनी चाहिए, यह मैं हमेशा खोजता रहता हूं।'

शेयरों में भागीदारी देना चाहते हैं। वह ऐसा भविष्य चाहते हैं, जहां कारपेट इस्तेमाल करने वाला, सीधा जाकर बुनकरों से कारपेट ले आए।

'एक भावनात्मक संबंध बहुत जरूरी है--कि यह कारपेट कहां से आया है, किसके हाथ से आया है।'

निकट भविष्य में हर लूम इस सपने को साकार करने की सीढ़ी बनेगा।

एक और बड़ा विचार है कि 'जयपुर रग्स' के बैनर तले न सिर्फ कारपेट बल्कि पर्दे और इंटीरियर का पूरा सामान बेचा जाए।

'और आगे बढ़ने के लिए क्या-क्या योग्यता होनी चाहिए, यह मैं हमेशा खोजता रहता हूं। सुबह उठकर आधा-पौना घंटा पढ़ता हूं। जब मैं ऑफिस आता हूं तो एकदम मजबूत होकर आता हूं!'

लेकिन इससे कोई फर्क नहीं पड़ता कि उन्होंने मैनेजमेंट की कितनी किताबें पढ़ी हैं, पर नंद किशोर 2 बातों को लेकर पूरी तरह स्पष्ट हैंः बुनाई और परिवार की खुशी। खासतौर से, 1977 से, अपनी बीवी सुलोचना की भूमिका।

'उन्होंने न सिर्फ मुझे नैतिक प्रोत्साहन दिया, बल्कि मेरे कारीगरों को चाय और खाना भी परोसा।'

बिजनेस के दबाव के अतिरिक्त, नंद किशोर कभी एक पिता की भूमिका को नहीं भूले। उनका रविवार घर पर ही, अपने बच्चों के साथ गुजरता है। साथ काम करने पर यकीनन उनमें कुछ मतभेद भी होते हैं।

बुनकर से लेकर मालिक तक, वे सब एक बड़ा परिवार हैं। चतुर हाथों और बड़े दिल से गूथे गए प्यार और सम्मान के धागे, उन्हें आपस में और मजबूत करते हैं।

*

युवा उद्यमी को सलाह

कुछ भी शुरू करने से पहले अपने आप को जानिए कि भाई मुझे क्या अच्छा लगता है, किस काम में आनंद आता है। और जो मुझे अच्छा लगता है क्या उसकी लोगों को जरूरत भी है। अगर हां, तो उसका उद्योग बन सकता है।

किसी और की देखा-देखी या ईर्ष्या या बड़ा बनने की इच्छा नहीं करें। जो सफल लोग हैं उन्हें देखकर अपने आप में खोजें कि मेरे अंदर क्या है।

पढ़ाई-लिखाई से नॉलेज ज्यादा बढ़ जाती है, लेकिन जमीनी वास्तविकता भी जानने की कोशिश करें। पढ़े-लिखे होने का घमंड नहीं होना चाहिए।

कम पढ़े-लिखे लोगों से भी सीखने को बहुत कुछ है। उनके पास जाएं, उनको प्रेम करें, उनसे दुनियादारी सीखें।

मैं बड़े-बड़े सीईओ से मिलता हूं। जब भी उनको नई समझ की जरूरत पड़ी तो उन्होंने पढ़ना, सीखना शुरू किया... ये काम तो मैं भी कर सकता हूं, आप भी कर सकते हैं। सभी के जीवन में उतार-चढ़ाव आते हैं, धीरज रखेंगे तो उतार-चढ़ाव पार हो जाएगा। जिस चीज में मैं यकीन करता हूं, जो मान्यताएं हैं, उन्हें कभी नहीं खोया मैंने।

किरिट जोशी

विवेक देशपांडे

पहला नशा

विवेक देशपांडे व किरिट जोशी–स्पेसवुड नागपुर (महाराष्ट्र)

1994 में, दो गहरे दोस्तों और इंजीनियरिंग कॉलेज के साथी रह चुके, विवेक देशपांडे और किरिट जोशी ने ऑफिस फर्नीचर बनाने की छोटी सी वर्कशॉप शुरू की। स्पेसवुड फर्नीचर मॉड्यूलर किचन का अगुआ बनने के साथ ही अब 200 करोड़ की सालाना आय वाला बिजनेस है।

'ये दोस्ती हम नहीं तोड़ेंगे...' सुपरहिट फिल्म *शोले* में जय और वीरू साथ-साथ यह गाना गाते हैं।

विवेक देशपांडे और किरिट जोशी से मिलकर मुझे ऐसा ही महसूस हुआ। बस वह गांव किनारे किसी सड़क पर, तेजी से जाते एक साइड कारवाले स्कूटर पर नहीं बैठे थे। ये दोनों दोस्त तो जिंदगी के हाइवे पर तेजी से दौड़ रहे थे।

उनकी पहली मुलाकात एक इंजीनियरिंग कॉलेज में हुई और तब से वह साथ हैं, पहले गहरे दोस्तों के रूप में और अब दोस्ती के साथ-साथ बिजनेस पार्टनर के रूप में। छात्रों को स्टडी मैटिरियल बेचते-बेचते, उन्होंने जल्द ही एक पब्लिशिंग कंपनी खड़ी कर ली। 'हमने अच्छे पैसे कमाए और एस्सार स्टील और एस्सार शिपिंग के शेयर में निवेश भी किया,' विवेक उन दिनों को याद करते हुए बताते हैं।

ग्रेजुएशन के बाद, वे दोनों एक ही कंपनी में नौकरी करने लगे और साथ ही साथ अपना बिजनेस भी चलाते रहे। लेकिन *वीआईपी* में काम करने के बाद भी, दोनों युवा किसी अच्छे मौके की तलाश में थे। वह मौका मॉड्युलर फर्नीचर के रूप में सामने आया। 'हमने वीआईपी के लिए काम करना शुरू किया, और फिर गोदरेज जैसी और बड़ी कंपनियों के साथ भी।'

आगे बढ़ते हुए उन्होंने एक नई तकनीक खोजकर, उसका भारत में लॉन्च किया। अगर आपने अपने घर में मॉड्यूलर किचन बनवाया है, तो बहुत संभव है कि उसे नागपुर की स्पेसवुड कंपनी में तैयार किया गया हो। एक ऐसी जगह जहां से आप भारत भर में कहीं भी सामान सप्लाई कर सकते हो।

पिछले 2 सालों में, विवेक और किरिट ने सफलता की सीढ़ियां चढ़ते हुए 'स्पेसवुड' के झंडे तले कई शोरूम लॉन्च किए हैं। साथ ही पिक्चर अभी बाकी है मेरे दोस्त।

'मूलभूत से किरिट सोचता है, और मैं उसकी सोच को आकार देता हूं,' विवेक बताते हैं। 'मैं उसके सपनों को हकीकत का जामा पहनाने की कोशिश करता हूं!'

यह पार्टनरशिप जय और वीरू की तरह है। प्यार, सम्मान और गहरी दोस्ती पर खड़ी इमारत की तरह।

'लोग कहते हैं कि एक बार शादी होने के बाद सब बदल जाएगा,' किरिट बताते हैं। 'लेकिन हम दोनों के लिए तो हमारी फैक्टरी ही हमारा पहला प्यार है।'

तोड़ेंगे दम मगर, तेरा साथ न छोड़ेंगे।

पहला नशा

विवेक देशपांडे व किरिट जोशी--स्पेसवुड नागपुर (महाराष्ट्र)

विवेक देशपांडे और किरिट जोशी नागपुर से हैं।

'मेरे पिता सिंचाई विभाग में थे, जबकि किरिट के पिता ओआरजी- एमएआरजी के साथ थे। लेकिन उसके दादाजी और मेरे दादाजी, दोनों किसान थे।'

यद्यपि, कुछ कारणों से, विवेक और किरिट दोनों की सोच एक जैसी थी--दोनों कुछ अपना करना चाहते थे।

'हमेशा से मेरे दिमाग में था कि जॉब में ज्यादा कुछ पड़ा नहीं है,' विवेक बताते हैं।

किरिट जब धमनगांव में अपने दादा/नाना के पास छुट्टियां बिताने जाते थे, तब उन्हें व्यापार में मजा आने लगा।

'खेती वैसे तो बिजनेस नहीं है, लेकिन मैं उन्हें सामान खरीदते, बेचते और हिसाब लगाते हुए देखा करता था। वह एक तरह से मेरे लिए सीखने का समय रहा।'

हालांकि, विवेक और किरिट, दोनों ने पारंपरिक मराठी माध्यम के स्कूल से पढ़ाई की थी, जहां पढ़ाई के अलावा शायद ही किसी अन्य चीज के लिए प्रोत्साहित किया जाता हो।

'वहां कोई सिंधी या मारवाड़ी बच्चे कभी कार में बैठकर स्कूल नहीं आते थे, जिन्हें देखकर आपको लगे कि अरे, मैं उनके जैसा बनना चाहता हूं, या कि मैं बिजनेस करना चाहता हूं।'

उस समय तक दो ही सम्मानीय व्यवसाय माने जाते थे--मेडिसिन या इंजीनियरिंग। विवेक और किरिट दोनों ने इंजीनियरिंग को चुना।

बहुत से अन्य बिजनेस साझेदारों की ही तरह, वे भी पहली बार कॉलेज में मिले। दरअसल, दोनों दोस्तों ने अपना पहला बिजनेस वीएनआईटी नागपुर, में मैकेनिकल इंजीनियरिंग करने के दौरान ही शुरू कर दिया था। पहला मौका, सैकंड ईयर के दौरान मिला, जब वे सीनियर्स स्टूडेंट्स के बनाए नोट्स से पढ़ाई कर रहे थे।

'वो नोट्स बहुत ही काम के थे। हमने सोचा की दूसरे छात्र भी इसे पढ़ना पसंद करेंगे!'

उस समय तक, नागपुर में प्राइवेट इंजीनियरिंग कॉलेज गिने-चुने ही थे। छात्रों को उनमें एडमिशन लेने के लिए 'डोनेशन' देना पड़ता था, लेकिन उन कॉलेज से पास हो पाना भी बहुत मुश्किल होता था।

'हमने कमीशन लेकर उन्हें स्टडी मैटिरियल बेचने का जिम्मा उठाया, और हर बिक्री के साथ 25 रुपए कमाए।'

एक दोस्त के स्कूटर पर एक कॉलेज से दूसरे कॉलेज, और हॉस्टल हॉस्टल जाकर, उन दोनों ने 100 कॉपियां बेच डालीं। तब विवेक और किरिट ने फैसला किया कि वो 'वी के पब्लिशर्स' खोलेंगे।

'हमने अन्य ब्रांचों में पढ़ रहे अपने दोस्तों से मिलकर उनसे पिछले 5 सालों के सवालों के जवाब तैयार करने को कहा, खासतौर पर मुश्किल विषयों के।'

वी के पब्लिशर्स ने वह मैटर टाइप करवाकर किताबें तैयार करके बेची। जब तक विवेक और किरिट फाइनल ईयर में आए, मार्केट में उनकी 20 किताबें आ चुकी थीं, जो पुणे और बंगलौर तक बिक रही थीं। उनके बिजनेस की 5 लाख रुपए प्रतिवर्ष की आय होने लगी थी।

'सैकंड ईयर के बाद, हमने कभी अपने मां-बाप से पैसे नहीं लिए, यहां तक कि फीस के लिए भी नहीं। लेकिन सच में हमने वह काम पैसों के लिए शुरू नहीं किया था,' विवेक ने बताया।

उस समय उनके पास एक स्पोर्ट्स साइकिल हुआ करती थी, जिसे वह जब भी चलाते, तो खुद से यही कहा करते, 'इसी रास्ते पर मैं एक दिन गाड़ी

लेकर चलूंगा।'

विवेक और किरिट दोनों का ही मानना था कि वह गाड़ी अपने बिजनेस से बचाए पैसों से ही खरीदेंगे, किसी दूसरे की नौकरी करके नहीं।

'एक बार जब शेर के मुंह खून लग जाता है, तो वह आदमखोर बन जाता है। उसी तरह, जब एक बार छोटी सी भी सफलता हाथ लग जाती है, तो इंसान पीछे मुड़कर नहीं देखता, आपको और ज्यादा चाहिए होता है!'

पब्लिशिंग बिजनेस बहुत बढ़िया से शुरू हुआ था लेकिन वे कुछ और बड़ा चाहते थे। तो, वे हर तरह से एक 'आइडिया' की तलाश में लग गए। वे अलग-अलग इंडस्ट्री में जाते, प्रोजेक्ट रिपोर्ट पढ़ते और बहुत से लोगों से मिलते।

'कृषि उद्योग से लेकर होटल उद्योग तक, हमने जो भी सुना उसे छान मारा। लेकिन कुछ जम नहीं रहा था!'

हालांकि, अब उनके परिवार वाले तर्क करने लगे थे।

'जब तक हम पढ़ रहे थे, हम कहते--फर्स्ट क्लास के ऊपर ही आएगा, आप चिंता मत करो। लेकिन आखरी साल में वे दबाव बनाने लगे--नौकरी करो, कुछ तो अनुभव मिलेगा।'

तो विवेक और किरिट कैंपस इंटरव्यू के लिए तैयार हो गए। उनकी योजना थी कि नागपुर में ही कोई जॉब मिल जाए, ताकि वे अपना बिजनेस कर सकें। किस्मत से विवेक का चयन किर्लोस्कर, ग्लैक्सो और वीआईपी इंडस्ट्री में हो गया, जबकि किरिट का नाम वीआईपी की वेटिंग लिस्ट में ही आ पाया था। विवेक ने वीआईपी के ऑफर को ठुकरा देने का मन बनाया, क्योंकि उस नौकरी के लिए शहर से बाहर जाना पड़ता।

कुछ दिनों बाद वह एक अन्य सहपाठी से मिले, जिसे वीआईपी में नौकरी मिली थी, और वह भी नागपुर में ही।

'मैं तो बेवकूफ बन गया। फिर मैंने एक खत और एक टेलीग्राम वीआईपी में भेजा, यह कहते हुए कि मैं किन्हीं कारणों से जॉइन नहीं कर पाया, क्या मुझे एक और मौका मिल पाएगा।'

कंपनी का जवाब एक टेलीग्राम के रूप में आया, '21 से काम शुरू कर दो।'

किरिट अभी भी वेटिंग लिस्ट पास होने का इंतजार कर रहे थे। 20 तारीख

'टिपिकल महाराष्ट्रियन मिडिल क्लास सोच क्या है, रोजी आधी भाकर, वो मिल गया तो खुश है।'

'एक बार आप बिजनेस करना शुरू करते हैं, तो आपके मुंह में खून लग जाता है। फिर आपको कुछ भी करके सफल होना पड़ता है, बॉस करना ही करना है...'

तक किरिट को कोई जवाब नहीं मिला था, विवेक एक बार फिर से ऑफर ठुकराने का निर्णय कर चुके थे।

'हमने सोचा कि बेहतर होगा हम दोनों एक ही कंपनी में काम करें, इससे हमें बिजनेस करने में भी सहूलियत होगी।'

22 की सुबह, किरिट को वीआईपी कंपनी से अपॉइंटमेंट लैटर मिला, 'तुरंत जॉइन करो।'

अब विवेक सच में परेशान थे--ऐसा कैसे हुआ? हैरानी की बात थी कि उसके ठीक 5 दिन बाद, विवेक के पास वीआईपी कंपनी से लैटर आया, '27 से काम पर आ जाओ।'

इसे जादू कहो या संजोग, आखिरकार दोनों दोस्त एक ही कंपनी में काम कर रहे थे--वीआईपी के लगेज डिपार्टमेंट में। विवेक मैन्यूफैक्चरिंग (उत्पादन) डिपार्टमेंट में था, तो किरिट परचेज (खरीद-फरोख्त) डिपार्टमेंट में।

'किरिट व्यापारिक मामले देखता है, और मैं तकनीकी--शुरू से यही हमारा कॉम्बो रहा है।'

नौकरी के साथ-साथ दोनों अपना पब्लिशिंग बिजनेस भी चालू रखे हुए थे। यहां तक कि टूर पर भी वे लोग शाम को प्रूफ पढ़ने में उलझे रहते थे।

'कंपनी गेस्ट हाउस का मैनेजर सोचता था कि हम कॉम्पिटिशन एग्जाम की तैयारी कर रहे हैं!'

चूंकि बुधवार को वहां साप्ताहिक छुट्टी रहती थी, तो विवेक सारा मैटेरियल लेकर मंगलवार की रात को नागपुर के लिए निकल जाते। बुधवार तक प्रिंटिंग का काम पूरा हो जाता और अगली सुबह तक बाइंडिंग भी। उस शाम किरिट सारी किताबें लेकर उनका डिस्ट्रीब्यूशन शुरू कर देते।

लेकिन जल्दी ही, एक नया अवसर खुद ब खुद उनके सामने आकर खड़ा हो गया।

वीआईपी इंडस्ट्री ने एक कैनेडियन कंपनी के साथ ऑफिस-फर्नीचर बनाने का अनुबंध साइन किया। उनके सामने बड़ी चुनौती थी अच्छा सप्लायर ढूंढ़ने की। भारत में, सोफा-सेट या डाइनिंग टेबल सटीक नाप-तोल से नहीं बनाए जाते थे। एक-आध का इधर-उधर होना कोई बड़ी बात नहीं थी। जबकि यह मॉड्यूलर सिस्टम था, जहां मिलीमीटर में भी नाप-तोल चलती थी।

'हम परेशान थे कि कोई भी सप्लायर यह काम करने को तैयार नहीं था। तो हमने सोचा--क्यों न हम ही यह काम शुरू कर दें?'

जब उन्होंने जनरल मैनेजर, मि. कुलकर्णी से इस बारे में बात की, तो वह बोले, 'तुम लोग यह करना चाहते हो, ठीक है। लेकिन तुम्हें नौकरी छोड़नी पड़ेगी।'

कोई बात नहीं, उन्होंने जवाब दिया।

'देखना बाद में मत बोलना गलती हो गई, वापस ले लो।'

'सर, आप चिंता मत कीजिए, उसका कोई चांस नहीं है!'

वे लोग कमाने के लिए काम नहीं कर रहे थे, बल्कि सीखने के लिए कर रहे थे। उनका मकसद सिर्फ बिजनेस के लिए कोई सही लाइन ढूंढ़ना था। तो मार्च 1994 में, डेढ़ साल काम करने के बाद, दोनों दोस्तों ने 65,000 रुपए लोन लेकर लकड़ी के काम की एक लोकल मशीन खरीद ली। और 1500 वर्गफुट के एक किराए के शेड से काम करना शुरू कर दिया।

'उनका सर्कुलर देखकर, हम उनकी नाप अनुसार सटीक पीस तैयार कर देते,' विवेक बताते हैं। 'यहां हमारी इंजीनियरिंग पृष्ठभूमि बहुत काम आई।'

कुछ महीने बाद, वीआईपी ने कनाडा की कंपनी से पुरानी मशीनें ले लीं। हालांकि वे अपनी यूनिट बनाने के बजाय उन मशीनों को लीस पर देना चाहते थे। यकीनन, किरिट और विवेक उन मशीनों पर काम करने के लिए बेकरार थे।

लेकिन इसमें एक शर्त थी: 'महाराष्ट्र इंड्रस्ट्रियल डेवलपमेंट कॉरपोरेशन (एमआईडीसी) में आपकी अपनी शेड होनी चाहिए।'

एक शेड की कीमत 12 लाख रुपए थी। इतना पैसा कहां से आता?

'पिछले 18 सालों से हम हर साल एक मशीन खरीद रहे हैं। कोई भी साल ऐसा मेरा ऐसा नहीं गया कि मैंने मशीन नहीं ली।'

'हम एक चार्टर्ड अकाउंटेंट के पास गए और उसने कहा, "हां, सब जमा देंगे।"'

इस विश्वास के साथ युवा उद्यमी वीआईपी में गए, और कहा, 'हमारी शेड तैयार है, हमें मशीनों की फोटो दिखाइए।'

जीएम ने पलटवार किया, 'पहले मुझे अपनी शेड की फोटो दिखाओ!'

इस तरह बॉल कभी इस पाले में थी, तो कभी दूसरे पाले में, आखिरकार डील फाइनल हुई। जनरल मैनेजर कुलकर्णी ने वादा किया था कि लीज कम से कम 3 सालों के लिए होगी, और वीआईपी से लगातार काम मिलता रहेगा।

1 जनवरी 1995 को, विवेक और किरिट काम करने के लिए नई जगह पर आ गए। मशीनें आ गई थीं, लेकिन कोई नहीं समझ पा रहा था कि उन्हें असेंबल कैसे किया जाएगा।

'हम कैटलॉग में से फोटो देखकर उन्हें समझ रहे थे! इसी तरह गलती कर-करके ही हमने उन्हें चलाना सीखा।'

आखिरकार प्रोडक्शन शुरू हुआ लेकिन अगली परेशानी भी सिर उठाए खड़ी हो गई।

'सीए हमारा लोन नहीं करवा पाया। हम पहले ही अपनी जेब से एक लाख रुपए की डाउन पेमेंट दे चुके थे... अब हम फंस गए थे!'

मकान मालिक तो आग उगल ही रहा था।

'मेरा पैसा दो या खाली करो।'

आखिरकार, विवेक और किरिट उसके पास गए और कहा, 'हम तो फेल हो गए।'

मकान मालिक पक्का व्यापारी आदमी था। वह कहने लगा, 'तुम बैंक को भी तो ब्याज देने वाले थे। उसके बजाय अब तुम मुझे ही दे दो!'

इस तरह 'ईएमआई' पर उस युवा कंपनी का काम चलने लगा। इसके बाद उन्होंने कभी पीछे मुड़कर नहीं देखा। बिजनेस भी दिन ब दिन बढ़ता गया।

इतना ही नहीं, 9 महीनों बाद, वीआईपी ने अपनी यूनिट डालने का फैसला कर लिया। अब, उन्हें अपनी मशीनें वापस चाहिए थीं।

'हमने कॉन्ट्रेक्ट किया था, लेकिन यह निर्णय मैनेजमेंट का था... हमारे पास कोई विकल्प नहीं था।'

वह बुरा समय था, लेकिन विवेक और किरिट फैसला कर चुके थे--*शो मस्ट गो ऑन*। तब तक वह पब्लिशिंग बिजनेस भी छोड़ चुके थे, खासतौर से मार्केट में पाइरेटिड किताबें आने की वजह से।

'हमने लगभग सालभर तक दोनों बिजनेस साथ में चलाए, लेकिन पब्लिशिंग को संभालना अब हमारे लिए मुश्किल होता जा रहा था। और मार्केट में नकली किताबों की भी बाढ़ सी आ गई थी!'

लकड़ी के काम में यकीनन अच्छा भविष्य था--पहले साल की कमाई लगभग 19 लाख रुपए हुई थी। लेकिन अब बिना मशीनों के कैसे काम किया जा सकता था? कुछ समय के लिए, युवा उद्यमियों ने अपनी पुरानी मशीनों से काम चलाया। कुछ समय बाद उन्होंने पैसा जमा करके जर्मनी से एक सैकंड हैंड मशीन खरीद ली।

'हमारी पहली इम्पोर्टेड मशीन अक्टूबर 1996 में आई, जिसकी कीमत 5.5 लाख रुपए थी।'

अब चुनौती थी कि काम कहां से लाया जाए।

'हमने एक महत्वपूर्ण सबक सीखा--आपको कभी भी एक खरीदार के भरोसे नहीं रहना चाहिए। आपको मार्केट तक पहुंच बनानी ही होगी।'

किरिट याद करते हैं कि वह कैसे ऑर्डर की तलाश में एक-एक ऑफिस में जाया करते थे। बहुत से लोग उनसे लंबा इंतजार करवाते, और फिर भी मिलने से मना कर देते।

'मैं उन्हें मनाने की कोशिश करता--आप हमें मौका तो देकर देखिए, हमारी क्वालिटी देखिए। इस तरह हमने धीरे-धीरे उनका भरोसा जीता।'

एक और बात थी कि भले ही वीआईपी ने उनके साथ ठीक नहीं किया था, लेकिन दोनों युवाओं ने उनके साथ संबंध खराब नहीं किए थे। दूसरा वेंडर जिसने तुरंत ही मशीनें लीज पर ले ली थीं, उनके जैसे ही प्रोडक्ट बनाकर उनका मुख्य प्रतिद्वंद्वी बन गया था। लेकिन विवेक और किरिट वह राह छोड़ चुके थे।

'बिजनेस करने के लिए, सिर्फ कैरेक्टर दबंग होना चाहिए।'

'वीआईपी का बिजनेस काफी बढ़ गया, और वह मांग पूरी नहीं कर पा रहे थे। वे एक बार फिर से हमारे पास काम के लिए आए!'

इस तरह स्पेसवुड* को भरोसेमंद खरीदार और कमाई मिलती रही। कंपनी ने जो भी मुनाफा कमाया उसे मशीनें खरीदने में लगाया।

'हर 6-8 महीने में हम एक मशीन खरीद लेते--उस समय कीमत लगभग 3 लाख रुपए पड़ती।'

मशीनें बढ़ने के साथ ही उन्हें चलाने के लिए कारीगरों की भी जरूरत होने लगी। विवेक बाइक ले जाकर बड़ी कंपनी, जैसे महिंद्रा एंड महिंद्रा के सामने खड़े दिहाड़ी मजदूरों को बिठा लाते।

'तुमको काम चाहिए? आओ मेरे साथ।'

कारीगर बाइक पर बैठकर आ जाते। वर्कशॉप में विवेक उन्हें मशीन चलाने के लिए प्रशिक्षित करता। फैक्टरी में सुबह 7 बजे से लेकर शाम 7 बजे तक काम चलता।

'मैं जल्दी सुबह आकर फैक्टरी खोल लेता,' विवेक बताते हैं। 'किरिट बाद में लंच लेकर आता। हम साथ में खाना खाते, शाम को वह देर तक रुकता और फैक्टरी बंद करके जाता।'

मुख्य रूप से उत्पादन का काम विवेक संभाल रहे थे, और व्यापारिक जिम्मेदारी किरिट ने उठा रखी थी। परिणामस्वरूप माल बेहतर और कम से कम दाम में तैयार हो रहा था।

'हमारा कॉम्बो बहुत अच्छा था।'

तीन साल के छोटे से समय में ही स्पेसवुड की सालाना आय 5 करोड़ का आंकड़ा छू रही थी। वीआईपी के अलावा वे शपुरजी पालन्जी और गोदरेज

* कंपनी को न्यूटेक सिस्टम नाम से शुरू किया गया था, लेकिन अब इसे स्पेसवुड फनीशर्स के नाम से जाना जाता है। इसीलिए अध्याय का नाम भी स्पेसवुड ही दिया गया है।

को भी ऑफिस फर्नीचर सप्लाई कर रहे थे।

1997 में, दोनों साझेदारों ने पहली बार--कोलोन और हेनोवर में इंटरजुम-लिग्ना की फर्नीचर प्रदर्शनी में भाग लेने के लिए--यूरोप की यात्रा की। वहां वे 'मेम्ब्रेन-प्रैस टैक्नोलोजी' से बहुत प्रभावित हुए। एक ऐसी तकनीक जिसमें वह बिना लकड़ी के इस्तेमाल के वैसी ही लकड़ी बना लेते हैं।

'दरअसल वह पीवीसी फॉइल से तैयार होती है, जिसका टॉप एमडीएफ का है--जिससे वह देखने में लकड़ी जैसा लगता है। और वह लकड़ी से 5 गुणा सस्ता भी पड़ता है और साथ ही वॉटर प्रूफ भी है!'

इसलिए वह रसोई में इस्तेमाल किया जाता है, और यूरोप में वह बहुत चलन में है। यद्यपि विवेक को उसकी तकनीक ने आकर्षित किया, वहीं किरिट को वह ज्यादा मुनाफे का सौदा लगा।

'हमें भारत में इस नए प्रोडक्ट को लॉन्च करने का आइडिया बेहद पसंद आया।'

उस समय तक भारत में किसी ने मॉड्यूलर किचन का नाम भी नहीं सुना था। उन्होंने इस बारे में जिससे भी बात की, उसने उन्हें हतोत्साहित ही किया।

'भारत में ऐसे प्रोडक्ट नहीं चलेंगे,' वे कहते।

लेकिन विवेक और किरिट को भरोसा था--यह जरूर चलेगा। उन्होंने जर्मनी से इसके लिए 50 लाख रुपए की मशीन खरीद ली। चूंकि उनके पास मशीन रखने की जगह नहीं थी, इसलिए स्पेसवुड को इसके लिए साथ वाला प्लॉट भी खरीदना पड़ा। जमीन खरीदने के लिए उन्होंने स्टेट बैंक ऑफ इंडिया से लोन लिया।

बैंक को जमानत के तौर पर कुछ चाहिए था, जो कंपनी के पास नहीं था।

'मैंने अपने पापा को बैंक के पास सिक्योरिटी के तौर पर घर देने को मनाया,' विवेक बताते हैं।

फिर एमआईडीसी में प्लॉट एन-7 में आखिरकार मशीन लग ही गई। पहले कुछ महीने तो काम बहुत ही धीमा रहा। तकनीक एकदम नई थी, इसलिए शायद ही कोई ऑर्डर आता था। हद से हद, महीने में एक सप्ताह ही मशीन चल पाती थी। लेकिन विवेक और किरिट का विश्वास नहीं डगमगाया।

'अगर आप सोचो कि "समस्या मेरी है, और मैं इसे किसी और पर नहीं डाल सकता," तभी आप उसे हल कर पाओगे!'

एक बीज को भी पनपने के लिए कुछ समय चाहिए होता है। जब तक आप गमले में पानी डालकर उसे धूप में रखते रहिए।

'हम आर्किटेक्ट के पास सैंपल के छोटे-छोटे पीस भेजते--नई तकनीक के बारे में बताने के लिए!'

स्पेसवुड के प्रोडक्ट रसोई में दरवाजे बनाने के लिए पसंद किए गए। थोड़ा समय लगा, लेकिन उनका आइडिया चल निकला। दो साल बाद कंपनी को कुछ मुनाफा होने लगा। साल 2000 तक कंपनी की सालाना आय 35 करोड़ रुपए थी।

यकीनन अब लोगों का ध्यान इस ओर आया, और कुछ लोगों ने काम करना शुरू भी कर दिया। सप्लायर बढ़ने से अब कीमत पर दबाव आने लगा।

'हमने सोचा कि कॉम्पिटिशन के बावजूद अब आगे कैसे बढ़ा जाए। हमने मौके का फायदा उठाने का सोचा!'

किरिट को अहसास हुआ कि अगर ज्यादा वेंडर मेम्ब्रेन टैक्नोलोजी अपनाएंगे, तो सभी को कच्चे माल की जरूरत होगी। जो प्रीलेमिनेटिड पार्टिकल-बोर्ड होता है। इसलिए कंपनी ने प्रीलैम और एमडीएफ (मीडियम डेंसिटी फाइबर बोर्ड) बनाने का प्लांट लगा लिया।

ऐसा प्लांट लगाने के लिए, ज्यादा जगह की जरूरत थी। तो 2003 में, स्पेसवुड ने एमआईडीसी में 6 एकड़ का प्लॉट लेकर नई फैक्टरी शुरू कर ली।

'उसके बाद हमारा कोई कंपीटीटर नहीं बचा। हर कोई या तो हमसे कच्चा सामान ले रहा था, या तैयार माल।'

हालांकि चुनौतियां कभी कम नहीं होतीं। भारत में, रेडीमेड फर्नीचर का बाजार अपेक्षाकृत छोटा ही रहा है। यहां बढ़ई सस्ते में मिल जाते हैं, तो अधिकांश लोग अपने सामने बनवाने को वरीयता देते हैं।

'टिपिकली हमारे अंदर एक डिजाइनर छिपा होता है। हम कुछ किताबें देखकर, उसमें थोड़े हेर-फेर से अपना डिजाइन तैयार करवा लेते हैं। फिर उसका

दिखावा करना ज्यादा पसंद करते हैं!'

किसी सोच में बदलाव लाना बहुत मुश्किल होता है। और वो भी नागपुर में बसी किसी कंपनी के लिए, जो मूल रूप से एक मैन्यूफैक्चरिंग यूनिट ही थी।

'हमारी बिक्री या प्रचार का लक्ष्य कभी भी एक ग्राहक नहीं था, हमने हमेशा बड़े खरीदारों जैसे गोदरेज इत्यादि को ध्यान में रखा।'

किचन सेगमेंट में, स्पेसवुड ने देशभर के डीलरों से करार किया है, जिसमें 'स्लीक किचन' जैसे स्पेशलिस्ट चेन भी शामिल हैं। लेकिन इसमें बड़ा बदलाव तब आया, जब स्पेसवुड ने फ्यूचर ग्रुप के साथ करार किया।

2007 में, किशोर बियानी ने होमटाउन नाम से एक नए रिटेल फॉरमेट को लॉन्च किया। इस स्टोर में वह सब सामान रखा गया, जो एक मकान को घर बनाने के लिए जरूरी होता है। मॉड्यूलर किचन के लिए उन्होंने स्पेसवुड को चुना।

'मैं अपनी कंपनी के विकास का श्रेय रिटेल के संगठन को दूंगा,' विवेक कहते हैं।

बिग बाजार की हर साल 26 जनवरी को आने वाली स्कीम 'सबसे सस्ता दिन' के पांच दिनों में 1000 से ज्यादा ऑर्डर मिल जाते हैं।

'यकीनन ऐसे थोक ऑर्डर में मुनाफा ज्यादा नहीं होता, लेकिन एक फैक्टरी के लिहाज से यह अच्छा है,' किरिट कहते हैं।

आखिरकार, उत्पादन उर्वरता का ही खेल है। आपके पास जितने ज्यादा ऑर्डर होंगे, उतना ही खाली समय कम होगा।

'हम अब तैयार माल की बजाय, कच्चा माल रखते हैं,' विवेक बताते हैं।

स्पेसवुड में किसी भी समय तैयार पार्टिकल बोर्ड के 150 से ज्यादा कंटेनर तैयार रहते हैं। हर रसोई की अपनी अलग जरूरतें होती हैं। जैसे ही कोई ऑर्डर मिलता है, तैयार बोर्डों को जरूरत के नाप और आकार में काट दिया जाता है।

2010 तक मुंबई, बंगलौर और हैदराबाद जैसे शहरों में ग्राहक अब अपनी अलमारी के लिए भी इसे खरीदने में रुचि दिखा रहे हैं। इस तरह स्पेसवुड बेडरूम में भी प्रवेश कर गया है। अब कंपनी ऑफिस और घर के फर्नीचर के साथ-साथ

'बहुत से रिटायर लोगों को देखकर, मुझे यकीन हो गया था कि हम काम करना कभी बंद नहीं कर सकते!'

कच्चे माल की भी सप्लाई अपने क्लाइंटों के साथ मुख्य पार्टनर के रूप में कर रही है।

'हम सिर्फ निर्देशों के अनुसार ही माल की सप्लाई नहीं करते, बल्कि हम जगह के मुताबिक डिजाइन और स्टाइल भी अपने ग्राहकों को दिखाते हैं। यह एक नई अवधारणा थी।'

स्पेसवुड की सफलता का फॉर्मूला बहुत ही साधारण हैः भारतीय मानदंडों के अनुसार अपनाई गई यूरोपियन शैली। भारतीय खरीदारों की जरूरतें भिन्न हैं, जैसे उन्हें बैड के अंदर अलग से जगह और अलमारी के अंदर 'लॉकर' की दरकार होती है।

'हम छोटी-छोटी चीजों का ध्यान रखते हैं, जैसे भारतीय अलमारी में ज्यादा खानों की जरूरत होती है। क्यों? क्योंकि हम जब अपने कपड़ों को धोबी को देते हैं, तो वे वापस दोहरी तह होकर आते हैं।'

भारतीय सोच ने स्पेसवुड को एक बढ़त देते हुए उसे चीन के वैंडरों से आगे रखा। और इसी का विस्तार आगे फुटकर व्यापारियों तक भी हुआ।

'अगर आप चीन से माल खरीदते हैं, तो आपको पूरा कंटेनर लेना पड़ता है। हम तो बहुत ही किफायती दामों में 20 पीस तक भी सप्लाई कर देते हैं।'

स्पेसवुड ने चीन में भी एक छोटी फैक्टरी लगाई है--वहां की शैली को समझने और कुछ प्रेरणा लेने के लिए।

'मुझे यह आदत दूसरों का निरीक्षण करने से हुई। मैं जानना चाहता हूं कि दूसरे लोग कैसे काम करते हैं, वे हमसे बेहतर कैसे हैं,' किरिट ने कहा।

ऐसी ही प्रेरणा शुरुआत में कानपुर की अमित पोलीसीट कंपनी से मिली, जहां किरिट वीआईपी में काम करने के दौरान अक्सर जाते थे। उस कंपनी का काम करने का तरीका, उनकी व्यापारिक रणनीति, फैक्टरी यहां तक कि मालिक के बंगले ने भी युवा इंजीनियर को प्रभावित किया।

'पैसे कमाने और काम करने की प्रेरणा मुझे अमित पोलीसीट से मिली।'

मार्च 2010 तक, 65,000 रुपए के लोन से शुरू की गई कंपनी सालाना 125 करोड़ रुपए तक की कमाई करने लगी थी। यद्यपि इसके मालिक अब भी बेचैन थे। 1 से 10 तक की पैमाने में उन्होंने खुद को 4 या हद से हद 5 नंबर दिए।

'महत्वपूर्ण था कि हमने बहुत से पैसे कमाए थे, और हम कभी भी उसे वापस बिजनेस में लगाने से नहीं हिचकिचाए। विकास के लिए यह जरूरी तथ्य है।'

लेकिन एक 'वेंडर', यहां तक कि दूसरे फुटकर व्यापारियों के 'पार्टनर' के रूप में भी एक सीमा थी। उसी समय 'स्पेसवुड' को एक ब्रांड के रूप में पेश करने पर अनेक विवाद खड़े हो सकते थे। विवेक और किरिट इस दुविधा से उबरे और आखिरकार उन्होंने अपने एक्सक्लूसिव शोरूम खोलने का निर्णय लिया।

ऐसा करने के लिए, कंपनी को अलग तरह से सोचने की जरूरत थी।

'हमने एक महत्वपूर्ण निर्णय लिया कि हम अपनी कंपनी को एकल स्वामित्व वाली कंपनी से एक प्रोफेशनल कंपनी का रूप देंगे।'

इस दिशा में उठाया गया पहला कदम था, मिस्टर सुधेम--वीआईपी में किरिट के बॉस--को एक्जिक्यूटिव डायरेक्टर बनाना। इससे मार्केटिंग और डिजाइनिंग में व्यवसायी प्रतिभाओं को आकर्षित करने में मदद मिली।

विस्तार के साथ ही बेहतर वित्त योजना की भी जरूरत थी--किरिट की पसंद का क्षेत्र। बैलेंस शीट के साथ उनके प्यार की शुरुआत तभी हो गई थी, जब वे पढ़ ही रहे थे।

'उस समय हम अपने कमाए पैसे शेयर बाजार में लगाते थे। तो मुझे बैलेंस शीट के बारे में काफी कुछ जानना पड़ा!'

विवेक मानते हैं कि किरिट किसी चार्टेड अकाउंटेंट से ज्यादा जानता है।

'यकीनन चार्टेड अकाउंटेंट को ज्यादा जानकारी होती है, लेकिन मेरा नजरिया बिल्कुल अलग है... एक बिजनेस के हिसाब से।'

हालांकि सीए को पारंपरिक तरीके से प्रशिक्षित किया जाता है, जो जोखिम उठाने से बचने का रास्ता लेता है, वहीं एक उद्यमी की नजर विकास पर टिकी होती है। मूल रूप से दोनों में यह फर्क है।

'दरअसल, हम दोनों ही निम्न मध्यवर्ग से हैं, आप जितने गरीब होंगे, जोखिम लेने की हिम्मत उतनी ही ज्यादा होगी,' किरिट हंसते हुए कहते हैं।

बस मैदान में उतरते ही बॉल का सामना करने के लिए तैयार रहो।

'जब सहवाग ने बैटिंग करनी शुरू की, वह नहीं जानता था कि वह कितने रन बनाएगा। जैसी गेंद आई, वह मारता गया। हमारे पहले 15 साल ऐसे ही थे।'

बल्लेबाज के पास पहले शतक के लिए कोई योजना नहीं होती है, एक बार सैंकड़ा जड़ देने के बाद वह आगे सोच-समझकर खेलता है। बिजनेस के साथ भी यही है। स्पेसवुड ने भी अब अपने लक्ष्यों को ध्यान में रखकर अपनी रणनीति बनाने का काम शुरू किया है।

मार्च 2013 में, स्पेसवुड ग्रुप की सालाना आय 210 करोड़ रुपए थी। भारत भर के शहरों में कंपनी के 12 शोरूम खुल गए हैं। उनका लक्ष्य अगले 3 सालों में 50 से ज्यादा शोरूम खोलने का है।

कारीगर जो दो युवा इंजीनियरों की शुरुआती कंपनी में काम करने के लिए आए थे, वे आज भी उनके साथ काम कर रहे हैं। कंपनी में 1000 से ज्यादा लोग काम कर रहे हैं, जिनमें 80 प्रतिशत तो फैक्टरी में ही है और बाकी के लोग प्रबंधन में जुड़े हैं। फैक्टरी में स्थायी और करार वाले, दोनों ही तरह के कारीगर हैं।

'सभी स्थायी मजदूरों को न्यूनतम वेतन का दोगुना व तिगुना मिलता है। हम बहुत खुश हैं कि पिछले 18 सालों में हमें कभी मजदूरों की नाराजगी या हड़ताल जैसी स्थितियों का सामना नहीं करना पड़ा है!'

इसका राज सिर्फ पैसा नहीं है, बल्कि परस्पर समझ और आदर की भावना है।

'हम दोनों का ही रोज के कामों में छोटे से छोटे मजदूर से वास्ता पड़ता रहता है। हमारे बीच कभी ऐसा नहीं है कि ये डायरेक्टर है, या मालिक है, यहां तक कि बहुत से निर्णय तो ये कारीगर ही अपने स्तर पर लेते हैं।'

यही भाव किरिट और विवेक अपने क्लाइंट संभालने में भी रखते हैं। जब गोदरेज ने पुणे में अपना पार्टिकलबोर्ड बनाने का प्लांट लगाया, तो स्पेसवुड को टेक्नीकल कंसल्टेंट के पद की पेशकश दी।

'जब सहवाग ने बैटिंग करनी शुरू की, वह नहीं जानता था कि वह कितने रन बनाएगा। जैसी गेंद आई, वह मारता गया।'

'हम तुरंत ही मान गए क्योंकि हम कभी नहीं भूले थे, कि उन्होंने हमारे बिजनेस के शुरुआती दिनों में हमारी कितनी मदद की थी।'

बहुत से बाहरी निजी निवेश का ऑफर मिलने पर भी विवेक और किरिट ने कभी अपनी कंपनी के लिए उसे नहीं स्वीकारा। कंपनी सिर्फ खुद के पैसों और बैंक के लोन पर ही खड़ी हुई है। हालांकि अप्रैल 2013 में, स्पेसवुड ने बैनेट, कोलमैन एंड कंपनी (*द टाइम्स ऑफ इंडिया* के प्रकाशक) के साथ एक डील की है। बीसीसीएल ने इसके 4 प्रतिशत शेयर लिए है, जिसके बदले में वे इसका प्रचार और ब्रांड विजिब्लिटी संभालेंगे।

'अभी भी इस बिजनेस ने हमें बांध रखा है। जिस दिन हम इससे उकता जाएंगे, हम इसे अपना योगदान देना बंद कर देंगे, तब हम बस इसके निवेशक बनकर रहेंगे... हम छुट्टियां ले लेंगे।'

हालांकि इसके दोनों संस्थापक पूरी तरह से काम में जुटे रहे थे, लेकिन अब उनके जीवन में कुछ संतुलन आता दिखता है। पहले 12 सालों में साल के 365 दिन और 24 घंटे काम करने वाले युवा अब सप्ताह में 6 दिन काम करके कुछ समय अपने परिवार के लिए भी निकालने लगे हैं।

'शुरुआत में हमने बहुत काम किया--माल बनाना, भेजना, बिल बनाना सबकुछ। अब अधिकांश काम मैनेजमेंट संभालता है,' किरिट बताते हैं।

जज की तरह, जो 'काम' तो कुछ घंटे ही करते हैं, लेकिन अपना ज्यादातर समय कानून के दावं-पेंचों को समझने में लगाते हैं--ताकि सही फैसले लिए जा सकें।

'इसी तरह, अगर मैं यहां हूं, तो मुझे पूरी तरह एकाग्र होना ही होगा। अभी हमें बहुत लंबा सफर तय करना है।'

अपनी आंखें सड़क पर और हाथ स्टीयरिंग व्हील पर रखो! और चल पड़ो... नागपुर से, भारत के केंद्र से, कहीं भी, जहां राह मिले।

*

युवा उद्यमियों को सलाह

किरिट

मेरी सलाह है कि जो भी करो मन से करो--फिर चाहे वह नौकरी हो या बिजनेस। अगर आप में काम के प्रति जुनून है, तो पैसे के पीछे मत जाओ। पैसा खुद आपके पीछे आएगा।

मेहनत करो, एकाग्रता लाओ, यहां-वहां मत भटको। एकाग्रता आपको गहराई देगी, इससे आप दक्ष बनोगे। एक पल को आपको लग सकता है कि कोई दूसरा अलग-अलग चीजें करके ज्यादा पैसा बना रहा है। लेकिन, अंततः, एकाग्रता आपको कहीं ज्यादा देती है। आज के संदर्भ में, कोई भी थोड़ा सा दिमाग लगाकर, बिजनेस शुरू करके पैसा कमा सकता है। लेकिन हां, उसके लिए आपको निडर होना ही होगा।

एक बार सेना में भर्ती होने के बाद आप मरने से नहीं डर सकते। ऐसे ही बिजनेस में उतरने के बाद पैसों की चिंता छोड़नी ही होगी। अगर आपने पैसे के बारे में सोचा, तो पहले ही दिन से आपकी हार तय है।

याद रखो, पैसा आपको रोकता है। खुद से कहो, 'मैं इस व्यवस्था में आखरी इंसान हूं। अगर मैं यह नहीं कर पाया, तो कोई नहीं कर पाएगा।' फिर चाहे समस्या तकनीक की हो या वित्त की, आप उसे हल कर ही लेंगे। एक बार आपको इसकी आदत हो जाएगी, तो आप पूरी दुनिया को जीत सकते हैं।

विवेक

मेरा मंत्र है *कर्मण्येवाधिकारस्ते, मा फलेषु कदाचन*। (अपना कर्म करो, और फल की चिंता छोड़ दो)। आप जो भी करो पूरे मन से करो। तुरंत फल की उम्मीद मत करो... धीरज रखो।

अगर आप पूरे मन से काम करोगे, तो आखिर में सफलता आपकी ही होगी।

मिर्च-मसाला

सी वी जेकब–सिंथाइट
कडायिरुप्पु (केरल)

जापान में एक प्रदर्शनी के दौरान, सी वी जेकब 'ओलियोरेसिंस', से प्रभावित हुए, एक तकनीकी चुनौती भरा उद्योग, लेकिन उनके अपने राज्य की महक के काफी करीब। चार दशक बाद, 1000 करोड़ रुपए की कंपनी सिंथाइट, मसालों के क्षेत्र में भारत की सबसे बड़ी कंपनी है।

केरल नारियल, झीलों और मसालों के गांवों में खो जाने का प्रदेश है। एक ऐसी जगह जिसे आप कभी भी 'काम' से जोड़कर नहीं देख पाते।

इसे 'देव भूमि' कहा जाता है, जहां से भगवान के अपने बच्चों को दूसरे देशों में जाना पड़ता है। काम की तलाश में।

इसी कारण से, कडायिरुप्पु जैसे छोटे से सुस्त गांव में सिंथाइट जैसी कंपनी का होना आपको हैरान कर देता है। ऐसे पिछड़े से क्षेत्र में स्थित यह कंपनी ओलियोरसिन के उत्पादन और एक्सपोर्ट के क्षेत्र में विश्व में अग्रणी है।

इस आश्चर्यजनक कहानी की शुरुआत 1950 के दशक में हुई, लगभग उसी समय जब राज्य में कार्ल मार्क्स का प्रभाव अपनी पकड़ बना रहा था। जब युवा सी वी जेकब बिजनेस का क ख ग सीख रहे थे, तभी केरल में विश्व की पहली कम्युनिस्ट सरकार का चयन हुआ।

लेकिन किसी तरह, इस पूंजीवादी का सपना बचा रह पाया।

'मैंने मैट्रिक के बाद स्कूल छोड़ दिया और कंस्ट्रक्शन के अपने फैमिली बिजनेस से जुड़ गया।'

बहुत बड़ी तो नहीं, लेकिन 1970 में जेकब ने एक अनजानी दिशा में साहस भरी छलांग लगा दी। जापान में एक प्रदर्शनी के दौरान, उन्होंने देखा की मसालों को किस तरह लिक्विड (तरल) रूप में प्रयुक्त किया जा रहा है--ओलियोरेसिंस के रूप में। उन्होंने दो और दो को साथ रखकर देखा।

'केरल मिर्च और इलायची के लिए मशहूर है, और कच्चा माल वहां आसानी से उपलब्ध है। यह एक अच्छा बिजनेस साबित हो सकता था।'

यकीनन, भारत में इसकी मार्केट नहीं थी और यह जोखिम भरा था। लेकिन जेकब को यकीन था कि यह भविष्य साबित होगा। और वह सही थे।

आज, 1000 करोड़ रुपए की कंपनी ओलियोरेसिन बनाने में भारत में ही नहीं दुनिया में नंबर वन है।

सी वी जेकब 80 साल की उम्र में सक्रिय और बिजनेस को अच्छी तरह से संभाल रहे हैं। अगर इन हंसमुख बुजुर्ग से जोड़कर इस कहानी को समझा जाए, तो यह आपको 'बहुत समय पहले' की लगेगी। लेकिन अगर इसे व्यापक पैमाने पर आंका जाए, तो यह आज की ही कहानी है।

इस देव भूमि में बहुत से अवसर मौजूद हैं।

मसालेदार नए आइडिया--बाहर आने को बेकरार हैं।

मिर्च-मसाला

सी वी जेकब--सिंथाइट
कडायिरुप्पु (केरल)

सी वी जेकब का जन्म कोचीन के पास एक छोटे से गांव, कोलेनचेरी में हुआ।

'मेरे पिता सिविल इंजीनियरिंग कॉन्ट्रेक्टर थे और उनके पास कोलेनचेरी में एक स्कूल भी था, सेंट पीटर हाईस्कूल। उसी में मैंने पढ़ाई की।'

जेकब होशियार थे, लेकिन उनका मन पढ़ाई से ज्यादा खेलों में लगता था। परिवार के कंस्ट्रक्शन बिजनेस के प्रति भी वह आकर्षित रहते थे। छुट्टियों में, जेकब वर्कसाइट पर जाते और वहां मस्ती करते। उन्होंने दो प्रोजेक्ट्स को बेहद करीब से देखा जिसमें कुंडला का कंस्ट्रक्शन और इडुक्की जिले का मैट्यूपेट्टी डैम शामिल हैं।

'मेरे पिता चाहते थे कि मैं पहले अपनी पढ़ाई पूरी कर लूं, मैट्रिक के बाद मुझे बिजनेस करने की इजाजत थी।'

जेकब को पहले कल्लार में परिवार के 50 एकड़ के इलायची के खेतों की देखभाल के लिए भेजा गया। इलायची के व्यापार में खास बात यह थी कि किसान नीलामी के लिए एक किलो इलायची को सेंपल के तौर पर तैयार करते थे।

'50 किसान मतलब 50 किलो इलायची... हर बुधवार को तमिलनाडु के व्यापारी कल्लार आकर इलायची के सेंपल देखते, जो दो ट्रे में पेश किए जाते।'

गुणवत्ता के हिसाब से व्यापारी अपनी बोली लगाते। अक्सर 6 से 8 रुपए प्रतिकिलो पर सौदा तय हो जाता। जैसे-जैसे ट्रे एक हाथ से दूसरे हाथ में जाती,

कुछ इलायची नीचे जमीन पर गिर जातीं।

'फर्श पर गिरी इलायची हमारा कमीशन होती!'

जेकब परिवार के एक रिश्तेदार, ई. जे. पॉलोस नीलामी की प्रक्रिया संभालते, और युवा के लिए सलाहकार और मार्गदर्शक भी बनते। जेकब ने इलायची व्यापार के उतार-चढ़ाव को संभालने में सालभर लगाया, लेकिन उनका मन अब भी कंस्ट्रक्शन बिजनेस में अटका था। अपने पिता के आशीर्वाद से, वह पारिवारिक बिजनेस से जुड़ गए, और कंस्ट्रक्शन से जुड़े छोटे-छोटे काम देखने लगे, जिसमें केरल स्टेट इलैक्ट्रिसिटी बोर्ड के स्टाफ के लिए फैमिली क्वार्टर बनाने का काम भी शामिल था।

1954 में, जेकब को अपना पहला बड़ा कॉन्ट्रेक्ट मिला--कलारकुट्टी हाइड्रोइलेक्ट्रिक प्रोजेक्ट एंड ब्रिज। इसके बाद, उन्होंने क्रमशः अनाइरंगल टनल और अपर कल्लार टनल का टेंडर भी जीत लिया।

ये प्रोजेक्ट तकनीकी और वित्त दोनों रूपों से चुनौती भरे थे। उस युवक के लिए तो और भी ज्यादा जिसने महज शाम की कुछ ही इंजीनियरिंग क्लासें ली थीं। लेकिन जेकब को पूरा भरोसा था।

'मेरे पास कोई डिग्री नहीं थी, लेकिन अपने बड़े भाई, सी वी जॉन को देखकर कंस्ट्रक्शन बिजनेस का कुछ आइडिया था मुझे। मैंने उनके साथ चेनकुलम डैम को पावर स्टेशन से जोड़े जाने के दौरान काम किया था।'

जेकब के पिता, सी यू वर्के का कंस्ट्रक्शन बिजनेस में बड़ा नाम था और इससे यकीनन उन्हें कॉन्ट्रेक्ट मिलने में आसानी हुई।

'मेरे पिता ने अनेक इंजीनियरों की उनके शुरुआती दौर में बहुत मदद की थी। तो उन लोगों ने मुझे बहुत सहयोग दिया।'

हालांकि, पिता ने आर्थिक रूप से अपने बेटे की कोई मदद नहीं की, वो तो उनके रिश्तेदारों ने जेकब का साथ दिया। तब भी, जब जेकब ने अपनी कंपनी खड़ी की, उन्होंने इसका नाम 'वर्कीसंस इंजीनियर्स' रखा।

'मैं मैनेजिंग पार्टनर था, और भी कई पार्टनर थे। लेकिन रोज के काम मैं ही संभालता था।'

1950 में कंस्ट्रक्शन बिजनेस करना आज से बिल्कुल अलग था। उस समय, रिश्वत देने या लेने का कोई रिवाज नहीं था। आपके काम की क्वालिटी ही

महत्वपूर्ण थी। और जेकब जैसे कॉन्ट्रेक्टर अपेक्षा से ज्यादा अच्छा काम करके देते थे। इसका प्रमाण पंबा डैम प्रोजेक्ट में देखा जा सकता है।

'पंबा में एक डैम है, और एक तालाब है। सरकार की तरफ से मूल प्रस्ताव दो पावर स्टेशन बनाने का आया था।'

जेकब के पसंदीदा चीफ इंजीनियर, वी रंगनाथन, ने एक बेहतरीन समाधान पेश किया। क्योंकि दोनों तालाब एक ही ऊंचाई पर थे और दोनों के बीच में सिर्फ एक पहाड़ी थी, इसलिए उसने एक ही पावर स्टेशन बनाने का सुझाव दिया।

'हमें अंदर से जोड़ने वाली एक किलोमीटर लंबी टनल बनानी पड़ी, लेकिन इस तरह से काफी पैसा बर्बाद होने से बच गया और इलैक्ट्रिक बोर्ड को ज्यादा क्षमता वाला पावर स्टेशन मिला।'

टनल बनाने का काम 1961 में शुरू हुआ और 1964 में खत्म। इसके बाद जेकब इडुक्की डैम के काम में लग गए--एक 168.91 मीटर लंबा स्ट्रक्चर। ये भी अनोखा प्रोजेक्ट रहा, जहां एक चट्टानी पहाड़ पर कैनेडियन डिजाइन का पावर हाउस बनाया गया। जेकब की कंपनी ने 24 फुट चौड़ी और 20 फुट ऊंची टनल बनाई, जिसकी लंबाई 3000 फीट थी--इतनी बड़ी टनल कि उसमें से 2 ट्रक आराम से एकसाथ गुजर सकें।

यह 1965-66 में पूरी हुई, और दरअसल यह उनका आखरी बड़ा कॉन्ट्रेक्ट साबित हुआ।

'उसके बाद मैंने अपना काम बदल लिया, क्योंकि कंस्ट्रक्शन के काम में सोमवार सुबह से शनिवार रात तक, बिना रुके काम करता रहता था। मेरे पास अपने परिवार, बीवी और बच्चों के लिए समय ही नहीं था।'

कंस्ट्रक्शन के काम में होने के कारण जेकब के पास भारी सामान लाने ले जाने के लिए बड़े-बड़े ट्रक और ट्रॉली के साथ ही ड्रिल इत्यादि के औजार भी थे। इनके इस्तेमाल की सबसे सही जगह 'पत्थर तोड़ने' में थी। जेकब ऐसी ही एक यूनिट पर गए।

लगभग उसी समय उन्होंने एक कंपनी, 'आर्बोराइट्स प्राइवेट लिमिटेड' भी शुरू की, जो यूरिया-फॉरमलडेहाइड रेसिन बनाती थी। यह कम लागत का आसंजक (चिपकाने वाला पदार्थ) है। जेकब को यह विचार कलकत्ता में एक फैक्टरी देखने

'किसी भी काम के लिए शिक्षा जरूरी है लेकिन मैं आपको बताता हूं कि सिर्फ शिक्षा से ही आप सफल नहीं हो सकते।'

के दौरान आया, और उन्हें अहसास हुआ कि केरल में भी इस उत्पाद की अच्छी मांग है।

'मैंने कलकत्ता के राम मोहन के साथ पूनिथरा में साझेदारी में एक काम शुरू किया। बाद में मैंने अपने भाई, सी वी पॉल को भी अपने साथ बिजनेस में शामिल कर लिया।'

इसका एक सीधा तरीका था यूरिया और फॉर्मालिन को लेकर, उसे गर्म करो और उसमें एक खास पदार्थ डालकर वह आसंजक बना लो। उस उत्पाद को 200 किलो के ड्रम में पैक करके लोकल प्लाईवुड इंडस्ट्री में सप्लाई कर दिया जाता। 1969 में, भारत में इसकी कमी के चलते सरकार ने फॉर्मालीन के आयात को मंजूरी दे रखी थी। जेकब के पास जापान के एक सप्लायर थे। इस कंपनी ने 1970 में जेकब और उनके पार्टनर को ओसाका में 'एक्सपो जापान' में हिस्सा लेने के लिए बुलाया। वह उस समय की सबसे बड़ी इंडस्ट्रीयल एग्जीबिशन थी।

'वह मेरा पहला विदेशी दौरा था, मैं एक्सपो में कुछ नए विचार लेने और नए उद्योगों की जानकारी लेने गया था।'

ऐसा ही एक विचार 'ओलियोरेसिन' था--मसालों का द्रव्य रूप। इसमें 'ओलियो' (तेल) और 'रेसिन' (जिससे रंग और स्वाद आता) होता है।

जेकब को लगा कि यह विचार तो खासतौर पर केरल के लिए बना है, एक ऐसी जमीन जो मसालों से पटी पड़ी है। लेकिन यह एक तकनीकी काम है, जिसमें वह विशेषज्ञ नहीं थे।

खुशकिस्मती से, सेंट्रल फूड टेक्नोलॉजी रिसर्च इंस्टीट्यूट (सीएफटीआरआई), मैसूर ने इस तकनीक को विकसित कर लिया था। 1972 में, सीएफटीआरआई ने उन उद्यमियों से आवेदन लिए, जो ओलियोरेसिन के बिजनेस में रुचि रखते थे।

'हम सीएफटीआरआई गए और वहां से प्लांट के डिजाइन और जानकारी

हासिल की। वापसी में, हमने संस्थान को हमारी सालाना आय की 1.5 प्रतिशत रॉयल्टी दे दी।'

तकनीक ने काम तो किया लेकिन बहुत सी चुनौतियां भी थीं। ओलियोरेसिन का उत्पादन 2 चरणों में पूरा होता, जहां फ्लेवर 'एसेंशियल ऑयल' के रूप में निकलता है और उसका अपशिष्ट सॉल्वेंट एक्सट्रेक्शन के रूप में। अगर उसे अच्छी तरह से ठंडा नहीं किया जाए, तो रेसिन ज्यादा चिपचिपा और ठोस हो जाता है।

'हमारा पहला उत्पाद काली मिर्च से था, और दूसरे साल में हमने अदरक का इस्तेमाल किया। अदरक को तो हमने संभाल लिया, लेकिन मिर्च को संभालने में हमें खासी दिक्कतें पेश आईं।'

पहले 2 साल काफी मुश्किल थे, अपेक्षित पेपर ओलियोरेसिन प्राप्त करने के लिए बहुत बार कोशिशें की गईं। लेकिन 1973 के आखिर में, एक अमेरिकी सज्जन कोच्चि आए। और फिर सब बदल गया।

दरअसल, जेकब ने अपने यूएस में रह रहे कजिन से ओलियोरेसिन के लिए खरीदार देखने को कहा था। और न्यूयॉर्क में, एक यहूदी फर्म, जे मैनहाइमर एंड कंपनी ने जेकब से मिलने की इच्छा जाहिर की। वो कंपनी आर्नल्ड मैनहाइमर की एक पार्टनर थी।

'मैं उनसे मिला, उन्हें सबकुछ दिखाया, वह बहुत खुश थे।'

अपने दौरे के आखिर में, मैनहाइमर ने कहा, 'मैं तुम्हें तकनीक के बारे में सबकुछ बता दूंगा, जिसकी तुम्हें यूएस मार्केट और दूसरी जगहों पर भी जरूरत पड़ेगी।'

उसकी बस एक ही शर्त थी--जेकब जितना भी ओलियोरसिन यूएस के बाजार में उतारेगा, वह उसी के जरिए ही जाना चाहिए। यह दोनों ही पार्टियों के लिए फायदे का सौदा था। यूनाइटेड स्टेट्स फूड एंड ड्रग एडमिनिस्ट्रेशन (यूएसएफडीए) के मानक, नियमितता और पैकिंग को लेकर बहुत ही कड़े नियम हैं। एक लोकल पार्टनर के बिना वहां पैर रखना बहुत ही मुश्किल काम है।

'आप तो जानते ही हैं, केरल में अगर आप एक दुकान से मिर्च लाओ, और अगले दिन उसी दुकान से और मिर्च लाओ, तो उन दोनों मिर्चों से बनी सब्जी में फर्क आ जाएगा!'

'जब हमने भारत में इस काम की शुरुआत की तो कोई भी यह काम नहीं कर रहा था... भगवान के आशीर्वाद से सब हो गया।'

भले ही मिर्च की उतनी ही मात्रा का इस्तेमाल किया जाए, लेकिन यकीनन उनके स्वाद और रंग में फर्क मिलेगा। ऐसी स्थिति ओलियोरेसिन में देखने को नहीं मिलती। चाहे आप उससे खाने के कितने ही उत्पाद क्यों न बनाओ, उसका तीखापन, रंग सब समान ही होगा।

हर मसाले में एक 'सक्रिय अणु' होता है--जैसे मिर्च में 'कैपसेसिन' और काली मिर्च में 'पाइपरिन'। एक मानक पेपर ओलियोरेसिन में 40 प्रतिशत पाइपरिन और 20 प्रतिशत तेल की मात्रा होती है। ओलियोरेसिन कॉन्सनट्रेटिड (बहुत गाढ़ा) रूप में होता है।

'25 प्रतिशत कॉन्सनट्रेट का मतलब होता है, एक किलो ओलियेरेसिन, जिसे 25 किलो कैरियर (जैसे तेल) में मिलाकर पकाने के उद्देश्य से तैयार किया जाता है। इसका इस्तेमाल खासतौर पर प्रोसेड फूड इंडस्ट्री द्वारा किया जाता है।'

ओलियोरेसिन की पैकिंग भी खास तरह की होती है, हाई-डेनसिटी कंटेनर में, जिससे टूटने और किसी भी तरह के होने वाले कैमिकल रिएक्शन से बचा जा सके। पैकिंग के लिए वह मैटिरियल उस दौरान भारत में नहीं मिलता था--इसे बाहर से मंगवाना पड़ता था। इन सारी परेशानियों से जूझते हुए, सिनथाइट को पहला ऑर्डर यूएस के जे मैनहाइमर एंड कंपनी से मिला। वह भी 70 लाख रुपए का।

जेकब के पास इतने बड़े ऑर्डर को पूरा करने के लिए पैसे नहीं थे, तो वह कोचीन में यूनियन बैंक ऑफ इंडिया के पास गए। मैनेजर ने कुछ भी एडवांस देने से मना कर दिया।

'क्या मैं आपका फोन इस्तेमाल कर सकता हूं?' जैकब ने अनुरोध किया।

मैनेजर की ही मेज से उन्होंने मद्रास में यूनियन बैंक ऑफ इंडिया के मिस्टर के पी मेनन को फोन किया। मिस्टर मेनन पहले कोचीन ब्रांच का ही काम संभालते थे, जब सिंथाइट ने काम करना शुरू किया था, उन्होंने उनसे 'हरसंभव मदद' देने का वादा किया था।

'मैंने उन्हें सारी बात समझाई--कि मुझे 70 लाख रुपए का ऑर्डर मिला है, लेकिन मुझे कच्चा माल इत्यादि खरीदने के लिए कम से कम 30 लाख रुपए तत्काल रूप से चाहिए।'

बिना किसी झिझक के मेनन ने कहा, 'हम इंतजाम कर देंगे। मैनेजर को फोन दीजिए...'

उनकी बस एक शर्त थी--कच्चा माल 'डबल की' सिस्टम के तहत स्टोर किया जाएगा। जब भी जरूरत होगी, बैंक गोदाम का ताला खोल देगा और आने-जाने वाले माल पर नजर रखेगा। इस तरह से बैंक ने जैकब को पूरी रकम दे दी।

'यह 40 साल पहले की बात है। तब 30 लाख रुपए बहुत बड़ी रकम हुआ करती थी... मुझे लगता है वह रकम आज के 30 करोड़ रुपए के बराबर ही होगी!'

मैनहाइमर की तकनीकी मदद के चलते, पहला ऑर्डर बिना किसी परेशानी के निकल गया, और तब से सिंथाइट ने पीछे मुड़कर नहीं देखा। अपने प्रोडक्ट में उस्ताद होने की वजह से जल्द ही सिंथाइट ने न सिर्फ यूएस में, बल्कि यूरोप और जापान की मार्केट में भी अच्छी पकड़ बना ली।

इन सब खरीदारों से बातचीत बनाए रखने के लिए, सिंथाइट ने कोचीन में एक ऑफिस खोल लिया, जहां टेलेक्स, टेलीग्राम और ट्रंक कॉल की सुविधा मौजूद थी।

'मेरा भतीजा, जॉर्ज पॉल भी 1976 में कंपनी से आ जुड़ा, वह कोचीन ऑफिस का इंचार्ज है। वह बहुत बढ़िया इंग्लिश बोलता है, जिससे हमें बहुत फायदा मिला।'

सिंथाइट के लिए दूसरा बड़ा फायदा 'डॉलर एडवांस' के सिस्टम से हुआ। शुरुआत में, सिटीबैंक ने कंपनी को 1.5 प्रतिशत की ब्याज दर से डॉलर दिए। उनकी शर्त थी कि अगर आप आज एक डॉलर लेते हैं, तो 6 महीने में वापस करना होगा।

'लगभग सारा पैसा हमने इसी तरह से लिया, वह सामान्य बैंक दर से सस्ता और प्रभावशाली था।'

जैसे मांग बढ़ी, सिंथाइट ने अपना दूसरा प्रोसेसिंग प्लांट कोलेनचेरी में

खोला, जिसमें डिजाइन से लेकर फेब्रिकेशन तक का काम इन-हाउस ही किया गया। इसमें सैंकड़ों टन की क्षमता वाले स्टेनलेस स्टील के बर्तन भी शामिल थे। यह बहुत बड़ा प्रयास था, यद्यपि प्लांट का काम समय पर पूरा कर लिया गया।

'हमें भले लोगों से कुछ आइडिया मिले, जिनमें साहित्यिक लोग भी शामिल थे। अगर आपके पास डिजाइन तैयार हो तो आप कुछ भी बना सकते हो।'

1984-85 में, सिंथाइट को भारत के राष्ट्रपति ने शानदार एक्सपोर्ट परफॉर्मेंस के लिए अवॉर्ड दिया। इस समय तक कंपनी उल्लेखनीय रूप से प्रगति कर रही थी।

पहले सिंथाइट ने सूखी काली मिर्च और 'पेपर इन ब्राइन' (खारे पानी में काली मिर्च) तैयार करने की यूनिट लगाई। बाद में इसने नई तकनीकें भी अपनाईं।

'कोलेनचेरी तक जाने के बजाय, हमने वहीं प्लांट लगाए, जहां कच्चा माल मिलता था।'

ऐसा पहला प्लांट केरल के बाहर मदुरई, तमिलनाडु में लगाया गया, जिससे तेल और चमेली, रजनीगंधा और छुईमुई जैसे फूलों की महक ली जा सके। जेकब के बेटे, विजू ने कंपनी से जुड़कर इस नए प्लांट की जिम्मेदारी संभाल ली। और जेकब नए अवसरों की तलाश में लग गए।

'मैं हमेशा नए विचारों की तलाश में रहता हूं... यही मेरे उसूल हैं।'

1987 में, न्यूयॉर्क के दौरे के दौरान, जेकब ने मैनहाइमर भाइयों में से एक से पूछा, 'स्टीव क्या तुम्हारे पास कुछ नया और मजेदार है मेरे लिए?'

स्टीव ने उन्हें आधा घंटे इंतजार करने को कहा, और फिर एक फाइल लेकर बाहर आए। उनके पास सरसों के बारे में एक लेख था। इस मसाले की एक खास विशेषता है--जब इसे पानी के साथ गर्म किया जाता है, तो सरसों के बीज एक तीखी और तेज गंध छोड़ते हैं। रसायन के रूप में इसे, 'Allyl Isiothiocynate' (एआईटीसी) कहते हैं, और इसे कभी भी एक्सट्रेक्शन के पारंपरिक तरीके से नहीं बनाया जा सकता।

'ज्यादातर मसालों के मामले में हम वाष्पीकरण से एसेंशियल ऑइल को अलग कर सकते हैं। लेकिन सरसों में सक्रिय अणु को हाइड्रोलिसिस के बाद

ही प्राप्त किया जा सकता है।'

सरसों के लिए जरूरी उपकरण लाने के लिए जेकब अपने बेटे, अजू और चीफ इंजीनियर के साथ ऑस्ट्रेलिया चले गए। मेलबर्न की एक कंपनी अपने उपकरण देने को तैयार हो गई, लेकिन उनकी शर्त थी कि उनके डिजाइन नहीं चुराए जाने चाहिए। जेकब सहमत थे, उपकरण की कीमत 2.5 करोड़ रुपए थी।

'इसी के साथ हमने कैनेडा से सरसों की खास किस्म खरीदी और पैकिंग के लिए जापान से 'सीमलैस' ड्रम मंगवाए!'

लेकिन उनके प्रयास रंग लाए। मस्टर्ड ओलियोरेसिन का इस्तेमाल मयोनीज और सूशी में बड़े पैमाने पर किया जाता है। 1994 में, सिंथाइट फूड सेक्टर की पहली भारतीय कंपनी बन गई, जिसने बीएसआई यूके से आईएसओ 9002 प्राप्त किया था। कंपनी रोज नए उत्पाद और नए बाजार ढूंढ़ती जा रही थी, लेकिन एक बड़ी समस्या से उन्हें बार-बार रूबरू होना पड़ रहा था--कोचीन में एक इंटरनेशनल एयरपोर्ट की कमी।

'हर रोज हम सामान भरकर अपना ट्रक त्रिवेंद्रम भेजते... इस तरह 5-6 दिन लग जाते उसे मंजिल तक पहुंचने में।'

जब मार्च 1993 में, सिविल एविएशन मिनिस्ट्री ने कोचीन इंटरनेशनल एयरपोर्ट (सीआईएएल) का प्रस्वाव पेश किया, तो इसके मार्ग में कई बाधाएं थीं। लेकिन सीआईएएल प्रोजेक्ट को एर्नाकुलम डिस्ट्रिक्ट कलेक्टर, वी जे कुरियन के रूप में अपना चैंपियन मिल ही गया। और उनके सहयोग में सामने आने वाले पहले व्यक्ति थे जेकब। उन्होंने न सिर्फ इस प्रोजेक्ट* के लिए 25 लाख रुपए दिए, बल्कि कुरियन के जोर देने पर, एयरपोर्ट का निर्माण कार्य भी जेकब की देखरेख में कराया गया।

'मैं 1994 से सीआईएएल में डायरेक्टर हूं और मैं गर्व से कहता हूं, इस एयरपोर्ट ने शहर का स्वरूप ही बदल दिया। इससे हमारे बिजनेस को भी आगे बढ़ने में मदद मिली।'

* कोचीन इंटरनेशनल एयरपोर्ट पीपीपी (पब्लिक प्राइवेट पार्टनरशिप) के अंतर्गत बनने वाला पहला एयरपोर्ट है

1996 में कोचीन इंटरनेशनल एयरपोर्ट शुरू कर दिया गया। उसी साल, सिंथाइट और मैनहाइमर की राहें भी जुदा हो गईं।

'मैंने उनके साथ 23 सालों तक काम किया... फिर उन्होंने अपनी कंपनी बेच दी, और मुझे सलाह दी कि मैं यूनाइटेड स्टेट में किसी को भी सामान बेचकर अपना बिजनेस जारी रख सकता हूं।'

इस तरह से दो भले इंसानों के बिजनेस संबंध का अंत भी अच्छे मोड़ पर ही हुआ।

1997-98 में सिंथाइट की सालाना आय 100 करोड़ रुपए थी। अगले कुछ सालों में सिंथाइट ने तेजी से तरक्की की, और 2001 में, हरिहर (कर्नाटक) में मिर्च की अलग प्रोसेसिंग यूनिट लगाई। इस समय तक, यह कंपनी इस क्षेत्र की दबंग खिलाड़ी थी, अमेरिकी कंपनी भी उसके सामने नहीं डट पा रही थीं! जब कोई आपको रोक नहीं पाता, तो रोड़े अटकाने की कोशिशें की जाती हैं।

न्यू मैक्सिको के रेजोलेक्स नाम के ओलियोरेसिन के उत्पादक ने इंटरनेशनल ट्रेड कमीशन में सिंथाइट के खिलाफ रिपोर्ट दर्ज करवाई। उनका दावा था:

'...भारत से आयातित पापारिका, जिसे सोवियत संघ में बेचा जाता है, अपने दाम से कम कीमत के हैं, सेक्शन 731 के तहत ऐसे आयात सोवियत संघ के उद्योग के लिए खतरा हैं।'

जेकब के भतीजे ने इस चुनौती को स्वीकार किया।

'हमने एक अटॉर्नी ली, केस लड़ा और भारत के हित में केस जीत लिया।'

यद्यपि लाल शिमला मिर्च आमतौर पर 'केप्सिकम एनम' (कम तीखी लाल मिर्च) से बनती है, सिंथाइट इसे बनाने में 'भारतीय लाल मिर्च' का इस्तेमाल कर रहा था। जहां केप्सिकम एनम से इसे महज लाल रंग मिलता था, वहीं भारतीय लाल मिर्च से इसमें तीखापन भी जुड़ गया। इससे सिंथाइट को 2 उत्पाद मिले--मुनाफा भी दोगुना हो गया।

'लाल शिमला मिर्च हमें बहुत मुनाफा देती थी,' जॉर्ज पॉल बताते हैं। 'लेकिन फिर भी हमें बहुत मुश्किलों का सामना करना पड़ रहा था, क्योंकि भारत में मिर्चों का उत्पादन बहुत कम होता है।'

कंपनी ने किसानों को भिन्न-भिन्न फसल उगाने के लिए प्रलोभन भी दिया, लेकिन ज्यादा सफलता नहीं मिल पाई। मांग इतनी थी कि उसे पूरा करने के

लिए अपरिष्कृत ओलियोरेसिन भी खरीदना पड़ा। आखिरकार 2012 में, सिंथाइट ने एक बड़ा कदम उठाते हुए चीन में एक प्रोसेसिंग यूनिट खोलने का फैसला किया। इस प्रोजेक्ट का नेतृत्व अजु जेकब ने किया।

प्लांट हीजिंग शहर के जिंजिएंग प्रोविंस में है, जहां लाल शिमला मिर्च प्रचूर मात्रा में पैदा होती है।

'वह एक दूर-दराज इलाका है, जहां फसल बर्फ के पानी से पैदा होती है, चीन के दल के सहयोग से।'

हीजिंग यूनिट में 3,00,000 टन लाल शिमला मिर्च की प्रोसेसिंग की जाती है। कंपनी की योजना लेवेंडर और टमाटर के उत्पादन की है, और वे इसे 'मेजर एक्सपोर्ट हब' बनाना चाहते हैं।

'चीन में काम करके हमें कई सांस्कृतिक मुद्दों का सामना करना पड़ा, खासतौर पर भाषा का,' पॉल स्वीकारते हैं, 'लेकिन हम सबकुछ अपनाने को तैयार थे।'

मार्च 2013 में, सिंथाइट की सालाना आय 1000 करोड़ रुपए थी, उनकी 8 प्रोसेसिंग यूनिट हैं और 2000 से ज्यादा कर्मचारी काम करते हैं। कंपनी की कोई ट्रेड यूनियन नहीं है और न ही उनके मजदूरों में असंतुष्टि। जेकब इसे इंसानियत कहते हैं।

'सफाई करने वाले से लेकर मैनेजर तक सब जानते हैं कि मुझे उनकी परवाह है, और वे मुझसे जब चाहे संपर्क कर सकते हैं।'

कंपनी अपने मजदूरों को बिना ब्याज का हाउसिंग लोन (50 प्रतिशत तक), शिक्षा भत्ता और हेल्थ इंश्योरेंस भी देती है।

अपनी वैश्विक पहचान के बाद भी, उद्योग अपनी जड़ों से जुड़ा हुआ ही है। कंपनी का हेडऑफिस 'सिंथाइट टेस्ट पार्क' कोलेनचेरी के पास ही एक छोटे से गांव कडायिरुप्पु में स्थित है।

सिंथाइट के पोर्टफोलियो में 500 उत्पाद हैं, और इसका 90 प्रतिशत बिजनेस ओलियोरेसिन से ही आता है। लेकिन भविष्य इससे अलग हो सकता है। कंपनी ने साझे में भी दो काम शुरू किए हैं--एक ऑस्ट्रेलियाई कंपनी 'ओमेगा' के साथ, और दूसरी यूके की कंपनी 'एरोम्को' के साथ। उनका विचार है बेहतरीन गुणवत्ता वाले स्नैक्स, डेयरी और बेकरी उत्पाद लाने का है।

'हम बड़े होटलों और केटरर को क्रश्ड और स्टीम-स्टर्लाइज्ड मसाले भी सप्लाई करते हैं। अब हम थोक बाजार में उतरने की योजना बना रहे हैं।'

सिंथाइट ने 'किचन ट्रेजर' ब्रांड के तहत सांभर, गरम, चिकन और मीट मसाला पेश किया है। कंपनी की योजना रेडी फूड बाजार में उतरने की भी है, जिसमें प्राकृतिक रंगों वाले सूप और सोसेज भी शामिल हैं। और साथ ही वह 'होम कूकिंग' के लिए ओलियोरेसिन 'स्प्रे' भी लाने वाले हैं। उनका लक्ष्य 2020 तक 3000 करोड़ रुपए की सालाना आय तक पहुंचने का है।

जिंदगी जीने और आगे बढ़ने का जेकब का जज्बा न सिर्फ उनके कंपनी संभालने बल्कि बैडमिंटन खेलने में भी देखा जा सकता है। यहां तक कि 80 साल की उम्र में भी वो डेढ़ घंटा कोर्ट पर बिताते हैं, अपने से आधी उम्र के प्रतिद्वंद्वी को हराते हुए। क्या वह जीतने के लिए खेलते हैं?

'यकीनन।' (हंसते हुए)

एक 'चेयरमैन' के काम से आगे बढ़ते हुए जेकब अभी भी रोज सुबह 8.30 बजे से शाम 5.30 बजे तक ऑफिस जाते हैं। उन्होंने कोलेनचेरी में बहुत सी शैक्षिक संस्थाएं भी शुरू की हैं--स्कूल, आर्ट्स एंड साइंस कॉलेज और मलंकरा ऑर्थोडोक्स सीरियन चर्च मेडिकल कॉलेज।

'अगर आप भगवान से प्यार करते हो, तो गरीबों की मदद करो, उन्हें पढ़ाओ, यह सब सिर्फ उसके लिए।'

हर सुबह, चाय से पहले जेकब नियम से बाइबिल पढ़ते हैं। उनके पास एक बॉक्स में बहुत सारे कार्ड रखे हैं, और हर कार्ड पर बाइबिल की आयतें दर्ज हैं।

'मैं रोज सुबह 3 कार्ड निकालता हूं और उसमें लिखी आयतें पढ़ता हूं... उनसे मुझे एक संदेश मिलता है। जो भगवान मुझे सलाह देना चाहते हैं, किसी भी समस्या के लिए।'

समस्याएं आती हैं, जाती हैं, जेकब को एक घटना याद है, जिसने उन्हें लाचार कर दिया था। वह उनके कंस्ट्रक्शन के शुरुआती दिनों की बात है। उन दिनों उनके जीजा, ई जे पॉल्स उनके पार्टनर और सलाहकार थे। साथ ही वो उनका अकाउंट और फाइनेंस भी संभालते थे। एक रविवार वह कोई एमरजेंसी संभालने के लिए टनलिंग साइट पर गए।

किसी का भी ध्यान टनल के 'वीक जोन' पर नहीं गया था, जो अचानक गिर गया।

'एक मजदूर और मेरा भाई वहीं घटनास्थल पर ही चल बसे... वो एक घटना है मेरी जिंदगी में... जिसने मुझे सबसे ज्यादा दुख दिया और मैं रोज उसे याद करता हूं।'

कड़वा, मीठा, खट्टा और चटपटा--यही तो जिंदगी के स्वाद हैं। बस आप अपनी आखरी सांस तक इन्हें अच्छे रंग दे सकते हो।

*

युवा उद्यमी को सलाह

सफलता का राज सही विचार और सटीक योजना है।
अपनी रुचि के मुताबिक सही उद्योग का चुनाव करो।
किसी दूसरे की नकल मत करो, कुछ नया करने की कोशिश करो। इसमें कुछ जोखिम हो सकता है, लेकिन एक बार आप इससे पार पा गए, तो आगे खुशी ही खुशी है।
मेहनत करो, मन से काम करो, अपना सर्वश्रेष्ठ दो और बाकी भगवान पर छोड़ दो।

एंग्री यंग मैन

पराक्रमसिंह जडेजा—ज्योति सीएनसी
राजकोट (गुजरात)

1989 में, राजकोट में एक युवक ने फुटकर काम की एक दुकान शुरू की। शहर में वैसी दुकानें हजारों थीं। पिछले दशक में, ज्योति सीएनसी 7 करोड़ रुपए की एसएसआई यूनिट से 1000 रुपए करोड़ की कंपनी बनकर, मशीनों के औजार उत्पादन में भारत की सबसे बड़ी कंपनी बन गई है।

राजकोट शहर का शाही अतीत रहा है, जहां 300 सालों तक जडेजा राजपूतों ने राज किया। जोश से भरी, लड़ाका जाति जो युद्ध जीतने के लिए जानी जाती है।

राज तो अब रहा नहीं, लेकिन जडेजा अभी भी राजकोट पर शासन करने के लिए जाने जाते हैं। ऐसा ही रणबांकुरा एक नए किस्म की लड़ाई लड़ रहा है--वैश्विक व्यापार की गला काट प्रतियोगिता का हिस्सा बनकर।

पराक्रमसिंह जडेजा वर्ष 1989 में मशीनों के औजार बनाने के उद्योग में आए। शतरंज के प्यार में स्कूल छोड़ने वाले पराक्रमसिंह को अहसास हुआ कि खेल वो विलासिता है, जिसे अब उसके घरवाले वहन नहीं कर सकते।

'चूंकि मैंने 9वीं-10वीं में खराद-मशीन चलानी सीखी थी, तो मैंने उसी की दुकान खोलने का निर्णय लिया।'

गर्म खून और गर्म दिमाग ने उस युवक की मदद ही की। शहर के इकलौते 'एप्रन' निर्माता से हुई लड़ाई की वजह से वह एप्रन बनाने के लिए ही प्रेरित हो गए। जब जापानी कंपनी 'फानुक' ने उनके साथ बुरा बर्ताव किया, तो पराक्रम ने कभी उनके साथ काम न करने का निर्णय लिया। इससे वे *साइमंस* के साथ लंबी और भरोसेमंद पारी खेल पाए।

राजकोट में हजारों की संख्या में छोटे-छोटे उत्पादक हैं, लेकिन उनमें ज्योति सीएनसी जैसी भूख, जुनून और दृढ़ निश्चय नहीं है। 2003 में, 7 करोड़ रुपए की आय वाली कंपनी ने अपने सामने लक्ष्य रखा कि वह अगले 8 सालों में 1000 करोड़ रुपए की कंपनी बन जाएगी।

'हमें दो साल ही देरी हो गई, लेकिन आखिरकार हमने लक्ष्य हासिल कर ही लिया।' यह दबंग जीत की कहानी है, जिसने नए बाजार की नई सीमाओं को पार कर दिया। ऐसी लड़ाई जिसे शारीरिक युद्ध से नहीं बल्कि रणनीतिक सोच और प्रेरणा से जीता गया। एक ग्रैंडमास्टर की तरह, जो अपनी हर चाल बहुत सोच-समझकर चलता है।

एंग्री यंग मैन

पराक्रमसिंह जडेजा–ज्योति सीएनसी
राजकोट (गुजरात)

पराक्रमसिंह का जन्म और परवरिश राजकोट में ही हुई।

'मेरे पिता नगर निगम में काम करते थे। मैं लक्ष्मीवाड़ी के कुख्यात इलाके में बड़ा हुआ।'

वह इलाका जुए और देसी दारू के लिए बदनाम था। लेकिन राजकोट शहर के सर्वश्रेष्ठ *गरबा* डांसर का इलाका होने का गौरव भी इसके पास था।

'हर रोज वहां 2000-3000 लोग *गरबा* देखने के लिए आते थे। हम 2 रुपए की टिकट बेच-बेचकर अच्छा पैसा कमाते थे।'

गुजराती-मीडियम वीरानी हाईस्कूल का छात्र होने के नाते, पराक्रम अच्छे खिलाड़ी भी हुआ करते थे। राष्ट्रीय-स्तर के क्रिकेटर जैसे करन गावरी और यजुवेंद्र सिंह यही से पढ़कर निकले थे। सभी की तरह पराक्रम को भी क्रिकेट खेलने का शौक था।

'लेकिन शतरंज ऐसा खेल था, जिसमें मैं माहिर था।'

गुजरात राज्य के सर्वश्रेष्ठ 3 शतरंज खिलाड़ियों में, पराक्रम को नेशनल टूर्नामेंट 'बी' डिवीजन खेलने के लिए चुना गया। हालांकि टूर्नामेंट और 12वीं के पेपर लगभग एक ही तारीख को थे। क्योंकि गुजरात में 1985 में, राज्यव्यापी 'अनामत आंदोलन' चल रहा था।

'वह मंडल के समान ही था। उस समय हमारी परीक्षा मार्च में थी। जो बाद में अक्टूबर में कर दी गईं। लेकिन इस बीच मेरी पढ़ाई छूट गई।'

युवक ने 'भविष्य', 'कैरियर', या 'कल क्या होगा' के बारे में एक पल भी न सोचते हुए शतरंज को चुना। और उनके परिवार ने भी इस पर कोई बहस या सवाल नहीं किया।

'उस समय पापा ने पूछा भी नहीं कि भैया तू 12वीं में पढ़ रहा है--इसको छोड़कर तू आगे जाकर क्या करेगा।'

1985 से 1988 तक, पराक्रम एक खिलाड़ी के तौर पर अपना जीवन जी रहे थे। 1989 में, इंग्लिश काउंटी क्रिकेट टीम की तरफ से उन्हें अंडर-19 खेलने के लिए चुना गया। पराक्रम खासे उत्साहित थे--उन्हें हवाई जहाज की टिकट और खर्चों के लिए 25,000 रुपयों की जरूरत थी।

'पापा मने पैसा की जरूरत छे...'

'ठीक है,' पिता ने कहा।

एक सप्ताह बाद उन्होंने अपने बेटे के हाथ में 10,000 रुपए दिए। अगले सप्ताह 5000 रुपए। कुछ दिनों बाद फिर से 5 हजार रुपए मिले तो युवा खिलाड़ी कुछ झल्ला गया।

'पापा, ये हफ्ते-हफ्ते क्या दे रहे हो... एक साथ दे दो, मेरे जाने में बस 3 दिन बचे हैं।'

उनके पिता ने जवाब दिया, 'कुछ प्रोविडेंट फंड से लोन मिला, कुछ सोसाइटी से उधार लिया... दोस्त से कहा है, आ रहा है।'

पराक्रम सन्न रह गए। तब तक यकीनन उन्हें अपने परिवार के आर्थिक हालातों का अंदाजा नहीं था। चूंकि उनके पिता ने उन्हें प्रोत्साहित किया था, इसलिए वह खेलों में रुचि ले रहे थे।

'मेरे जीवन में वह बदलाव का समय था। मैं वह खेल छोड़कर, एक नए खेल में उतर आया... जिंदगी के खेल में। बिजनेस में कुछ करने के लिए।'

लेकिन कौन सा बिजनेस? पराक्रम के स्कूल में, 9वीं, 10वीं क्लास में एक सब्जेक्ट होता था 'वर्कशॉप टैक्नोलॉजी'। वह खराद मशीन चलाना जानते थे, और उन्हें लगा कि यह सही लाइन होगी।

खराद मशीन* मैटल काटने की मशीन थी--मशीन किसी मैटल को मनचाहा

* मैटल काटने के दूसरे तरीके को माइलिंग कहते हैं।

आकार देने के लिए उसके ऊपर घूमती थी।

लेकिन मशीन बहुत महंगी थी, पराक्रम वह नहीं ले सकते थे। तो, अब क्या?

खुशकिस्मती से एक दोस्त के पापा खराद मशीन बनाते थे। प्रफुल मामा 'बार्टर सिस्टम' (वस्तु विनिमय प्रणाली) के तहत पराक्रम को मशीन देने के लिए तैयार हो गए।

'वो हमको काम देंगे, और उस काम से मैं उनको हफ्ता दूंगा। ऐसा समझौता था।'

पराक्रम ने अपने कजिन, सहदेवसिंह जडेजा को साथ में लिया और 10 बाय 15 की दुकान में काम होने लगा। प्रफुल मामा ने अपनी जबान रखते हुए उन्हें काम देना शुरू किया, और युवा उद्यमी काम में जुट गए। मामा भी लड़कों को अपनी देखरेख में प्रशिक्षित करने को लेकर खुश थे।

'हमने वर्कशॉप का नाम मेरी छोटी बहन के नाम पर *ज्योति* रखा।'

उन दिनों सरकार 'जवाहर रोजगार योजना' के तहत युवा उद्यमियों को प्रशिक्षित करने का काम कर रही थी। पराक्रम को उस योजना के तहत 35,000 रुपए का बिना ब्याज का लोन मिल गया। इस पैसे से उन्होंने खराद मशीन और प्रफुल मामा की फैक्टरी के सामने एक छोटी सी दुकान का इंतजाम किया।

'हम लोगों ने एक साल में इतना अच्छा बिजनेस किया कि अगले ही साल लोन के सारे पैसे चुकता कर दिए।'

इस दौरान, युवा उद्यमी प्रफुल मामा द्वारा भेजे गए कच्चे सामान से उनके लिए मैन्यूफैक्चरिंग पार्ट बनाते। एक सुबह, मामा ने 'एप्रन'** के उत्पादन को लेकर शिकायत की। वो लोग एक सप्ताह पहले ही उसके लिए एडवांस दे चुके थे, लेकिन अभी तक भी सामान की डिलीवरी नहीं हो पाई थी।

मामा ने कहा, 'तू उस तरफ जा रहा है, जाधवानी मिस्त्री को पूछ क्या हालात हैं।'

पराक्रम साइकिल पर बैठकर निकल लिए और सीधा जाधवानी की वर्कशॉप

** एप्रन खराद मशीन के अंदर एक पार्ट होता है, जो क्लच और गियर को पकड़ता है।

'जब बिजनेस शुरू किया ऐसा कुछ सपना नहीं था, ये तो एक जरूरत आ पड़ी और करना पड़ा।'

के आगे आकर रुके। मिस्त्री ने बताया, 'ये पांच एप्रन जो बन रहे हैं, प्रफुलभाई के हैं। वापसी में ले लेना।'

शाम को जब पराक्रम एप्रन लेने वापस आए, तो उन्हें गहरा झटका लगा। वहां एक कस्टमर हर एप्रन के 50 रुपए ज्यादा देने को तैयार था। मिस्त्री ने वह सामान उठाकर उस कस्टमर को दे दिया।

'मामा को बोलना एक हफ्ते बाद दे दूंगा,' मिस्त्री ने कहा।

पराक्रम का राजपूत खून खौलने लगा। वह मिस्त्री से भिड़ गए और पैसे वापस लेकर मामा को दे दिए।

'मामा ये रखो, वो आपको उल्लू बना रहा है... कुछ देने वाला नहीं है!'

मामा हैरान थे। उन्होंने कहा, 'पागल--ये तू क्या कर आया!'

राजकोट शहर में एक जाधवानी मिस्त्री ही था, जो एप्रन सप्लाई करता था। अब ऐसे में मामा को दूसरा सप्लायर कहां से मिलेगा?

'मैं बनाकर दूंगा,' पराक्रम ने घोषणा की।

मामा को यकीन नहीं था--एप्रन बनाना आसान काम नहीं था। लेकिन पराक्रम चुनौती ले चुके थे। वह अपनी वर्कशॉप में गए, अपनी मशीन खोलकर एप्रन की अच्छी तरह जांच की। यकीनन, उसे बनाने का कोई न कोई तरीका तो होगा! दिन रात काम करके उन लोगों ने उसका डिजाइन बनाकर आखिरकार एप्रन तैयार कर ही लिया।

'हमने मामा से वादा किया था कि 20 दिनों में उन्हें 5 एप्रन मिल जाएंगे... और हमने अपना वादा पूरा किया।'

जल्दी ही पराक्रम पूरे राजकोट शहर को एप्रन बेचने लगे, जाधवानी मिस्त्री के काम में उससे आगे निकलते हुए।

उनके काम से प्रभावित होकर, बैंक ने उन्हें आईडीबीआई स्कीम के बारे में बताया--जिसमें 1 प्रतिशत की ब्याज दर से 5 लाख रुपए का लोन मिल रहा था।

1991 में, पराक्रम ने ऑटोकैड के बारे में सुना और एक कंप्यूटर खरीदने का फैसला किया। उस समय, एक 486 पीसी की कीमत 1.6 लाख रुपए थी--एक बड़ी रकम। लेकिन पराक्रम को यकीन था कि उन्हें वह लेना है।

'मैंने स्कूटर काफी बाद में खरीदा...' वह हंसकर बताते हैं।

ऑटोकैड वास्तव में बहुत उपयोगी था, इंजीनियरिंग की ड्रॉइंग और डिजाइन बनाने के लिए। इसे चलाना थोड़ा मुश्किल था, लेकिन इससे कंपनी को एक बढ़त मिली।

1992 में, पराक्रम ने एक उभरते औद्योगिक क्षेत्र, एजेआई जीआईडीसी में एक प्लॉट खरीदा। वर्कशॉप अब फैक्टरी बन चुकी थी, जो एप्रन और 'नॉर्टन' गियर बॉक्स से लेकर मशीन बनाने के लगभग सभी पुर्जे बेचती थी। उनके ग्राहकों में किर्लोस्कर जैसी कंपनियां भी शामिल थीं। इसके अतिरिक्त, *गुजरात स्टेट मशीन टूल्स एंड कॉरपोरेशन* नाम का भावनगर में एक एचएमटी प्लांट था, जो 'विक्रम लेद' का उत्पादन करता था।

इस मशीन एक महत्वपूर्ण पार्ट इसका 'हैड' था--जिसकी सप्लाई पराक्रम करते थे। बदकिस्मती से, 1993 में वह एचएमटी प्लांट बंद हो गया, और पराक्रम के पास बहुत सा माल बिना बिके रह गया। उन्होंने राजकोट में बहुत से मशीन टूल्स बनाने वाले बिल्डरों को यह *गियर*हैड बेचने की कोशिश की। लेकिन कोई भी राजी नहीं हुआ।

'राजकोट में सभी *बेल्ट* की पुरानी तकनीक का इस्तेमाल कर रहे थे। तब सिर्फ किर्लोस्कर और एचएमटी जैसी बड़ी कंपनियां ही गियर वाली मशीनों का इस्तेमाल करती थीं।'

पराक्रम की बात सही थीः आज राजकोट में बनाई मशीनें 15 से 25 हजार रुपए की बिकती हैं, वहीं किर्लोस्कर की मशीनों की कीमत एक से सवा लाख रुपए के बीच होती है। अगर आप अपनी मशीन में 20,000 रुपए का गियरहैड लगा लें, तो आपके यहां तैयार हुई मशीन की कीमत 60 से 70 हजार रुपए

'मैंने चुनौती स्वीकार की, मामा दुनिया में ऐसा कुछ नहीं है, जो नहीं हो सकता है।'

हो जाएगी। जितनी ज़्यादा बिक्री होगी, उतना ही मुनाफा होगा।

जब पराक्रम एक भी उत्पादनकर्ता को नहीं मना पाए, तो उन्होंने एक कठिन फैसला लिया--खुद ही लैद मशीन बनाने का।

'मैं इंजीनियर नहीं हूं... किसी कॉलेज या इंस्टीट्यूट से भी पढ़ाई नहीं की है, लेकिन सीखते-सीखते 1993 में अपने लैद मशीन का पहला डिजाइन तैयार किया।'

अब, बात थी मार्केटिंग की। उन दिनों, राजकोट के सभी उत्पादक बड़े शहरों के डीलरों के जरिए सामान बेचते थे। पराक्रम डीलर की तलाश में पहले बंगलौर, फिर कोयंबटूर और आखिरकार चेन्नई पहुंच गए। चेन्नई में उन्हें एक डीलर ने 2 बजे मिलने का समय दिया था।

पराक्रम डीलर से मिलने के लिए, उसके ऑफिस में एक बजे ही पहुंच गए।

'उसके ऑफिस में कोई नहीं था, लेकिन उसने मुझे तीन घंटे तक बिठाकर रखा।'

जब आखिरकार उन्हें बुलाया गया, तो पराक्रम खुद पर काबू नहीं रख पाए।

'आपने इंक्वायरी भेजी, मुझे समय दिया, फिर ऐसा क्यों किया मेरे साथ?'

वह बोला, 'ठीक है, ठीक है। राजकोट में जब मैं प्लेन से उतरता हूं, तो आपके जैसे 50 मशीन टूल वाले मेरे पीछे घूमते हैं।'

डीलर ने जोर दिया कि वह सिर्फ बड़े वॉल्यूम ही खरीदता है। फिर उसने टिप्पणी की, 'राजकोट में क्या गियर वाली लैद बन सकती है?'

पराक्रम उठ खड़े हुए और अपने हाथ मोड़ते हुए कहा, 'आपसे धंधा नहीं करना है। थैंक्यू वैरी मच!'

युवक को करारा झटका लगा था--वह बस जल्द से जल्द अपने घर पहुंच जाना चाहते थे।

'उस दिन मैंने चेन्नई से बंगलौर होते हुए अहमदाबाद की फ्लाइट पकड़ी... पहली बार।'

राजकोट पहुंचकर पराक्रम ने एक बड़ा निर्णय लिया। उनकी कंपनी 16 कर्मचारियों और 25 लाख रुपए सलाना आयवाली, छोटी कंपनी थी। लेकिन

अब वह बिल्कुल वैसी नहीं रहेगी।

'मैंने फैसला किया कि हम डीलर के जरिए मार्केटिंग नहीं करेंगे, सीधा कस्टमर को ही सामान बेचेंगे।'

राजकोट में एक औद्योगिक प्रदर्शनी के दौरान, पराक्रम की कंपनी को पहला बड़ा कस्टमर मिला--भीकाभाई परमार। भीकाभाई सुरेंद्रनगर से थे, वे टैक्सटाइल स्पींडल्स बनाते थे। उन्होंने 9 मशीनों का ऑर्डर दिया, लेकिन उनकी एक खास मांग थी।

'क्या आप मशीन में एक हाइड्रोलिक सिलेंडर और एक हाई-स्पीड स्पींडल लगा सकते हो?' उन्होंने पूछा।

पराक्रम ने कहा, 'हमने पहले ऐसा नहीं किया, लेकिन अगर आप हमें बताओ, तो हम कर देंगे।'

सन् 93 से 98 तक का समय ज्योति के लिए तरक्की का समय रहा, साथ ही साथ सीखने का भी। कंपनी 'स्पेशल परपज मशीन', जिसमें हाई-डिग्री ऑटोमेशन होता है, बनाने में माहिर हो गई थी। जो भी कस्टमर चाहे।

हालांकि गियरबॉक्स और एप्रन का काम वैसे ही चालू था, लेकिन खास मांग पर बनी यह मशीनें अच्छा पैसा बना देती थीं--2 लाख रुपए प्रति।

'हमने कोई एडवर्टाइजमेंट नहीं दिया, सब एक-दूसरे से हमारे बारे में सुनकर ही आने लगे थे।'

सारे गुजरात, और यहां तक कि मुंबई से भी ऑर्डर आने लगे थे। इस दौरान पराक्रम और उनकी टीम मशीन और उत्पादन के बारे बहुत कुछ सीख चुकी थी।

1998 में, 'सीएनसी' नाम की एक नई तकनीक आई और राजकोट में बस एक ही कंपनी के पास वैसी मशीन थी। जब पराक्रम ने मालिक से उसे देखने की इच्छा जाहिर की, तो उसने बड़े घमंड से कहा, 'इसमें टीवी लगा है, कंप्यूटर लगा है, ये तेरे बस की बात नहीं है।'

उसके बाद पराक्रम नई दिल्ली में आईएमटीएमए (इंडियन मशीन टूल मेन्यूफैक्चरर एसोसिएशन) द्वारा आयोजित *आईएमटीइएक्स* प्रदर्शनी में गए। वहां उन्हें अहसास हुआ कि लैद मशीनों के दिन अब गिने-चुने रह गए हैं। लेकिन सीएनसी के नए संसार में कैसे जाया जाए?

'हम बाकी सब तो बनाते ही थे, अब पूरी मशीन बना लेंगे।'

राजकोट में होने वाले सेमिनार 'फर्स्ट टाइम सीएनसी' से उन्हें काफी मदद मिली। इसका आयोजन आईएमटीएमए और यूएनआईडीओ (यूनाइटेड नेशन इंडस्ट्रीयल डूवलपमेंट ऑर्गेनाइजेशन) ने किया था।

'इस तरह के सेमिनार कभी-कभी लोगों का जीवन बदल देते हैं, और मेरे साथ तो ऐसा ही हुआ।'

सीएनसी मतलब 'कंप्यूट्राइज्ड न्यूमेरिकल कंट्रोल'। काटने का काम कंप्यूटर में दी गई कमांड से किया जाता था, इससे गुणवत्ता में गजब का सुधार आ सकता था। सिर्फ दो कंपनियां ही ये कंट्रोलर बना रही थीं--फानुक (जापान) और साइमंस (जर्मनी)। सेमिनार में दोनों ही कंपनियों ने प्रेजेनटेशन दी थी।

दूसरे दिन की समाप्ति तक, पराक्रम सीएनसी के बारे में सबकुछ जान गए थे। उन्होंने फानुक के प्रतिनिधि को अपनी फैक्टरी देखने के लिए बुलाया, ताकि वे ऑर्डर दे सकें।

फानुक के प्रतिनिधि ने कहा, 'पहले इस फॉर्म को भरो। आपके पास कितने इंजीनियर हैं, आपकी सालाना आय क्या है?'

पराक्रम हैरान थे--अपने भावी कस्टमर से बात करने का यह कोई तरीका नहीं था।

'आपको मेरी सालाना आय जानकर क्या करना है?' उन्होंने पूछा।

'क्या आप हमारी मशीन खरीद सकते हो?' फानुक प्रतिनिधि ने काफी रुखाई से पूछा। 'हमारी मशीन 20 लाख की है।'

ज्योति वास्तव में छोटी कंपनी थी, लेकिन पराक्रम की महत्वाकांक्षा छोटी नहीं थी।

'मुझे गुस्सा आया--मैंने कहा, थैंक्यू वैरी मच, मैं आपके साथ काम नहीं करना चाहता!'

वह सीधा साइमंस के पास पहुंचे और उनसे बात की। रात के 2 बजे, पराक्रम ने 20 लाख रुपए की पहली सीएनसी मशीन का ऑर्डर दे दिया। उस

समय तक कंपनी की सालाना आय 60 लाख रुपए थी। लेकिन बात उस समय 'सामर्थ्य' की नहीं थी। पराक्रम को चिंता इस बात की थी कि वे मशीन चलाएंगे कैसे।

उन्होंने साइमंस के सेल्समैन से कहा, 'मुझे इस तकनीक का ए बी सी भी नहीं पता है। आपके इंजीनियर को हमारी मदद करके, हमें प्रशिक्षित करना होगा।'

दरअसल, फानुक के बजाय साइमंस के साथ काम करने के निर्णय ने उन्हें बहुत मदद दी। फानुक एक जापानी कंपनी है, जो अपनी तकनीक को लेकर बहुत रहस्यात्मक रहते हैं। दूसरी तरफ, साइमंस अपनी तकनीक को दूसरों से बांटने के मामले में काफी उदार है।

'हमने जर्मनियों से बहुत कुछ सीखा, और जल्द ही हम तकनीक में दूसरों से आगे बढ़ गए!'

पराक्रम को महसूस हुआ कि उन्हें सीएनसी बिजनेस को आगे बढ़ाने के लिए प्रोफेशनल्स की जरूरत होगी। उन्होंने पहले अपने कजिन, हीरेन से पूछा। हीरेन एक इलैक्ट्रॉनिक इंजीनियर और एमबीए हैं, जो आईबीएम के साथ काम कर रहे थे। उन्होंने मना कर दिया। कुछ सप्ताह बाद, हीरेन के कॉलेज में साथ पढ़ने वाला लड़का, हितेश पटेल पराक्रम के ऑफिस में फैक्स मशीन बेचने आया।

'मैंने उसको पूछा कि भाई तू हीरेन के साथ पढ़ता था, तो अपना समय फैक्स मशीन बेचने में क्यों बर्बाद कर रहा है?'

हितेश ने जवाब दिया, 'राजकोट में इलैक्ट्रॉनिक इंजीनियर के लिए कोई नौकरी नहीं है... क्या आप मुझे नौकरी दोगे?'

जल्दी ही, वह ज्योति में काम करने लगा और कंपनी का पहला इंजीनियर बना। बहुत सी कोशिशों-खामियों, और साइमंस की मदद के साथ पराक्रम की टीम सीएनसी वाली लैद मशीन बनाने में कामयाब हो गई। पहले साल में, उन्होंने राजकोट के आसपास ऐसी 6 मशीनें बेचीं।

1999 में, साइमंस ने अपने खर्चे पर कस्टमरों में से 3 लोगों को पेरिस में लगने वाले सबसे बड़े मशीन टूल की प्रदर्शनी, ईएमओ (वर्ल्ड मशीन टूल एक्सपोजिशन) में भेजा। यह पराक्रम का पहला विदेशी दौरा था, जहां न सिर्फ उनकी आंखें खुलीं बल्कि उनकी सोच भी। वह विशेष रूप से डीएमजी कंपनी

'डेस्टिनेशन का जो पिक्चराइजेशन होना चाहिए पूरी टीम को पता होना चाहिए।'

की 'लाइनर मोटर टैक्नोलॉजी' वाली लैद मशीन से प्रभावित थे। वह उस समय की विश्व की सबसे तेज मशीन थी।

आखरी दिन, पराक्रम के ग्रुप के सभी लोग डिज्नीलैंड घूमने गए। लेकिन पराक्रम उनके साथ नहीं गए।

'मुझे बुरा लगा कि किसी ने हमारे ऊपर पैसा खर्च करके यहां भेजा है और हम घूमने के लिए जा रहे हैं।'

पराक्रम वापस ईएमओ में आ गए और तभी कुछ जादुई हुआ। प्रदर्शनी खत्म होने पर, स्टॉल मालिक अपनी मशीनों को खोल रहे थे। पराक्रम वहीं बैठे थे, शनिवार और रविवार, पूरा दिन। और उन्होंने अपनी ड्रीम मशीन को अपने सामने खुला हुआ देखा।

उसे देखकर उन्हें अहसास हुआ, 'यह तो हम भी बना सकते हैं!'

भारत वापस आकर, उन्होंने साइमंस से जरूरी मोटर सप्लाई करने को कहा। उन्होंने बताया कि यह मुश्किल काम होगा।

'मैंने कहा, ठीक है, जो भी होता है, हमें करना है...'

जब मोटर आई तो उसे कस्टमवालों ने पकड़ लिया। लाइनर होने के कारण न तो उसमें बॉल-बियरिंग थी, न ही वह घूमती थी। ऑफिसर का कहना था कि यह मोटर हो ही नहीं सकती--उन्हें मनाने में 3 महीने लग गए।

मोटर मंगवाने का मकसद विश्वस्तरीय मशीन बनाकर उसे आईएमटीइएक्स 2001 में पेश करना था। हालांकि पराक्रम जानते थे कि इस अल्ट्रा-फास्ट, बेहद मॉडर्न एक करोड़ रुपए की मशीन के लिए उन्हें कोई ग्राहक नहीं मिलेगा। यह कोशिश तो एक बड़ी रणनीति का छोटा सा हिस्सा थी।

'लोग ऐसा कहते थे कि राजकोट वाले क्वालिटी नहीं देते हैं, तो हम उन्हें दिखा देना चाहते थे।'

उस समय ज्योति की सालाना आय 1.3 करोड़ रुपए थी। यद्यपि पराक्रम ने अपने बैंकरों की मदद से आईएमटीइएक्स प्रदर्शनी में 2.8 लाख रुपए निवेश

किए थे। यह विश्वास की छलांग थी, कोई चमक-धमक वाली उड़ान नहीं।

'हमने रखी एक करोड़ की मशीन मगर हमें बेचनी थी 15 लाख वाली सीएनसी मशीन।'

लाइनर मोटरवाली मशीन ने लोगों में गजब का उत्साह और आकर्षण पैदा किया--यह बदलाव का समय था।

'किसी ने मुझसे पूछा नहीं कि आप कहां से हो। और उस दिन के बाद से हम हर साल 100 प्रतिशत की दर से आगे बढ़ रहे हैं।'

2002 में, पराक्रम ने नई फैक्टरी के लिए, उभरते औद्योगिक क्षेत्र मेटोडा में प्लॉट खरीदा। जीआईडीसी के नियमों के मुताबिक जो कंपनी जमीन खरीदती है, वह इसे किसी दूसरे को नहीं दे सकती।

'हमने वह कंपनी ही खरीद ली--एएमबी बियरिंग्स। बाद में हमने उसका नाम ज्योति सीएनसी कर दिया।'

अगले साल, पराक्रम ने मीलान में होने वाले ईएमओ में भाग लेने का निर्णय लिया। प्रदर्शनी में छोटी से जगह भी बहुत महंगी मिलती है। बड़ी संख्या में भारतीय कंपनियों को भागीदारी में प्रोत्साहित करने के लिए आईएमटीएमए और यूएनआईडीओ ने एसएसआई के लिए 100 वर्गमीटर की जगह आरक्षित कर रखी थी। प्रत्येक एसएसआई 15 वर्गमीटर की फ्री जगह के लिए आवेदन कर सकती थी।

पराक्रम ने नियमों में थोड़ी छूट लेते हुए दो नामों से आवेदन दिया--ज्योति (उनकी पुरानी साझेदारी वाली कंपनी) और ज्योति सीएनसी लिमिटेड (पहले एएमबी बियरिंग्स लिमिटेड)। उन्हें 100 वर्गमीटर जगह की जरूरत थी, लाइनर मोटर मशीन के डिस्प्ले, साथ 4 दूसरी लैद मशीनों के लिए।

'जब एग्जीबिशन में जाना है तो पैसों के बारे में क्या सोचना। हम लोग फुल एनर्जी के साथ जाएंगे।'

पराक्रम की दो कंपनियों को 30 वर्गमीटर जगह मिल गई, और वह बाकी के 70 वर्गमीटर के लिए भी पैसे देने को तैयार थे। लेकिन उनके लिए एक खुशखबरी थी। चूंकि वहां और कोई एसएसआई कंपनी नहीं थी, तो यूएनआईडीओ ने जो 100 वर्गमीटर जगह आरक्षित की थी, वह ज्योति को मिल गई।

'मेरा स्टॉल किसी भी भारतीय कंपनी से बहुत बड़ा था। और मुझे उसके

'हमारी कंपनी हमेशा उधार में रही। ऐसा कभी नहीं हुआ कि हम लोग पहले कमा लें और फिर खर्च करें। हमें आगे बढ़ने के लिए कमाई से ज्यादा खर्च करना पड़ा।'

लिए पैसे भी नहीं देने पड़े। वह जबरदस्त उछाल था।'

पराक्रम ने अपने 15 सदस्यों के साथ उस ईएमओ में भाग लिया। उनका मकसद था कि वे समझ पाएं कि दुनिया में क्या कुछ नया हो रहा है। जिससे उनका विश्वास और महत्वाकांक्षाएं बढ़ सकें। ईएमओ के कुछ महीने बाद, आईएमटीएमए ने 'विजन एक्सरसाइज' पर 3 दिन का सेमिनार आयोजित किया, जिसे अनुभवी उद्यमी शैलेषभाई सेठ ने संचालित किया।

सेमिनार खत्म होते-होते पराक्रम पर उसका गजब का प्रभाव हुआ।

'तब मुझे लगा कि यार आज तक हम कर क्या रहे थे। हमारा विजन कहां है, हमारा मिशन क्या है?'

एक 'विजन' परिणाम से कही ज्यादा है, यह एक उद्देश्य है। जो लोगों को परिणाम के लिए काम करने को प्रेरित करता है। सेमिनार में इसके लिए एक आदर्श उदाहरण दिया गया, 1942 के 'भारत छोड़ो' आंदोलन का।

राजकोट वापस आने पर पराक्रम ने अपनी सारी टीम को बुलाकर कहा, 'चलो अपना विजन तय करके उसे पेपर पर लिखते हैं।'

हर सुबह गहन चर्चाएं और आत्मविश्लेषण किया जाता। इस काम में 8-9 महीने लग गए। आखिर में ज्योति सीएनसी ने अपना विजन और मिशन सुनिश्चित कर लिया थाः 2011 तक भारत में मशीन टूल की नंबर वन कंपनी बनना। और सिर्फ सालाना आय के हिसाब से ही नहीं।

'हमने निर्णय लिया कि हम तकनीकी, क्वालिटी और वॉल्यूम में नंबर वन बनेंगे। आंकड़ों के हिसाब से हमारी सालाना आय 7 करोड़ रुपए थी, हमने अपना लक्ष्य 1000 करोड़ रुपए सालाना आय तय किया।'

इस वक्तव्य के साथ उन्होंने योजना भी तैयार कर ली थी। 1000 करोड़ रुपए का आंकड़ा छूने के लिए टीम ने इंजीनियरिंग की एक-एक बारीकी पर काम किया था। इस विजन को सचाई में बदलने के लिए कितनी मशीनें, पैसा

और श्रम लगने वाला था। ये सारी योजना उन्होंने बिना किसी कंसल्टेंट के तैयार की थी।

'दरअसल हम 2-3 कंसल्टेंट से मिले थे लेकिन उन्होंने हमसे कहा, आप असफल हो जाओगे, आप कुछ ज्यादा ही महत्वाकांक्षी हो रहे हैं।'

और संभवतया वे थे। जोखिम भरे कदम उठाने में पराक्रम की शतरंज की पारियां बहुत काम आ रही थीं। निर्णय लेते समय, वह 5-6 परिदृश्यों की कल्पना कर लेते थे, और उनके संयोजन से क्या कुछ निकलकर आ सकता है।

'दूसरों को नहीं दिख रहा है जो मुझे दिख रहा है। मुझे यकीन था कि यह जुआ नहीं है... मेरी योजनाओं के पीछे ठोस जमीन थी।'

शतरंज के दौरान उन्होंने जो दूसरी महत्वपूर्ण बात सीखी, वह था धैर्य। परिणाम आने में समय तो लगता ही है। ज्योति सीएनसी के एक्सपोर्ट बाजार में प्रवेश करने के समय तो धैर्य ने निश्चित रूप से निर्णायक भूमिका निभाई। जब कंपनी ने 2003 के ईएमओ में स्टॉल लगाया, तो इसे लोगों का ध्यान तो मिला, लेकिन एक भी ऑर्डर नहीं। फिर भी पराक्रम 2005 के ईएमओ में भाग लेने में जरा भी नहीं झिझके।

'दरअसल हमें 2005 में भी कोई ऑर्डर नहीं मिल पाया था। हमें ईएमओ 2007 के बाद अपना पहला विदेशी ग्राहक मिला।'

मशीन टूल इंडस्ट्री बेहद पुरानी है, जिसमें क्वालिटी पर खासा जोर रहता है। किसी नए खिलाड़ी को यहां जल्दी स्वीकार नहीं किया जाता। जब कस्टमर ने देखा कि ज्योति सीएनसी बार-बार आ रहा है, तब ही वह इस पर भरोसा कर पाए। यह कंपनी वाकई में काम के प्रति गंभीर है, तभी तो टिकी हुई है।

'ईएमओ 2007 के बाद, बहुत से डीलर्स और ओईएम (ओरिजिनल इक्वीपमेंट मैन्यूफैक्चरर) राजकोट में हमारी फैक्टरी देखने के लिए आए। वे काफी प्रभावित हुए और हमें अच्छे ऑडर्स मिले।'

यही वह समय था जब पराक्रम ने अपनी जिद छोड़ते हुए फानुक के साथ काम करना शुरू कर दिया।

'हम फानुक के साथ पिछले 5-6 सालों से काफी अच्छे से काम कर रहे हैं।'

'*मेथड* (पद्धति) शब्द का आविष्कार फ्रांसवासियों ने किया था। हमने उनसे बहुत कुछ सीखा है।'

अपने वादों और योजनाओं पर खरा उतरते हुए, ज्योति सीएनसी विकास के अपने लक्ष्य की ओर बढ़ने लगी थी। 2003 में 7 करोड़ रुपए की सालाना आय से बढ़कर 2008 तक उनकी सालाना आय 150 करोड़ रुपए थी। इस गति और काम के साथ कंपनी को कभी भी बैंक से पैसा मिलने में कोई परेशानी नहीं आई। उस दौरान ब्याज पर पैसा मिलना मुश्किल होता था। लेकिन पराक्रम का स्पष्ट नियम था।

'किस्त एक भी दिन देर से नहीं भरनी है, उसके लिए दूसरा लोन भी लेना पड़े तो मंजूर है।'

इस प्रकार, ज्योति सीएनसी का बैंक रिकॉर्ड बहुत ही अच्छा रहा है। जिससे उन्हें आगे बढ़ने के लिए कभी पैसे की दिक्कत का सामना नहीं करना पड़ा। 2003 में बनाई योजना के अनुसार, ज्योति सीएनसी को 2008 में एक और कंपनी खरीदनी थी। पराक्रम की नजर अपनी एक प्रतिद्वंद्वी कंपनी पर थी। लेकिन उसे कंपनी के प्रबंधन ने उसे बेचने से मना कर दिया।

एक सुबह पराक्रम और उनके साथी अपने ऑफिस में बैठकर इस पर चर्चा कर रहे थे। उस समय एक फ्रांसीसी सज्जन भी वहां मौजूद थे। वह ह्यूरन के जनरल मैनेजर थे, और बहुत सालों से भारत में काम कर रहे थे।

'हम टेकओवर के बारे में अंगेजी-हिंदी में बात कर रहे थे, कि क्यों हम उसे खरीद पाने में असफल रहे।'

अचानक, वह फ्रांसीसी हिंदी में ही बोले, 'खरीदनी है तो मेरी कंपनी खरीद सकते हो।'

ह्यूरन के मालिक की उम्र 70 वर्ष से अधिक थी, और अब वह बिजनेस नहीं करना चाहते थे। लेकिन पराक्रम को संशय था। ह्यूरन ज्योति सीएनसी से ढाई गुना ज्यादा बड़ी थी। इतनी बड़ी कंपनी खरीदने के लिए फंड कहां से आएगा?

उस समय स्टेट बैंक ऑफ इंडिया उन भारतीय कंपनियों की बहुत मदद

कर रहा था, जो किसी विदेशी कंपनी को खरीद रही थीं। पराक्रम भी एसबीआई के कस्टमर थे।

'हम पेरिस में एसबीआई की ब्रांच में गए। फॉरेक्स डिपार्टमेंट का डीजीएम हमारी कंपनी को देखने आया और एमडी की तरफ से हमें अनौपचारिक तौर पर मंजूरी दे दी।'

इस भरोसे के साथ, ज्योति सीएनसी ने मार्च 2008 में ह्यूरन को खरीदने की प्रक्रिया शुरू कर दी। पराक्रम ने फंड जमा करने के लिए 3 महीने का समय मांगा।

शुरुआत में एसबीआई ज्योति सीएनसी फैक्टरी की सिक्योरिटी पर 100 प्रतिशत लोन देने के लिए तैयार था। लेकिन कुछ समय बाद, डीएमडी (डिप्टी मैनेजिंग डायरेक्टर) ने आपत्ति उठा दी। अपने दोगुनी कंपनी को चला पाने की ज्योति सीएनसी की काबिलियत पर संदेह करते हुए, डीएमडी ने डील कैंसिल कर दी।

इससे पराक्रम भारी मुसीबत में फंस गए।

'हमने वहां कॉन्ट्रेक्ट साइन कर लिया था, हम जुबान दे चुके थे।'

आखिरकार, ज्योति सीएनसी ने अपने दम पर 15 प्रतिशत रकम का बंदोबस्त कर लिया, जिससे मैडम डीएमडी कुछ नरम पड़ीं। लेकिन, फाइनल मीटिंग में, उन्होंने 'इंटीग्रेशन प्लान' का मुद्दा उठा दिया।

उन्होंने चेतावनी दी, 'आपका इंटीग्रेशन प्लान देखे बिना मैं आपकी फाइल को आगे नहीं बढ़ने दूंगी!'

परेशानी यह थी कि ज्योति सीएनसी ने ऐसा कोई प्लान बनाया ही नहीं था। पेमेंट की आखरी तारीख पास आ रही थी और एसबीआई किसी भी तरह से मानने को तैयार नहीं था।

इस मुश्किल समय में, एक दिन पराक्रम के पास मिस्टर के आर कामथ*, बैंक ऑफ इंडिया के एग्जीक्यूटिव डायरेक्टर, का फोन आया। मिस्टर कामथ उन्हें राजकोट में एक डिनर में आमंत्रित कर रहे थे। मिस्टर कामथ ही वह बैंकर थे, जिन्होंने पराक्रम को पहली बार 35,000 रुपए का लोन दिलवाया था, तब

* वर्तमान में के आर कामथ पंजाब नेशनल बैंक के चेयरमैन हैं।

'जब मैंने ह्यूरन प्लांट में कदम रखा, तो वहां के मालिक ने बाहर दरवाजे को भारतीय तिरंगे के रंग से रंगा हुआ था। वह मेरे जीवन का बहुत गर्व का पल था।'

वह कॉरपोरेशन बैंक में मैनेजर थे।

'हमारे बीच में घर जैसी ही बात थी। मैंने उन्हें बताया कि क्या सब चल रहा है।'

अगर जल्द ही पैसों का बंदोबस्त नहीं हो पाया तो, पराक्रम को ह्यूरन के पास जाकर डील कैंसिल करनी पड़ेगी।

'अगर मैं अब पीछे हटता हूं, तो यह सिर्फ ज्योति का ही नहीं भारत का भी नुकसान होगा!'

मिस्टर कामथ ने बैंक ऑफ इंडिया की पेरिस ब्रांच के फौरेक्स डिपार्टमेंट से उनकी मीटिंग का बंदोबस्त करवाया। दो दिन बाद, पराक्रम और उनके सीए फ्रांस की राजधानी के लिए निकल पड़े। 20 दिन बाद, ज्योति सीएनसी को ह्यूरन खरीदने के लिए 70 प्रतिशत रुपए मिल गए। कंपनी को 30 प्रतिशत का इंतजाम खुद करना पड़ा।

1 जनवरी 2008 को, ज्योति सीएनसी ने ह्यूरन को अपने कब्जे में ले लिया। दोनों कंपनियों की मिलाकर सालाना आय थी 500 करोड़ रुपए--लक्ष्य था 2011 तक 1000 करोड़ रुपए सालाना आय का। लेकिन अचानक ही विश्व में आर्थिक मंदी का दौर शुरू हो गया।

'2009-10 में हमारे भारत के काम एकदम से बैठ गए, कोई मुनाफा नहीं आया। और ह्यूरन को भी बड़े नुकसान का सामना करना पड़ा।'

इसके बावजूद, ह्यूरन के एक भी कर्मचारी को काम से नहीं निकाला गया। टीम एक बार फिर से आत्मविश्लेषण में जुट गई--क्या कंपनी खरीदना सही निर्णय था? जवाब था 'हां'। मंदी का बाहरी प्रभाव हर बिजनेस पर देखने को मिला था, लेकिन कंपनी अभी भी बहुत बुरी हालत में नहीं थी।

'चीन का एक खरीदार अभी भी हमसे कंपनी खरीदने को तैयार था, लेकिन दूर की सोचते हुए हमने उसके प्रस्ताव को ठुकरा दिया।'

ज्योति सीएनसी के बिजनेस में 50 प्रतिशत की कमी आई, इससे पैसे की खासी तंगी हो गई। जबकि दूसरी कंपनियां अपने ढांचे को दुरुस्त कर रही थीं, वहीं पराक्रम ने बैंक के प्रति अपना वादा निभाने के लिए अपने पारिवारिक खेतों को बेचने का निर्णय लिया।

'किस्मत से उस समय जमीन की कीमत में बहुत उछाल आया था। मैंने सबकुछ बेचकर, सारा पैसा यहां लगाया।'

उस मुश्किल समय में, पराक्रम को अहसास हुआ कि उन्हें कंपनी की रणनीति में कुछ बदलाव लाने होंगे। सिर्फ उद्योगों के भरोसे रहने की अपेक्षा ज्योति सीएनसी ने निर्णय लिया कि वह सरकार के साथ भी बिजनेस करने के मौके देखेगी। डिफेंस, इसरो और इंडियन रेलवे भारी मात्रा में मशीन टूल खरीदते हैं। हालांकि, वे ज्यादातर इम्पोर्ट पर भरोसा करते हैं।

ज्योति ने एक बार फिर से अपना लक्ष्य निर्धारित किया--अपना 30 प्रतिशत बिजनेस उसे इन्हीं खरीदारों के माध्यम से करना था।

'अपने उसूल और आदर्शों पर चलते हुए भारतीय सरकार के साथ काम करना बेहद मुश्किल है। लेकिन हमें आगे बढ़कर इसे संभालना ही था।'

कंपनी ने 2011 में अपनी बुक 650 करोड़ रुपए की सालाना आय के साथ बंद की। ह्यूरन भी अब 30 प्रतिशत की दर से बढ़ने लगा था और कई तरीकों से ज्योति सीएनसी की सफलता में भागीदार बन रहा था।

'हमने उनसे बहुत कुछ सीखा--बेहतर डिजाइन और हाई-स्पीड मशीनें कैसे बनाई जाएं।'

ह्यूरन के पास बहुत से अनुभवी कर्मचारी थे, जिनके पास सोचने और काम करने के कई अलग तरीके थे। फ्रांसीसी एक पद्धति पर काम करते हैं, और बहुत ही कुशल होते हैं।

'वे सप्ताह में 35 घंटे ही काम करते हैं लेकिन उनके 35 घंटे भारत में काम के 50 घंटों के ही बराबर परिणाम देते हैं।'

आर्सेलर-मित्तल के विपरीत ह्यूरन और ज्योति सीएनसी का संयोजन काफी सहज रहा। मंदी का दौर इस संयोजन के लिए मददगार ही रहा। कंपनी खरीदने के कारण फ्रांसीसियों की नौकरी भी बची रह पाई। लेकिन उन्होंने भी मुश्किल समय में अस्तित्व बचाने के बारे में भारतीयों से बहुत कुछ सीखा।

'फ्रांसीसी कंपनी कॉस्टिंग में कमतर थी... उन्हें व्यापार की उतनी अच्छी समझ नहीं थी।'

150 वर्षों से अधिक अनुभव के कारण ह्यूरन के खाते में कई बड़ी कंपनियां थीं, जैसे आल्सटम और फीएट। इतालवियों ने इस कंपनी को बांटकर अलग-अलग खरीदरों में बेच दिया था। इसके ऐरोस्पेस डिवीजन को प्लांट के जनरल मैनेजर ने खरीद लिया था और आखिरकार उसे ज्योति सीएनसी को बेच दिया। भारतीयों ने दो महत्वपूर्ण बदलाव किए।

'हमने इसके कई पुराने उत्पादों को दोबारा बनाना शुरू किया--ऑटोमोटिव, पावर, जनरल इंजीनियरिंग। क्योंकि ये डिजाइन अभी भी कंपनी के पास थे।'

दूसरा, अच्छी क्वालिटी सिर्फ अच्छी मशीनों को ही नहीं चाहिए होती है। ह्यूरन ने अपना फोकस 'रॉल्स रॉयस' से हटाकर ज्यादा कस्टमर वाली मार्केट पर लगाया।

'शुरुआत में हमने सोचा की प्रोडक्शन को भारत में शिफ्ट कर दें और सिर्फ मार्केटिंग उनके ब्रांड के तहत करें। लेकिन हमें अहसास हुआ कि यूरोपियन फैक्टरी की अपनी खासियत होती है।'

तो ज्योति सीएनसी ने फ्रांस के स्ट्रासबर्ग में एक और कंपनी खोली। फ्रांसीसी दक्षता और भारतीय कुशलता के जरिए बेहतरीन मशीनों का उत्पादन संभव हो पाया। इस तरह उन्होंने 'इम्पोर्ट सब्स्टीट्यूशन' मार्केट पर अपनी पकड़ बना ली।

'भारत में इस्तेमाल होने वाले मशीन टूल्स में से 70 प्रतिशत यूरोप और जापान से इम्पोर्ट किए जाते हैं। हम उस पर अपनी पकड़ बनाकर कंपनी को और आगे ले जाना चाहते थे।'

मार्च 2013 में, ज्योति सीएनसी ने आखिरकार 1000 करोड़ रुपए का लक्ष्य हासिल कर ही लिया। अगला लक्ष्य है 2020 तक विश्व के 10 बड़े खिलाड़ियों में शामिल होने का। निकट भविष्य में कंपनी अपने शेयर भी मार्केट में उतारने की सोच रही है।

ज्योति सीएनसी के पास भारत में 1200 कर्मचारी हैं और फ्रांस में 150। सभी ऑफिस में स्लेटी रंग की टी शर्ट पहनते हैं जिस पर कंपनी का लोगो होता है। गर्व और समानता का प्रतीक।

'सरकारी खरीदारों पर आर्थिक उतार-चढ़ाव का असर नहीं होता... तो हमने उन्हें ही अपना लक्ष्य बनाया।'

'एक फैक्टरी के लिए यह एक आदर्श और आरामदायक ड्रैस है!'

राजकोट फैक्टरी में अधिकांश कर्मचारी सौराष्ट्र बेल्ट के युवा इंजीनियर हैं। बीटेक के पांचवे सेमेस्टर के छात्रों को अपने यहां काम देकर उन्होंने नई शुरुआत की है--सप्ताह के दौरान वे कॉलेज जाते हैं और सप्ताहंत पर ज्योति सीएनसी में काम करते हैं।

'इस अनुभव से हमने जाना कि जब तक उनकी स्नातक पूरी होती है, वे हमारे लिए पूरी तरह तैयार हो जाते हैं। वास्तव में उनकी पूरी चाल-ढाल ही बदल जाती है!'

सीईओ के तौर पर, पराक्रम ऑफिस में सुबह 8 बजे से शाम 7 बजे तक रहते हैं। ऑफिस के खेल परिसर में वह टेबल टेनिस और बैडमिंटन खेलने का भी समय निकाल लेते हैं और साल में एक बार अपनी पत्नी राजश्री और 13 साल की बेटी प्रार्थना के साथ कहीं घूमने भी जाते हैं।

बिजनेस में 24 साल बिताने के बाद, आज जहां उन्हें गर्व है, वहीं कुछ अफसोस भी। पराक्रम 1995 का समय याद करते हैं, जब वह बेहद मुश्किल समय से गुजर रहे थे, तो अपने दोस्त और हमराज--अपने पिता--के पास जाकर फुट-फुटकर रोने लगे।

'पापा जब मैं शतरंज खेलने गया, आपने मुझे क्यों नहीं कहा कि तू अभी पढ़ ले, इंजीनियरिंग कर ले। मतलब आपको मेरी कोई चिंता ही नहीं थी!'

पिता ने जवाब दिया, 'तुम तो जानते ही कि मैं भगवान ओशो रजनीश का अनुयायी हूं। भगवान बताते थे कि हमारे जो बच्चे हैं, वो हमसे आते हैं लेकिन वो हमारी प्रॉपर्टी नहीं हैं।'

एक बच्चे का जन्म उसके मां-बाप या समाज के सपनों को पूरा करने के लिए नहीं हुआ है। वह अपना रास्ता खुद चुनने के लिए स्वतंत्र है।

'बस इसलिए, मैंने सोचा जो तू करेगा, वो ठीक करेगा।'

परिणामस्वरूप, पराक्रम भी ओशो के अनुयायी बन गए। उनका सपना

अनाथों के लिए एक आश्रम बनाने का है।

'मैं उन्हें खेलों में प्रशिक्षित करूंगा और ज्यादा अवसर मुहैया कराऊंगा। कंपनी भी साथ-साथ चलती रहेगी।'

सजग रहो, उत्साह से काम करो--जिंदगी भी एक खेल है। मैदान में आ जाओ और अपना सर्वश्रेष्ठ प्रदर्शन करो। भारतीय टीम को बहुत से खिलाड़ियों की जरूरत है।

*

युवा उद्यमियों को सलाह

मैं ऐसा युवाओं के लिए बोलना चाहूंगा, मन में जो आता है वो करें।

भगवान ने सबको समान अवसर दिए हैं। दूसरों की मत सुनो, खुद के अंदर देखो। एक आइडिया लो, और उस पर काम शुरू कर दो। आपके पास खोने के लिए कुछ नहीं है।

उद्यमिता का मतलब महज बिजनेस शुरू करना ही नहीं है। आप उद्यमी की सोच रखते हुए भी किसी नौकरी में काम कर सकते हैं।

बी पॉजीटिव

जगजीत सिंह कपूर—कश्मीर अपीयरीज दोराहा (पंजाब)

जगजीत सिंह कपूर ने मधुमक्खी के 10 बक्सों के साथ शुरू करते हुए मधुमक्खी पालन को पूरे भारत में लोकप्रिय कर दिया। आज *कश्मीर अपीयरीज* शहद एक्सपोर्ट करने की भारत की सबसे बड़ी कंपनी है, जिसकी सालाना आय 100 करोड़ रुपए है।

जिंदगी में कभी हम एक दोराहे पर आ खड़े होते हैं। जहां हमारे सामने एक तो यह होता है कि हम पुराने रास्ते पर ही चलते रहें, या फिर एक बिल्कुल ही नया रास्ता चुनें। ऐसे ही एक दोराहे का सामना इस युवक ने भी किया था। पंजाब के लुधियाना में जीटी (ग्रांड ट्रंक) रोड पर स्थित छोटे से शहर, दोराहा में रहने वाले इस युवक ने।

एक छोटे से ठेकेदार के रूप में वह जीने के लिए ठीक-ठाक कमा लेते थे। लेकिन तभी, उनमें कुछ नया करने की इच्छा हुई, कुछ ऐसा जो पहले कभी न हुआ हो। जगजीत सिंह कपूर ने मधुमक्खी पालन के जरिए पैसा काम का जरिया ढूंढ़ लिया।

'यूरोपियन मधुमक्खी' को भारत लाने का श्रेय पंजाब एग्रीकल्चर यूनीवर्सिटी को जाता है। लेकिन भारत भर में 'एपीस मेलिफेरा' के प्रचार-प्रसार का श्रेय इन्हीं उद्यमी सरदार जी को हासिल है।

'जब मैंने शुरू किया, दोराहा के आसपास कुल पांच सौ बक्से थे।'

जगजीत सिंह मधुमक्खी पालने वाले पहले मधुपालक थे। उन्होंने खुद में एक सेल्समैन देखा, जो अपने शहर के लिए बाजार ढूंढ़ ही लेगा--भले ही वह शहद खुद उनका हो या दूसरे किसानों का।

1995 में, यूनियन एग्रीकल्चरल सेक्रेटरी, एम एस गिल से मिलकर जगजीत सिंह ने एक प्रस्ताव दियाः 'देश में जितना भी शहद बनता है, मैं खरीद लूंगा।'

डींग नहीं हांक रहे थे, सीरियस थे सरदार जी। वह हवाई किले नहीं बना रहे थे। जो उद्योग 1978 में जगजीत सिंह ने 10 मधुमक्खी के बक्सों के साथ शुरू किया था, आज शहद के क्षेत्र में भारत का सबसे बड़ा एक्सपोर्टर बन गया है। मैं 'हनी किंग', जैसा कि वह खुद को कहते हैं, से दोराहा में *कश्मीर अपीयरीज* के हैड ऑफीस में मिली। वह अब एक आधुनिक, विश्व-स्तरीय सुविधाओं से लैस है, जिसकी अपनी आर एंड डी यूनिट भी है।

जब मैंने जगजीत सिंह से कहा कि मैं उनके ऑफिस में उनकी एक फोटो खींचना चाहती हूं, तो बड़ी सी मुस्कान देते हुए कहा, 'बी...ई....इज...!'

वास्तव में उनकी बड़ी मुस्कान का राज यह बी (मधुमक्खी) ही तो है। उस पर उन्हें बेहद गर्व है। और वह इस शहद और उससे आने वाले पैसों को देश के हर किसान में बांटना चाहते हैं।

बी पॉजीटिव

जगजीत सिंह कपूर--कश्मीर अपीयरीज
दोराहा (पंजाब)

सरदार जगजीत सिंह का जन्म लुधियाना के छोटे से टाउन दोराहा में हुआ।

'मेरे पिता विभाजन के बाद भारत आकर यहीं बस गए। वह स्कूल में हेडमास्टर थे और बहुत ही ईमानदार इंसान थे... स्कूल का एक चॉक तक घर नहीं लाते थे।'

जगजीत सिंह ने दोराहा में ही एक सरकारी स्कूल से 9वीं क्लास तक पढ़ाई की। आगे की पढ़ाई उन्होंने जम्मू और चंडीगढ़ में पूरी की, और लुधियाना के आर्या कॉलेज से बीएससी की। एक स्कूल टीचर के लिए अपनी तनख्वाह से तीन बेटों और दो बेटियों को पढ़ा पाना आसान नहीं था।

'मेरे पिता को 300 रुपए महीना मिलता था। उसी में हम सबको पढ़ाया-लिखाया, काबिल बनाया।'

फिर भी उस स्कूल टीचर ने अपने परिवार के कई सदस्यों की उनका काम जमवाने में मदद की, जो उन्हीं की तरह विभाजन के बाद पाकिस्तान छोड़कर आए थे।

'मेरे मामा को किताबों की दुकान खुलवाकर दी। फिर एक फोटोग्राफी की दुकान खोलकर दी। फिर साइकिल की दुकान, फिर टैंटहाउस।'

हर काम छोटा था, और उनमें से कोई भी स्कूल मास्टर और उनके परिवार की मदद नहीं कर पाया। आखिरकार, मास्टरजी ने अपनी आय बढ़ाने के लिए

एक ट्यूशन एकेडमी खोल ली। 1970 में, जब जगजीत की स्नातक पूरी होने ही वाली थी, तो उनके परिवार ने ठेके पर एक शराब की दुकान खोल ली।

'शराब पीते नहीं थे... आज तक नहीं पी है... सिर्फ बेचते जरूर थे।'

अगले दस सालों में एक दुकान से आठ दुकानें बन गईं। लेकिन शराब के बिजनेस ने कभी अच्छा पैसा नहीं बनाया, और न ही काम से कोई संतोष ही मिल रहा था। 1978 में, जगजीत सिंह ने लुधियाना में पंजाब एग्रीकल्चरल यूनिवर्सिटी (पीएयू) से मधुमक्खी पालन का कोर्स किया।

'मैंने दोराहा में मधुमक्खियों के कुछ प्रयोग के बारे में सुना था, और इसके बारे में ज्यादा जानना चाहता था।'

डॉ. ए एस अटवाल के निर्देशन में, पीएयू ने 1962 में इतालवी मधुमक्खी, 'एपीज मेलिफरा' को भारत में पेश किया। उनकी पहली बसावट 1962 में हिमाचल प्रदेश में की गई और फिर मैदानी इलाकों में पंजाब को इसके लिए चुना गया। पीएयू दोराहा और इसके आसपास के किसानों को इसकी ब्रीडिंग के बारे प्रशिक्षित कर रही थी। जब 1978 में ये एक्सपेरिमेंट खत्म हुए तो उन्होंने किसानों को मुफ्त में हाइव (मधुमक्खी के झुंड) देने की बात रखी।

'जब मैं मधुमक्खी पालन का कोर्स कर रहा था तो यूनिवर्सिटी ने मुझे भी दो झुंड देने को कहा।'

जगजीत सिंह ने मना कर दिया।

'अगर फ्री में लूंगा तो मेरी आदत खराब हो जाएगी।'

युवा उद्यमी ने एक किसान से 1000 रुपए में एपीज मेलिफरा के 5 झुंड खरीदे। उनसे पहली बार 50 किलो शहद निकला। उस किसान के उत्पादन से बहुत ज्यादा। किसान बस मधुमक्खियों को रखते थे--फिर पीएयू से रिसर्चर आकर शहद निकालते और उनके लिए बेच देते।

'सरकारी काम था। घर बैठे उनको पैसे मिल जाते थे। मधुपालक तो निकम्मा रह गया।'

उन्होंने पीएयू में तकनीक सीखी थी, भूखी नई मधुमक्खी ज्यादा शहद पैदा करती थीं। समस्या थी कि शहद बेचें कहां। तो, किसान थोड़ी मात्रा में जो उत्पादन करते थे, वह पीएयू खुद खरीद लेता था। कीमत थी 20 रुपए प्रतिकिलो। और पैसे समय पर मिल जाते थे।

'पर आगे अगर बढ़ना था, तो वो कहां बिकेगा... ये सबसे बड़ा सवाल था।'

नए बाजार की खोज में जगजीत सिंह अमृतसर के खादी आश्रम जा पहुंचे। वे लोग इस युवा से शहद लेने को राजी हो गए। शहद बनाने में जगजीत सिंह एक सीधी सी तकनीक का इस्तेमाल करतेः एक मलमल का कपड़ा। छनने के बाद, शहद को शीशे के जार में बंद कर उस पर 'कश्मीर हनी' का लेबल लगा दिया जाता। क्यों? क्योंकि जगजीत सिंह के पिता मीरपुर से थे, जो पाकिस्तान-अधिकृत कश्मीर में आता है। लेकिन नाम में भावना के साथ समझदारी भी थी।

'विश्व का सर्वश्रेष्ठ शहद कश्मीर से आता है। तो मैंने सोचा कि यह नाम अच्छा रहेगा।'

अपने पहले साल में जगजीत सिंह ने 50 किलो शहद बेचकर 5000 रुपए कमाए थे। जैसे 'कश्मीर हनी' की मांग बढ़ी, जगजीत सिंह ने और भी बक्से खरीदने शुरू कर दिए। भारतीय मधुमक्खी से भिन्न, एपीज मेलिफरा बक्से के अंदर ही अपना छत्ता बना लेती थे। हर बक्से में लकड़ी का फ्रेम लगा होता था, जिस पर शहद जमा होता रहता। इसी से एपीज मेलिफरा की खेती कर पाना सहज था--और उत्पादन में भी तेजी से उछाल आ रहा था।

'ये इतालवी मधुमक्खी बक्से में ही रहती हैं, जो जंगली मधुमक्खी हैं वो जंगल में ही रहती हैं।'

शहद निकालने के पारंपरिक तरीकों में छत्ते को तोड़ना पड़ता था। इस नए तरीके में मधुमक्खियों को छेड़े बिना बक्से से फ्रेम निकाल लेते हैं। एपीज मेलिफरा को संभालना भी सहज है।

'थोड़ी बहुत ही काटती है... अगर आप तंग करोगे, वैसे नहीं।'

और मजे की बात है कि इस बिजनेस को बढ़ाने के लिए पैसों की भी जरूरत नहीं है। प्रकृति का नियम है, मधुमक्खियां बढ़ती जाएंगी और उत्पादन

'बेशक हमारे पास पैसे नहीं थे... पर फ्री की आदत नहीं थी।'
'कोई भी काम करना है तो कदर और मेहनत से करना चाहिए।'

भी।

'अगर आप मधुमक्खी पालन में एक लाख रुपए लगाओगे तो 2 सालों में आपके पैसे वापस मिल जाएंगे, और उसके आगे हर साल आप लाख रुपए कमाओगे।'

जगजीत सिंह अपने पैसों को और बक्से खरीदने में निवेश करते रहते हैं। सप्लाई को और ज्यादा बढ़ाने के लिए, उन्होंने दूसरे मधुपालकों से भी शहद लेना शुरू कर दिया।

'मैं शहद लेता गया, शहद देता गया, ऐसे मेरा काम बढ़ता गया।'

सेल्समैन को सफल होने के लिए खुद ही इधर-उधर जाना पड़ता है। जगजीत सिंह ने भी शहद की तलाश में पूरे पंजाब, हरियाणा, राजस्थान और उत्तरप्रदेश में चक्कर काटे। यहां तक की वह बिहार, बंगाल और तमिलनाडु तक भी जा पहुंचे। उनके ज्यादा दौरों में उनकी बीवी, परविंदर कौर भी उनके साथ होतीं। उनका मकसद था, जितना ज्यादा हो सके कच्चा शहद इकट्ठा किया जाए। और उन्हें बोतलों के लिए ज्यादा से ज्यादा ऑर्डर मिलें।

किसानों को लगने लगा कि शहद में काफी पैसा है।

'जब लोगों ने देखा कि शहद बिक रहा है, उन्होंने भी मधुमक्खी पालना शुरू कर दिया।'

सरकार ने मधुपालकों के लिए कई योजनाएं शुरू कीं। देशभर से लोग मधुमक्खी हासिल करने के लिए दोराहा आए।

एक मधुमक्खी की तरह, जो अनजाने में ही फूलों के बीज ले जाती है, जगजीत सिंह ने भी पूरे भारत में मधुमक्खी पालने का ख्याल फैला दिया था। एक नए बिजनेस से किसानों की आय में बढ़ोतरी हो सकती थी। अपनी यात्राओं के दौरान जगजीत सिंह को एक और मौका दिखा। उन्होंने पाया कि और अच्छी क्वालिटी के शहद के लिए मधुमक्खियों को लीची, सूरजमुखी और कपास जैसे फूलों का पराग मिलना चाहिए। ये फूल देश के विभिन्न भागों में भिन्न-भिन्न समय पर खिलते हैं। इसलिए मधुमक्खियों के बक्से को एक स्थान से दूसरे स्थान पर ले जाना चाहिए।

शुरुआत में बक्सों को राजस्थान में श्रीगंगानगर भेजा गया, ताकि उन्हें सरसों के खेत के पास रखा जा सके। फिर सूरजमुखी के मौसम में उन्हें वापस

पंजाब लाया जाता। गर्मियों में मधुमक्खियां कश्मीर जातीं, जहां कीकर और बबूल के फूल मिलते।

'कम बक्सों से हम ज्यादा शहद निकालने लगे।'

हर बक्से में नीचे खुलने के लिए छोटी सी जगह होती है। मधुमक्खी फूलों की तलाश में हद से हद 3 किलोमीटर तक जाती हैं। फिर वे वापस अपने छत्ते में पराग जमा करने आ जाती हैं। जो फिर शहद में बदल जाता है। मधुपालक हर 15-25 दिनों में 5-6 किलो शहद ले सकते हैं, अगर आसपास प्रचुर मात्रा में वनस्पति हो तो। एक छत्ते का जीवन लगभग 3 साल तक होता है, तो हर बक्से से 40-80 किलो शहद प्राप्त किया जा सकता है, यह इस पर भी निर्भर है कि बक्से को कितनी बार इधर-उधर ले जाया गया।

'हम खेत नहीं खरीदते, हम किसानों से बक्से रखने की इजाजत लेते हैं।'

यकीनन, पहले-पहल किसान नहीं मानते। उन्हें लगता है कि मधुमक्खियां उनकी फसल खराब कर देंगी। दरअसल, मधुमक्खियां तो फसलों के लिए फायदेमंद होती हैं, वे तो स्वाभाविक रूप से बीजों को सब जगह छितरा देती हैं। जगजीत सिंह को बड़े धैर्य के साथ किसानों को समझाना पड़ा, उन्हें मनाना पड़ा कि वे कुछ बक्से अपने खेतों में रखने के लिए तैयार हो जाएं।

'थोड़े समय बाद वो समझ गए कि उन्हीं को फायदा है। फिर हर साल खुशी-खुशी रखने लगे।'

मधुमक्खियों को रखने में किसानों को अलग से कोई मेहनत नहीं करनी पड़ी। जगजीत सिंह ने अपने गांव के कुछ लड़कों को बक्सों पर नजर रखने के लिए भेज दिया।

ये लड़के खेतों में ही टैंट डालकर रहते हैं और मधुमक्खी और शहद की जिम्मेदारी इन्हीं की होती है।

'जब शहद निकलता था, वो टिन में शहद डालकर ले आते थे। हम 250

'खादी आश्रम ने मेरा शहद बेचा, मेरा हौसला खुल गया। मैं बड़ी मार्केट की सोचने लगा।'

'हिंदुस्तान भर में मधुमक्खी मेरे यहां से गई है।'

बक्सों को देखने के लिए 3-4 लड़के रख छोड़ते थे।'

1985 तक, जगजीत सिंह के पास 1000 बक्से थे। उस साल उन्होंने राज्य के किसानों को मधुमक्खी और बक्से सप्लाई करने का टेंडर भी पंजाब सरकार से ले लिया था। उन्हें 7000 बक्सों में से, हर जिले में 700 बक्से सप्लाई करने थे।

'मगर जब देने की बारी आई तो बक्सा बनाने वाला मुकर गया।'

अब क्या? बिगड़ते हालातों में उनके पिता ने सलाह दी कि 'घबराओ मत।'

बुजुर्ग अपने बेटे के साथ लक्कड़ बाजार गए और वहां से 10,000 रुपए की लकड़ी उठा ली। एक मिस्त्री को बुलाकर उन्होंने बक्से बनाने का काम शुरू करवा दिया। बक्से मधुमक्खियों से भरे थे, जो संख्या में और तेजी से बढ़ती जातीं। जल्दी ही वो लोग बक्सों की डिलीवरी करने लगे। जो पैसे उन्हें मिले, उससे जगजीत सिंह ने और लकड़ी खरीदकर बक्से बनवा लिए, और मधुमक्खी तो खुद ब खुद बढ़ ही रही थीं।

'बात फैलने लगी कि ये पार्टी बढ़िया है। अब हम लकड़ी उधार भी उठा लेते थे।'

'कम दाम' के टेंडर ने आखिरकार अच्छा मुनाफा दिया। और शहद बिक्री और इस टेंडर ने जगजीत सिंह की किस्मत चमका दी। उनका शराब का काम 1980 में बंद हो गया था, जब सरकार ने लाइसेंस की नीतियों में कुछ बदलाव किए। बाद में खोला गया होटल का बिजनेस भी उनके लिए बर्बादी ही लाया था।

'होटल खोलने के लिए मैंने बैंक से 8 लाख रुपए का लोन लिया था। लेकिन मैं कुछ नहीं बेच पाया।'

पंजाब में फैले उग्रवाद की वजह से रोड पर बने ढाबों में कम ही ग्राहक आया करते थे। लोन ब्याज लग-लगकर 16 लाख रुपए का हो गया था। एक छोटा सा व्यापारी इतनी बड़ी रकम कैसे चुका सकता था?

'मुझे मक्खी ने पैसा दिया। इतना पैसा दिया, कर्जा पूरा किया, और बहुत कुछ किया। मैं आगे बढ़ गया।'

पंजाब में फैले उग्रवाद के चलते वहां कोई भी बिजनेस कर पाना आसान

नहीं था। तो मधुपालन का काम कैसे फला-फूला? टेंडर के मुताबिक, जगजीत सिंह को अमृतसर, खांडुसा, भोर, भटिंडा में मधुमक्खी सप्लाई करनी थी, ये सभी खालिस्तान कैंप के मजबूत गढ़ माने जाते थे। लेकिन जगजीत सिंह ने छिपकर रहने से मना कर दिया। वह खटारा जीप और कभी-कभी 407 टैम्पू में बैठकर गांव-गांव जाकर बक्से सप्लाई किया करते थे। घर वापस लौटने में उन्हें अक्सर आधी रात हो जाती थी।

क्या उन पर कभी कोई हमला नहीं हुआ।

साधारण सा जवाब थाः 'जब आप सही काम कर रहे हो ना, भगवान आपको देखता है...'

दरअसल उनका सारा काम ही ऊपर वाले के भरोसे टिका था। जगजीत सिंह एक घटना याद करते हैं, जब वे अपनी बोतलों के पास बैठकर शहद तैयार कर रहे थे।

'टूटी-फूटी जीप होती थी। इतना पैसा नहीं होता था कि हम डीजल का खर्च भी दे सकें जाने के लिए। फिर भी मैं चला गया।'

एक ही उम्मीद थी कि अंबाले वाला खादी आश्रम पैसे दे देता था। और उस पैसे से वे जीप में डीजल भरवाकर आगे बढ़ जाते थे। खैर खादी आश्रम वाले शहद तो ले रहे थे, लेकिन वह हाथोहाथ पैसे नहीं देते थे।

'मैंने कहा चलो यमुनानगर देंगे, यमुनानगर से मिलेगा।'

लेकिन कभी-कभी किस्मत भी साथ नहीं देती। अब वे न तो इधर आ सकते थे न उधर, जीप में बहुत कम डीजल बचा था।

एक रिश्तेदार, जो उनके साथ था बोला, 'कोई बात नहीं... गड्डी चलती रहेगी। हम देहरादून तक जाएंगे... वापस भी आएंगे।

उन्होंने जीप में कुछ सवारियां बैठा लीं। जब वे यमुनानगर का पुल पार कर रहे थे, जीप झटके लेने लगी। उन्होंने हर सवारी से 5 रुपए लेकर, पास से गुजरते ट्रैक्टर से एक डीजल की कैन खरीद ली।

सहारनपुर में आखिरकार एक पार्टी ने उनके पैसे दे ही दिए। तब वे अपनी जीप हरिद्वार और आखिरकार देहरादून तक ले गए। वापसी के समय तक उनका सारा शहद बिक चुका था, और उनकी जेब में कुछ पैसे भी थे।

'बस मैंने कभी आगे की नहीं सोची... चलती का नाम गाड़ी है... चलते

'हमारी फैक्टरी में मक्खियों का ए टू जेड काम होता है।'
'अब मेरे पास तकनीकी स्टाफ है, मैनेजर हैं, मगर मैं हर काम में दिलचस्पी रखता हूं... हर एक काम की समझ है मुझे।'

जाओ, चलते जाओ, गड्डी चलती रहेगी।'

एक बार, जगजीत सिंह एक एक्सीडेंट के बाद 3 महीने तक बिस्तर पर पड़े रहे। बिजनेस बिल्कुल ही ठप्प हो गया था, क्योंकि कोई नहीं था जो पेमेंट ले आता। उस समय, जगजीत सिंह का बड़ा बेटा, शहजादा कॉलेज में पढ़ रहा था।

उसने कहा, 'मैं जाकर पैसे ले आऊंगा।'

अपनी मां के साथ शहजादा ने देशभर में घूमकर काम को अंजाम दिया। हालांकि पेमेंट एक हौआ ही बनी रही--हमेशा देर-सवेर। मधुपालक हमेशा एडवांस पैसे लेने पर जोर देते हैं, जबकि 'कश्मीर हनी' की पॉलिसी थी कि जब माल बिक जाए, तब पैसे दो। इस सबसे ऊपर, इसमें मुनाफा बहुत कम था।

जगजीत सिंह की हताशा बढ़ने लगी। लेकिन वह कभी निराश नहीं हुए।

'देखो अगर आप करम ठीक करो तो भगवान जो ऊपर बैठा है ना, वो आपकी बात सुनता है, वो आपको नए-नए रास्ते देता है।'

80 के दशक के आखिर में, दक्षिण भारत में फैली एक महामारी के चलते मधुमक्खियों की संख्या में तेजी से गिरावट आने लगी। इससे शहद के उत्पादन में भारी कमी आई। इस मांग को पूरा करते हुए, जगजीत सिंह ने एक ट्रक शहद भरकर कन्याकुमारी भिजवा दिया। उन्हें इसकी कीमत तो मिल गई, लेकिन कस्टमर ने उनके दूसरे ट्रक के पैसे देने से मना कर दिया।

'बहुत रो-धोकर थोड़े पैसे मिले।'

यह बेहद कड़वा अनुभव था, फिर भी जगजीत सिंह देश में अपना बाजार बढ़ाने में लगे रहे।

तब वास्तविक रूप से बदलाव का पल आया। 1990 में, एक एक्सपोर्टर ने यूके के ऑर्डर के लिए कश्मीर अपीयरीज से कॉन्टेक्ट किया। 3-4 कंटेनर भेजने के बाद, फिर वही कहानी, पैसे ही नहीं आए। अपने पैसे लेने के लिए

जगजीत सिंह और उनकी बीवी, परविंदर को यूके जाना पड़ा। वह उनका पहला विदेशी दौरा था, और उन्हें एक बिल्कुल ही नई दुनिया देखने को मिली।

'हमने देखा कि विदेशों में शहद की बहुत मांग है। हम उनकी जरूरत पूरी कर सकते थे।'

लेकिन वह उतना आसान नहीं था। एक्सपोर्ट मार्केट की अपनी जरूरतें होती हैं, जैसे शहद में मॉइस्चर की कमी होनी चाहिए। इसके लिए मशीनें आती हैं, लेकिन जगजीत सिंह के लिए उन्हें खरीद पाना संभव नहीं था।

'बहुत देखा, बहुत ढूंढ़ा फिर मैंने अपने दिमाग से एक मशीन बनाई, जिससे मॉइस्चर कम हो गया।'

दूसरा मुद्दा था कीटनाशक का इस्तेमाल। ज्यादातर मधुपालक अनपढ़ थे, वह मधुपालन में मक्खी की दवाई के रूप में एंटीबायोटिक का प्रयोग करते थे। उसके कुछ अवशेष शहद में भी रह जाते थे, जो अमेरिका* और यूरोप में स्वीकार्य नहीं था। लेकिन फिर किसान अपनी मक्खियों को बचाने के लिए क्या कर सकते थे? जगजीत सिंह ने इसका एक ऑर्गेनिक तरीका ढूंढ़ निकाला--फॉर्मिक एसिड और ऑक्सेलिक एसिड।

'हमने मधुपालकों को प्रशिक्षित करना शुरू किया। अच्छी क्वालिटी का शहद पैदा करेंगे तो एक्सपोर्ट में अच्छा दाम मिलेगा।'

शुरुआत में, जगजीत सिंह ने पाया कि वैश्विक बाजार में भारतीय शहद के दाम बहुत कम हैं।

'कहते थे कि ये शहद इतना अच्छा नहीं है... हमें भी कुछ पता नहीं था।'

तब जगजीत सिंह ने शहद की टेस्टिंग और ग्रेडिंग की महत्ता जानी। पहले 'कश्मीर हनी' दिल्ली में टेस्ट किया जाता था, फिर कंपनी ने इसे जर्मनी की एक लैब में भेजना शुरू किया, इसकी कीमत 40,000 रुपए पड़ी। उन्हें यह सब एपीमॉन्डिया (इंटरनेशनल फेडरेशन ऑफ बीकीपर एंसोसिएशन) में जाने से समझ आया। जगजीत सिंह पहली बार 1997 में बेल्जियम के एंटरप में पहले एपीमॉन्डिया में गए।

* भारत में शहद बेचने के ये मानक नहीं हैं। सेंटर फॉर साइंस एंड एनवायरमेंट की रिपोर्ट के अनुसार, सभी घरेलू ब्रांड में एंटीबायोटिक के अवशेष पाए जाते हैं।

वह पूरी तरह से दिमाग बदल देने वाला अनुभव था।

'उस समय तक हम नहीं जानते थे कि ब्रोशर क्या है। मैंने एक पेज पर अपनी फोटो लगा दी, मैडम की फोटो और बेटी की, साथ में कंपनी का नाम और पता।'

कश्मीर अपीयरीज अपना स्टॉल तक नहीं खरीद सकती थी। जगजीत सिंह, परविंदर और उनकी 11 साल की बेटी, रितु एक स्टॉल से दूसरे स्टॉल पर जाकर, उनसे कुछ देर बैठने की इजाजत लेकर अपना समय निकाल रहे थे। प्रदर्शनी के बाद, वे यूरोपियन गांवों में गए, पता करने कि वहां के मधुपालक क्या करते हैं।

'हमें अपॉइंटमेंट के लिए घंटों इंतजार करना पड़ा, क्योंकि हमारी कंपनी बहुत छोटी थी, मैं कुछ नहीं था।'

लेकिन वो सारी कोशिशें रंग लाईं। सरदार जी ने कॉटेक्ट बनाए और उन्हें छोटा सा ऑर्डर भी मिला। लेकिन ज्यादा जरूरी था कि वे अब बड़ा सोचने लगे थे।

'हम 15 दिन घूमते रहे, वहां की बढ़िया-बढ़िया फैक्टरी देखी। फिर सोचा कि हम क्यों नहीं ऐसे हो सकते?'

उस समय तक, कश्मीर अपीयरीज 25 लाख रुपए की कंपनी थी, एक कुटीर उद्योग की तरह काम कर रही थी। 'फैक्टरी' के नाम पर एक छोटा सा कमरा था, जहां शहद गर्म करके उसे मलमल के कपड़े से छानकर, बोतलों में भरा जाता था। इसे बदलना ही होगा।

'जब आप एक्सपोर्ट करना शुरू करते हैं, तो कस्टमर आपकी फैक्टरी देखना चाहते हैं। आपका ऑफिस कैसा है... धीरे-धीरे हमारा काम करने का तरीका बदला, हम ज्यादा प्रोफेशनल हो गए।'

बैंकों के सहयोग से, कश्मीर अपीयरीज एक बड़ी और आधुनिक फैक्टरी बन गई। 12 एकड़ में फैले परिसर में हीटिंग और फिल्टरेशन के प्लांट लगे हैं। साथ ही बक्से और वैक्स शीट बनाने की सुविधा, असंख्य गोदाम और कोल्ड स्टोरेज प्लांट भी है। 2009 में, कंपनी ने अपनी टेस्टिंग लेबोरेटरी भी बना ली है, जहां विश्वस्तरीय मानदंडों पर शुद्धता की जांच की जाती है।

इसे कीटविज्ञानी डॉ. एल आर वर्मा की अध्यक्षता में ली बी इंस्टीट्यूट

और एग्रो-एंटरप्राइज द्वारा शुरू किया गया। यह इंस्टीट्यूट भारत भर के किसानों को मधुपालन में मुफ्त प्रशिक्षण देता है।

'सब कुछ पीएयू के 500 बक्सों से शुरू हुआ... मक्खी बढ़ती गईं, बढ़ती गईं।'

अब भारत में 1,00,000 से ज्यादा मधुपालक हैं, जो 30 लाख से ज्यादा बक्सों* की देखरेख कर रहे हैं। इसमें भी 50,000 से ज्यादा बक्से कश्मीर अपीयरीज के हैं, लेकिन कंपनी बड़े पैमाने पर देशभर में से शहद खरीदती भी है।

'हमारी क्षमता प्रतिदिन 3,00,000 किलो शहद उत्पादन की है। भारत में हमारा पहला नंबर है, और विश्व में चौथा।' जगजीत सिंह का सपना विश्व में नंबर वन बनने का है।

विश्व को जीतने का रास्ता गड्ढों और रुकावटों से भरा है। 2010 में, यूरोपियन यूनियन ने भारत से शहद आयात पर रोक लगा दी थी, यह कहते हुए कि इसमें शीशा मिला होता है। यह कंपनी और पूरे उद्योग के लिए बहुत मुश्किल समय था। एक्सपोर्ट इंसपेक्शन काउंसिल और कश्मीर अपीयरीज ने कंधे से कंधा मिलाकर काम करते हुए इस प्रतिबंध को सालभर में हटवा दिया।

'यूरोपियन यूनियन से प्रतिनिधि दोराहा आए जांच के लिए और वे पूरी तरह से संतुष्ट होकर वापस गए।'

वर्तमान में, कश्मीर अपीयरीज ग्रुप ने एक्सपोर्ट बाजार के 65 प्रतिशत पर कब्जा कर रखा है। वे 42 से ज्यादा देशों में अपना शहद बेच रहे हैं। कंपनी की नजर अब घरेलू बाजार पर है, जहां डाबर मार्केट लीडर है। कश्मीर हनी रिलायंस, स्पेंसर और भारती वालमार्ट को शहद बेचता है। इसने 'लिटिल बी' नाम से मॉल में अपना स्टॉल भी खोला है। 'लिटिल बी' में एंटीबायोटिक-फ्री शहद के साथ-साथ हनी के उत्पाद जैसे जैम, सिरप, सोसेज और चाय भी मिलते हैं।

'भारत में अभी भी शहद दवाई की तरह देखा जाता है। अब उनकी आदत डालनी पड़ेगी।'

* भारत में शहद का सकल उत्पादन 40-50,000 टन प्रतिवर्ष है

समय के साथ, जगजीत सिंह के बेटे और बेटी भी उनके साथ काम करने लगे हैं। बड़ा बेटा, शहजादा सिंह कपूर रिटेल बिजनेस 'लिटिल बी' का इंचार्ज है, दूसरा बेटा, राजा सिंह कपूर फाइनेंस और ऑपरेशन संभालता है। बेटी, रितु एपीमॉन्डिया में 'वर्ल्ड हनी क्वीन' के नाम से दो बार शिरकत कर चुकी हैं। वह आईआईएम बंगलौर में सीखे एमपीडब्ल्यूई* के मैनेजमेंट फंडों से कंपनी को एक शेप देने का प्रयास कर रही हैं। पर जगजीत सिंह एक इंसान का जिक्र खासतौर पर करते हैं।

'मेरी बीवी, परविंदर कौर है जिसके साथ चालीस साल से मैं यह बिजनेस कर रहा हूं, शुरू से यह मेरे साथ हैं। बच्चे तो बाद में आएं!'

बेटी रितु याद करती हैं कि उनके माता-पिता अक्सर खेत में काम करते रहते थे। इससे बच्चे आत्मनिर्भर और सक्षम बनकर उभरे।

'मुझे उनके काम पर बहुत गर्व है, जो कुछ भी उन्होंने हासिल किया।'

2012-13 में कश्मीर ग्रुप ऑफ कंपनी की सालाना आय 131 करोड़ रुपए थी। जगजीत सिंह को इस पर बहुत गर्व है। कंपनी में 1000 से ज्यादा कर्मचारी हैं, जो कंपनी की बस में पास के गांवों और लुधियाना से आते-जाते हैं। इससे हजारों मधुपालकों की भी मदद हो रही है, जो सब मिलकर इस उद्योग का निर्माण करते हैं।

2002 में, जगजीत सिंह ने कुछ दूसरे एक्सपोर्टरों के साथ मिलकर नेशनल बी बोर्ड शुरू किया। इसका मकसद शहद के उत्पादन में सरकार की सहायता लेना था। बोर्ड अब सरकार के संरक्षण में है, जो अब देशभर में मधुपालन को प्रोत्साहन दे रही है।

मधुपालन से होने वाली आय स्थिर है, जिसमें लगातार वृद्धि हो रही है। मधुपालक अब समृद्ध हो रहे हैं--अतिरिक्त खेत, ट्रैक्टर और कार खरीद रहे हैं।

'ये सब मक्खी की देन है, मक्खी की मेहनत है।'

मधुपालन खुद में ही फलने-फूलने वाली फसल है। ये मासूम कीट स्वाभाविक रूप से बरकत ही करते हैं, जिससे उत्पादन में 40-55 प्रतिशत की वृद्धि होती

* एमपीडब्ल्यूई, मैनेजमेंट प्रोग्राम फॉर वूमेन एंट्रीप्रेन्योर

रहती है।

'इस तरह हम एक नेशन की सेवा भी कर रहे हैं...'

जैसे फूल मधुमक्खी को अपना पराग ले जाने देता है, इसी तरह एंत्रीप्रेन्योर अपने लगाए पेड़ से दूसरों को भी फल देता है।

'अब हम चाहते हैं कि दूसरे लोग भी ये धंधा अपनाएं तो वो भी पैसा कमाएं। वो भी हमारे जैसा बनें...'

सफलता वह फल है, जिसे काम के द्वारा ही पाया जा सकता है।

❋

युवा उद्यमियों को सलाह

जब तक आदमी संघर्ष नहीं करता तो बनता भी कुछ नहीं है जी।

अगर आप को बड़ा बनना है तो दो चीज ध्यान में रखनी हैंः 1. मेहनत और 2. ईमानदारी। अगर ईमानदारी नहीं होती हर समय ये ध्यान में रहता है कि किस तरह किसी के पैसे चुरा लूं, किसी से रिश्वत ले लूं... तो उसी चीज को वो सोचता रह जाएगा। आगे तरक्की नहीं होती इस तरह।

कभी फ्री की चीज मिलती है तो मत लें, अपनी मेहनत की कमाई करें। पैसा खर्च के कमाएं तभी काम चलेगा। मेरे साथ जिसने भी मक्खियों का काम शुरू किया था, वे जिनको सरकार ने मक्खी फ्री में दी थीं, सब खत्म हो गए।

जिस भी काम को लगन से करोगे, काम बन जाएगा। रास्ता अपने आप आगे निकलता जाता है...

पहले ही सोचने लग पड़े कि कैसे होगा, मेरे पास पैसे नहीं है, यहां कैसे जाऊंगा, वहां कैसे जाऊंगा... तो काम ही नहीं होगा। काम शुरू कर दो, गाड़ी चलती जाएगी और धीरे-धीरे स्पीड भी आ जाएगी।

आज भी मैं फील्ड पर, ऑफिस में, फैक्टरी में घूमता रहता हूं... साल के 365 दिन भी मैं फैक्टरी में जाता हूं।

आप सही करम करते जाओ, फल ऊपरवाला देता है।

सोने का घड़ा

मुख्तारुल अमीन—सुपरहाउस ग्रुप
उन्नाव (उत्तर प्रदेश)

मुख्तारुल अमीन अपनी पढ़ाई छोड़कर पारिवारिक बिजनेस से आ जुड़े, फिर वह भी छोड़कर उन्होंने खुद का काम शुरू किया। आज, उनका सुपरहाउस ग्रुप, 900 करोड़ रुपए की सालाना आय के साथ भारत का सबसे बड़ा लैदर एक्सपोर्टर है।

उत्तर प्रदेश का छोटा सा, शांत शहर है उन्नाव। एक ऐसा शहर जो अचानक ही तब खबरों में आया, जब भारत के पुरातत्व विभाग ने यहां 1000 टन सोने की आशा में खुदाई शुरू कर दी थी।

महज इसलिए कि *महापुरुष* शोभन सरकार ने सपना देखा था कि वहां खजाना दबा है। लगभग 30 साल पहले, एक साधारण युवक ने भी एक सपना देखा था। खुली आंखों से देखा गया सपना।

1985 में, मुख्तारुल अमीन ने अपना पारिवारिक व्यवसाय छोड़कर, खुद का काम शुरू किया। वह युवक कानपुर में चमड़ा बनाने का कारखाना लगाने का खर्च नहीं उठा सकता था। तो, उसने अविकसित, अनसुने से उन्नाव नाम के गांव में 10 रुपए प्रति मीटर के हिसाब से जमीन ली।

'तब वहां कोई सुविधा नहीं थी, टेलीफोन नहीं, रोड भी नहीं।'

अपने जुनून और दृढ़ता के दम पर वह युवक दुनिया को जीतने के इरादे से चल पड़ा। बेहतरीन क्वालिटी कम लागत पर। और प्रबंधन शैली छोटे शहरों में कम ही देखने को मिलती है--जिससे कि कर्मचारी व्यवसायी रूप से काम कर सकें।

'कंपनी आज जो है, और जो उन्नति कर रही है, वह हमारे साथ काम कर रहे लोगों की वजह से है।'

दरअसल, मुख्तारुल अमीन का सुपरहाउस ग्रुप चमड़े के सामान का भारत का सबसे बड़ा एक्सपोर्टर है, जिसकी सालाना आय 900 करोड़ रुपए है। जमीन के ऊपर बनाया गया खजाना। दिमाग, हाथ और दिल से।

भविष्य का सपना, न कि अतीत की खुदाई।

सोने का घड़ा आपका इंतजार कर रहा है, आपके अपनी इच्छा शक्ति के दम पर।

सोने का घड़ा

मुख्तारुल अमीन--सुपरहाउस ग्रुप
उन्नाव (उत्तर प्रदेश)

मुख्तारुल अमीन का जन्म औद्योगिक शहर कानपुर में हुआ था।

'मेरी शुरुआती पढ़ाई सरकारी स्कूल में हुई--श्री बहुदूशन अवस्थी राजकीय उद्देशी उच्च माध्यमिक विद्यालय। वह स्कूल 12वीं तक था।'

फिर मुख्तारुल ने बीएसएसी के लिए कानपुर के क्रिस्टचर्च कॉलेज में दाखिला ले लिया। लेकिन उन्होंने अपनी डिग्री पूरी नहीं की।

'कॉलेज में शरारतें ज्यादा थीं, तो पापा ने सोचा कि बेहतर होगा मैं पढ़ाई छोड़कर उनके काम में हाथ बटाऊं।'

वह बिजनेस मुख्तारुल के दादा, चौधरी मोहम्मद अमीन ने शुरू किया था। वह ग्वालियर के सिंधियों के लिए जीन बनाया करते थे। आजादी के बाद, मुख्तारुल के पिता, चौधरी अहसान करीम ने चमड़े के उस काम से जूते और चप्पल बनाना शुरू किया।

जब 1975 में, 19 साल की उम्र में मुख्तारुल ने उस 'कारखाने' में काम करना शुरू किया, तब उनकी सालाना आय थी 40 लाख रुपए। वह कारखाना जजमउ में गंगा किनारे बने अनेक कारखानों में से एक था।

'उस समय हम चमड़े का इस्तेमाल बस सोल बनाने के लिए करते थे--वह चमड़ा मोटा होता था, जो वेजीटेबल टैनिंग से बनाया जाता था। हम दिल्ली और आगरा के उत्पादकों को सोल सप्लाई करते थे।'

मुख्तारुल के बिजनेस से जुड़ने के कुछ ही दिन बाद, कंपनी को ईरान

से एक ऑर्डर मिला, जिससे उनके सामने एक्सपोर्ट की राह खुल गई। उस समय ईरान पर शाह का ही शासन था, और वह प्रगतिशील और फैशन पसंद देश हुआ करता था। बाद में 1979 में, अयातुल्ला खोमेनी ने क्रांति का बिगुल बजाया।

'हमने मुंबई के बांदर अब्बास पोर्ट से एक्सपोर्ट का काम जारी रखा, लेकिन ईरान में करेंसी प्रॉब्लम के चलते हमें बिजनेस बंद करना पड़ा।'

दरअसल, 1980 में ईरान और इराक के बीच लड़ाई छिड़ गई। उस दौरान 'सुपर टैनरी' का माल तेहरान पोर्ट पर फंस गया। हालांकि उसमें कुछ सामान खराब हो गया था लेकिन पार्टी ने उन्हें पूरे सामान के पैसे दिए।

'किस्मत से, ईरानियों के साथ कभी पेमेंट की समस्या नहीं हुई। वे अच्छे व्यापारी लोग हैं।'

इस अनुभव से उत्साहित होकर, सुपर टैनरी ने यूके और जर्मनी जैसे देशों को भी माल बेचना शुरू कर दिया। लेकिन वह आसान नहीं था।

'एक शिपमेंट के बाद बैंक को ही नहीं पता था कि किस तरह के डॉक्यूमेंट चाहिए, क्या शर्तें रखेंगे, किस तरह होगा।'

बहुत सारी परेशानियों के बावजूद भी, वह समय सीखने के लिहाज से बहुत अच्छा था।

उस दौरान, पीयू (पालीयुरथेन, रंगों के लिए प्रयुक्त होने वाली प्लास्टिक) भी खासा लोकप्रिय होने लगा, तो चमड़े की मांग में गिरावट आने लगी। तो बाप-बेटे ने निर्णय लिया कि अब वे 'अपर्स' के मार्केट में उतरेंगे।

'जूते के ऊपर का चमड़ा होता है 'अपर', जो अलग तकनीक से बनता है।'

70 के दशक के आखिर तक, अपर लैदर बनाने का काम सिर्फ कलकत्ता में किया जाता था। खुशकिस्मती से अमीन की मुलाकात कानपुर में घूमने आए एक चीन के टैनर से हुई।

'चीनी लोग अपर लैदर बनाने में माहिर थे। तो उससे फिर बात की कि क्या वह कुछ दिन यहां रह सकते थे?'

टैनर राजी हो गया, और इस तरह सुपर टैनरी 'अपर' बिजनेस में उतर आई। लोगों को यकीन नहीं हो रहा था, क्योंकि इससे पहले कानपुर में कभी अपर लैदर नहीं बना था।

'खुशकिस्मती से हमारा काम बन गया। अब हम गर्व से कह सकते हैं कि कानपुर का अपर लैदर ज्यादा लोकप्रिय है, उसने कलकत्ता को पीछे कर दिया।'

साहस भरे इस कदम ने सुपर टैनरी की तेजी से बढ़ने में मदद की। 1975 में 40 लाख रुपए की सालाना आय से बढ़कर कंपनी की आय पहले 6 करोड़ रुपए हुई और फिर 14 करोड़ रुपए। लेकिन, 1985 में परिवार में कुछ विवाद होने लगे।

'मेरे छोटे भाइयों ने भी हमारे साथ काम करना शुरू किया। कंपनी इतनी बड़ी नहीं थी कि सब लोग उसमें कुछ कर सकें, कुछ कर दिखाने का मौका मिलता।'

मुख्तार के पिता ने कहा, 'बेहतर होगा कि तुम अपना खुद देख लो।'

एक आदर्श बेटे ने उनकी बात मानते हुए सुपर टैनरी से इस्तीफा दे दिया। और फिर शून्य से अपना काम शुरू किया।

'मुझे सैटलमेंट' में सिर्फ अपर बनाने की मशीन मिली और एक कसाई की फैक्टरी--सब मिलाकर कुछ 15 लाख।

मुख्तारुल अमीन ने बहुत सोचा कि अब क्या किया जाए। कहां से शुरू किया जाए? सुपर टैनरी में उनका मुख्य काम मार्केटिंग और खासतौर पर एक्सपोर्ट संभालने का था। लेकिन वह सीधे अपने भाइयों से ही मुकाबला नहीं करना चाहते थे। तो, उन्होंने एक नई कैटेगरी को चुना--इंडस्ट्रियल फुटवियर।

फैक्टरी में काम करने वाले कारीगरों को सुरक्षा कारणों से खास जूतों की जरूरत होती है। ये जूते भारत से बाहर बनते थे, लेकिन उनके 'अपर' में बहुत मेहनत लगती थी।

'तो इसलिए उन्होंने विकासशील देशों के यहां से इम्पोर्ट पर जोर दिया, जिससे लागत में कमी आ सके। यहीं से फिर मैंने शुरुआत की।'

मुख्तारुल ने 'सुपरहाऊस' नाम का चयन किया, और किराए की एक जगह लेकर, कारीगरों के साथ काम शुरू किया। समस्या थी कि लैदर कैसे हासिल किया जाए। क्योंकि वह सुपर टैनरी के साथ नहीं थे, तो लोगों को भरोसा नहीं था कि वह पैसे दे पाएंगे।

'मेरे पास एडवांस नहीं था और वो लोग मुझे उधार देने में झिझक रहे

'आज कहते हैं कि आदमी की पहचान उसके जूतों से होती है।'

थे। किसी तरह उन्हें मनाया।'

मुख्तारुल जानते थे कि उन्हें अपना कारखाना खोलना पड़ेगा, लेकिन कानपुर जैसी जगह पर तो जमीन खरीद पाने का सवाल ही नहीं उठता था। जजमउ में जमीन की कीमत बहुत ज्यादा थी। तो, उन्होंने भगवान के भरोसे एक कदम उठा दिया।

'मैंने उस समय यूपीएसआईडीसी (यूपी स्टेट इंडस्ट्रियल डेवलपमेंट कॉरपोरेशन) से उन्नाव में जमीन ली।'

वहां कोई कारखाना, पुल, रोड या टेलीफोन लाइन तक भी नहीं थी। दरअसल वह सुरक्षा के लिहाज से भी अच्छा नहीं था। लेकिन भाग्य भी साहसी लोगों का साथ देता है। जमीन की कीमत 10 रुपए प्रतिमीटर थी।

अब मुख्तारुल अमीन के पास जमीन थी, लेकिन कारखाना बनाने के लिए पैसे नहीं। तो उन्होंने निर्णय लिया कि वह मुंबई जाकर कोई फाइनेंसर ढूंढ़ेगे।

'मैं मि. वोहरा से मिला, जिन्होंने सुझाव दिया--तुम कंपनी के कुछ शेयर बाजार में बेच दो।'

मुख्तारुल हैरान थे--ऐसा कैसे होगा?

'मेरी कंपनी बहुत छोटी थी। और तब तक किसी लैदर की कंपनी ने अपने शेयर नहीं निकाले थे।'

मि. वोहरा ने कहा, 'चिंता मत करो, मैं सब संभाल लूंगा।'

वह आदमी अपनी जबान का पक्का निकला। उसने प्रोजेक्शन और प्रोस्पेक्टस के साथ-साथ अन्य औपचारिकताएं भी संभाल लीं। 1990 में 1 करोड़ रुपए के इश्यू मार्केट में उतारे गए, जो सब बिक गए।

'यकीनन वो एक करोड़ रुपए के इश्यू लाने में भी हमारे 10-15 लाख रुपए लग गए, जिसे बैंक वाले पैसा आने तक देने को तैयार हो गए।'

यह मुख्तारुल अमीन के सुपर हाउस ग्रुप के लिए बदलाव का पल था। उस समय एक अत्याधुनिक कारखाना बनाने के लिए वह पैसा पर्याप्त नहीं था।

लेकिन कुछ नई और कुछ पुरानी मशीनों के साथ उनका काम शुरू हो ही गया। अब नये बिजनेस को संभालने और बढ़ाने का मसला था।

'फिर जो हुआ वो ये कि यूरोप में श्रम की कीमत काफी बढ़ने लगी। लोगों के लिए सेफ्टी फुटवियर बनाना अब संभव नहीं हो पा रहा था।'

यूके सेफ्टी कंपनी को सुपरहाउस ग्रुप अपर बनाकर बेच रहा था। अब उस कंपनी ने मुख्तारुल के सामने एक अनोखी पेशकश रखी।

'हम तुम्हें अपनी मशीन दे देंगे और किसी तरह तुम हमें पूरे जूते बनाकर दे दो।'

इस तरह, सुपरहाउस को फ्री में मशीन के साथ-साथ भरोसेमंद खरीदार भी मिल गया था। दूसरी कंपनियों ने जब इसके बारे में सुना तो उन्होंने भी सुपरहाउस ग्रुप से कॉन्टेक्ट किया। वे भी उन्हें अपनी मशीनें सौंपकर पूरा काम लेना चाहते थे।

'इस तरह हमारी सालाना आय और मुनाफे में काफी उछाल आया।'

बिजनेस में 10 सालों के बाद, सुपरहाउस की सलाना आय 41 करोड़ रुपए से ज्यादा है, जिसमें 1.80 करोड़ का मुनाफा भी है। अब कंपनी अपने पंख और फैला रही है।

90 के दशक के मध्य तक, सुपरहाउस रबड़-सोल वाली चप्पलें और जूते बना रहा था, और उसका मुख्य बाजार यूके था। लेकिन यूरोप के अन्य देशों में सेफ्टी शूज एक जटिल तकनीक 'डायरेक्ट इंजेक्शन' से बन रहे थे।

'हमें भरोसा था कि हम ये बना सकते हैं, तो हमने पहली डीईएसएमए मशीन कानपुर में इम्पोर्ट की।'

जूते बनाने के उद्योग में डीईएसएमए 'मर्सिडीज बेंज' की तरह ही है। जर्मनी की यह आलीशान मशीन सोल को सीधे पीयू शू अपर में फिट कर देती है।

उस समय यूरोपियन कहते थे, 'पीयू तकनीक हमारे लिए भी आसान नहीं है! इसे बनाने में आपकी तो रातों की नींद ही उड़ जाएगी।'

मुख्तारुल अमीन ने कहा, 'ठीक है, लेकिन हम कोशिश करेंगे। हम इसे कर ही लेंगे।'

यह बड़ा कदम था क्योंकि मशीन की ही कीमत 4 करोड़ रुपए थी। लेकिन उस समय तक कंपनी को पंजाब नेशनल बैंक की पूरी मदद मिल रही थी।

'आपकी क्वालिटी और समय की पाबंदी सबसे जरूरी चीज है।'

'मैं बहुत भाग्यशाली रहा कि पीएनबी के जो भी लोग थे, उन्होंने जब हमारा काम देखा, तो वो बहुत सकारात्मक थे।'

दरअसल, सुपरहाउस की सफलता में पीएनबी का बहुत बड़ा हाथ रहा है। शुरुआत में कंपनी एसबीआई के साथ थी। फिर पीएनबी के जीएम, मि. गुप्ता ने मुख्तारुल अमीन को अपने ऑफिस बुलाया।

उन्होंने कहा, 'बताओ क्या करना है?'

युवा उद्यमी ने कहा, 'सर, कर तो रहा हूं कुछ, और करना चाहता हूं, लेकिन मेरे पास जमानत के लिए कुछ नहीं है।'

मि. गुप्ता ने कहा, 'तुम्हारी जरूरत क्या है?'

मुख्तारुल ने जवाब दिया, '40 लाख रुपए अगर मिल जाएं, तो मेरे कुछ ऑर्डर कन्फर्म हो सकते हैं। काम बढ़ सकता है।'

जीएम ने अपने मैनेजर को बुलाकर कहा, 'इन्हें 40 लाख रुपए दे दो।'

मुख्तारुल अमीन के पास शुक्रिया के लिए कोई शब्द नहीं थे।

'मैं नहीं जानता कि उन्होंने किस कदर मुझ पर इतना भरोसा किया... लेकिन वो हो गया और ऊपरवाले के करम से कभी बैंकवालों का भरोसा हिल नहीं पाया।'

एक आदमी, जो कुछ करना चाहता है, हमेशा नए लक्ष्यों को देखता है। 90 के दशक के आखिर में, मुख्तारुल ने अपना लक्ष्य फैशन फुटवियर पर केंद्रित किया। सुपरहाउस को इसके लिए शुरुआती मार्केट यूके में ही मिली, वह मार्केट उनके लिए पहले से भी परिचित थी। लेकिन शुरुआती समय कुछ कठिन रहा।

'यूके इटली, स्पेन और पुर्तगाल से बहुत अच्छी क्वालिटी के जूते खरीद रहा था। और चीन या वियतनाम से सस्ते जूते। भारत कहीं भी इस तस्वीर में नहीं था।'

कंज्यूमर फुटवियर इंडस्ट्रियल फुटवियर से बहुत अलग होते हैं। तो मुख्तारुल अमीन ने फैंसी के बजाय सिंपल जूते बनाने पर जोर दिया। धीरे-धीरे मार्केट

पर कंपनी की पकड़ बनती गई।

'पहले ये था कि जूते मजबूत होने चाहिए... लेकिन अब लोग फैशन और मौसम के हिसाब से जूते बदलने पर जोर देते हैं।'

टिकाऊ और काम करने के लिए बनाए जाने वाले इंडस्ट्रियल फुटवियर से आरामदायक और स्टाइल-आधारित कंज्यूमर फुटवियर बनाना सुपरहाउस के लिए एक लंबी छलांग लगाने के समान था। कंपनी ने लाइसेस्टर में अपना मार्केटिंग ऑफिस बनाया और फ्रांस और इटली के डिजाइनरों को नियुक्त किया।

'इस लाइन में हमें हमेशा कुछ नया करना होता है, हर मौसम में।'

बिजनेस की सालाना आय 120 करोड़ रुपए से ज्यादा थी, जब मुख्तारुल अमीन ने चमड़े का और भी सामान बनाने का निर्णय लिया। कंपनी पहले ही जूते और एक्सेसरीज के बाजार पर छा गई थी। अब वह लेडीज बैग, ट्रैवल गुड्स, बिजनेस केस और बेल्ट भी बनाने लगी थी।

'मैं अपने कारखाने में बनाए चमड़े के उपयोग पर जोर देता हूं, बजाए किसी और को लैदर सप्लाई करने के।'

मुख्तारुल अमीन की रणनीति अपने पुराने क्लाइंट के ही पास जाने की थी--यूके और फ्रांस की डिपार्टमेंटल स्टोर की चेन के जरिए। चूंकि वे पहले ही सुपरहाउस के फैशन फुटवियर बेच रहे थे, तो उसी कंपनी का लैदर का अन्य सामान बेचना उनके लिए बढ़िया था।

'वो जो भरोसा शुरू से रखा, चाहे डिलीवरी को लेकर हो या क्वालिटी को, उससे हमें अपने और भी प्रोडक्ट बेचने में आसानी रही।'

पुराने क्लाइंट के साथ ही ज्यादा बिजनेस करने में ये भी सहजता रहती है कि आप उनकी जरूरतों, काम करने और सोचने के तरीकों को जानते हैं। और इस विचार को आगे बढ़ाते हुए, सुपरहाउस ने 2007 में एक जर्मन कंपनी को खरीद लिया।

'उस कंपनी को बैंक ने दिवालिया घोषित कर दिया था, तो हम उसका

'मैंने हमेशा नए लोगों को लेकर उन्हें अपने हिसाब से प्रशिक्षित किया है। उनका जोश और प्रतिबद्धता ही हमारी ताकत है।'

प्लांट, सेल्स फोर्स और बैंक ऑफिस इस्तेमाल करने लगे। उत्पादन का काम हमने भारत में शिफ्ट कर दिया।'

लागत में कमी आने से, कंपनी ने मुनाफा बनाना शुरू कर दिया। उसी रणनीति के तहत, सुपरहाउस ने 2011 में यूके में भी एक कंपनी ले ली। और अभी हाल ही में मुख्तारुल अमीन ने स्पेन में भी एक मेन्यूफैक्चरिंग यूनिट ले ली है। दोनों कंपनियों से भारतीय फैक्टरियों को खूब काम मिल रहा है।

'खरीदने से जहां भारतीय कंपनियों को मदद मिली, वहीं यूरोपियन कंपनी को भी मिली। हमने एक भी कर्मचारी को बाहर नहीं निकाला।'

सुपरहाउस में कुल कर्मचारी 7000 से ज्यादा हैं, जिनमें 5000 मजदूर हैं, और बाकी एडमिनिस्ट्रेटिव स्टाफ, सुपरवाइजर और आर एंड डी स्टाफ। कंपनी की मेन्यूफैक्चरिंग यूनिट कानपुर, आगरा और नोएडा में हैं। उनकी पॉलिसी स्पष्ट है, हमेशा स्थानीय मजदूरों को काम दो।

'आज भी सुपरहाउस की ताकत, रीढ़ की हड्डी, वही लोग है, जो सुपरहाउस से फ्रेशर के रूप में जुड़े थे।'

इसमें वो लोग भी शामिल हैं, जिन्होंने मुख्तारुल अमीन पर तब भरोसा रखा, जब उन्होंने सुपर टैनरी से अलग होकर अपना बिजनेस शुरू करने का निर्णय लिया। पैसा भी मदद का एक साधन होता है, लेकिन सबसे बढ़कर होता है, व्यावसायिक माहौल--जो छोटे शहरों में कम ही देखने को मिलता है।

सुपरहाउस की सभी 20 फैक्टरियां, अपनी मैनेजमेंट टीम के साथ मुनाफा देती हैं।

'हर फैक्टरी में मैं एक साल का प्रोजेक्शन बनाता हूं कि क्या बिका, क्या मुनाफा आया। फिर मैं उन्हें उनके तरीके से काम करने देता हूं।'

वे महीने में एक बार मीटिंग करते हैं, समीक्षा करते हैं, लेकिन रोज दर रोज की रोक-टोक उनमें नहीं है।

'तो उन्हें महसूस होता है कि वो उनकी अपनी ही कंपनी है, और उसी कमिटमेंट से, वो मेरे हर सपने को पूरा करने की कोशिश करते हैं।'

जब कभी किसी कर्मचारी को बाहर से कोई अच्छा प्रस्ताव मिलता है, तो एक शुभचिंतक के तौर पर मुख्तारुल अमीन उन्हें आगे बढ़ने की ही सलाह

देते हैं।

'जब जाते हैं तो ऐसा लगता है, जैसे परिवार का ही कोई सदस्य बिछड़ रहा हो। कई बार ऐसा भी हुआ कि वे वापस सुपरहाउस में ही आ गए।'

परिवार से अलग होने का मतलब है, सीमाओं से परे होना। सुपरहाउस का उदय इसका प्रमाण है। मार्च 2013 में, कंपनी की सालाना आय 900 करोड़ रुपए से अधिक थी, और कंपनी लैदर के क्षेत्र में भारत की सबसे बड़ी एक्सपोर्ट कंपनी बन गई थी।

'अब हम धीरे-धीरे यूके और फ्रांस में अपने ब्रांड को भी प्रमोट कर रहे हैं। हमारी योजना डॉमेस्टिक फुटवियर बिजनेस में भी उतरने की है।'

सुपरहाउस गारमेंट और औद्योगिक यूनिफॉर्म के क्षेत्र में भी पैर पसार रहा है। दोनों ही मामलों में उनकी पहली वरीयता उनके पुराने क्लाइंट ही हैं।

और चाइना फैक्टर का क्या? मुख्तारुल अमीन के मामले में वह उतनी परेशानी की बात नहीं है। चीन में श्रम की लागत बढ़ रही है, फुटवियर जैसे उत्पाद बनाना उतना सस्ता नहीं रह गया है।

'अच्छा, और दूसरी चीज, चीन में कर्मचारी हाई-टेक इंडस्ट्री में काम करना चाहते हैं, जहां उन्हें अच्छी पगार मिले। तो इसलिए उनको वर्कर मिलना मुश्किल होता है।'

यद्यपि परेशानियां तो कभी पीछा नहीं छोड़तीं, भले ही आप कहीं भी रहें। मुख्तारुल अमीन भी बिजनेस के उतार-चढ़ावों से अनजान नहीं हैं।

'मंदी के दौरान थोड़ी समस्या आई। मैं अपने सारे पैसे मशीनों और फैक्टरी में निवेश कर चुका था, मेरे पास काम के थोड़े ही पैसे बचे थे, तो वह समय काफी मुश्किल में गुजरा था।'

विरोधियों ने मौके का फायदा उठाकर कंपनी के बारे में अफवाहें फैलानी

**'हर समस्या का हल होता है,
मगर हल सुकून से निकलता है, टेंशन से नहीं।'<br>'बहुत अच्छा लगता है, जब मैं हमारे स्कूल जाता हूं
और बच्चे कहते हैं, गुड मॉर्निंग सर।'**

शुरू कर दी थीं। क्या अब कंपनी अच्छी सेल करके बढ़िया मुनाफा देने में मददगार हो पाएगी?

'हमारे *चाहने वालों* ने कहना शुरू किया कि वे तो बस खत्म ही हो चले हैं, बैंक जल्दी ही उनकी फैक्टरियों पर ताला लगाने वाला है।'

इन नकारात्मक बातों से सप्लायर पर कुछ असर तो हुआ, लेकिन वह प्रभाव भी अस्थायी ही रहा। मुख्तारुल अमीन बैंक और कुछ भरोसेमंद कस्टमर, जो एडवांस देने को तैयार हो गए थे, के दम पर उस मुश्किल समय को पार कर पाने में कामयाब रहे।

'मैं कभी भी उन नकारात्मक बातों से प्रभावित नहीं हुआ। सकारात्मक सोचो कि इससे निकला कैसे जाए, और आपको कोई न कोई हल मिल ही जाएगा।'

और मेहनत का कोई विकल्प नहीं है। 40 सालों से जबसे मुख्तारुल अमीन ने काम करना शुरू किया, हमेशा देर तक काम किया, क्लाइंट से मिलने गए, फैक्टरी में समय बिताया।

'मुझे एक ही शौक है, फिल्म देखने का। समय मिलता है कभी-कभार तो किताबें भी पढ़ लेते हैं, वो मैं तक करता हूं, जब सफर पर होता हूं।'

मुख्तारुल अमीन का निकाह कम उम्र--20 साल में ही हो गया था, अब उनके 4 बच्चे हैं। बड़े बेटे, जफरुल अमीन ने लैदर टैनिंग में यूके से 3 साल का कोर्स करके सुपरहाउस में काम करना शुरू कर दिया। इससे कंपनी को बहुत मदद मिली। वह लैदर और फिनिशिंग के डिफरेंट टाइप को संभालता है।

'ग्राहकों को हमेशा कुछ नया चाहिए--नये डिजाइन, नये रंग, नया मैटिरियल इससे हमारे बिजनेस को बढ़ने में मदद मिलती है।'

उनका छोटा बेटा अभी 12वीं में पढ़ रहा है, और दोनों बेटियों, नौशीन व शादाह, का निकाह हो गया है। बेगम शाहीना मुख्तार और बहू, फिरदौस अमीन उत्तर प्रदेश में सुपरहाउस द्वारा खोले गए 10 स्कूलों को संभाल रही हैं।

इसकी शुरुआत साल 2000 की शुरुआत में हुई, जब कोई व्यक्ति मुख्तारुल अमीन के पास स्कूल खोलने के विचार से आया और उनसे फाइनेंस की मांग की। उन्हें लगा कि यह नेक काम होगा।

'वो शहर की बड़ी जरूरत थी, तब अच्छे स्कूल नहीं थे। मुझे भी अपने

बच्चों को अच्छे स्कूल में दाखिल करवाने में खासी दिक्कतें पेश आई थीं।'

उनकी पहल से दिल्ली पब्लिक स्कूल (डीपीएस) की निजी क्षेत्र में पहली फ्रैंचाइसी खुली। आज मुख्तारुल अमीन कानपुर में डीपीएस स्कूल की 3 ब्रांच चला रहे हैं, साथ ही साथ उनके ब्रांड 'अलेनहाउस पब्लिक स्कूल' भी। ये स्कूल सिर्फ कानपुर में ही नहीं लखनऊ, सहारनपुर, बरेली और गाजियाबाद में भी हैं। सभी स्कूल भारत के 200* सर्वश्रेष्ठ स्कूलों में शामिल हैं।

'हमने हलेनहाउस इंजीनियरिंग कॉलेज की शुरुआत 4 साल पहले की थी। वह भी बढ़िया से चल रहा है।'

मुख्तारुल अमीन शिक्षा को व्यवसाय के रूप में नहीं देखते। शिक्षा तो दिमाग को बदलकर, भविष्य बदलने का जरिया है।

'बच्चे सही चीजें पढ़ेंगे तो आगे भी उस हिसाब से अच्छा करेंगे।'

वह आपके अंदर ही है, जिसका आप यकीनन विस्तार कर सकते हैं। चाहे जिस दिशा का आप चुनाव करें।

❋

* एजुकेशन वर्ल्ड मैग्जीन, 2013 के सर्वे के अनुसार

युवा उद्यमियों को सलाह

हम भाग्यशाली हैं कि हम ऐसे देश में हैं जहां बहुत से अवसर हैं। अगर आप अपना काम छोटे से निवेश से भी शुरू करना चाहें तो वह भी मुमकिन है।

हर क्षेत्र में संभावनाएं बरकरार हैं। आपको बस तय करना है कि आपका सपना क्या है। सोचिए और उस पर काम शुरू कीजिए। आपको खुद पर भरोसा होना चाहिए कि क्या करना है, और कैसे। वो अपने आप होता जाएगा।

ऐसी कोई बात नहीं है कि बॉम्बे, दिल्ली या बड़े शहरों में ही मौके हैं। छोटे शहरों में भी हैं। हर शहर की अपनी खासियत होती है, वहां का एक मुख्य बिजनेस होता है, उससे शुरू किया जाता है।

और वहां से तरक्की करके, आप बड़े शहर में आना चाहें तो आ सकते हैं, लेकिन शुरुआत में ही बड़े शहर में आने से परेशानी ही बढ़ेगी। हर चीज के दाम बढ़ जाएंगे।

किसी भी काम को सफल बनाने के लिए सबसे ज्यादा जरूरी चीज है, आपके पास अच्छी, प्रेरक टीम हो। आज आप बैंक से भी पैसा ले सकते हैं, स्कीम भी हैं, आप बड़ी फैक्टरी बना सकते हैं, कोई ऑफिस बना सकते हैं, लेकिन अगर आपके पास काम करने के लिए अच्छे लोग नहीं हैं तो आप कुछ नहीं कर सकते।

रोज खाओ अंडे

बहादुर अली—इंडियन ब्रायलर ग्रुप
राजनंदगांव (छत्तीसगढ़)

1984 में, बहादुर अली और उनके भाई सुल्तान अली ने 100 चूजों को लेकर एक पॉल्ट्री फॉर्म शुरू किया। हर भारतीय को प्रोटीन उपलब्ध करा सकने के मकसद से चिकन और सोया के बिजनेस में आए आईबी ग्रुप की सालाना आय आज 2200 करोड़ रुपए है।

रायपुर 'नया उभरता' शहर है। कभी विशाल मध्य प्रदेश सुप्त सा शहर रायपुर, अब राज्य की राजधानी होने के साथ-साथ आईआईएम का केंद्र भी है।

हवाई अड्डे पर मुंबई और दिल्ली से आने वाली कई सीधी फ्लाइट उतरती हैं, जिनके टिकटों के दाम बहुत ज्यादा होते हैं। सोने की चेनों में लदे-फदे बिजनेस मैन लगातार अपने मोबाइल फोन पर बात करते रहते हैं। शायद किसी दूसरे कोयला घोटाले की पृष्ठभूमि को तैयार करते हुए।

लेकिन ऐसे राज्यों में भी, सफलता सिर्फ गैरकानूनी टेंडरों और राजनीतिक संबंधों की मोहताज नहीं है। इंडियन ब्रायलर ग्रुप इसका जीता-जागता प्रमाण है।

1984 में सुलतान अली और बहादुर अली भाइयों द्वारा शुरू किया पॉल्ट्री फॉर्म अब 2200 करोड़ रुपए की कंपनी में तब्दील हो गया है।

'बस हम आगे बढ़ते चले गए और इसी का परिणाम है हम इस मुकाम पर पहुंच गए,' मृदुभाषी बहादुर अली अपने काम के बारे में यही बताते हैं।

लेकिन इस पॉल्ट्री फॉर्म की खासियत क्या है--जबकि ऐसे अनेकों फॉर्म है। बस इनकी सोच।

दाम को कम और गुणवत्ता को ऊंचा रखते हुए--उन्होंने आगे बढ़ने के लिए जो बन पड़ा किया। एक अमेरिकी विशेषज्ञ की सलाह पर, और किस्मत पर भरोसा करते हुए बहादुर अली ने तकनीक में भारी निवेश किया।

अली भाइयों के लिए यह सामान्य समझ का मामला था, जिसका मकसद बढ़ा था 'किसी को अच्छा प्रोटीन खाते देखते हैं तो खुशी होती है... किसी फैमिली को आप मजे में देखते हैं तो खुशी होती है...'

इस जगह की दुआएं सिर्फ इसकी कोयला खदानों में ही नहीं है। कुदरत का करिश्मा तो जमीन के हर कण में बसा है, बस उसे खोजने भर की देर है।

रोज खाओ अंडे

बहादुर अली--इंडियन ब्रायलर ग्रुप
राजनंदगांव (छत्तीसगढ़)

बहादुर अली का जन्म मध्यप्रदेश के जिले राजनंदगांव में हुआ।

'मेरे पिताजी की छोटी-मोटी नौकरी थी फिर उन्होंने खुद की साइकिल की दुकान खोली।

इसके बाद वे हड्डी-चमड़ी के काम में आ लगे--मरे हुए जानवरों की खाल और हड्डी इकट्ठा करने के काम में। इन सब प्रयासों के बावजूद, परिवार बमुश्किल ही उस छोटी सी झोपड़ी में अपना गुजारा चला पाता था।

लेकिन एक दिन अचानक, 1978 में बहादुर अली के पिता चल बसे।

'उस समय, हम सभी भाई काफी कम उम्र के थे--18, 20, 22। अचानक हमारे ऊपर परिवार की जिम्मेदारी आ गई।'

बड़े भाई, सुल्तान अली ने साइकिल की दुकान संभाल ली, जबकि दूसरे भाई, जो भी काम मिला उसमें जुट गए। एक दिन, सुल्तान अली एक जानवरों के डॉक्टर से मिले, जिसने उन्हें सुझाव दिया।

'तुम पॉल्ट्री बिजनेस क्यों नहीं कर लेते? वहां तुम अच्छे पैसे बना सकते हो।' सुल्तान अली ने सोचा, क्यों नहीं।

आपस में थोड़े से पैसे जमा करके, उन्होंने 100 चूजों के साथ छोटा सा पॉल्ट्री फॉर्म खोला।

'1984 की बात है। यहीं से हमारा पॉल्ट्री में प्रवेश हुआ!'

चूजों का प्रजनन एक बात है, और उन्हें बेचना दूसरी। काम का वह जिम्मा बहादुर अली पर आ पड़ा। वह होलसेलर के पास जाते। होलसेलर जो पैसे देता, उसमें तो लागत भी नहीं निकल पाती थी--मुनाफे की तो छोड़ दो! यह कैसा बिजनेस होगा?

लेकिन बहादुर अली आसानी से हार मानने वालों में से नहीं थे।

'उन सौ मुर्गियों को बेचने में जो परेशानी हुई, मैंने उसे एक चुनौती की तरह लिया कि क्यों न मैं खुद मार्केटिंग करूं।'

उस समय तक, लोग या तो मटन मार्केट से चिकन लाते थे, या सीधे किसानों से ले लेते थे। बहादुर अली ने राजनंदगांव में अपना रिटेल आउटलेट खोलने का निर्णय लिया। दुकान पर जिंदा चिकन बेचा जाता था, जिसे ग्राहकों की मांग पर वहीं साफ करके दिया जाता था। यह बहुत ही नाजुक काम था, जिसमें पंख, सिर और अन्य अंगों को सफाई से निकालना होता था। बहादुर अली खुद ही इस काम में माहिर थे।

कसाई रोज ग्राहकों से धोखा किया करते थे, जरूरत से ज्यादा काटकर। लेकिन ऐसा बहादुर अली की दुकान पर नहीं होता था।

'हमारा उसूल था कि ग्राहक को पूरा चिकन मिलना चाहिए, इस मामले में कोई धोखा नहीं होना चाहिए।'

जब मालिक कोई आदर्श बनाता है, तो नौकर भी उन्हीं आदर्शों पर चलने लगते हैं। बहादुर अली की चिकन शॉप बहुत मशहूर हो गई और जल्दी ही उन्होंने भिलाई में भी दुकान खोल ली। लेकिन, बिक्री अपेक्षाकृत कम थी।

बहादुर अली ने मार्केट में एक सर्वे कराया--लोग चिकन कहां से खरीदते हैं, वो दुकानें कैसे काम करती हैं। और उन्हें एक जरूरी बात पता लगीः लोकल एरिया में लोग देसी मुर्गी खरीदना पसंद करते हैं। जबकि विशिष्ट लोग 'ब्रायलर चिकन' खरीदते हैं।

ब्रायलर चिकन* दिखने में और स्वाद में देसी चिकन से अलग होता है। ब्रायलर चिकन का बाजार बड़े शहरों में था, और उनके पास जो बड़ा शहर

* ब्रायलर चिकन अनुवांशिक रूप से भिन्न और तेजी से बढ़ने वाला होता है--एक महीने में एक किलो से ज्यादा। इस चिकन को 4-5 सप्ताहों में बाजार में बेचा जाता है।

था, वह था नागपुर।

'वहां लोग ब्रायलर चिकन जानते थे, समझते थे, और अच्छा मानते थे।'

इस तरह 1985 में, बहादुर अली ने नागपुर में एक छोटी सी दुकान खोलने का फैसला किया। उन्होंने साधारण सा लक्ष्य निर्धारित किया: एक महीने में 500 चिकन। पहले ही दिन, बहादुर अली ने अखबार में एक छोटा सा विज्ञापन छपवा दिया। इस विज्ञापन में चिकन का दाम भी छापा गया।

'मैंने उत्पादन की लागत को 2 से गुणा करके दाम आंका... मैं डर रहा था कि ये ज्यादा न हो!'

जब दुकान खुली, तब उनके पास 300 चिकन स्टॉक में थे। पहले ही दिन, दोपहर के 12 बजे तक, सारा माल बिक गया।

'मुझे एक ऊर्जा मिली... एक मार्केट का स्कोप दिखा। बस, मेरी अपनी सोच का पूरा तरीका बदल गया।'

दरअसल ब्रायलर चिकन की मांग इसकी सप्लाई से बहुत ज्यादा थी। यह बड़ा अवसर था, लेकिन इसका फायदा कैसे उठाया जाए? बहादुर अली राजनंदगांव लौटे और सुल्तान अली से इस बाबत बात की।

'हमने निर्णय लिया कि हम अपना पॉल्ट्री फॉर्म फैलाकर उसमें फुल स्पीड और अर्जेंसी के हिसाब से काम करेंगे।'

दरअसल, बहादुर अली को नागपुर में एक होटल से महीने में 2000 चिकन सप्लाई करने का ऑर्डर मिला था। और उनके फॉर्म की क्षमता इतनी नहीं थी। तो उन्होंने हैदराबाद के एक ट्रेडर से चिकन लेकर होटल में सप्लाई करने का निर्णय लिया।

'उधर हमने ट्रेडर से माल उठाया, इधर अपना उत्पादन बढ़ाना शुरू किया।'

इसके लिए, उन्हें पैसों की जरूरत थी, तो वह बैंक ऑफ इंडिया के पास गए। पहले ही दिन से बैंक ने अपना सहयोग दिया। शुरुआत में लोन की रकम छोटी होती थी, जैसे 10-15,000 रुपए, जिसके लिए उनके पारिवारिक मित्र गारंटी दे देते थे। धीरे-धीरे लोन की रकम बड़ी होने लगी। 1987 में, बहादुर अली ने 10 लाख रुपए का लोन उठाया, जो उस समय के लिए खासी बड़ी रकम थी।

'सभी में काम करने की बड़ी तमन्ना थी...'

'हमारे काम और सालाना आय से अधिकारी प्रभावित थे... जब भी मैं उनके पास अपने किसी प्रोजेक्ट को फाइनेंस करवाने के लिए गया, उन्होंने मुझे पूरा सहयोग दिया।'

1990 में, बैंक ने काम आगे बढ़ाने के लिए 40 लाख रुपए का लोन दिया।

एक ब्रायलर फॉर्म को मुख्य रूप से 3 चीजों की जरूरत होती है--जमीन, मुर्गे और उन्हें खिलाने के लिए खाना। 80 के दशक के आखिर में जमीन की कीमत कम थी--500 से 1000 रुपए प्रति एकड़। ऐसे में ज्यादा पैसा निर्माण कार्य में लगता था, इसी तरह चूजे और उन्हें पालना भी महंगा था। यातायात भी एक महंगा साधन हुआ करता था। लेकिन इस काम को बहादुर अली बाहर से करवाते थे।

'हमने कभी अपनी गाड़ियां खरीदने में निवेश नहीं किया, हमने रायपुर-नागपुर रूट पर रोज चलने वाले ट्रकों का इस्तेमाल किया।'

बैंक और निजी स्रोतों से मिले पूरे पैसे को उन्होंने सिर्फ बिजनेस में लगाया--पॉल्ट्री फॉर्म और थोक दुकानों में। 1996 तक, इंडियन ब्रायलर ग्रुप 40,000 चिकन प्रति महीने का उत्पादन कर रहा था, और उनकी सालाना आय 5 करोड़ रुपए थी। लेकिन, बहादुर अली का दिमाग अभी चैन से बैठने वाला नहीं था।

'1984-1996 एक ऐसा समय था, जिसमें हम आगे जरूर बढ़ रहे थे पर मैं खुद संतुष्ट नहीं था। मुझे ऐसा लग रहा था कि मैं इसमें कुछ गलती कर रहा हूं...'

बहादुर अली के मन में विचारों का घमासान मचा हुआ था, और आसपास कोई उसे सुलझाने वाला नहीं दिख रहा था। फिर नवंबर 1996 में, नई दिल्ली, प्रगति मैदान में वर्ल्ड पॉल्ट्री कांग्रेस का आयोजन किया गया। बहादुर अली के लिए यह इलहाम (सजग) समय था। जिस जवाबों की वह तलाश कर रहे थे, वे उन्हें मिल गए थे।

अपने 2 बेटों और जीजाजी के साथ, बहादुर अली विशेषज्ञों से बात करने के लिए एक स्टॉल से दूसरे स्टॉल पर गए।

'क्योंकि मुझे अंग्रेजी नहीं आती थी, तो मेरे बच्चे और मेरे जीजाजी मेरी मदद करते थे।'

बहादुर अली का सबसे बड़ा सवाल था--मुझे अपने फॉर्म को कैसे बढ़ाना चाहिए? एक पॉल्ट्री बिजनेस को चलाने का सबसे सही और वैज्ञानिक तरीका कौन सा है?

नाश्ते की मेज पर, उन्होंने अपनी दुविधा को एक अमेरिकी सलाहकार से साझा किया। उसने कहा, 'मेरे पास 3 बजे आना--मैं तुम्हें सब समझा दूंगा।'

सलाहकार ने पूरा प्लान समझाते हुए बहादुर अली के साथ 2 घंटे बिताए। किसी भी कंपनी के विकास के कई चरण होते हैं, और हर चरण पर चुनौतियां भी होती हैं।

'उन्होंने तकनीकों के बारे में बताया, और ये भी कि कितने बड़े स्तर पर क्या तकनीक मौजूद होती है।'

आधारभूत विशेषता साधारण थीः हमेशा उत्पादन की लागत कम रखो। तकनीक में निवेश करो, सही तरीका अपनाओ और बिजनेस के लिए बेस्ट सोचो।

'उन्होंने हमें एक ऑस्ट्रेलियन कंपनी, *टेसमन* का उदाहरण देकर समझाया कि हम कैसे उस स्तर तक पहुंच सकते हैं।'

अमेरिकी सलाहकार ने बढ़िया सुझाव दिया। बहादुर अली में उन्हें एक सजग और सीखने को उत्सुक रहने वाला इंसान नजर आया।

'मेरा नाम भी नहीं पूछा। बस ये था कि कोई इतने अच्छे सवाल कर रहा है, तो जो मेरी नॉलेज है, आप मुझसे ले लीजिए।'

बहादुर अली को भी उन सलाहकार का नाम याद नहीं है। बस उनके मन में तो उनका बताया प्लान रच-बस गया।

'मैं 100 प्रतिशत सहमत हो गया, हमने वो रोडमैप पकड़ लिया और उसके आगे-पीछे कुछ नहीं सोचा।'

इस तरह बहादुर अली ने विश्वस्तरीय पॉल्ट्री बिजनेस खड़ा करने के लिए

'हमने हमेशा दूसरों के अनुभव का लाभ उठाया।'

10 वर्षीय प्रोजेक्ट तैयार कर लिया। बैंक से मिले 1 करोड़ रुपयों के साथ कंपनी ने बेस्ट तकनीक में निवेश करना शुरू कर दिया। साथ ही श्रम शक्ति में भी।

डॉ. आर के जायसवाल बहादुर अली के साथ जुड़ने वाले पहले पशु चिकित्सक थे। वह पहले जबलपुर की कंपनी, फोनिक्स फॉर्म के साथ काम करते थे, जो इंडियन ब्राइलर को चूजे सप्लाई करती थी।

'1992 से, मैं अक्सर राजनंदगांव आता था, बिक्री के बाद के निरीक्षण के लिए। उस समय मैंने गौर किया कि मैं जितने भी फॉर्म पर गया था, उनमें इंडियन ब्रायलर का उत्पादन सर्वश्रेष्ठ था।'

दरअसल 1997 से, इंडियन ब्रायलर को प्रति महीने 80,000 चूजों की जरूरत होती थी, जिसकी आपूर्ति वह फोनिक्स फॉर्म के द्वारा करते थे। इस समय तक आईबी की ब्रायलर चिकन की 24 दुकानें थीं। अगला चरण था एक हैचरी शुरू करना, जिसमें फर्टिलाइज अंडों और चूजों का उत्पादन किया जा सके।

हालांकि फर्टिलाइज्ड अंडे इतनी बड़ी मात्रा में उपलब्ध नहीं थे, इसलिए इंडियन ब्रायलर को एक 'ब्रीडर' फॉर्म शुरू करना पड़ा। इस फॉर्म में मुर्गे और मुर्गियां साथ मिलकर अंडे पैदा करते हैं।

'बहादुर भाई की सोच और विजन को देखकर मैं 1997 में उनकी कंपनी से जुड़ गया,' डॉ. जायसवाल कहते हैं।

इंडियन ब्रायलर में काम करना एक अलग तरह का अनुभव रहा। डॉक्टर इस कंपनी में बिताए पहले दिन को याद करते हैं, जब फॉर्म पर किसी बीमारी का पता चला था। पक्षियों का इलाज करने के बाद, वह वापस बहादुर भाई के पास गए और गर्व से कहा, 'अब सब ठीक है।'

बहादुर भाई खामोश थे। बाद में शाम को उन्होंने डॉक्टर को बुलाकर कहा, 'डॉक्टर साहब दवाइयों का नाम आप जितनी जल्दी भूल जाएं उतना अच्छा है।'

डॉक्टर स्तब्ध रह गए। वह बिना दवाइयों के अपना काम कैसे करेंगे?

बहादुर भाई ने आगे कहा, 'आप ये जानने की कोशिश करो कि बीमारी आई क्यों।'

इस नजरिए से सोचने पर, डॉक्टर इस नतीजे पर पहुंचे कि यह श्वास संबंधी इंफेक्शन है, जो खराब हवा की वजह से हुआ। इस समस्या के समाधान के लिए इंडियन ब्रायलर ने वातानुकूलित घर में निवेश किया, जिसमें हीट सेंसर

और कूलिंग पैड लगे थे।

'लोगों ने सोचा कि वह पागल हो गया है, जो इतना पैसा लगा रहा है... लेकिन वह अपनी बात पर टिके रहे।'

'इलाज से बेहतर है बचाव' की रणनीति इंडियन ब्रायलर के लिए प्रेरणा स्रोत बन गई। उन्होंने मुख्य रूप से ध्यान दिया कि चूजों को अच्छी हवा, अच्छा पानी और अच्छा खाना मिले। हवा और पानी को तो उन्होंने तकनीक के जरिए संभाल लिया, लेकिन खाना अभी भी चिंता का विषय बना हुआ था।

ज्यादातर कंपनियां, सोयाबीन तेल से निकलने वाली भूसी को जानवरों को खिलाते थे। लेकिन इसकी क्वालिटी उतनी अच्छी नहीं थी।

'2003 तक हमने इस समस्या का सामना किया। हमको बढ़िया सोया नहीं मिलता, जो मिलता है वो मिलावटी है, फिर हमने सोचा कि हमें अपना बनाना चाहिए।'

सोया की बढ़ती हुई कीमतें भी चिंता का विषय थीं। बहादुर समझ रहे थे कि निवेश की लागत धीमी थी, लेकिन इससे निश्चित रूप से उनकी बॉटमलाइन प्रभावित होगी। इस प्रकार का 'मंद एकीकरण' आर्थिक रूप से मददगार हो सकता था। एक तरफ तो इंडियन ब्रायलर ने 500 टन सोया का सॉल्वेंट प्लांट लगाया, जिसका फोकस उच्चस्तरीय डीओसी (डे-ऑइल्ड केक) पर था। यह देश में अपनी तरह का पहला प्लांट था।

दूसरी तरफ कंपनी स्थानीय किसानों के साथ काम कर रही थी, जिससे क्षेत्र में सोयाबीन के उत्पादन को बढ़ाया जा सके।

'हमने किसानों को मुफ्त बीज और बिना ब्याज का लोन दिया, और उनसे वादा किया कि हम उनसे सीधे रूप से अच्छी कीमत पर माल खरीद लेंगे।'

दलाल की भूमिका हटने से किसान विशेष रूप से आकर्षित हुए। 5 सालों में सोयाबीन का उत्पादन कई गुणा बढ़ गया। ऐसा ही मक्का के उत्पादन में हुआ।

**'उन्होंने हमारे साथ जो 2 घंटे की मीटिंग की,
वह हमारी ताकत बन गई।'**

खाद्य उत्पादन में इंडियन ब्रायलर का प्रवेश एक बड़ा बदलाव रहा। इसका एक गौण उत्पादन रहा सोयाबीन तेल--जो बिजनेस की एक नई लाइन बन गया। कंपनी ने 250 टन की रिफाइनरी लगाई और एबीआईएस गोल्ड* नाम से तेल बेचना शुरू कर दिया।

बहादुर अली ने अपनी कंपनी के लिए जो रोडमैप बनाया था, वह 2005 में अपने समय से 2 साल पहले पूरा कर लिया। उस समय के दौरान, पूरे उद्योग ने 5-7 प्रतिशत की वार्षिक दर से वृद्धि की, वहीं इंडियन ब्रायलर ने 25-30 प्रतिशत की दर से। उनकी सालाना आय 200 करोड़ थी। हालांकि साल 2006 बहादुर अली के लिए भारी मुसीबत लेकर आया--उन्हें बर्ड फ्लू का सामना करना पड़ा।

नवापुर, महाराष्ट्र, उच्छल और गुजरात में एच5एन1 वायरस पाया गया 4,00,000 पक्षियों को सुरक्षा कारणों से मार दिया गया, लेकिन मीडिया ने इस मामले को ज्यादा तूल देकर 'डर' का बाजार गर्म कर दिया। चिकन की बिक्री में आई 80-90 प्रतिशत की गिरावट ने पॉल्ट्री बिजनेस की हर कंपनी को प्रभावित किया।

'तीन महीने हमने बहुत परेशानी में गुजारे... मेरे आईबी ग्रुप के जीवन में यह सबसे बड़ी चुनौती थी।'

बहादुर अली और उनकी टीम ने वे महीने मेडिकल और साइंटिफिक तथ्यों को पढ़ने में गुज़ारे। और उन्हें विश्वास हो गया कि इससे इंसानों की जिंदगी को कोई स्थायी खतरा नहीं था।

'हमने महसूस किया कि बीमारी उतनी खतरनाक नहीं है, जितना मीडिया ने उसे बना दिया।'

किसी भी दूसरी बीमारी की तरह ही बर्ड फ्लू को इलाज के जरिए जड़ से खत्म किया जा सकता था। अगर शुरुआती मामलों के 3 महीने बाद कोई नया मामला सामने नहीं आता, तो अंतर्राष्ट्रीय मानकों के अनुरूप देश को बर्ड फ्लू फ्री घोषित कर दिया जाता। और इसी तरह लोगों का विश्वास दोबारा हासिल किया गया।

* एबीआईएस चारों भाइयों के नाम के शुरुआती अक्षर से बना है--आमिर, बहादुर, इकबाल, सुल्तान

इंडियन ब्रायलर ने नए बाजार और नए अवसरों पर नजर रखते हुए आगे बढ़ना जारी रखा। कंपनी डेयरी और अंडे से बने उत्पादों का भी निर्माण करने लगी। लेकिन यह उनके लिए एक बिल्कुल ही अलग क्षेत्र था।

एक कंपनी, सीपी (चेरोयन पोकफंड) एबीआईएस से बड़ी मात्रा में सोया तेल खरीदती थी। एक दिन बहादुर भाई ने ऐसे ही सोचा--क्यों? उन्होंने पता लगाया कि वे झींगा मछली के खाने के काम आता है।

'हम क्यों नहीं ये काम करते?'

उस समय तक, भारत में मछुआरे मछली पकड़ने के लिए चावल के चूरे का ही इस्तेमाल करते थे। हालांकि यह पारंपरिक तरीका है, लेकिन यह सही नहीं था। एक किलो मछली पकड़ने के लिए 4 किलो चारा फेंकना पड़ता है। दरअसल इसमें से 75 प्रतिशत चूरा तो मछली खाती भी नहीं, और वह किनारों पर कीचड़ के रूप में जमा होता रहता है।

अमेरिकन सोयाबीन एसोसिएशन से सलाह लेने और वैश्विक उद्योग का सर्वे करने के बाद, बहादुर अली ने फिश-फीड प्लांट लगाने का निर्णय लिया। उनका विचार ऐसा चारा तैयार करने का था जो पानी पर तैर सके।

'हमारा चारा पानी पर 40 मिनट तक तैरता है, मछली को उसे खाने के लिए पानी की सतह पर आना पड़ता है। एक किलो मछली पकड़ने के लिए आपको 1.2 किलो चारे की जरूरत पड़ती है।'

2008 में एबीआईएस का लॉन्च हुआ यह चारा, जल्दी ही मछली के चारे में भारत में नंबर एक पर आ गया। इससे सालाना 200 करोड़ रुपए की आय होने लगी। मार्च 2013 में आईबी की समस्त वार्षिक आय 2200 करोड़ रुपए थी, जिसमें 30 वर्ग किलोमीटर के फॉर्म में 50 लाख पक्षियों का उत्पादन भी शामिल है।

'हमारा सारा उत्पादन 4 राज्यों में बिक जाता है, डेढ़ सौ रिटेल आउटलेट हैं, जहां कर्मचारी खुद दाम तय करके माल दे आते हैं।'

आईबी ग्रुप की पकड़ छत्तीसगढ़, उड़ीसा, एमपी और महाराष्ट्र के कुछ भागों पर है। ये भारत के बहुत संपन्न राज्य नहीं हैं, लेकिन फिर भी यहां पर आई बिक्री में बढ़ोतरी से पता चलता है कि इन राज्यों की औसत आय भी बढ़ी है। दरअसल, कंपनी अपनी जीडीपी को एक साधारण से आदर्श पर चलकर

'हमारी आलोचना हुई कि जो निवेश करने जा रहे हो गलत है, रिस्की है। मगर हमने किसी की बात नहीं सुनी।'

ही बढ़ा रही है।

'जब घर में पैसा आता है, तो सबसे पहले खाने पर और पीने में खर्च होता है।'

इस धारणा को मानते हुए, बहादुर अली को यकीन है कि उनकी कंपनी अगले दशक में हर साल 50 प्रतिशत की दर से वृद्धि करेगी। और यह यकीनन संभव है, क्योंकि चिकन की खपत के मुताबिक अभी भी उसके उत्पादन में कमी है। और बहुत से नए बाजार भी तो तेजी से उभर रहे हैं।

रायपुर भारत का केंद्र होने के कारण, जिंदा चिकन को यहां से 600 किमी दूर तक भेजा जाता है। अगले दो सालों में, आईबी चिकन 8-9 राज्यों में उपलब्ध होगा। हालांकि, उनके पास एक बड़ा गेमप्लान है। 2015 में, कंपनी प्रोसेसिंग शुरू करके, पूरे देश में फ्रोजन चिकन उपलब्ध करवाएगी। 2020 तक, आईबी ग्रुप रेडी-टू-ईट उत्पाद भी शुरू करने वाला है।

इसके नाम के अतिरिक्त, इंडियन ब्रायलर सिर्फ चिकन पर ही आधारित नहीं है।

'हमारा काम है प्रोटीन पहुंचाने का बिजनेस, चाहे वो चिकन हो या अंडा, दूध हो या सोया।'

हालांकि चिकन आईबी के पूरे बिजनेस का 50 प्रतिशत है, लेकिन दूसरा 50 प्रतिशत भी उतना ही महत्वपूर्ण है। सोया का काम भी बहुत अच्छी तरह चल रहा है, वैसे भी यह दाल के विकल्प के रूप में उभरकर आया है।

'आने वाले 5 सालों में दाल आम आदमी के लिए बहुत महंगी हो जाएगी... उसके लिए हम तैयारी कर रहे हैं।'

आईबी जल्द ही सोया की गुण वाले अन्य उत्पाद भी उतारने जा रहा है, जैसे दाल, नगेट, दूध और बिस्किट।

सोचना और आगे की योजना बनाना अचानक ही नहीं हो जाता--इसे हमें खुद चुनना पड़ता है। एक सीधा सा फैसला कि पॉल्ट्री फीड को कैसे लाया

ले जाया जाए। हालांकि पैकिंग की मानक पद्धति पोलीप्रोपलेन बैग, आईबी के कर्मचारी टैंकरों में चारा भरते हैं।

'जिस समय हमने यह फैसला लिया पीपी बैग्स बहुत सस्ते थे, लेकिन अब टैंकर कही ज्यादा सस्ता है।'

पॉल्ट्री बिजनेस में अक्सर मुनाफा अस्थिर रहता है--जब अच्छा उत्पादन होता है, तब चिकन की कीमत कम हो जाती है। ऐसे में हर पैसा मूल्यवान होता है। हालांकि लागत के प्रति सचेत रहने का मतलब कंजूस होना नहीं है। ऐसे मामलों में बहादुर अली कभी पीछे मुड़कर नहीं देखते।

डॉ. जायसवाल याद करते हैं, 'आज से 15 साल पहले भी हमारे पास राजनंदगांव में बढ़िया ऑफिस था। बहादुर भाई की सोच थी कि अगर कुर्सी चुभती हो और पसीना आता हो, तो वर्कर अच्छा काम नहीं कर पाएगा।'

साल 2012 में, आई ग्रुप एक नए और आलीशान कॉरपोरेट हेडक्वार्टर में आ गया। नई पीढ़ी--फहीम सुल्तान और जीशन बहादुर--भी बंगलौर के क्राइस्ट कॉलेज से, पढ़ाई पूरी करने के बाद कंपनी से जुड़ गए। हालांकि फहीम का फोकस पॉल्ट्री उत्पादन पर है, तो जीशन का ध्यान सोया और फिश-फीड के उत्पादन पर।

और इससे भी ज्यादा कि नई पीढ़ी भी अपने साथ नए विचारों को लेकर बिजनेस में आई है।

'आधुनिक ऑफिस का सपना बच्चों का और हमारा मिला-जुला सपना है। समय के हिसाब से बदलना और अपग्रेड होना जरूरी है।'

आज, बदलाव ईआरपी सिस्टम के रूप में देखा जा सकता है, जिससे प्रत्येक फॉर्म को हेडऑफिस से जोड़ दिया गया है। टीकाकरण, उत्पादन, बिक्री और माल भेजने की सूचना रोज एकत्रित की जाती है। यहां तक कि जब एक आईबी ट्रक पर माल भरा जाता है, तो उसका वजन टाइम के हिसाब से नोट हो जाता है।

जैसे-जैसे ग्राहक बदल रहे हैं, कंपनी को भी बदलना पड़ता है। पहले आईबी आउटलेट्स पर लाइव-चिकन बिकता था, लेकिन अब साफ किया हुआ चिकन भी तैयार मिलता है। बस नहीं बदले हैं तो कंपनी के उसूल--ईमानदारी, एकाग्रता, और ग्राहक को दी जाने वाली वरीयता।

'दवाई देने के बजाय बीमारी का कारण ढूंढ़ना चाहिए।'
'काम में जो आराम मिलता है वो आराम करने में नहीं मिलता।'

आईबी की हर रिटेल शॉप पर एक साइनबोर्ड लगा हैः 'अगर किसी ग्राहक को कोई शिकायत है, तो कृपया हमारे एमडी को फोन करें।' और वहीं पर बहादुर अली का फोन नंबर लिखा है।

बैंक का पैसा, सप्लायरों का पैसा और कर्मचारियों की पगार सब ठीक समय पर दी जाती है। आईबी ग्रुप के पेरोल पर 8000 कर्मचारी काम कर रहे हैं, जबकि 50,000 अन्य लोग उनसे किसान और ट्रेडर्स के रूप में जुड़े हुए हैं। मजदूर से लेकर सुपरवाइजरी स्टाफ, सभी आसपास के गांव से आए लोग ही हैं।

और यह यकीनन गर्व की बात है।

'अगर आपकी सोच अच्छी है और कुछ अच्छा काम कर सकते हैं तो इसका फायदा आप अपने अलावा और कितने लोगों को दे सकते हैं... ये चीज देखनी है।'

हालांकि अनेक निवेशक उनमें रुचि ले रहे हैं, लेकिन अली वर्तमान में अपने शेयर किसी को देने में इच्छुक नहीं हैं।

'मैंने यह कभी नहीं सोचा कि पैसे से मुझे आराम की जिंदगी जीनी है... आराम की जिंदगी मैं उसको समझता हूं जो काम करने से मिलती है।'

हालांकि बहादुर अली आईबी ग्रुप का पब्लिक फेस हैं, लेकिन बड़े भाई सुल्तान अली भी कंपनी की रीढ़ हैं। वह रोज के काम संभालते हैं, स्टाफ में काम का जोश और एकता बनाए रखते हैं। यहां तक कि बहादुर अली को भी आगे बढ़ने के लिए वे ही प्रेरित करते रहते हैं।

'वो हमेशा कहते हैं--तू काम कर, पीछे जो होगा उसको मैं देख रहा हूं। छोटी-छोटी समस्याएं, जिनसे मुझे तनाव होता है, वह सब उन्होंने अपने ऊपर ले लिया।'

ऐसा ही बिना शर्त सहारा मिसेज बहादुर अली (अजमीना बानो) और मिसेज सुल्तान अली (अफरोज बानो) ने दिया है।

'थके हारे आते थे तो बड़ी अच्छी चाय मिलती थी, काम ज्यादा करने की शिकायतें नहीं मिलती थीं... खुश थी कि हमारे शौहर, हमारे देवर आगे बढ़ रहे हैं।'

तरक्की का फल पेड़ से गिरकर पूरे समुदाय को पोषित करता है। अली भाइयों ने शिक्षा का हमेशा समर्थन किया--सालों पहले, जब मुस्लिम लड़कियों को पढ़ने का मौका यदा-कदा ही मिलता था, उनकी छोटी बहन नूर बानो ने एमबीबीएस पूरा किया था। अब, बहादुर और सुल्तान अली ऐसे मौकों को हाथ से नहीं जाने देते।

'हमने अपने पिताजी के नाम से एक बिना शुल्क का अंग्रेजी माध्यम स्कूल खोला है, अपने किसान और मजदूर भाई-बहनों के लिए।'

भारत और भारतीयों के लिए ज्यादा पोषण और ज्यादा शक्ति। अब विश्व एक ग्लोबल गांव है, और भारत के हर गांव को दुनिया तक पहुंचना ही चाहिए।

❋

युवा उद्यमियों को सलाह

युवाओं के लिए तो काम करने का समय ही समय है।

जब हमने काम करना शुरू किया तो न फोन होते थे न सड़क होती थी, न परिवहन का साधन। आज मेल है, फोन है, आईफोन है, कार, प्लेन सब है।

इंडिया में पैसों की कोई कमी नहीं है, मार्केट की कोई कमी नहीं है... सिर्फ कमी है तो करने वालों की। आपको बस एक लाइन ढूंढ़नी है, जहां आपको जाकर अपनी एनर्जी इस्तेमाल करनी है।

ईमानदारी को अपने बिजनेस का उसूल बनाइए। दूसरा, आपको सबके लिए पॉजिटिव सोचना है। किसी का बुरा करके अपना अच्छा नहीं कर सकते।

मेरी सोच बहुत सिंपल है--जो आप खुद चाहते हैं, वो आपको दूसरों के लिए करना है। मैं अच्छा चिकन खाना चाहता हूं, मैं सबको खिलाऊंगा, मैं अच्छा दूध पीना चाहता हूं, सबको पिलाऊंगा।

मैं झूठ पसंद नहीं करता, इसलिए मैं खुद सच बोलूंगा...

इस तरह की सोच के साथ आप हर मंजिल को पा सकते हैं।

जड़ों की ओर

उन्होंने अपने पंख फैलाए और देश-विदेश के बेहतरीन संस्थानों पर अपनी छाप छोड़ी। लेकिन एक दिन, उन्होंने अपनी जड़ों में वापस लौटकर अपने सपनों को एक नया आयाम दिया।

मिशन इम्पोसिबल

दीपक दाधोति—सर्वोकंट्रोल्स इंडिया
बेलगाम (कर्नाटक)

एक युवा इंजीनियर अपना ग्रीन कार्ड छोड़कर बेलगाम वापस आ गया और एक हाई-टेक्नोलॉजी कंपनी की नींव रखी। 10 साल बाद सर्वोकंट्रोल इंडियन ऐरोस्पेस और डिफेंस की मुख्य सप्लायर है, जिसकी सालाना आय 100 करोड़ रुपए है। और एक सपना जिसकी उड़ान बहुत ऊंची थी।

दीपक दाधोति को बचपन में गली क्रिकेट खेलना खूब भाता था। थका देने वाले मैच के बीच में ही वह भागकर, कोने में स्थित 'राओसाहब' के घर जाता।

'मा, माला पानी पयाजे,' वह कहता और एक दयालु महिला, नेकर पहने हुए इस छोटे से लड़के को अपनी रसोई से लाकर पानी देती।

सालों बाद नेकर की जगह बिजनेस सूट ने ले ली थी। दीपक एक मशहूर इंटरनेशनल कंपनी में काम करने लगे थे, वह अपने प्राइवेट जेट में बैठकर क्लाइंट से मीटिंग के लिए जा रहे थे। बेलगाम के एक छोटे से एयरपोर्ट पर उन्हें वही राओसाहब मिल गए।

'तुम बेलगाम से हो न?' वृद्ध ने जानना चाहा।

'हां, राओसाहब,' दीपक ने कहा।

'मैं कोंकण को दूसरा कैलिफोर्निया बनाना चाहता हूं!' वृद्ध को तेज झटका सा लगा। लेकिन इसे साकार कौन करेगा? जबकि महाराष्ट्र और कर्नाटक बेलगाम शहर पर अधिकार के लिए आपस में उलझ रहे हैं, और 'विकास' का मुद्दा तो बस अपने तारणहार की राह ही तक रहा है।

यद्यपि, यह शहर कर्नाटक के उत्तर में है, और खुशनुमा मौसम व मेहनती लोग इसकी समृद्धि है, जो खुद ब खुद अपनी तरक्की की राह खोज निकालेगी।

2003 में, दीपक दाधोति यूएस की अपनी शानदार नौकरी छोड़कर बेलगाम लौट आए। उन्होंने सर्वोकंट्रोल्स इंडिया की शुरुआत गैराज में ही, अपने भाई दिनेश के साथ शुरू की।

10 सालों बाद, सर्वोकंट्रोल्स इंडिया भारतीय विमानों और डिफेंस का सबसे बड़ा सप्लायर है। फिर चाहे लाइट कॉम्बेट एयरक्राफ्ट के लिए पाइलन चाहिए हों, या फिर इंटरसेप्ट लॉन्चर्स, जो दूसरे देश के हमला करने की स्थिति में काम आते हैं।

'हम सर्वोकंट्रोल्स से लॉन्चर्स के लिए परफेक्ट पिच और रॉल केपेब्लिटी देते हैं... यहीं बेलगाम में तैयार की हुई।'

दीपक ने कभी आईआईटी नहीं की, लेकिन कुछ आईआईटियन जरूर दीपक जैसा बनना चाहते हैं। उनकी कहानी छोटे शहर के हर तकनीकी स्नातक के लिए प्रेरणा का स्रोत है।

इंजीनियरिंग के प्यार में पड़ जाना! अपने विषय में महारथ होना!!

अपने देश के गर्व का कारण बनना।

मिशन इम्पोसिबल

दीपक दाधोति—सर्वोकंट्रोल्स इंडिया बेलगाम (कर्नाटक)

दीपक दाधोति बेलगाम से हैं।

'हम एक मध्यवर्गीय परिवार से हैं। मैं कन्नड़-माध्यम के एक सरकारी स्कूल में पढ़ता था, जहां हम जमीन पर बैठकर पढ़ाई करते थे।'

दीपक के पिता 'नौकरी' (वह सांगली बैंक में कैशियर थे) करते थे, लेकिन उनके अंकल की किराने दुकान थी, और वह बाजार में नारियल बेचा करते थे।

'हम एक संयुक्त परिवार में रहते थे और हमारी बहुत-सी गाय-भैंसे थीं--लगभग 25-30।'

दीपक हर सुबह दूध निकलवाने और सबके घर दूध देकर आने में मदद किया करते थे। उन्हें स्कूल के बाद दुकान आना और वहां घूमना बहुत पसंद था। आलतू-फालतू के काम।

'अंकल मुझे पसंद करते थे, क्योंकि मैं पैसों के मामले में बहुत सतर्क था। वह मुझे काम करने देते थे।'

उनकी मां ने उन्हें कभी पढ़ाई की अनदेखी नहीं करने दी।

'वह मुझे कमरे में बंद करके गणित और विज्ञान पढ़ाती थीं। नहीं तो मैं दूध और किराने का काम ही कर रहा होता--पढ़ाई नहीं!'

दीपक पढ़ाई में तेज थे। लेकिन वह शरारती थे--एक दंगा मचाने वाले 'गली के लड़के'।

'टीचर रोज मेरी शिकायत करते, लेकिन मेरे पेपर अच्छे हो जाते थे। तो

उनकी शिकायतें अनसुनी ही रहीं!'

एसएसएलसी (10वीं) पूरी करने तक, दीपक के मन में एक बात स्पष्ट हो गई थी। वह इंजीनियर बनना चाहते थे। उनके एक अंकल, मिस्टर वसु पी हांजी, बेलगाम में बड़े उद्योगपति थे, वह उनके 'रोल मॉडल' बन गए।

10वीं क्लास में, दीपक बी.के. मॉडल हाईस्कूल में जाने लगे, वह स्कूल जो साल दर साल बेलगाम के सर्वश्रेष्ठ छात्र तैयार करता था। स्कूल में संस्कृत पढ़ने का प्रस्ताव दिया गया, जिसे अधिक नंबर मिलने वाला सब्जेक्ट माना जाता था।

इसी बीच, परिवार और मित्रों ने दीपक को सलाह दी, 'तुम्हें आईआईटी के लिए कोशिश करनी चाहिए।'

दीपक कोल्हापुर, बंगलौर और बॉम्बे भी गए--आईआईटी प्रवेश परीक्षा की कोचिंग के लिए। लेकिन किसी कारण से वह समझ नहीं पा रहे थे कि कहां दाखिला लूं, क्या करूं।

1987 में, कर्नाटक ने स्टेट इंजीनियरिंग कॉलेज के लिए ऑब्जेक्टिव-टाइप प्रवेश परीक्षा आयोजित की। दीपक ने इस परीक्षा पर ध्यान देने का निर्णय लिया, बजाय आईआईटी जेईई के। उन्होंने बंगलौर में नेशनल कॉलेज, बासवानगुडी में कोचिंग क्लास ली। परिणाम बहुत अच्छा रहा।

'मुझे 3 कॉलेजों में दाखिला मिला--दवनगेरे, बंगलौर और बेलगाम में। मेरे पिता ने जोर दिया कि मुझे घर पर ही रहना चाहिए, इसलिए मैंने के एल ई इंस्टीट्यूट ऑफ टेक्नोलोजी की मेकेनिकल ब्रांच में दाखिला ले लिया।'

पहला साल बहुत मुश्किल रहा। 6 महीने तो अंगेजी माध्यम की क्लासों को समझने में ही लग गए। लेकिन इसे किसी न किसी तरह मैनेज तो करना ही था।

इंजीनियरिंग ऐसा विषय था, जिसे दीपक ने सहज रूप से चुना था--जैसे मछली पानी को चुनती है। वह बस तैरना चाहता था, न सिर्फ तालाब में, बल्कि महासागर में भी।

'मैं बहुत पढ़ा करता था, कोर्स से बाहर का भी। फिर मैं अपने अंकल की फैक्टरी में जाता, और वहां पूरी रात बैठा रहता... बस अलग-अलग मशीनों को समझने के लिए।'

इंजीनियरिंग में उनके तीसरे साल के दौरान, भारत ने अपना पहला इंडीजीनियस सुपरकंप्यूटर (परम) बना लिया था। इससे दीपक को पासकल और ऑटोकैड के बारे में जानने की जिज्ञासा हुई।

'इससे मुझे इंजीनियरिंग के फाइनल ईयर में चैलेंजिंग प्रोजेक्ट लेने की प्रेरणा मिली... और उस प्रोजेक्ट ने मेरी जिंदगी बदल दी।'

प्रोजेक्ट का नाम था 'कंप्यूटर डिजाइन एंड ड्राफ्टिंग ऑफ हाइड्रोलिक सिलेंडर्स'। यह विचार सीधा लेकिन आकर्षक था--बेलगाम भारत की 'हाइड्रोलिक सिटी' थी। सिलेंडर किसी भी प्रकार के कंट्रोल सिस्टम का मुख्य प्रोडक्ट था। क्या ये सिलेंडर किसी सॉफ्टवेयर प्रोग्राम के इस्तेमाल से डिजाइन और ड्राफ्ट कर सकते थे?

इस थ्योरी को जांचने के लिए, दीपक ने ऑटोलिस्प सीखी--एक आर्टीफिशियल इंटेलीजेंस लैंग्वेज (कृत्रिम भाषा), जो डिजाइन और ड्राफ्ट बनाने में काम आती है। वह एक महत्वाकांक्षी प्रोजेक्ट था, किसी भी स्तर पर। और तो और, जब अन्य छात्र ग्रुप बनाकर अपना प्रोजेक्ट तैयार कर रहे थे, वहीं दीपक ने अकेले रहने का निर्णय लिया।

'उस समय पूरे कॉलेज में मैथ कोप्रोसेसर का एक ही कंप्यूटर हुआ करता था। जिसे खासतौर पर पीजी स्टूडेंट इस्तेमाल करते थे।'

दीपक ने प्रिंसिपल और अपने गाइड से उस कंप्यूटर को इस्तेमाल करने की खास दरख्वास्त की थी। वह कंप्यूटर बस रात के 3 बजे से सुबह 6 बजे तक खाली था, तो उन्होंने खुशी-खुशी मान लिया।

'मुझे लगता है वो एक जुनून था, मुझे उस समय किसी और बात की परवाह नहीं थी!'

प्रोजेक्ट को धारवाड में कर्नाटक स्टेट काउंसिल फॉर साइंस एंड टेक्नोलॉजी के सामने पेश किया, और वह प्रोजेक्ट पूरे राज्य में नंबर वन रहा। इससे दीपक को एक स्थानीय हाइड्रोलिक कंपनी, जिसने उनके प्रोजेक्ट को स्पॉन्सर किया था, ओलिगर टॉवर पोलीहाइड्रोन लिमिटेड (अब उसका नाम पोलीहाइड्रोन सिस्टम्स प्राइवेट लिमिटेड है) में नौकरी भी मिल गई। युवा इंजीनियर की पगार 1100 रुपए प्रतिमाह थी।

वह 1991 साल था।

'इंजीनियरिंग प्रोजेक्ट के आखरी साल ने मेरे जीवन को आधार दिया।'

दीपक ने कंपनी में काम करना तो शुरू कर दिया, लेकिन साथ ही जीएमएटी और जीआरई के लिए भी तैयारी शुरू कर दी।

'मेरे जीएमएटी में 680 और जीआरई में 1350 नंबर आए, तो अब मैं यूएस की किसी भी बढ़िया यूनिवर्सिटी में दाखिला ले सकता था। लेकिन मेरे पास इतने पैसे नहीं थे।'

तो उन्होंने आगे पढ़ने का इरादा छोड़ दिया और नौकरी पर ध्यान देने लगे। उनका ख्याल था 2-3 साल काम करने के बाद, पढ़ाई के लिए आवेदन कर लेंगे। लेकिन उनके पास एक और रोमांचक मौका आया।

यूएस की कंपनी मूग इंक में काम करने का मौका, जो 'प्रिसिशन कंट्रोल' के क्षेत्र में विश्व की अग्रणी कंपनी है।

'मेरा इंटरव्यू बंगलौर में यूके फैकल्टी ने 'एप्लीकेशन इंजीनियर' के पद के लिए लिया।'

दीपक को उस तकनीक की जानकारी थी--ओलिगर टॉवर में 'प्रिसिशन कंट्रोल' प्रोडक्ट्स (जिन्हें आमतौर पर सर्वोकंट्रोल के नाम से जाना जाता है) का इस्तेमाल होता था। दरअसल, हर औद्योगिक मशीन, स्वास्थ्य उपकरण, मिलिटरी और व्यवसायिक विमानों में सर्वोकंट्रोल का इस्तेमाल होता है।

यह शरीर में 'दिमाग' के रूप में काम करता है, वह काम जो आप उससे करवाना चाहते हो।

जैसे आप गाड़ी चलाते हो, जब आप ऊंचाई पर जाते हो तो गति धीमी हो जाती है, और ढलान पर गति खुद ब खुद बढ़ जाती है। यह एक 'ओपन लूप' है।

सर्वोकंट्रोल एक 'क्लोज्ड लूप' बनाता है। सिस्टम में आरपीएम (रोटेशन पर मिनट) लगा है, और यह ऑटोमैटिक रूप से एक्सीलरेटर दबा देता है। ढलान की परवाह किए बगैर, आपकी कार की गति स्थिर बनी रहती है।

अगर संभालने के लिए कोई बहुत ही गैर-तकनीकी या कच्चा इंजीनियर

हो--बस समझ जाइए सर्वोकंट्रोल हर जगह छिपा है। प्लेन में, कार में, स्टील फैक्टरी में, पावर प्लांट में, सैटेलाइट में हर जगह।

हम इंसान अपनी रोज की जिंदगी में सर्वोकंट्रोल का इस्तेमाल करते हैं। जब हम सड़क पार करते हैं, तो हम तेज आती हुई कार को देखकर, और तेजी से भागकर दूसरी ओर निकल जाते हैं।

'हां यही--यह सर्वोकंट्रोल का क्लासिक उदाहरण है,' दीपक हंसते हुए बताते हैं।

इस 'सिस्टम' के बिना आप यहां हो ही नहीं सकते।

और न ही मॉडर्न लाइफ ऐसी होती, जैसी हम इसे जानते हैं।

औद्योगिक दुनिया में, सर्वोकंट्रोल मिलीसैकंडूस में करेक्शन कर सकता है, वह काम जो माइक्रोन में होता था।

'इंसान के बालों में 40 माइक्रोन होते हैं। इंसानी आंखें जिसमें से केवल 25 माइक्रोन ही देख सकती हैं। सर्वोकंट्रोल में, हम एक माइक्रोन और दो माइक्रोन की बात करते हैं।'

तो हम बहुत ही उच्च तकनीक की बात कर रहे हैं, उतनी ही मुश्किल जितनी किसी आम आदमी के लिए विज्ञान के जटिल समीकरण। लेकिन दीपक जैसे उत्साही इंजीनियर के लिए मूग में शामिल होना ऐसा ही था, जैसे 'चार्ली एंड द चॉकलेट फैक्टरी'। इस सुनहरे अवसर को उन्होंने दोनों बांहों को खोलकर भर लिया।

कंपनी ने अपने युवा इंजीनियर को यूके, टकेसबरी सेंटर में ट्रेनिंग के लिए भेजा।

'मैंने कभी डर या घबराहट महसूस नहीं की, हालांकि मैं पहली बार भारत से बाहर जा रहा था, और सबकुछ बहुत ही हाई-टैक था।'

जब आपको अपने काम में मजा आता है, तो आपको जो भी मौके मिलते आप उनमें डुबकी लगा देते हैं। आप तेजी से नई चीजें सीख लेते हैं।

दीपक वापस भारत आए मूग के इंडिया ऑफिस में, अपनी तकनीकी मदद देने के लिए। वह एक छोटा सा ऑफिस था, जिसमें लगभग 40 लोग काम कर रहे थे। और बेलगाम का एक 26 वर्षीय इंजीनियर टेक्नीकल टीम का नेतृत्व करने आया था।

‘जब 2002 में मैं बेलगाम आया, तो लोग कहते थे--वह 6 महीनों में वापस यूएस भाग जाएगा--मैंने उन्हें गलत साबित कर दिया।’

‘जरूरी बात थी कि मैं क्लाइंट की जरूरतों को समझकर उन्हें अच्छे परिणाम दे सकता था।’

विक्रम साराभाई स्पेस सेंटर (वीएसएससी) और हिंदुस्तान ऐरोनॉटिक्स लिमिटेड (एचएएल) जैसे संगठन मूग के कस्टमर थे। और बहुत सी स्टील मिल भी। हालांकि यूएस से आयात में कुछ बाधाएं होने की वजह से ऐरोस्पेस एक्टिविटी की मांग कम थी। नई मार्केट की तलाश थी।

‘मुझे प्लास्टिक उद्योग को विकसित करने का काम दिया गया--बड़ा उद्योग लेकिन जो मूलभूत तकनीक का ही इस्तेमाल कर रहे थे।’

सर्वोकंट्रोल सिस्टम के इस्तेमाल से, प्लास्टिक से अच्छे दामों में बेहतर उत्पादन किया जा सकता था। लेकिन इसे भारत में कारगर बनाने के लिए, आपको आर्थिक व्यवहारिकता को भी ध्यान में रखना होगा।

‘मैंने कंपनियों को प्रोत्साहित किया कि वे जहां तक हो सके हार्डवेयर कॉस्ट में कमी लाएं।’

जबकि ऐरोस्पेस, स्टील और पावर इंडस्ट्री मूग के पास थे, लेकिन कंपनी को प्लास्टिक वालों को मनाने के लिए कड़ी मार्केटिंग की जरूरत थी। इस कसौटी पर भी दीपक की क्षमताएं खरी उतरीं।

समय-समय पर, दीपक को अलग-अलग देशों में मूग सब्सिड्रीज में ट्रेनिंग में भेजा जाता रहा। जर्मनी में, उन्होंने पहली बार देखा कि बड़े उद्योगों में किस तरह से सर्वोकंट्रोल का इस्तेमाल किया जाता है। जापान में, उन्हें ‘हाइर इलेक्ट्रॉनिक्स’ की ट्रेनिंग मिली। और इटली में, उन्होंने सीखा कि संवेदनशील मूल्य वाले बाजार में तकनीक का व्यापारीकरण कैसे होता है।

‘वह मेरे लिए बहुत रोमांचक और चुनौतीभरा समय था!’

जब दीपक जीवन के महत्वपूर्ण दौर से गुजर रहा थे, उनके पिता चिंतित थे। आखिरकार, वह इतने देशों में घूम रहे थे--क्या होगा अगर वह किसी विदेशी मेम के चक्कर में पड़ गए तो?

'जिस दिन मैं जापान से वापस आया, मेरे माता-पिता ने मेरे सामने एक शादी का प्रस्ताव रख दिया। मुझे लड़की पसंद आई और मैंने हां कर दी।'

दीपक ने मई 1996 में शादी के लिए 20 दिन की छुट्टी ली। उस समय मूग दक्षिण भारत में एक बड़ा प्लांट लगाने की योजना बना रही थी। कंपनी ने जोर दिया कि प्लांट का काम दीपक के वापस आने तक रोककर रखा जाए।

कंपनी के वाइस प्रेसीडेंट ने मजाक करते हुए कहा, 'शादी तुम करने जा रहे हो, और रातों की नींद मेरी उड़ गई है!'

दीपक हनीमून से वापस आते ही प्रोजेक्ट संभालने में व्यस्त हो गए।

जुनून और समर्पण से काम करते हुए, मूग इंडिया ने महज 3 सालों में ही 150,000 डॉलर से 5 मिलियन डॉलर की आय का लक्ष्य हासिल कर लिया। 1998 में, कंपनी ने दीपक को ईस्ट ऑरा, न्यूयॉर्क स्थित हेडऑफिस में नियुक्त कर दिया। दीपक अपने परिवार के साथ यूएस रहने के लिए आ गए।

मूग आर एंड डी सेंटर के साथ काम करते हुए, दीपक को तकनीक की जड़ समझने का मौका मिला।

'मैं एक बड़ी सी लैबोरेटरी में जिनियस लोगों के साथ काम कर रहा था--सभी पीएचडी थे। इससे मुझे अपने स्कूल के दिन फिर याद आ गए, वह सब बहुत रोमांचक था।'

2001 में, बेटे अंकुर का जन्म हुआ और दीपक और ज्योति सोचने लगे कि 'उन्हें यूएस में ही बसना चाहिए या वापस भारत चले जाना चाहिए?'

कंपनी ने दीपक की तरफ से ग्रीन कार्ड के लिए भी आवेदन कर दिया था। सबकुछ ठीक चल रहा था, लेकिन दीपक के दिमाग में दो बातें घूम रही थीं।

पहली तो, लैब में मजे से जिंदगी चल रही थी, लेकिन वह वास्तव में लैब से जुड़े हुए तो नहीं थे। उन्हें कुछ खालीपन सा लग रहा था।

दूसरा, यूएस की अर्थव्यवस्था गिरने की ओर थी, जबकि भारत विकास की ओर था। वहां बहुत से अवसर थे, जो पहले कभी नहीं थे।

'मैं सर अब्दुल कलाम के शब्दों से भी खासा प्रेरित था, जिनसे मैं डीआरडीओ में मिला था।'

और क्या, दीपक के पिता तो चाहते थे कि वह लौट आएं। वह अक्सर

'डॉ. कलाम ने कहा था,
"दूसरे देश की चमक में मजे लेने का क्या फायदा..."
उनके वो शब्द हमेशा के लिए मेरे दिमाग में बस गए।'

एक बात कहा करते, 'जननी जन्मभूमिश्च स्वर्गादपि गरीयसी।'

रामायण में, लंका विजय के बाद, भगवान राम ने लक्ष्मण से कहा था, 'यह सोने की लंका भी मुझे आकर्षित नहीं करती। मां और मातृभूमि से श्रेष्ठ तो स्वर्ग भी नहीं हुआ करता।'

इस प्रकार एक भावनात्मक स्तर पर निर्णय लिया गया, और बैग पैक हो गए। जाने से पहले, दीपक भारत आए और देखा कि वह कहां रह सकते हैं। बंगलौर और हैदराबाद तर्कपूर्ण पसंद थे। लेकिन दीपक ने बेलगाम को ही चुना।

'मेरे पिता रिटायर हो गए थे और चाहते थे कि हम उनके साथ रहें। मेरी भी सोच थी कि बच्चों को अपने दादा-दादी के साथ ही रहना चाहिए, जिससे उन्हें ठीक संस्कार मिलें।'

बेलगाम में रहना व्यावसायिक नजरिए से सही नही था--लेकिन किसी तरह उनका दिल वहीं अटक रहा था।

दीपक ने बेलगाम के औद्योगिक क्षेत्र में एक प्लॉट खरीदा। अप्रैल 2002 में, वह पूरी तरह से भारत आ गए। उसी महीने उन्होंने अपने भाई दिनेश के साथ कंपनी, 'सर्वोकंट्रोल्स इंडिया' की शुरुआत की।

'मुझे स्पष्ट था कि मैं क्या करना चाहता हूं। लेकिन करने के लिए पैसा नहीं था।'

सर्वोकंट्रोल डिवाइस का उत्पादन करने में काफी सारे पैसे की जरूरत थी। आपको विश्वस्तरीय फैक्टरी लगाने के लिए उच्च तकनीक के उपकरण इम्पोर्ट करने की जरूरत होती है। जिसकी लागत कम से कम 10 मिलियन डॉलर थी।

'मैं जानता था कि कोई भी मुझे इतना पैसा उधार नहीं देगा--मेरे पास जमानत के लिए कुछ नहीं था। कोई ट्रैक रिकॉर्ड भी नहीं था।'

तो, फिर क्या? दीपक ने अपनी 'गली' समझ का फायदा उठाते हुए एक

जमीनी बिजनेस शुरू किया। उन्होंने सर्वोकंट्रोल डिवाइस की सर्विसिंग का काम शुरू किया। एक ऐसा प्रोजेक्ट जिसे शुरू करने के लिए 10 लाख रुपए के निवेश की जरूरत थी। एक रकम जिसे वह खुद अपने पास से निकाल सकते थे।

सर्वोकंट्रोल की मशीनों में सबसे ज्यादा इस्तेमाल वॉल्व का होता है। एक बिगड़ा हुआ वाल्व सारे प्रोजेक्ट का काम ठप्प कर सकता है।

'जब हमने सर्वो वॉल्व की सर्विसिंग का काम शुरू किया, तब मैं जानता था कि वॉल्व की वजह से हालात कितना बिगड़ सकते हैं।'

इस तरह के काम की बहुत मांग थी।

'नई चीज लगाने से सस्ता पुरानी चीज को ठीक करवाना होता है। तो यह हमेशा फलने-फूलने वाला उद्योग है!'

यकीनन, उन्हीं क्लाइंट से फिर से मिलना--पहले मूग कर्मचारी के तौर पर--और अब, उद्यमी के रूप में, एक दूसरी चीज थी। कंपनियों को सिर्फ सेवा ही बल्कि पूरे सहयोग की दरकार होती है।

'इसका मतलब था--वहां जाओ, काम करो, तभी आपको पैसे मिलेंगे।'

और दीपक ने यह चुनौती स्वीकार की।

एक दिन, एचएएल की वर्कशॉप में सुपरवाइजिंग इंजीनियर ने वॉल्व से भरा एक बोरा दिखाया। वो वॉल्व बेकार पड़े थे क्योंकि भारत में उनकी सर्विसिंग नहीं की जाती थी।

उस आदमी ने सारे वॉल्व दीपक के सामने रखते हुए कहा, 'क्या तुम इन्हें ठीक कर सकते हो?'

'मैंने कहा--मुझे दे दो। मैं वापस जाकर इन्हें देखूंगा और फिर आपको बता दूंगा।'

दीपक जानते थे कि उन वॉल्व की कीमत कम से कम 4-5 लाख रुपए थी। यह चुनौती जरूर लेनी चाहिए थी। लेकिन, उस समय तक उनके पास टेस्टिंग की सुविधा नहीं थी। बस उनके पास खाली जमीन थी।

'फैक्टरी बनाने के लिए जरूरी औद्योगिक लाइसेंस लेने के लिए हमने रात-दिन एक कर दिए थे। लेकिन तब लाल फीताशाही का दबदबा था और अधिकारी हमसे रिश्वत मांग रहे थे!'

एचएएल प्रोजेक्ट को हाथ में लेने के बाद हमारे पास और समय नहीं

बचा था। कोई समस्या ही हल ढूंढ़ने के लिए प्रेरित करती है, तब हाथ पर हाथ रखकर नहीं बैठा जा सकता।

'चलो अपने घर के गैराज में ही लैब बना लेते हैं,' दीपक ने निर्णय लिया।

कार को बाहर रोड पर खड़ा कर उन्होंने गैराज को ही लैब बना लिया।

'मैंने कभी पहले ऐसा नहीं किया था, और न ही ज्यादा कुछ जानता था। लेकिन मेरे पास कोई विकल्प नहीं था!'

'जुगाड़' से, दीपक और दिनेश ने एक लेबोरेट्री बनाई, जिसमें हाई सेंस्टिविटी से वॉल्व की टेस्टिंग की जा सकती थी।

वे परिष्कृत हाइड्रोलिक ऑइल का भी इस्तेमाल करते थे। हालांकि उनकी खास बात थी डिवाइस की पूरी जानकारी, जो दीपक के पास थी। उन्हें न सिर्फ मूग द्वारा उत्पादित वॉल्व का पता था, बल्कि वह उसकी प्रतिद्वंद्वी कंपनी के बनाए वॉल्व को भी अच्छी तरह समझते थे।

'यह मेरा काम था कि मार्केट में आने वाले हर नए सर्वोकंट्रोल डिवाइस के बारे जानकारी और शोध हो।'

लेकिन दिनेश की भी भूमिका उतनी ही महत्वपूर्ण थी।

'मैं अपने भाई को विश्वकर्मा कहता हूं। आप उन्हें कोई भी काम सौंपिए, वह आपको पूरा करके दे देंगे।'

फिर भी, यह बहुत चतुराई का काम है। सही पार्ट के लिए सही इंसान से मिलना, खास प्रकार का कच्चा माल खरीदकर, अपनी गलतियों से सीखते हुए आगे बढ़ना। जो काम एचएएल में बैठे 100 इंजीनियर नहीं कर पाए, वही काम दो युवा उद्यमियों ने कर दिखाया, जिन्होंने मात्र 6 महीने पहले ही काम शुरू किया था।

'हमने 70-80 प्रतिशत वॉल्व रिपेयर कर दिए!'

एचएएल वालों ने प्रभावित होकर और ज्यादा काम भेज दिया। पहले ही साल में एचएएल और दूसरी अन्य स्टील कंपनियों के लिए उन्होंने 65 लाख रुपए की बिलिंग की। कंपनी का मुनाफा 50-60 प्रतिशत रहा। इस प्रकार, बहुत छोटे से निवेश के साथ उन्होंने पहले ही साल में 25 लाख रुपए का मुनाफा कमा लिया।

बिजनेस को बढ़ाने के लिए एक मजबूत टीम की जरूरत थी। दिनेश के

पास इंजीनियरिंग का डिप्लोमा था, लेकिन उन्होंने अपनी सारी जिंदगी बेलगाम में ही बिताई थी, उन्हें और दुनिया देखने की जरूरत थी।

'मैंने दिनेश को ट्रेनिंग के लिए, हमारे पार्टनरों के पास यूएस, जर्मनी और रूस भेजा। जल्द ही, वह भी मेरी तरह सोचने लगे।'

सर्वोकंट्रोल 7-8 डिप्लोमा इंजीनियर को भी नियुक्त करके प्रशिक्षण देने लगा।

'हम उन्हें बाजार रेट से लगभग दोगुना वेतन दे रहे थे।'

एक छोटी कंपनी के लिए यह बड़ी ही असमान्य नीति थी, जिसका फायदा उन्हें भविष्य में देखने को मिला।

2004 में, दीपक बंगलौर में इंडियन इंस्टीट्यूट ऑफ साइंस में 'फ्ल्यूड पावर एग्जीबिशन' के दौरान सज्जन जिंदल से मिले। जिंदल ने बताया कि स्टील मिलें भारी आर्थिक मंदी के दौर से गुजर रही हैं, और किसी भी तरह अपनी लागत में कमी लाना चाहती हैं। इस उद्योग में भी स्टील गॉज की थिकनेस बनाए रखने के लिए सर्वोवाल्वस का इस्तेमाल होता था। बिगड़े हुए वॉल्व की वजह से उनका भारी नुकसान होता था।

'हमने स्टील इंडस्ट्री के लिए वॉल्व सर्विस का काम शुरू कर दिया। इससे उनको लाखों रुपए की बचत होने लगी।'

इस युवा कंपनी के अगले बड़े ग्राहक थे, 'पावर प्लांट्स'। एक बेकार टरबाइन से पूरी ग्रिड का काम ठप्प हो सकता था। और प्लांट्स अक्सर दूर दराज इलाकों में होते हैं, जहां आसानी से पहुंचा नहीं जा सकता। तो कंपनियां बेलगाम में एक चार्टर्ड प्लेन भेजतीं, अपने इंजीनियर को लाने के लिए।

'ऐसा बाल्को* के साथ हुआ, उनके कोरबा प्लांट में। और कभी-कभार स्टेट इलेक्ट्रीसिटी बोर्ड ने भी हमें ऐसे बुलवाया।'

और ऐसे क्लाइंट अच्छी रकम भी अदा करते हैं।

सर्विसिंग का काम अच्छा चल रहा था, लेकिन दीपक को जल्दी ही दूसरा अवसर भी दिख गया। हर वॉल्व में एक सेंसर लगा होता है--पोजिशन सेंसर, पेशर सेंसर या कंट्रोलर। ये सेंसर भारत में नहीं मिलते थे, और न ही तकनीकी

* बाल्को वर्तमान में वेदांता कॉरपोरेशन के नाम से जानी जाती है

रूप से इन्हें सही किया जा सकता था।

'हमने सेंसर उत्पादकों के साथ करार किया, उनके प्रोडक्ट बेचने का भी और उन्हें तकनीकी रूप से जांचने का भी।'

इस दौरान, फैक्टरी का निर्माण कार्य भी शुरू हो गया। लेकिन क्लीयरेंस और लाइसेंस का क्या?

(दीपक मुस्कुराते हैं।)

'एक अधिकारी ने मुझसे कहा था, रजनीकांत की तमिल फिल्म *सिवाजी* देखो।'

फिल्म में, सुपरस्टार ने एक एनआरआई की भूमिका निभाई है, जो भारत आकर फ्री हॉस्पिटल बनाना चाहता है।

'अगर रजनीकांत को भी संघर्ष करना पड़ा था, तो मेरे जैसे आम आदमी का क्या,' दीपक मजाक करते हैं।

दाधोति की स्थिति में एक फायदा था उनके बैंकर पिता। दीपक ने स्टेट बैंक ऑफ इंडिया के साथ अपना एनआरआई अकाउंट भी मेंटेन रखा था। इन दो कारणों से सर्वोकंट्रोल को बिना कोई जमानत दिए, एसबीआई से पहला लोन मिला।

शुरुआत में उनकी योजना सिर्फ वॉल्व के लिए छोटा सा सैटअप लगाने की थी। लेकिन क्लाइंट को सर्विस देने और उनकी जरूरतों को समझने के बाद, दोनों भाई महत्वाकांक्षी हो गए थे।

'हमारे ग्राहकों की उम्मीदें बहुत ज्यादा थीं। वे कहते--आपके पास एक इलेक्ट्रॉनिक्स लैब, एक सिस्टम लैब, अलग-अलग सेंसरों की लैब तो होनी ही चाहिए...'

प्रोजेक्ट की लागत 1 करोड़ से 5 करोड़ तक बढ़ गई। किस्मत से उनके तत्कालीन काम से इतना मुनाफा आ रहा था कि वे इस जरूरत को पूरा कर पाए।

सर्वोकंट्रोल इंडिया की अत्याधुनिक लैब का मुहूर्त 15 अगस्त 2005 को बेलगाम के औद्योगिक क्षेत्र उद्यमबाग में हुआ। इसमें 'क्लीन रूम' सुविधा के साथ-साथ ऑइल-क्लीनलीनेस टेस्ट सेटअप और इलेक्ट्रॉनिक्स लैब भी थे।

उस समय तक कंपनी के पास 20 कर्मचारी थे, और कंपनी की सालाना

आय 4 करोड़ रुपए थी।

जल्द ही, दीपक को लगने लगा कि सिर्फ टेस्टिंग ही काफी नहीं है। कच्चा माल खरीदने के बजाय अब कंपनी को अपनी ही मैन्युफैक्चर यूनिट लगानी चाहिए। 'हमारी कंपनी तब छोटी थी, लेकिन हमने कुछ बड़ा सोचने की कोशिश की।'

दूसरी यूनिट की लागत 5 करोड़ रुपए आई, जिसमें एक बार फिर से एसबीआई ने मदद की। उस समय बंगलौर ब्रांच की चीफ जनरल मैनेजर थीं महापारा अली।

'मैडम ने गौर किया कि हमने बैंक से कुछ ज्यादा ही लोन लिया है। वह जानना चाहती थीं कि ये लोग आखिर हैं कौन? वह हमारी कंपनी देखने आना चाहती थीं।'

मिलने पर मैडम अली खासी प्रभावित हुईं और सर्वोकंट्रोल्स इंडिया के प्लान को सहयोग देने के लिए सहमत हो गईं।

लेकिन एक समस्या बरकरार थी। जो प्लॉट दीपक ने उद्यमबाग औद्योगिक क्षेत्र में खरीदा था, वह बड़ा नहीं था। उस समय, साथ वाले प्लॉट के मालिक, मि. विभूति, जो पेशे से इंजीनियर थे, उनके पास आए।

उन्होंने कहा, 'दीपक, तुम बढ़िया काम कर रहे हो। तुम मेरी जमीन ले लो। इससे बहुतों का भला हो जाएगा।'

दीपक ने वह प्लॉट खरीदकर निर्माण चालू करवा दिया। 2007 तक उनके पास अल्यूमिनियम/स्टील/कास्टिंग इत्यादि के लिए अपेक्षित अत्याधुनिक मशीनें भी आ गईं। उस समय हनीवैल के भूतपूर्व वाइस प्रेसीडेंट और एमटीएस कॉरपोरेशन के सीईओ, चीप एमेरी बिजनेस डेलीगेशन के साथ भारत आए थे। एमटीएस मिनियापोलिस सर्वोकंट्रोल्स इंडिया का कस्टमर भी था, इसलिए उन्होंने बेलगाम घूमने की इच्छा व्यक्त की।

दीपक ने इस मौके का फायदा उठाते हुए अपने नए प्लांट का मुहूर्त चीप

'पहली वस्तु है ज्ञान और दूसरी है उस ज्ञान को व्यापारिक रूप से सक्षम बिजनेस में बदल देना।'

से करवाया। वह अमेरिकी सच में विश्वास नहीं कर पा रहा था कि भारत के इतने दूर-दराज इलाके में ऐसी सुविधाएं उपलब्ध करवाई जा सकती हैं।

'जो भी सर्वोकंट्रोल्स इंडिया में आता उसकी यही प्रतिक्रिया होती,' दीपक मुस्कुराते हैं। 'पर समस्या थी तो बस क्लाइंट लाने की।'

बेलगाम से आने और जाने वाली उड़ानों में सबसे बड़ी समस्या एयर कनेक्टिविटी की होती थी। गोआ से सड़क का सफर तय करने में 5 घंटे लगते थे, और सफर आरामदायक भी नहीं होता था। बावजूद इसके कई बड़े ऐरोस्पेस कस्टमर सर्वोकंट्रोल्स इंडिया के पास आने लगे थे।

'मैं मूग के दिनों से कई एरोस्पेस कंपनियों को जानता था। लेकिन सरकार की ऑफसेट पॉलिसी से काफी मदद मिली, जिसने डिफेंस प्रोक्योरमेंट प्रोसिड्योर (डीपीपी) 2005 की घोषणा की।'

ऑफसेट पॉलिसी स्पष्ट थीः कोई भी विदेशी फर्म, जो डिफेंस कॉन्ट्रेक्ट जीतेगी, वह भारतीय उत्पादन क्षेत्र के लिए अपनी कीमतों में 30 प्रतिशत की कमी करेगी। यह सर्वोकंट्रोल और सेंसर के लिए बड़ा मौका था।

ऐरोस्पेस एक आकर्षक लेकिन अनिश्चित बिजनेस है। पहले आपको बोली को जीतना होता है। टेस्टिंग और सर्टिफिकेशन की प्रक्रिया में ही 2-3 साल लग जाते हैं।

और एरोस्पेस और डिफेंस इंडस्ट्री में बड़े निवेश की जरूरत होती है। पैसा कहां से आएगा? जब दीपक इस सवाल से उलझ रहे थे, तब उन्हें दिसंबर 2005 में प्रधानमंत्री के साथ डेलीगेशन के रूप में मॉस्को जाने का मौका मिला। नतीजतन, सर्वोकंट्रोल्स ने एक सप्लायर के साथ सुखोई 30 एयरक्राफ्ट के लिए एक करार किया।

उसी साल भारत और रूस के बीच तकनीकी आदान-प्रदान का करार हुआ। एचएएल लखनऊ को भारतीय उत्पादक पार्टनर चुना गया और सर्वोकंट्रोल्स इंडिया फ्लाइट-कंट्रोल एक्चुएटर का सप्लायर बन गया।

'इससे हमारे अंदर एक बढ़त और कुछ करने की इच्छा जागृत हुई!'

जून 2007 अपने साथ और भी सौगात लेकर आया। ऐरोनॉटिकल सोसाइटी ऑफ इंडिया ने एक सम्मेलन आयोजित किया, जिसमें डॉ. ए पी जे अब्दुल कलाम सर्वोकंट्रोल्स इंडिया के स्टॉल पर आए। कंपनी के काम से प्रभावित होकर, उन्होंने

एयर डिफेंस के प्रोग्राम डायरेक्टर डॉ. सारस्वत से कहा।

'यह आदमी... इसे एक मौका दो! मैं चाहता हूं कि यह बहुत से प्रोजेक्ट करे, इसे खूब टेंडर दो। इससे मेहनत करवाओ, भई यह जवान आदमी है।'

इससे कई दरवाजे खुल गए।

'हमने 2007 में बंगलौर एयर शो का स्टॉल लगाया और 2009 में पेरिस एयर शो में भी। इससे हमारे बारे में चर्चा हुई--कि बेलगाम में कोई कंपनी है सर्वोकंट्रोल्स इंडिया।'

स्पेसएज कंट्रोल एंड फर्स्टमार्क ऐरोस्पेस नाम का एक बड़ा अमेरिकी कॉरपोरेशन सर्वोकंट्रोल्स इंडिया को भारत में अपना प्रतिनिधि बनाना चाहता था। उसी समय, एक रूसी कंपनी, वॉसकॉड भी सर्वोकंट्रोल्स इंडिया से मिल रही थी। वे भी उन्हें अपना भारतीय साझेदार बनाना चाहते थे।

रूस में डिफेंस से संबंधित सभी सौदे रॉसबोरोन एक्सपोर्ट नाम की स्टेट एजेंसी देखती थी। ऐसी एजेंसियों से डील करना बहुत लंबी और उबाऊ प्रक्रिया होती है। और एक छोटी सी भारतीय कंपनी के लिए बड़ी कंपनियों के सामने टिकना तक मुश्किल होता है। लेकिन दीपक इससे कभी नहीं झिझके।

'हमने तय किया कि हम सर्वोकंट्रोल एरोस्पेस इंडिया प्राइवेट लिमिटेड नाम से एक अलग कंपनी बनाएंगे। उसके बाद हम एएस9100 सर्टिफिकेशन के लिए गए, जिससे आप दुनियाभर की एरोस्पेस और डिफेंस कंपनियों को माल सप्लाई करने के प्रमाणित हो जाते हैं।'

यूएल इंडिया ने सर्वोकंट्रोल इंडिया का ऑडिट किया। ऑडिट में डिजाइन, उत्पादन, सर्विसिंग, असेंबल और ऑनसाइट इंस्टालेशन जैसे सभी क्षेत्र आते हैं। बहुत माथा-पच्ची के बाद, सर्वोकंट्रोल इंडिया को 2009 में एएस9100; आरईवीबी का प्रमाणिकरण मिला।

'फिर हमने बड़े प्रोजेक्ट को संभालना शुरू किया। कई बड़ी विदेशी कंपनियां भारत में अच्छे सप्लायरों की तलाश में थीं, तो काम की तो कोई कमी नहीं

'उद्यमिता का मतलब बाहर निकलकर सौदे करना है। आप बस अपने ऑफिस में बैठकर सौदों का इंतजार नहीं कर सकते।'

होने वाली थी।'

इसमें अवसरों की भरमार देखकर, दूसरे खिलाड़ी जैसे एल एंड टी और गोदरेज भी मैदान में आ गए। हनीवैल, ईटन और बोइंग* जैसी मल्टीनेशनल कंपनियों ने भी अपनी फैक्टरी भारत में लगा दीं। लेकिन हर खिलाड़ी के पास उसकी क्षमता के अनुसार काम मौजूद था।

'एयरक्राफ्ट में हमारी खासियत एक्चुएशन सिस्टम था--कमर्शियल और फाइटर दोनों जैट में। हमारी दूसरी ताकत स्पेस एप्लीकेशन और यूएवी (अननेम्ड एरियल व्हीकल, जिन्हें ड्रोन के नाम से भी जाना जाता है) है।'

यह जानकारी पर आधारित काम है, जहां हर कदम पर आप कुछ नया सीखते हैं। यहां क्लाइंट वास्तव में 'पार्टनर' की तरह ही काम करते हैं। वह आपको तकनीक प्रशिक्षण भी उपलब्ध कराते हैं। साथ ही पेकिंग का भी उनका अपना ही तरीका होता है।

'हनीवैल के अनुभवी इंजीनियरों ने हमें प्रशिक्षित किया। वह एक अनोखा अनुभव रहा। उन इंजीनियरों के पास इस क्षेत्र में काम करने का 40 सालों का अनुभव था।'

2009 में सर्वोकंट्रोल्स इंडिया ने लेजर वेल्डिंग और एम्बेडिंग के लिए एक और फैक्टरी लगाई। अब कंपनी हर प्रोजेक्ट के अनुसार अपने लिए माल तैयार कर सकती थी। इस प्लांट के लिए 12 एकड़ जमीन चाहिए थी, जिससे ऐरोस्पेस प्रोजेक्ट के लिए सेटअप तैयार किया जा सके।

इस निर्माण की लागत 35 करोड़ रुपए थी। इसमें पहले से मौजूद 120 कर्मचारियों के साथ और 40 कर्मचारियों की भी बढ़ोतरी हुई। हमेशा की तरह, ये लोग भी आसपास के ही थे।

'हम ज्यादा प्रशिक्षित या ज्यादा अनुभवी लोगों को नियुक्त नहीं करते।'

उनका विचार था कि बेलगाम के आसपास के डिप्लोमा प्राप्त और बीटेक किए हुए युवाओं को मौके दिए जाएं। बढ़िया कच्चा माल उठाकर, उससे 'रीयल इंजीनियर' बनाने का विचार उनके लिए संबल बना।

'हमारा एचआर डिपार्टमेंट भी है, लेकिन किसी को फाइनल ऑफर देने

* बोइंग ने भारत में टाटा के साथ साझेदारी में सेटअप लगाया था।

से पहले मैं खुद उससे मिलता हूं। मेरी नजर हमेशा उन युवाओं पर रहती है जिनमें असीम संभावनाएं हैं।'

सर्वोकंट्रोल समय-समय पर दूसरे लोगों के अनुभव को भी अपने साथ जोड़ता रहा। इसमें वे लोग भी थे जो बेलगाम छोड़कर, अपना कैरियर बनाने के लिए एचएएल, गोदरेज या हनीवैल जैसी कंपनियों में काम करने लगे थे। वे अपने गृहनगर में ही काम करने के लिए इस अवसर को पा लेना चाहते थे।

'हमने महसूस किया कि कानूनी कार्यवाही के समय अधिक अनुभवी लोगों की जरूरत होती है। क्योंकि उन्हें उद्योग के भीतर बाहर की सब जानकारी होती है।'

अपने काम की जानकारी होना ही आपको जानकार बनाता है। इसी आधार पर सर्वोकंट्रोल्स इंडिया को टाटा के साथ काम करने के लिए बुलाया गया। डिफेंस प्रोजेक्ट की केंद्रीय एजेंसी होने की वजह से, टाटा को बड़े ऑर्डर मिलते थे, जिसे वह विशेषज्ञ कंपनियों से कॉन्ट्रेक्ट पर पूरे करवाते थे।

'उनके लोग आए और हमारे काम का मूल्यांकन किया और हमें एक्चुएशन सिस्टम के लिए मुख्य पार्टनर चुन लिया गया।'

एक बड़े प्रोजेक्ट की बोली के दौरान--हजारों करोड़ की--दीपक से 14 अक्टूबर 2009 को रतन टाटा को बुलाने और उनके बारे में कुछ कहने को आमंत्रित किया गया।

'यह एक बहुत ही अच्छा अनुभव था!'

**'हमें निजी क्षेत्र की अनेकों कंपनी से *मान धन* मिला।
रकम कभी-कभी 500 रुपए भी होती,
लेकिन हमने हमेशा उसे आदर से लिया।'<br>'हर सैलफोन की खरीद पर, एक डॉलर मोटोरोला को मिलता,
क्योंकि सैलुलर तकनीक का आईपी उन्हीं के पास था। मैं ऐसा ही
आविष्कार भारत के लिए भी करना चाहता था।'**

ताज में रहने के अलावा, वहां का डिनर और लोगों से हुई बातचीत का अनुभव दीपक को हमेशा याद रहा। बॉम्बे हाउस आने वाले हर विजिटर को कड़े सुरक्षा नियमों से गुजरना पड़ रहा था। सिवाय एक के।

'वहां एक कुत्ता था, जो बार-बार आ रहा था, जा रहा था, लेकिन कोई उस पर ध्यान नहीं दे रहा था। बाद में मुझे पता लगा कि वह रतन टाटा का पालतू था!' (मुस्कुराते हुए)

'बहुत से लोग मुझसे मिलकर कहते--हमने नहीं सोचा था कि आप इतने युवा हो! क्या आपके पास हमारे प्रोजेक्ट को कर पाने का अनुभव है?'

वहीं एक और अवसर उनका इंतजार कर रहा था।

'मुझे याद है, टाटा का एक चुनौती भरा प्रोजेक्ट, जो टी-72/टी-90 टैंक इत्यादि से जुड़ा था। सामान्य तौर पर, इसमें 8 महीनों का समय लगता है, लेकिन हमने दिन-रात काम करके उसे 3 महीने में ही खत्म कर दिया!'

इस युवा कंपनी के योगदान को देखते हुए, टाटा इंडस्ट्री सर्विस लिमिटेड (टीआईएसएल) के सीईओ, कामेश गुप्ता ने 7 जुलाई 2011 को दीपक को एक खत लिखा।

'...कड़ी चुनौतियों के बावजूद भी ज्यादा जरूरी क्या है--लागत, गुणवत्ता और उससे भी ज्यादा भारत में ऐरोस्पेस और डिफेंस प्रोडक्ट दे पाने की क्षमता। आपने हाथ में लिए काम को बखूबी अंजाम दिया।'

उसी साल सर्वोकंट्रोल इंडिया की सालाना आय 30 करोड़ रुपए से ज्यादा थी। उनका 60 प्रतिशत काम उत्पादन से था, बाकी का सर्विसिंग पर था। दोनों कंपनियों में 200 कर्मचारी काम कर रहे थे।

आगे क्या? वैश्विक नजरिए से, सर्वोकंट्रोल्स छोटा खिलाड़ी था--विशालकाय कंपनियों में चींटी के समान। ऐरोस्पेस इंडस्ट्री में एक वैश्विक कंपनी कम से कम 10-12 बिलियन डॉलर की होती है।

'अभी हमें बहुत, बहुत, बहुत आगे जाना है!' दीपक हंसते हैं।

क्लाइंट और शुभचिंतक दीपक को 'बड़ा सोचने' के लिए उकसाते। ऐरोस्पेस और डिफेंस इंडस्ट्री का इंफोसिस बनने के लिए। संस्थानों और निवेशकों ने भी उनमें अपनी दिलचस्पी दिखाई, लेकिन दीपक 'बहुत बड़ा' कर गुजरने से कतरा रहे थे।

'हम कंट्रोल को लेकर सनकी हैं... विदेशी कंपनियां मिनट में आपको चबाकर, जमीन पर थूक भी देंगी।'

उनके पास एक विकल्प था, पैसे लो और मजे करो। दो साल पहले उनके पास कर्टिस राइट कॉरपोरेशन से एक फोन आया। वह कंपनी जिसकी पृष्ठभूमि ऐरोनॉटिकल में मूल राइट ब्रदर्स से थी।

'वे हमारी कंपनी खरीदने में काफी दिलचस्पी ले रहे थे, लेकिन मैंने मना कर दिया।'

लेकिन इतना धीमे भी क्यों चलना? जब भी प्रेरणा की जरूरत होती है, दीपक 2012 के इजराइल दौरे को याद करते हैं। उनका एक दोस्त उन्हें 'नोबेल ल्योरेत स्ट्रीट' नाम की जगह पर ले गया, जिसे उन 232 यहूदियों के सम्मान में बनाया गया था, जिन्होंने नोबेल पुरस्कार जीता था।

'मैं इजरायल में उद्यमिता की भावना देखकर हैरान रह गया... मुश्किलों और अभावों की परवाह किए बगैर वह एक से एक तकनीक बना रहे हैं।'

इजराइल के सूखे प्रदेश गहन सिंचित इलाकों के लिए पथ प्रदर्शक हैं। सभी बड़े शहरों में गोलन हाइट्स के जरिए पानी पहुंचाया जाता है।

'इजराइल के हर प्लांट पर हरियाली है। एक भी पेड़ गिरने पर वह एक इंसान के मरने जैसा ही शोक जताते हैं...'

इसी जुनून--और राष्ट्रीय गर्व--ने दीपक को आगे बढ़ते रहने के लिए प्रेरित किया। वह उन दिनों को याद करते हैं, जब भारत पोखरण 2 का परिक्षण करने के बाद मुश्किल दौर से गुजर रहा था, क्योंकि यूरोप और यूएस से आने वाली तकनीक में बाधा उत्पन्न हो गई थी। लेकिन इसने स्वदेशीकरण को बढ़ावा

'हमारा सपना था अपनी फैक्टरी में एक अनमैन्ड एरियल वहिकल बनाना। एक दिन यह जरूर सच होगा।'

'लगभग सरकारी विभागों—विद्युत बोर्ड से राज्यकर, सर्विस टैक्स, कस्टम्स, सेल्स टैक्स और यहां तक कि सीबीआई से भी संघर्ष करने के बाद सरकार को आपको एक अवॉर्ड देना चाहिए!'

दिया--यह एक आशीर्वाद ही रहा।

'मेरा मानना है कि हम वह काम कर रहे हैं, जो भारत के लिए समीक्षात्मक है। हम भारतीय संगठनों के साथ काम करना चाहते हैं।'

इसमें इसरो, विक्रम साराभाई स्पेस सेंटर (वीएसएससी) और भाभा एटोमिक रिसर्च सेंटर (बीएआरसी) जैसे संगठन हैं।

भारत के परमाणु संधि पर हस्ताक्षर करने के बाद, सीआईआरयूएस रिएक्टर को बंद कर दिया गया, जो भारत के एटोमिक सेंटर को प्लूटोनियम सप्लाई करता था। परिणामस्वरूप, बीएआरसी भारत के अस्पतालों को केंसर मरीजों के इलाज के लिए आइसोटॉप सप्लाई करने में असमर्थ हो गया।

एक सुबह, बीएआरसी रिसर्च रिएक्टर मेनटेनेंस डिविजन के हैड, मि. खारपते बिना अपॉइंटमेंट के ही सर्वोकंट्रोल्स इंडिया के ऑफिस में आ पहुंचे।

उन्होंने कहा, 'दीपक, तुम्हें मेरे लिए यह करना ही होगा।'

अगले साल, सर्वोकंट्रोल इंडिया ने बीएआरसी के लिए काम करके ध्रुव रिएक्टर को अपग्रेड किया और रेडियो आइसोटॉप की प्रोडक्शन को दोबारा शुरू किया।

'नवंबर 2011 में, हमारी बीएआरसी की तकनीक में मदद करने के लिए सार्वजनिक रूप से प्रशंसा की जाने लगी।'

2011 में, दीपक को कर्नाटक स्मॉल स्केल इंडस्ट्रीज एसोसिएशन की तरफ से केगारिका रतन प्रशस्ति अवॉर्ड भी मिला।

'लगभग सभी सरकारी विभागों--विद्युत बोर्ड से राज्यकर, सर्विस टैक्स, कस्टम्स, सेल्स टैक्स और यहां तक कि सीबीआई से भी संघर्ष करने के बाद सरकार को आपको एक अवॉर्ड देना चाहिए,' वह मुस्कुराते हैं।

साल 2012 अपने साथ तूफानी हवाएं लिए आया। देश की संसद 2जी और कोलगेट जैसे घोटालों से हिल गई, इससे डिफेंस और ऐरोस्पेस टेंडरों को बीच में ही लटका दिया गया। इससे सर्वोकंट्रोल्स इंडिया के 30 प्रतिशत काम पर असर पड़ा, क्योंकि यह काम सरकारी क्षेत्र से आता था।

'6 महीने तो हालात बहुत ही खराब रहे... मैं पूरी तरह से हताश हो चुका था। आशा की कोई भी किरण नजर नहीं आ रही थी।'

जब दबाव हद से ज्यादा बढ़ गया, दीपक अपने परिवार के साथ दो महीने

के लिए अमेरिका चले गए। वह डिजनीलैंड और वियाग्रा गए, साथ ही अपने कस्टमर्स, दोस्त और रिश्तेदारों से भी मिले।

'मैं अपने बेटे, अंकुर को लेकर मिलर्ड फिलमोर सबर्बन एम्हर्स्ट हॉस्पिटल भी गया, जहां वह पैदा हुआ था--वह बहुत भावुक पल था।'

जब वह वापस आए, तो ज्यादा कुछ नहीं बदला था। लेकिन, दीपक खुद बदल गए थे, वह खुद को आशावान और हल्का महसूस कर रहे थे।

'किस्मत से, हम इजराइल एरोस्पेस इंडस्ट्री से कुछ ऑर्डर लेने की स्थिति में थे और उससे हमें काफी मदद मिली। यहां तक कि हमने तय कर लिया था कि बेलगाम, हत्तरागी पर एरोस्पेस एसईजेड में 100 प्रतिशत ईओयू (एक्सपोर्ट-ओरिएंटेड यूनिट) लगाते हैं।'

मार्च 2013 में, सर्वोकंट्रोल्स इंडिया की सालाना आय 100 करोड़ रुपए दर्ज की गई, उनकी कर्मचारी संख्या 210 थी।

'अगले 5 सालों में, हम आसानी से 200 करोड़ रुपयों के लक्ष्य को पार कर लेंगे।'

लक्ष्य महत्वपूर्ण हैं, साथ ही अनासक्ति का भाव भी। यह जीवन का आध्यात्मिक पहलू है, जो उनकी जैन धर्म समर्पित मां ने उनमें डाला।

दिसंबर 2010 में, दीपक ने अलीगढ़ के पास, तीरथधाम, मंगलयतन में एक महीना बिताया। इस तीरथधाम को जैन समुदाय के एक एनआरआई ने बनवाया था। मंदिर परिसर के अलावा वहां घर, एक विश्वविद्यालय और रिसर्च सेंटर भी है, जिसमें 8000 से ज्यादा अगमा* शोभित हैं।

'मैं नास्तिक हुआ करता था, मुझे कभी पुनर्जन्म में विश्वास नहीं था... लेकिन अब मैं मानता हूं। और इससे मेरे तनाव में कमी आई है।'

जैन सिद्धांत जैसे अनेकांतवाद आपको अन्य नजरिए से सोचने को प्रेरित करता है। वह बताता है कि सामने वाले का दृष्टिकोण भी सही हो सकता है--यह बात बिजनेस और जीवन दोनों में ही उपयोगी है।

ऐसा ही एक सिद्धांत है स्यदावदा, जिसमें बताया जाता है कि एक सत्य को 7 भिन्न तरीकों से प्रस्तुत किया जा सकता है।

* अगमा बौद्ध, जैन और हिंदू धर्मग्रंथ हैं, जिसमें मंदिर स्थापत्य, दर्शन शास्त्र और ध्यान के अभ्यास हैं।

'जैन अवधारणा, स्यादावदा को समझने के बाद मेरा दिमाग एक बिल्कुल ही अलग दिशा में चलने लगा।'

'इस दर्शन को समझने के बाद, मेरे दिमाग की दिशा ही एकदम बदल गई।'

हालांकि उन्हें दोस्तों, परिवार और अपनी गायों (मेरा पहला प्यार) के साथ घूमने में मजा आता है, लेकिन हर काम के लिए समय निकालना पड़ता है।

'हरेक को परिवार, बीवी, बच्चों, क्लाइंट और कर्मचारियों के बीच सामंजस्य बिठाने के लिए संघर्ष करना पड़ता है...'

के एल ई इंटरनेशनल स्कूल की प्रिंसिपल की कही एक बात भी वह कभी नहीं भूलते, 'अपने बच्चों के विकास में आपका योगदान जीरो है। आपको इस पर कुछ ध्यान देना चाहिए!'

'मैं अपने बेटों अंकुर (12) और अंकित (8) के साथ ज्यादा समय बिताने की कोशिश करता हूं। मैं जानता हूं कि जिंदगी में बिजनेस से बढ़कर भी बहुत कुछ है।'

और बिजनेस में मुनाफा ही सबकुछ नहीं होता।

'मैं मानता हूं कि हमें पैसों को कर्मचारियों में बांटना चाहिए, पूरे टैक्स भरो और बेलगाम को भी दो।'

क्या कोंकण कैलीफोर्निया बन सकता है?

अगर और युवा इंजीनियर और उद्यमी ऐसे सपनों में यकीन करेंगे तो, सबकुछ संभव है।

*

युवा उद्यमी को सलाह

सीधे उत्पादन में ही छलांग मत लगाओ। पहले बेसिक सीखो, आर्थिक रूप से मजबूत बनो--जब आपके पास ये दोनों होंगे, तभी आप सफल हो सकते हैं।

सही बिजनेस का चयन बहुत जरूरी है। सिर्फ जुनून में ही मत बह जाओ।

आपको बहुत विनम्र होना होगा। मैं बहुत अच्छा पद छोड़कर आया था, लेकिन जब मैंने अपना काम शुरू किया, तो मुझे लगा कि हर छोटी से छोटी चीज के लिए मैं ही जिम्मेदार हूं।

आपको पता तो सब होना चाहिए, लेकिन एक तकनीक में आपको मास्टर होना होगा। यही मेरा आदर्श है। अगर सारे कर्मचारी छोड़कर भी चले जाएं, तब भी आपका काम बंद नहीं होना चाहिए।

आपको अपनी तकनीक पता होनी चाहिए। लेकिन अपने काम में छिपी 'लाल फीताशाही' की भी समझ होनी चाहिए। बाहरी सलाहकारों पर भरोसा मत करो--इन पहलुओं को खुद पढ़ो।

भारत में बहुत सी कंपनियों की असफलता की वजह यही रही कि वह बिजनेस के कानूनी पहलू को नहीं समझ पाए।

आपको फाइनेंस संभालना भी आना चाहिए। आपके पास सीए और एकाउंट डिपार्टमेंट तो होना चाहिए, लेकिन यह मत समझो कि वे तुम्हारी तरह सोच सकते हैं।

एक उद्यमी की कभी तरक्की नहीं होती--आपको खुद ही खुद को प्रेरित करना होगा। मैंने विदेशों में देखा है कि किस तरह लोग कड़ी मेहनत के बाद भी मजे करते हैं। सीखो कि खुद को कैसे खुश करना है।

और सबसे बड़ी बात, मेरी मां कहा करती थीं--आदमी को बस दो जून की रोटी ही तो चाहिए।

लालची मत बनो, जो भी मिला है, उसी में मस्त रहो।

पहले एप्प

रोहित भट्ट—रोबोसॉफ्ट
उडुपी (कर्नाटक)

जब 1998 में यह युवा इंजीनियर मुंबई से गया, तब उसे पूरा यकीन था कि वह एक विश्वस्तरीय आईटी कंपनी खड़ी कर देगा। आज वह 350 कर्मचारियों के साथ 35 करोड़ रुपए की कंपनी चला रहे हैं। यह साबित करते हुए कि कुछ भी असंभव नहीं है।

जब भी मैं उडुपी के बारे में सोचती, तो मेरे ख्याल में करारा, सुनहरा डोसा ही आता। रवा डोसा, मसाला डोसा, घी रवा मसाला डोसा, इडली, वड़ा और बीसी बेले भाथ। मुंबई में पली-बढ़ी होने के कारण, उडुपी होटल हमारे खाने की पसंदीदा जगह हुआ करती थी। मैक्डॉनल्ड के आने के दशक पहले, उडुपी के मेहनती *अन्ना* ने सस्ता, साफ-सुथरा और अपनी झटपट सर्विस के जरिए अपनी एक अलग पहचान बनाई।

तो जब मैं उडुपी पहुंची तो मन में सबसे पहला खयाल था--'असली' उडुपी रेस्टोरेंट में खाने का।

मैं वहां ज्यादातर पंजाबी, चाइनीज और फास्टफूड रेस्टोरेंट देखकर हैरान रह गई।

'उडुपी बिल्कुल वैसा नहीं था, जैसा मैंने सोचा था,' मैंने आह भरी। और यकीनन, वह मेरी उम्मीद से कहीं बढ़कर था।

वहां रोबोसॉफ्ट को देखकर मुझे हैरत और खुशी दोनों हुई। संथेकट्टे में स्थित आईटी कंपनी का हेडक्वार्टर, जो दिखने में और काम करने के तरीके में बंगलौर की याद दिला देता है। दुनियाभर के क्लाइंट के साथ काम करना और, नए एप्स व गेम बनाना। कुछ कर गुजरने के लिए खुद पर पूरा विश्वास।

उडुपी के होटलवालों की ही तरह, रोहित भट्ट भी अपने भविष्य की तलाश में पहले मुंबई ही गए थे। लेकिन 1998 में, उन्होंने वापस अपने गृहनगर लौटने का निश्चय कर लिया। 'मुझे बड़े शहर में ही रहने की जरूरत नहीं थी। इंटरनेट और मोबाइल फोन के जरिए, मैं कहीं भी रहकर काम कर सकता हूं।'

'लोकल' होना रोहित की ताकत ही बना। उनके कर्मचारियों में 80 प्रतिशत युवा इंजीनियरिंग कॉलेज से स्नातक हैं, जो मंगलौर और आसपास के ही हैं। उन्हीं की तरह।

दूसरी तरफ, रोबोसॉफ्ट 'विदेशों' में भी काम कर रहा है। कंपनी की अपनी महत्वाकांक्षा और विजन है। और शानदार बिल्डिंग भी है। जैसी कोई मेहनती आईटी कर्मी की ख्वाहिश और जरूरत होती है।

पुराने उडुपी से नये उडुपी की तरफ।

वाट एन आइडिया, सरजी।

भारत को बहुत, बहुत और बहुत ज्यादा की जरूरत है।

पहले एप्प

रोहित भट्ट—रोबोसॉफ्ट
उडुपी (कर्नाटक)

रोहित भट्ट का जन्म और पालन-पोषण दक्षिण कर्नाटक के छोटे से शहर, उडुपी में हुआ।

'मेरे पिता की एक फैक्टरी थी, जिसमें छोटे पैमाने पर प्लास्टिक शीट्स और पाइप बनते थे। मैं बहुत कम उम्र में ही जान गया था कि एक बिजनेस को सफल बनाना कितना कठिन होता है।'

चार भाई-बहनों में सबसे छोटे रोहित भी बड़ों के दिखाए रास्ते पर ही चले। अपने भाई और बहनों की तरह रोहित ने भी इंजीनियरिंग की पढ़ाई की। उन्हीं दिनों पहलेपहल कंप्यूटर साइंस का कोर्स आया था, तो अपने भाई की सलाह पर वह इस कोर्स को करने के लिए तैयार हो गए। हार्डवेयर का कोर्स महंगा था और कुछ ही इंस्टीट्यूट के पास इससे संबंधित उपकरण मौजूद थे। उनमें एक था, नया खुला प्राइवेट कॉलेज, एनएमएएमआईटी। यह कॉलेज मंगलौर से 54 किमी दूर, करकला तालुक के निट्टे गांव में था।

'जब मैंने 1988 में दाखिला लिया, तब काफी लोग नहीं जानते थे कि कंप्यूटर क्या है। हम 8086 प्रोसेसर वाली मशीन का इस्तेमाल करते थे--जो आज के हिसाब से तो बहुत ही धीमी थी।'

बावजूद इसके, रोहित को मशीन से उलझना भाने लगा। उन्हें सॉफ्टवेयर की अपेक्षा हार्डवेयर साइड ने ज्यादा आकर्षित किया। रोहित के चौथे साल में

एक प्रोजेक्ट 'स्पीच रिकॉग्निशन एंड सिंथेसिस' पर था। वह चार लोगों की टीम थी, और उनका ध्यान इसके हार्डवेयर साइड पर था--पीसीबी बर्निंग, डिजाइनिंग इत्यादि में।

'हमारा लक्ष्य था कि प्रोजेक्ट के बारे में ज्यादा से ज्यादा चर्चा हो। और हम उसमें सफल रहे।'

कॉलेज से स्नातक के बाद--अपने समय के अन्य इंजीनियरों की तरह--रोहित बंगलौर में अपने लिए एक नौकरी तलाश करने लगे।

'हमारा स्नातकों का तीसरा बैच था, और हमारे पास कैंपस प्लेसमेंट का विकल्प नहीं था।'

नौकरी ढूंढ़ने का कोई फायदा नहीं हुआ। रोहित की बहन बॉम्बे में रहती थीं। उन्होंने कहा, 'यहां आ जाओ, मेरे साथ रहो और नौकरी ढूंढ़ लो। यहां काफी काम है।'

रोहित ने बात मान ली, और 'इंडस्ट्रियल एंड बिजनेस मशीन' नाम की कंपनी में 1200 रुपए महीने की नौकरी करने लगे। कंपनी बैंकों के लिए डिवाइस, 'एडिंग मशीन' बनाने का काम कर रही थी। लेकिन रोहित का काम सॉफ्टवेयर साइड की तरफ ही मिला।

'तब तक कंप्यूटराइजेशन शुरू नहीं हुआ था, क्योंकि यूनियन वाले अड़ंगा डाल रहे थे। लेकिन हर कोई जानता था कि इसे टाला नहीं जा सकता।'

कंपनी को महसूस हुआ कि उसका हार्डवेयर बिजनेस जल्द ही ठप्प हो जाएगा। इसलिए वह सॉफ्टवेयर बनाना चाहती थी, जिससे वह उन्हीं क्लाइंट के साथ काम करती रहे।

'मेरा काम था *क्लीयरिंग* सॉफ्टवेयर बनाना, जिससे बैंक में जो चैक आते हैं, उनके क्लीयर होने का पता चल सके।'

कोडिंग कभी भी इस युवा इंजीनियर की विशेषता नहीं थी। लेकिन अब उनके पास कोई विकल्प नहीं था।

'मैं बिल्कुल ही नौसिखिया था, मानक स्तर पर भी। ऐसा कुछ भी नहीं था, जो मुझे सबकुछ सीखने को प्रेरित करे--वो भी जल्द से जल्द।'

रोहित ऑफिस में काम करते, फिर काम को घर भी ले आते। अपने जीजाजी के कंप्यूटर पर काम करते हुए, वह कोडिंग, टेस्टिंग और प्रोग्राम

रिफाइनिंग करते रहते।

'मैंने पूरे दिल से काम किया, और उससे भी ज्यादा, क्योंकि वह जरूरत भी थी। इससे मेरे बॉस मुझे बहुत पसंद करने लगे।'

9 महीने बाद, रोहित रेकोसॉफ्ट नाम की एक जापानी कंपनी में काम करने लगे। फिर से उन्हें सॉफ्टवेयर का ही काम मिला, लेकिन इसमें एक ट्विस्ट भी था। कंपनी जापानी बाजार के लिए माइक्रोसॉफ्ट वर्ड जैसा ही सॉफ्टवेयर तैयार कर रही थी, लेकिन मकिन्टॉश प्लेटफॉर्म पर। उस समय तक एमएस डॉस और वर्डस्टार का ही जोर था। जीयूआई (ग्राफिकल यूजर इंटरफेस) को शायद ही कोई जानता था।

'मैं कुछ नया करने के लिए रोमांचित था, कुछ ऐसा जो मैंने कभी देखा भी नहीं था।'

लेकिन काम का सबसे उत्साहित भाग था, जापान और उसकी संस्कृति को समझना। कंपनी ने रोहित को सालभर के लिए जापान भेजा, इससे उनके सोचने और काम करने के तरीके में बहुत बदलाव आया।

'मैंने उस देश को देखा जो द्वितीय विश्वयुद्ध में पूरी तरह तबाह हो गया था, लेकिन उसने फिर से खुद को और ज्यादा ऊंचाई पर खड़ा कर लिया था।'

जापान यूएस को हर मोर्चे पर टक्कर दे रहा था, फिर चाहे वह तकनीक हो, उत्पादन हो या ऑटोमोबाइल डिजाइन। सामान्य काम करने वाले लोगों में भी आप एक जुनून और दृढ़ता देख सकते हो, फिर चाहे वह बैंक में काम कर रहे हों, या दुकान में। एक जुनून जिसने राष्ट्रीय गर्व को जन्म दिया।

'मैंने सोचा, अगर यह देश ऐसा कर सकता है, तो एक दिन मैं भी वापस अपने देश जाकर कुछ करूंगा, कुछ शुरू करूंगा।'

रोहित एक साल बाद बॉम्बे ऑफिस में लौट आए। ढाई साल रेकोसॉफ्ट में काम करने के बाद उन्होंने वहां से बाहर आने का निर्णय लिया।

'उस समय मैं 26 साल का था और खुद से ही संघर्ष कर रहा था--क्या मुझे कोई दूसरी नौकरी लेनी चाहिए या अपना काम शुरू करना चाहिए?'

रोहित की मां ने उन्हें बिजनेस न करने की सलाह दी, क्योंकि उन्होंने उनके पिता के संघर्ष को देखा था।

लेकिन उनके पिता और भाई ने उन्हें प्रोत्साहित किया। 'बहुत हो गया,'

'मैं विदेश में रहकर आराम से जीने के सपने देखता था। जापान जाने के बाद, मैंने तय कर लिया कि मैं अपने ही देश में रहकर कुछ करूंगा।'

उन्होंने कहा। 'अब तुम्हें कुछ अपना काम शुरू करना चाहिए।'

रोहित ने एल एंड टी की नौकरी ले ली थी, लेकिन दो महीने में ही उन्होंने नौकरी छोड़ दी। क्योंकि एक समय ऐसा आता है, जब आप विश्वास की छलांग लगा देते हैं।

एक बार जब आप निकल जाते हैं, तो कोई न कोई रास्ता ढूंढ़ ही लेते हैं।

तो शुरू कहां से किया जाए? पहला काम रोहित ने यह किया कि कंपनी के नाम (रोबोसॉफ्ट) पर एक टेलीफोन लाइन ली। और दूसरा काम उन्होंने 'येलो पेज' में एड डालने का किया।

'मैंने सोचा कि अगर आपने एड डाल दिया है, तो लोग उसे देखकर खुद आपके पास आएंगे। मैं बहुत छोटा और आदर्शवादी था!' (हंसते हुए)

रोहित जानते थे कि उनका फोकस मकिन्टॉश पर होना चाहिए। यह वह तकनीक थी, जिसे वह जानते थे, और इस क्षेत्र में कोई सर्विस नहीं दे रहा था। इसके लिए, उन्हें एक महंगी एप्पल मकिन्टॉश मशीन की जरूरत थी। जापानी दौरे के दौरान बचाए हुए पैसों से, रोहित ने एप्पल मैक खरीद लिया।

एक आदमी, एक मशीन और एक बिना किराये का ऑफिस (उनकी बहन का घर)। लेकिन पहला कॉन्ट्रेक्ट कैसे मिले? इसमें ढेर सारी मेहनत और कुछ किस्मत का भी साथ चाहिए था।

'मेरा एक दोस्त पुणे में ओशो कम्यून के पास रहता था। ओशो के पास बहुत से मैक थे, तो मैंने सोचा कि उनके पास से मुझे कुछ काम मिल सकता है।'

जब वे मिले, तो ओशो ने कहा, 'क्या आप हमारे लिए स्पैलचैक प्रोग्राम बना सकते हैं?'

'हां,' रोहित ने जवाब दिया। और उन्होंने एक दोस्त की मदद से कोडिंग

शुरू कर दी।

एप्पल कंप्यूटर ने बस भारत में कदम रखा ही था, और उन्होंने इसके बारे में सुना। कंपनी ने रोहित से मिलकर कहा, 'क्या हम आपके प्रोग्राम को अपने ओएस में डाल सकते हैं?'

1996 के मध्य में, यह उस नई कंपनी के लिए पहला ब्रेक था। एप्पल ने स्पैलचैक सॉफ्टवेयर की 3000 कॉपी खरीदीं और उन्हें 5 लाख रुपए दिए।

'यह उस समय मेरे लिए बहुत बड़ी रकम थी।'

एप्पल ने मकिन्टॉश के सपोर्ट के लिए भारत में लोकल लैंग्वेज किट (स्थानीय भाषाओं की किट) रिलीज की। उन्होंने रोहित से कहा कि वह उनके सॉफ्टवेयर के लिए--हिंदी, गुजराती, मराठी और दूसरी भारतीय भाषाओं में सर्विस उपलब्ध करवाएं।

'वे मुझे रोड शो में भी ले जाते। मैं उनके डेलीगेशन के रूप में प्रजेंटेशन भी देता, इससे मेरे काम को काफी पहचान मिली।'

दूसरा प्रोजेक्ट रोहित को सी-डैक (सेंटर फॉर डूवलपिंग ऑफ एडवांस कंप्यूटिंग) से मिला। उन्होंने लोकल भाषाओं में उनके काम के बारे में सुना था और ऐसे ही प्रोजेक्ट के सिलसिले में वे रोहित के पास आए थे। इस दौरान, ज्यादा प्रोजेक्ट ऐसे ही एक दूसरे से सुनकर और एप्पल के संदर्भ से आए।

'लोग जानने लगे थे कि अगर आपको मैक का काम करवाना है, तो ये लड़के वह करते हैं...'

हाथ में ज्यादा प्रोजेक्ट आने पर, रोहित ने दो प्रोग्रामरों को काम पर रख लिया। अभी भी कोई 'ऑफिस' नहीं था। रोहित अपनी बहन के घर से ही काम कर रहे थे, और वे दोनों भी अपने-अपने घर से। काम का आपसी तालमेल नहीं बैठ रहा था। तभी रोहित को ख्याल आया।

'अब मुझे उडुपी चले जाना चाहिए।'

साल 1998 था और इंटरनेट अपने शुरुआती दौर में ही था। लेकिन रोहित ने एक खास बात महसूस की।

'इंटरनेट आ जाने से कोई खास फर्क नहीं पड़ता कि आप बॉम्बे में हैं, या उडुपी में या कि टिमबकटू में।'

बदकिस्मती से, रोहित को जांच में पता चला कि उडुपी में इंटरनेट सेवा

'बहुत से विंडो प्रोग्रामर थे, और कई कंपनियां विंडो सर्विस दे रही थीं। तो मैंने तय किया कि मैं अपना फोकस एप्पल मकिन्टॉश पर ही केंद्रित रखूंगा, जो तब भारत में प्रवेश कर ही रहा था।'

उपलब्ध नहीं है। लेकिन केआरईसी सूरतकल (कर्नाटक रीजनल इंजीनियरिंग कॉलेज, वर्तमान में एनआईटी-सूरतकल) में इंटरनेट की सुविधा है। दरअसल, एसटीईपी (सॉफ्टवेयर टेक्नॉलोजी एंट्रीप्रेन्योर पार्क) स्कीम के तहत कंपनियां इंटरनेट और आरईसी छात्रों--दोनों का अपने प्रोजेक्ट के लिए इस्तेमाल कर सकती थीं।

यह रोहित के लिए काफी था। जनवरी 1998 में, वह बॉम्बे में शटर गिराकर केआरईसी कैंपस में आ गए। एसटीईपी के अंतर्गत उन्हें जून में ऑफिस मिला और उन्होंने वहां से 15 जुलाई 1998 को रोबोसॉफ्ट शुरू किया।

'मेरे दोनों कर्मचारी बॉम्बे छोड़ना नहीं चाहते थे। तो एक बार फिर, मैं अकेला रह गया!'

तब रोहित ने अपने पुराने कॉलेज--एनएमएमआईटी--में जाकर वहां से कुछ स्नातकों को नियुक्त करने का फैसला किया। छात्रों का 7वां बैच निकल रहा था, और वे 'कैंपस प्लेसमेंट' पाकर खुश थे, वह भी अपने घर के पास।

रोहित के दोस्त, राम (एम रामचंद्र आचार्य), केआरईसी में पढ़ा रहे थे। उन्होंने नए स्नातकों को प्रशिक्षित करने में मदद दी, और उनके काम में भी हाथ बटाया।

दुनिया में आउटसोर्सिंग का दौर उछाल पर था, और रोबोसॉफ्ट उसमें अपनी भूमिका निभाने के लिए पूरी तरह तैयार था। विदेशी क्लाइंट एप्पल को फोन करते और कहते, 'हमें एक भारतीय प्रोग्रामर की तलाश है, जो मकिन्टॉश जानता हो... क्या आप किसी के बारे में बता सकते हैं?'

इस तरह रोबोसॉफ्ट को अपना पहला इंटरनेशनल क्लाइंट मिला--इजराइल की एक कंपनी। रोहित ने जेरूशलम का सफर किया, पार्टी से मिले और डील फाइनल कर ली। उनका काम था, एक मल्टीमीडिया एनसाइक्लोपीडिया तैयार करना, इसके लिए उन्हें 25,000 डॉलर मिलने वाले थे।

'अचानक मैंने अगले महीने की पगार की चिंता करना छोड़ दिया, और काम पर ध्यान देने लगा।'

लेकिन डिलीवरिंग भी बहुत बड़ी चुनौती थी। उनकी टीम युवा और अनुभवहीन थी, और प्रोजेक्ट बहुत बड़ा। रोहित राम पर नौकरी छोड़कर रोबोसॉफ्ट* से जुड़ने का दबाव बनाने लगे। साथ मिलकर काम करने पर उन्होंने ढाई महीने में प्रोजेक्ट खत्म कर दिया।

जब आखिरकार पैसे हाथ में आए, तो रोहित को तो मानो यकीन ही नहीं हुआ।

'तब मैंने अपना पहली फ्रिज और टेलीविजन खरीदा...' (मुस्कुराकर)।

सूरतकाल में पहले साल के दौरान रोबोसॉफ्ट ने 8 लाख रुपए सालाना की कमाई की। उस समय तक कंपनी की अपनी कोई वेबसाइट भी नहीं थी। लेकिन कंपनी तेजी से बढ़ रही थी--2 कर्मचारी से अब उनके पास 19 कर्मचारी थे। ढाई साल बाद, रोहित ने तय कर लिया कि उन्हें अब केआरईसी से बाहर आकर उडुपी में अपना ऑफिस बनाना है।

'हमने एक कमर्शियल बिल्डिंग का दूसरा माला किराये पर ले लिया, उसमें 50 लोगों के बैठने की क्षमता थी।'

सभी लोग उत्साहित थे।

'ओह... माई गॉड! इतना बड़ा ऑफिस...' लगभग सभी के मुंह पर यही था। एक छोर पर खड़े होकर, वह दूसरे छोर पर देख सकते थे, और सोचते कि हां, हम कुछ बड़ा कर रहे हैं!

यकीनन, उडुपी में काम करने की अपनी परेशानियां थीं। साल 2000 में, उडुपी या मंगलौर में कोई डायल-अप कनेक्शन नहीं था। नेट के लिए तो बस कोई 'जुगाड़' ही अपनाना पड़ता था।

उन दिनों इंजीनियरिंग कॉलेज का अनुभव रोहित के बहुत काम आया।

'जब मैंने कॉलेज में दाखिला लिया था, वहां कोई बिल्डिंग या क्लासरूम नहीं था... सबकुछ बन रहा था। हमें हर छोटी चीज का भी हल ढूंढ़ना पड़ता था।'

* राम आचार्य, एसवीपी इंजीनियर के रूप में अभी भी रोबोसॉफ्ट के साथ हैं।

'एक प्रोजेक्ट मिलना ही बड़ी बात थी...
तो हमें जो भी काम मिलता, हम बस हां ही कहते।
उसके बाद ही हम यह सोचते कि कैसे किया जाए!'
'समय के साथ हम अपने हर ऑफिस से ज्यादा बड़े होते गए।
तो मैंने सोचा, यही समय है कुछ बड़ा करते हैं,
और इसी को अपना स्थायी पता बना लेते हैं।'

तंगहाली वो क्लास है, जो आपको संघर्ष करना सिखाती है।

साल 2000 डॉटकॉम के डांवाडोल का भी था। हालांकि रोबोसॉफ्ट का काम इसके विदेशी क्लाइंटों के साथ अच्छे से चल रहा था। आईटी कंपनियों का भविष्य हिचकोले खा रहा था।

'हमने 7-8 लोगों को नियुक्त किया था... उनमें से कुछ तो हमें छोड़कर चले गए थे कि कहीं आईटी कंपनियों के साथ वो भी न ढह जाएं!'

फिर भी, रोबोसॉफ्ट सफलता के पायदान चढ़ता रहा। 2003 तक, कंपनी अपने ऑफिस परिसर से ज्यादा बड़ी होने लगी।

'हमने उसी बिल्डिंग में एक और ऑफिस खोल लिया और 2004 में, तीसरा ऑफिस।'

2004 में, कर्मचारियों की संख्या बढ़कर 150 हो गई और रोबोसॉफ्ट को शहर में चौथा ऑफिस खोलना पड़ा। इसी समय रोहित ने एक और लंबी छलांग लगाने का निर्णय लिया।

'हमारे सभी दोस्त बंगलौर की बड़ी आलीशान इमारतों में काम करते थे। हमने सोचा कि क्यों न ऐसी बिल्डिंग यहां उडुपी में बनाई जाए?'

कर्मचारियों को यह बहुत पसंद आएगा। कस्टमर्स को भी यकीन दिलाने में आसानी होगी। जब वे उडुपी आएंगे और बड़े शहरों जैसा ही निर्माण, वैसी ही सुविधा और काम के लिए वैसा ही माहौल है। और निश्चित रूप से इससे ज्यादा काम आने में भी मदद मिलेगी।

यह किसी छोटी कंपनी के लिए बड़ा विजन था। उस समय, रोबोसॉफ्ट

में 160 कर्मी थे और सालाना आय 4 करोड़ रुपए थी। और निर्माण की लागत 10 करोड़ रुपए अनुमानित थी।

'मैंने बैंक से लोन लेने का निर्णय लिया।'

इतने सालों में रोहित को बैंक से डील करनी आ गई थी। उन लोगों को मनाना हमेशा मुश्किल होता था, लेकिन जब उन्होंने कंपनी की लगातार प्रगति, और विदेशों से मिलने वाले काम को देखा, तो लोन देने के लिए सहमत हो गए।

'प्लास्टिक के काम में मेरे पिता और भाई की अच्छी साख ने भी काफी मदद की।'

लेकिन बेसमेंट, जिम, कैफेटेरिया, स्पोर्ट्स सुविधा और एक ऑडिटोरियम वाली 5 मंजिला इमारत बनाने की क्या जरूरत थी। एक लाख वर्गफुट की जगह, जहां 800 कर्मी आ सकते थे।

विजन की वजह से।

'मैं जानता था, हम आगे बढ़ेंगे। मुझे पता था कि हमें जगह की जरूरत होगी!'

कंपनी के पिछले रिकॉर्ड को देखते हुए, साल दर साल 100 प्रतिशत की दर से वृद्धि, बैंक लोन देने को तैयार था। रोबोसॉफ्ट ने 33 प्रतिशत मार्जिन राशि प्रदान की और संपत्ति को जमानत के रूप में रखा। जमीन और बिल्डिंग की फाइनल लागत 13 करोड़ रुपए आई, जिसमें इंटीरियर और वर्कस्टेशन भी शामिल थे।

'हमने पूरी बिल्डिंग को फर्निश नहीं किया, जैसे-जैसे नई नियुक्तियां होती जाएंगी, तो हम उस जगह को तैयार करते रहेंगे।'

जगह मात्र बाहरी वास्तविकता ही नहीं होती। दिमाग में भी एक जगह होती है, जिसे आपको तैयार करना पड़ता है।

जैसे-जैसे आप उसका विस्तार करते हैं, आपका जहान भी बड़ा होने लगता है।

रोहित को अहसास था कि रोबोसॉफ्ट का विकास नंबर में नहीं होगा। वह इनफोसिस नहीं हो सकती, जो एक ही प्रोजेक्ट के लिए 300-400 नियुक्तियां करता है।

'कभी भी कोई बिजनेस यह सोचकर मत करो मैं कोशिश करता हूं... अगर बात नहीं बनी... तो छोड़कर वापस आ जाऊंगा। तब आप यकीनन असफल ही रहोगे।'

'आईटी सर्विस में मुनाफा खासा होता है, लेकिन असफलता भी उतनी ही ज्यादा होती है। इसलिए समझदारी यही है कि मुनाफे को अपने सभी उत्पादों में बांट दिया जाए।'

'मैंने अपने बिजनेस के लिए एक जगह का चयन किया था और मेरा लक्ष्य था कि मैं इस जगह पर अपना बेस्ट दे सकूं।'

रोबोसॉफ्ट की क्लाइंट लिस्ट में हैं--केनन, एप्सन, यूमैक्स लॉजिटैक और एचपी (मकिन्टॉश के लिए एचपी प्रिंटर की अधिकांश कोडिंग रोबोसॉफ्ट ने ही की है)।

'हम उन ताइवानियों की तरह हैं, जो कभी वैश्विक पीसी दिग्गजों के विक्रेता हुआ करते थे।'

ताइवानियों ने आखिरकार उनकी छाया से बाहर निकलने का निर्णय लिया और एचटीसी व एसर जैसे अपने ब्रांड खड़े किए। सॉफ्टवेयर स्पेस में रोबोसॉफ्ट की भी यही रणनीति है।

'हम बढ़िया काम कर रहे थे, लेकिन वह सब क्लाइंट के लिए आउटसोर्स काम था। 2007 में, हमने सोचा कि क्यों न अपनी प्रोडक्ट बनाए जाएं।'

इस तरह एक नए सफर की शुरुआत हुई, खोज और सीखने का सफर। और भुला देने का भी। एक प्रोडक्ट कंपनी का नजरिया, सर्विस कंपनी के नजरिए से अलग होता है। इस तरह प्रोडक्ट डूवलपमेंट के लिए एक अलग टीम बनाई गई।

'प्रोडक्ट में ही हमारे पास 2 ब्रांड थे--ग्लोबल डिलाइट, जिसने यूटीलिटी एप्स, और 99गेम्स बनाए, जिनका फोकस गेम बनाने पर था।'

हमेशा की तरह मकिन्टॉश के प्लेटफॉर्म का ही चयन किया गया। हालांकि इंजीनियरिंग समस्याओं का समाधान ढूंढ़ने में कंपनी माहिर थी, लेकिन प्रोडक्ट

ड्वलपमेंट के लिए नई क्षमताओं की जरूरत थी। जैसे शून्य से शुरू करते हुए किसी प्रोडक्ट को कैसे एक शक्ल दी जाए।

'तब हमें 'सेल्स मोड' से 'मार्केटिंग मोड' में जाना था--क्या आप इन दोनों में फर्क समझ सकते हो?'

ग्लोबल डिलाइट और 99गेम्स ने कई ट्रेड शो में हिस्सा लिया, जैसे मैक्वर्ल्ड। उनका विचार था, डेमो देना, प्रेस से मिलना और अपने प्रोडक्ट के लिए रिव्यू लेना।

यकीनन, आपको दस चीजें करने के बाद सफलता की एक कहानी मिलती है। और आप नहीं जान सकते कि कौन जीतने वाला है।

'हमने अभी भी कोई ब्लॉकबस्टर नहीं बनाया है... सब गलतियों से सीखकर आगे बढ़ने की कोशिशें हैं, और कुछ हाथ किस्मत का भी है!'

2007 में, एप्पल ने आईफोन लॉन्च किया और इससे एक बड़ा मोड़ आया। अचानक ही एक नई एप्प इकोनॉमी* आई, और रोबोसॉफ्ट के लिए सब आसान लगने लगा। कंपनी पहले ही अपने क्लाइंट के लिए आईफोन गेम्स और एप्प ड्वलप कर चुकी थी।

'जल्द ही हमने अपने बनाने शुरू कर दिए।'

1 अक्टूबर 2009 को, ग्लोबल डिजाइन ने 'कैमरा प्लस' नाम का एप्प रिलीज किया। इस फ्री एप्प से आईफोन और आईपैड यूजर बेहतरीन तस्वीरें ले सकते हैं, कई फीचर्स के साथ जो इस डिवाइस के साथ आने वाले कैमरे में उपलब्ध नहीं हैं। कैमरा प्लस के फ्री वर्जन ने बहुत लोगों को आकर्षित किया और इसके 20 मिलियन डाउनलोड किए गए।

'जब हमने देखा कि एप्प इतना लोकप्रिय हुआ है, फिर हमने उसका पेड वर्जन बनाया।'

एक मिलियन से ज्यादा लोगों ने कैमरा प्लस के इस एप्प को डाउनलोड करने के लिए .99 डॉलर से 2.99 डॉलर तक का भुगतान किया। कंपनी के और भी 5 एप्प हैं, हालांकि वह पहले एप्प के जितने सफल तो नहीं रहे, लेकिन

* जब आईफोन को 200 एप्स के साथ बाजार में उतारा गया, तो उसमें से 5 रोबोसॉफ्ट ने तैयार किए थे।

सालाना आय के हिसाब से सफल रहे।

गेम के क्षेत्र में 99गेम्स ने 12 गेम्स रिलीज किए, जिनमें एक काफी हिट रहा--'वर्डस्वर्थ'। आईट्यून एप्प स्टोर पर पहला वर्ड गेम रिलीज करने के बाद, वह रिव्यू और यूजर, दोनों ही नजरिए से सफल रहा। पिछले 5 सालों में 400,000 डाउनलोड किए गए हैं।

'वर्डस्वर्थ का लेटेस्ट वर्जन आईफोन, आईपैड के साथ एंड्राइड फोन, किंडल फायर और एनओओके पर भी उपलब्ध है।'

यद्यपि रोबोसॉफ्ट ने मकिन्टॉश के लिए काम करना शुरू किया था, लेकिन वह मार्केट की दूसरी बड़ी कंपनियों की अनदेखी नहीं कर पाया। कंपनी अब विंडोज और एंड्रॉइड प्लेटफॉर्म के लिए भी काम कर रही है, साथ ही अपने प्रोडक्ट पर भी।

मार्च 2013 में, रोबोसॉफ्ट की सालाना आय 35 करोड़ रुपए दर्ज की गई, इसमें ज्यादातर सर्विस के जरिए होने वाली कमाई भी शामिल है। लेकिन अब इसके अपने एप्प और गेम्स भी इसकी कमाई में 16 प्रतिशत दर्ज कराने लगे हैं।

'पहले हम प्रोडक्ट पर नहीं सोचते थे--अब सोचते हैं। जल्द ही प्रोडक्ट टीम की प्रति व्यक्ति सालाना आय, सर्विस टीम से ज्यादा हो जाएगी!'

कहानी का एक खुशनुमा पहलू और भी है। 2008 में, जब सारी आईटी इंडस्ट्री मंदी के दौर से गुजर रही थी, रोबोसॉफ्ट के भी एक क्लाइंट--एचपी--ने अपने हाथ पीछे कर लिए थे। लेकिन उसी साल, आईफोन और आईपॉड ने दस्तक दे दी।

'जो हमने अपने पारंपरिक क्लाइंट से खोया, उसकी भरपाई नये प्लेटफॉर्म के लिए एप्प और गेम्स डूवलप करके की।'

रोबोसॉफ्ट ने अपना फोकस एक्सपोर्ट पर से हटाकर भारतीय बाजार पर भी लगाया। कंपनी ने कई मीडिया संस्थान जैसे *एनडीटीवी, दैनिक भास्कर* और *द इकोनॉमिक टाइम्स* के लिए भी आईफोन और आईपैड डूवलप किए हैं।

रोबोसॉफ्ट की लिस्ट में नया नाम धूम 3 गेम बनाने का है, जिसके लिए उन्होंने यशराज फिल्मूस (वाईआरएफ) के साथ लाइसेंस एग्रीमेंट भी किया। उन्होंने 6 महीने में इसे डूवलप कर लिया और सिर्फ 20 दिनों में ही डी3 के रेसिंग

गेम को 1 मिलियन डाउनलोड हो गए।

'हमने वाईआरएफ के साथ मल्टी-ईयर की मल्टी-गेम डील साइन की है, और हम अन्य फिल्म स्टूडियों के संपर्क में भी हैं।'

तो ऑल इज वैल, लेकिन एक सवाल तो अब भी बरकरार है। आईटी बिजनेस अपने कोडर्स, एनिमेटर और टेस्टर के तेज दिमाग पर आधारित है। किसी छोटे से शहर में बसी कोई कंपनी इन्हें कैसे आकर्षित कर सकती है?

रोहित के पास आसान सा समाधान है--उनका फोकस अपने जैसे युवा लोगों की नियुक्ति पर है।

'हमारे 350 कर्मचारियों में से 80 प्रतिशत मंगलौर के आसपास के ही हैं। वे साउथ कर्नाटक के लोकल इंजीनियरिंग कॉलेजों से हैं।'

लोकल लड़के-लड़कियां काम की क्वालिटी और घर के पास ही काम करने के आकर्षण से आते हैं। रोबोसॉफ्ट में पगार भी इंफोसिस या विप्रो के ही बराबर, या कभी ज्यादा ही मिलती है। और इसका उतना ही नाम भी है।

'हम ज्यादा नियुक्तियां नहीं करते--हर कॉलेज से बस 2-3 छात्र। क्योंकि हमें बेस्ट चाहिए, कोई ऐसा जो चुनौतियों का स्वागत करता है।'

रोबोसॉफ्ट बीटेक और कोडिंग कम्पीटिशन के लिए इंटर्नशिप प्रोजेक्ट भी ऑफर करते हैं।

'हर कोई उस काम को पसंद करता है, जो हम यहां करते हैं--इससे हमें सही प्रतिभा को ढूंढ़ने में मदद मिलती है!'

कंपनी मैनेजमेंट स्तर पर भी उतनी ही मजबूत है। शुरुआती नियुक्तियों में से कुछ जैसे शैलजा राव, श्रीनिधि राव, प्रदीप कुमार (सभी रोहित की तरह एनएमएएमटी से स्नातक) और राम आचार्य केआरईसी के दिनों से रोबोसॉफ्ट के साथ हैं। जब साल 2000 में कंपनी उडुपी आ गई, रोहित के भाई भी अपना प्लास्टिक बिजनेस बेचकर, इससे आ जुड़े। पुरुषोत्तम भट्ट सारे ऑपरेशन देखते

**'मैक इंडस्ट्री बहुत छोटी और चुस्त है।
हर कोई, हर किसी को जानता है--आपके संबंध
और आपका पिछला रिकॉर्ड बहुत मायने रखते हैं।'**

हैं, तो सुधीर भट्ट अकाउंट व फाइनेंस संभालते हैं।

'मैं शुरुआती दिनों को याद करता हूं--जब हम सैलरी देते थे, तो मैं बिना टैक्स काटे चैक बनाता था। हमें एक साल बाद अपनी गलती का अहसास हुआ!'

ऐसी गलतियां और नहीं हुईं, लेकिन जिंदगी के हर स्तर पर आपको महसूस होता है--'मैं बेहतर कर सकता हूं।'

'अतीत में हम कई छोटी चीजों पर ध्यान नहीं दे पाते... अचानक भविष्य में वो ही चीजें आपके लिए ज्यादा महत्वपूर्ण हो जाती हैं!'

रोबोसॉफ्ट एक निजी कंपनी के रूप में लगातार तरक्की कर रही है।

परिवार और शुरुआती संस्थापकों के पास कंपनी का पूरा नियंत्रण है, लेकिन आने वाले समय में रोहित कंपनी के शेयर बेचने को लेकर भी सकारात्मक हैं।

'मैं 99गेम्स और ग्लोबल डिलाइट बिजनेस को बिल्कुल ही अलग लेवल पर ले जाना चाहता हूं।'

कम लागत और वफादार कर्मचारी रोबोसॉफ्ट की ताकत हैं। क्या हम सफलता की ऐसी कहानियां और भी देखेंगे? हां और नहीं।

'बड़ी कंपनियों के लिए यह हमेशा चुनौती रहती है। मेरे जैसे लोगों के लिए--जो यहां बड़े हुए, पढ़ाई की, उनके लिए यह मौका है।'

और उससे ज्यादा...

सिर्फ काम और परिवार के बारे में क्या? कंपनी बनाने में काफी समय बिताने के बाद, 2005 में, रोहित विवाह के बंधन में बंधे। बीवी, शिल्पा प्रभु भी उडुपी से ही हैं, कंप्यूटर इंजीनियर, जो 2002 से रोबोसॉफ्ट के साथ काम कर रही हैं। शिल्पा 99गेम्स का नेतृत्व कर रही हैं।

'हमारी 7 साल की बेटी है, और मैं एक बात कहूंगा कि अब मैं काम से ज्यादा सफर करता हूं।'

उडुपी में रोहित सुबह 9.30 बजे आते हैं और शाम को 8 बजे ऑफिस से निकलते हैं। सप्ताहांत भी फोन और ई-मेल देखने में ही निकल जाता है। काम के सिलसिले में साल के 150 दिन बाहर रहना पड़ता है, साथ ही वह खुशी के लिए भी घूमते हैं।

'मैंने महिन्द्रा स्कोर्पियो (2004 में) और हाल ही में महिन्द्रा एक्सयूवी500 ली।' (विश्वस्तरीय भारतीय कार को वरीयता।)

मंगलौर, गोआ या अगुम्बे तक की ड्राइविंग उनका पसंदीदा शगल है।

'मेरी सफलता में परिवार और दोस्तों का बहुत हाथ है... उन दोस्तों का भी जिन्होंने शुरुआत में मुझे हतोत्साहित किया।'

उन्होंने कहा, 'तुम बेवकूफ हो रोहित... तुम्हारी इतनी अच्छी नौकरी है। तुम क्यों उसे छोड़ रहे हो--और किसलिए?'

'जब एक बार मैंने काम शुरू कर दिया, इन्हीं लोगों ने मेरी मदद की, हर मुश्किल समय में।'

शायद और बहुत से उद्योग पनपेंगे, शायद उन्हें भी मदद का कोई हाथ मिलेगा। जब युवा दिल ठान ले--यही हमारा समय है। तो कुछ अलग करो, दुनिया पर अपने निशान छोड़ दो।

*

युवा उद्यमियों को सलाह

सफलता की कुंजी दृढ़ता में है। मैं बहुत से लोगों को देखता हूं, जो इस बिल्डिंग को देखकर कहते, 'हे, हम भी ऐसा ही कुछ करेंगे!' वे कोशिश करते हैं, और साल डेढ़ साल में ही उन्हें सब मुश्किल लगने लगता है। और वे फिर से एमएनसी की नौकरी की तरफ मुड़ जाते हैं। मुझे नहीं लगता कि उन्होंने पूरी मेहनत की होगी।

अगर आप वाकई में गंभीर हैं, तो आपको ज्यादा दृढ़ और निरंतर कोशिश करते रहना होगा। मैंने एक पल के लिए भी वापस जाने के बारे में नहीं सोचा। वह ख्याल ही कहीं नहीं था, आज भी नहीं, जबकि परेशानियां तो हमेशा आती हैं। मैं हमेशा सोचता था, हम इनसे निकल आएंगे!

यकीनन, यह बेस्ट टाइम है उद्यमिता के लिए क्योंकि सभी कुछ तो एप्प पर आधारित है। आप एप्प बना सकते हो, उसे आईट्यून या एड्रॉयड स्टोर पर डालिए, और अगर आपमें जुनून है, अगर आपने पूरा होमवर्क किया है, तो यकीनन आप अगला सेनसेशन बना सकते हैं। इसमें आपको बहुत निवेश की भी जरूरत नहीं है।

भौगोलिक कारण अब कोई मायने नहीं रखते। बस आपको पता होना चाहिए कि तकनीक में और क्या नया हो रहा है। कॉन्फ्रेंस में जाओ, लोगों से बात करो, हमेशा सीखने के लिए तैयार करो।

अपनी जिंदगी के पहले 2 सालों में, मैंने पहले यह सीखा कि एक कंपनी को कैसे नहीं चलाना चाहिए, फिर सीखा कि कैसे चलाना चाहिए। यही बात मैं प्रोडक्ट डूवलपमेंट के बारे में भी कहूंगा। हमें पहले समझना चाहिए कि क्या नहीं करना चाहिए, फिर की क्या करना चाहिए। यह हमेशा चलने वाली प्रक्रिया है!

और आखिर में, मैंने कभी किसी मैनेजमेंट डिग्री की जरूरत महसूस नहीं की। बिजनेस करने के लिए, मैंने बिजनेस सीखा--आप भी सीख सकते हो।

शब्द संपदा

श्रीराम सुब्रमण्या—इंटिग्रा पांडिचेरी

पांडिचेरी में अपने घर में एक कंप्यूटर से शुरू करते हुए, श्रीराम सुब्रमण्या और अनु श्रीराम ने अपनी आउटसोर्स ई-पब्लिशिंग कंपनी शुरू की। 19 साल बाद, इंटिग्रा दुनियाभर के 10 मुख्य पब्लिशिंग बीपीओ में से एक है, जिसकी सालाना आय 72 करोड़ रुपए और कर्मचारी संख्या 1200 है।

लोग पांडिचेरी आते हैं ज्ञान की तलाश में। दिव्यता में गोता लगाने। वे ढीले-ढाले कपड़े पहनते हैं, अगरबत्ती खरीदते हैं और ऑरबिंदो आश्रम के आसपास जिंदगी के अर्थ पर चर्चा करते हैं, और उसके मकसद तलाशते हैं।

श्रीराम सुब्रमण्या एक दूसरे और यथार्थवादी कारण से पांडिचेरी आए।

'मैं हमेशा से अपनी कंपनी शुरू करना चाहता था। मेरी बीवी, अनु, पांडिचेरी से हैं, तो हमारे लिए यहां आना कई मायनों में समझदारी होता।'

1994 में, श्रीराम और अनु ने आउटसोर्स पब्लिशिंग की इस नई दुनिया में कदम रखा। तब एक छोटे शहर से शुरू करना आसान नहीं था।

'एक इंटरनेट लाइन लेने के लिए मुझे चेन्नई से फॉर्म लेना पड़ा!'

यद्यपि युवा जोड़े ने कभी अपने फैसले पर अफसोस नहीं किया। समर्पण और दृढ़ता के साथ, उन्होंने जो संभव हो पाया किया। जगह की परवाह किए बिना, विश्वस्तरीय बिजनेस खड़ा किया। शून्य से शुरू करते हुए, जो भी जरूरी लगा किया।

श्रम, ऑफिस बिल्डिंग, प्रोफेशनल प्रैक्टिस।

'मंत्री नौकरी के लिए अपने आवेदकों की सिफारिश करते, मैंने कहा, हम सिर्फ उन्हें ही ले सकते हैं जो योग्य हैं।'

हर काम में माहिर होने के विचार से इंटिग्रा कदम दर कदम सफलता के पायदान चढ़ता गया। समय के साथ, श्रीराम ने जाना कि ज्ञान कई रूपों में प्राप्त किया जा सकता है।

'मैंने कर्मयोग का मार्ग चुना।'

जिंदगी के अर्थ को आश्रम में भी ढूंढ़ा जा सकता होगा। या फिर उसमें, जिसमें आप अपनी आत्मा उड़ेल दो, राह आपको ही चुननी है।

शब्द संपदा

श्रीराम सुब्रमण्या—इंटिग्रा
पांडिचेरी

श्रीराम सुब्रमण्य का जन्म तमिलनाडु के छोटे से शहर, मदुरांत्कम में हुआ।

'मेरा पूरा परिवार कृषि में है। मेरे पिता परिवार के पहले शिक्षित इंसान थे, उन्होंने स्नातकोत्तर की पढ़ाई की थी और एक स्कूल में प्रिंसिपल-कम-कोरसपोंडेंस भी थे।'

श्रीराम ने मदुरांत्कम में ही तमिल मिडियम स्कूल से 7वीं तक की पढ़ाई की। बाद में वह रामकृष्णा तपोवनम में आ गए। वह त्रिचि में एक गुरुकुलनुमा स्कूल था।

'स्कूल ने मेरे सर्वांगीण विकास में बहुत मदद करके, मेरे जीवन को एक रूप दिया।'

स्वतंत्रता और आत्मविश्वास वो दो महत्वपूर्ण सबक थे, जो श्रीराम ने शुरुआती दिनों में ही सीख लिए थे। 11 साल की उम्र से ही, वह घर से अकेले बस में होस्टल जाया करते थे, और बीच में उन्हें एक बस भी बदलनी होती थी।

बाद में, उन्होंने मैकेनिकल इंजीनियरिंग में बीई करने के लिए चिदंबरम में अन्नामलाई यूनिवर्सिटी में दाखिला ले लिया। 1986 में स्नातक के बाद श्रीराम जीआरई में बैठे। उन्होंने क्वान्टिटेटिव सेक्शन में 97 प्रतिशत अंक हासिल किए, लेकिन मौखिक और टीओईएफएल में ज्यादा अच्छा नहीं कर पाए।

'तमिल माध्यम से पढ़ा होने की वजह से, मेरी अंग्रेजी अच्छी नहीं थी।'

उस समय उन्होंने तय कर लिया था, 'मैं कुछ अपना काम शुरू करना चाहता था।' 1986 में स्नातक के बाद, श्रीराम ने दो साल यह ढूंढ़ने में लगाए कि क्या किया जाए। खुद को बिजी रखने के लिए, उन्होंने एक कंप्यूटर कोर्स भी शुरू कर लिया और ध्यान का अभ्यास भी शुरू किया।

'मैं वह सब कर रहा था, जो जिंदगी के लिए जरूरी था--व्यावसायिक और निजी रूप से।'

चूंकि उनके परिवार की खुद की जमीन थी, तो शुरुआत में श्रीराम ने स्नातक के बाद कृषि-आधारित उद्योग लगाने की सोची। लेकिन शुभचिंतकों ने उन्हें पहले कुछ अनुभव हासिल करने की सलाह दी।

'पहले 4-5 साल काम करो--फिर शुरू करो।'

इस तरह, 1988 में, श्रीराम ने चेन्नई में ग्रेजुएट इंजीनियर ट्रेनी के रूप में एक ऑटो-ऐन्सेलरी यूनिट में काम करना शुरू कर दिया। मेंटनेंस से लेकर प्रोसेस इंजीनियरिंग तक हर विभाग में काम करने के बाद, उन्हें बंगलौर में ग्रीनफील्ड प्रोजेक्ट के लिए चुना गया।

'उससे मुझे बहुत सीखने को मिला--खुद सब काम करना, लाइसेंस लेने से प्लांट लगवाने तक की पूरी जिम्मेदारी।'

बड़े शहरों की तरह ही, बंगलौर उनके लिए पूरी तरह से नई दुनिया जैसा था। लेकिन उन्होंने खुद पर नियंत्रण रखा कि यह बस सीखने का समय है। इसी दौरान, श्रीराम की शादी अनु से हुई--घरवालों की पसंद से।

'मेरी बीवी ने उसी यूनिवर्सिटी से बीई किया था, लेकिन वह मुझसे 2 साल जूनियर थीं। उन्होंने एमबीए भी किया था।'

बंगलौर का प्रोजेक्ट बहुत चुनौतीपूर्ण था। श्रीराम किसी एक विभाग में काम नहीं कर रहे थे--उन पर पूरी यूनिट की जिम्मेदारी थी। उन्हें प्रोडक्शन के हर पहलू पर नजर रखनी थी, और अपने आदमियों से अच्छा काम निकलवाना भी उन्हीं का काम था। पायलट प्रोजेक्ट के तौर पर, श्रीराम का काम नए आइडिया पर काम करना था। ऐसा ही एक आइडिया था, महिलाकर्मियों की नियुक्ति।

'महिलाकर्मी ज्यादा मेहनती और सहयोगी होती हैं। अच्छे प्रशिक्षण से हम

100 प्रतिशत से भी ज्यादा काम निकलवा सकते हैं।'

युवा मैनेजर के काम को कंपनी ने भी नोटिस किया। 1993 में, एक बार फिर से श्रीराम को ग्रीनफील्ड प्रोजेक्ट के लिए चुना गया, इस बार पांडिचेरी में।

'अनु यह सुनकर बहुत खुश नहीं थीं। वह पांडिचेरी में जन्मीं और पली-बढ़ी थीं, तो उनका बड़े शहर में रहने का बहुत मन था।'

फिर भी, अवसर गंवाने लायक नहीं था। कंपनी ने श्रीराम को स्तुतगर्त के पास मुलेकर में ट्रेनिंग के लिए भेजा, वह प्रोजेक्ट जर्मन कोलेबरेशन का था।

'मुझे दूसरा बेहतरीन मौका मिला था, नए वेंचर को कैसे सैट किया जाए। तब मुझे अहसास हुआ--मुझे काम करते हुए 5 साल से ज्यादा हो गए हैं, मैं अपनी कंपनी कब शुरू करूंगा?'

एक बार फिर से, श्रीराम ने देखना शुरू कर दिया कि क्या बिजनेस किया जाए। कृषि उद्योग अभी भी एक विकल्प था। वह आईटी में भी विकल्प तलाश रहे थे, जो तब बहुत फलता-फूलता उद्योग था। लेकिन आईटी समंदर के समान था, जिसमें आपको किसी एक उद्यम-सहयोगी आइसलैंड की तलाश करनी थी। श्रीराम ने डेस्कटॉप पब्लिशिंग (डीटीपी) को चुना।

'हमने घर पर ही छोटे स्तर पर, एक कंप्यूटर से शुरुआत की।'

वह साल 1994 था। शुरुआत में बिजनेस की कमान अनु ने संभाली, जबकि श्रीराम नौकरी ही करते रहे। वह शाम को और सप्ताहंत पर अनु की मदद करते। उनका काम मुख्य रूप से लोकल व्यापारियों के लिए ब्राउशर, फ्लायर्स और प्रोजेक्ट डॉक्युमेंट की डिजाइनिंग था।

'साथ ही साथ हमने डीटीपी के कुछ कोर्स भी कर लिए, जिससे हम और अच्छी तरह से अपना काम कर सकें।'

उनका पहला बड़ा क्लाइंट पांडिचेरी यूनीवर्सिटी थी, जिसने तभी डिस्टेंस एजुकेशन शुरू की थी। इसलिए उन्हें बहुत सारी कोर्स सामग्री को टाइप करवाना था। 1995 में, एक दोस्त की मदद से, इंटिग्रा को पहला विदेशी क्लाइंट मिला--एक ब्रिटिश कंपनी जिसका ऑफिस सिंगापुर में था।

'पहली बार हमने विदेशी प्रकाशक के लिए किसी जरनल पर काम किया था।'

'मेरी पहली नौकरी, मुझे रोज 2 घंटे बाहर घूमना पड़ता था। उस दौरान मैं सोचता कि मैं कब अपनी कंपनी शुरू करूंगा।'

ज्यादा काम आने से, टीम में अब 5 लोग जुड़ गए थे, और किराए पर एक ऑफिस ले लिया था। 1996 में, श्रीराम ने नौकरी छोड़कर पूरे समय काम करने का निर्णय ले लिया।

'मैं अपनी कंपनी का आभारी था, लेकिन मुझे लगने लगा था कि मैं अब अपने काम के लिए तैयार हूं।'

8 साल तक की गई छोटी-छोटी बचत और एक छोटे से लोन की मदद से, श्रीराम ने 2.5 लाख रुपए के निवेश के साथ कंपनी शुरू कर दी। हालांकि, कंपनी अभी भी डांवाडोल स्थिति में ही थी।

'जब मैंने इस्तीफा दिया, तो अपने माता-पिता से कह दिया--जब तक मेरा बिजनेस सेट नहीं हो जाता, मुझे आपकी मदद और सहयोग की जरूरत होगी।'

उन्होंने कहा, 'आगे बढ़ो... हम तुम्हारी मदद करेंगे।'

सब आसान नहीं था। कंप्यूटर्स की स्पीड बहुत कम थी, तकनीक शुरुआती अवस्था में ही थी। पोस्टस्क्रिप्ट फाइल को आईओमेगा जिपड्राइव पर लोड किया जाता, और फिर उसे कुरियर से क्लाइंट के पास पहुंचाया जाता।

'फाइल ट्रांसफर के बाद वे वापस ड्राइव भेजते।'

फिर एक मुश्किल दौर आया। दांत के दर्द की तरह, बिना बताए।

एक महत्वपूर्ण प्रोजेक्ट के बीच, अचानक ही दो कर्मी इस्तीफा देकर चले गए। अनु को सारा काम संभालना पड़ा, साथ ही पेजमेकर और कोरलड्रा पर काम करना भी सीखा। मामला इसलिए भी पेचिदा था कि उन्होंने हाल ही में बच्चे को जन्म दिया था। वह अपने माता-पिता और आया की मदद से काम पर वापस आ पाईं।

'तब उन्हें सही मायनों में पांडिचेरी में रहने का फायदा समझ आया--अब उन्हें वहां रहना अच्छा लगने लगा।'

आधारभूत सुविधाओं की कमी तो समस्या थी ही। तत्काल आधार पर एक टेलीफोन लाइन लेने के लिए भी किसी सिफारिश की जरूरत होती थी।

किस्मत से, अनु की एक कजिन के पास कई लाइन थीं, तो उन्होंने एक लाइन उन्हें दे दी।

ई-मेल भी बहुत जरूरी थी, लेकिन उसके लिए भी जुगाड़ तरीका ही अपनाना पड़ता था। चूंकि लोकल डायल-अप लाइन हमेशा बिजी रहती थी, तो श्रीराम ने इसके लिए दूसरा तरीका अपनाया।

'मैं 1995-96 में विदेश दौरे कर रहा था, तो मैंने वीएसएनएल से आईपास अकाउंट ले रखा था। जब मैं यूके या सिंगापुर में था, तो लोकल रेट पर लोकल कॉल कर सकता था।'

उस रोमिंग सुविधा का फायदा उठाते हुए, आप सिंगापुर नंबर पर डायल करके पांडिचेरी में ऑनलाइन हो सकते थे। वह बहुत महंगा था, लेकिन इमरजेंसी के समय बहुत काम का था।

'हम मेल डाउनलोड करते और तभी डिस्कनेक्ट कर देते!'

इसलिए एक लीज लाइन लेना ज्यादा सही था, लेकिन 1996-97 में, पांडिचेरी डिपार्टमेंट ऑफ टेलीकम्यूनिकेशन (डीओटी) बिल्कुल ही लाचार था।

'मैं जानता था कि चेन्नई में आईटी कंपनियां लीज लाइन का इस्तेमाल करती थीं, तो मैंने वहां जाकर एप्लीकेशन फॉर्म लिया और पांडिचेरी में डीओटी जनरल मैनेजर को दिया।'

उसने कहा, 'मैं तुम्हें बताता हूं।'

लंबे इंतजार के बाद, लीज लाइन मिल पाई। उस समय क्या यह सही नहीं होता कि वो लोग बंगलौर आ जाते?

'कभी नहीं। दरअसल, सबसे बड़ी बात थी कि पांडिचेरी में मेरे ससुराल वालों का बड़ा सहयोग था, उन्होंने मेरे बेटे का ध्यान रखा।'

और पूरे परिवार ने भी समय-समय पर उनका साथ दिया। जब श्रीराम किराए पर पहला ऑफिस लेने की कोशिश कर रहे थे, तब मकानमालिक ने कहा, 'आप बिजनेस में नए हो--हम आप पर भरोसा नहीं कर सकते कि आप समय पर पैसे दोगे।'

एक रिश्तेदार की सिफारिश पर ही सौदा तय हो सका। ऐसा ही, बैंक लोन के समय भी हुआ, कर्नाटक बैंक ने जमानत मांगी। उस हालात में भी अनु की कजिन ने गारंटर बनकर साइन दिए।

'बिजनेस में, बहुत से नये मौके होते हैं, लेकिन आपको फोकस करना होता है कि आप किसे बढ़ाना चाहते हैं।'

इंटिग्रा का संघर्ष शुरुआत में 3 साल तक चला। बहुत से उतार-चढ़ाव के बावजूद कंपनी कुछ कमाई कर रही थी, लेकिन कोई मुनाफा नहीं था। एक समय तो, अनु के गहने बेचकर स्टाफ की पगार दी गई। एक शुरुआती पार्टनर ने भी बीच में ही काम छोड़कर कोर्स करने पर जोर दिया, फिर भी अनु और श्रीराम डटे रहे।

1997 में, आखिरकार इंटिग्रा के लिए विकास का दौर आ ही गया।

'शुरुआत में, हम प्रयोग कर रहे थे, लेकिन समय के साथ हम खुद को प्रस्तुत करना सीख गए। नहीं तो आप आगे नहीं बढ़ पाओगे... और कंपनी का विकास रुक जाएगा।'

अब श्रीराम का फोकस कस्टमर लाने पर था। आउटसोर्स पब्लिशिंग में संभावनाओं को भांपकर, इंटिग्रा ने फ्रेंकफर्ट और लंदन बुक फेयर में भाग लेना शुरू कर दिया।

'मैं अपॉइंटमेंट लेने की कोशिश करता, लेकिन ज्यादातर नहीं मिल पाती थी।'

इस तरह की मुलाकातों से आपको ब्रोशरों पर छपे बहुत से लोगों के ई-मेल एड्रेस मिल जाते हैं। इससे प्रकाशकों को यह भी पता चला कि वे अपने काम की आउटसोर्सिंग भी करा सकते हैं।

भारत क्वालिटी के साथ-साथ लागत में भी अच्छा था। और भारतीय कंपनी बड़ी मात्रा में काम उठाने को तैयार थी।

'विदेशों में डीटीपी का काम अक्सर छोटे स्तर पर होता है, 10-20 कर्मियों के साथ। हम आगे बढ़ते रहने के लिए तैयार थे।'

कंपनी ने काम के कुछ नए क्षेत्र भी तलाश लिए थे, जैसे एडवर्टाइजिंग और सॉफ्टवेयर डूवलपमेंट। लेकिन अक्सर बहुत से कामों में सिर खपाने पर आपके हाथ कुछ भी नहीं आता है। श्रीराम को जल्द ही अहसास हो गया कि इतना कुछ संभालना आसान नहीं हो पाएगा।

'हमने आउटसोर्स पब्लिशिंग बिजनेस पर ही फोकस करने का निर्णय लिया।'

इस तरह 1997 से 2002 के दौरान इंटिग्रा ने 70-100 प्रतिशत की दर से वृद्धि की। कुछ उथल-पुथल भी रही, जैसे अचानक से कंपनी के दो क्लाइंटों का जाना। लेकिन कैप्टन और उसके साथी तूफान में डटकर खड़े रहे।

'हमने कड़ी मेहनत करके नए कस्टमर ढूंढ़ लिए।'

2003 तक, कंपनी के पास 400 कर्मचारी थे, जो पांडिचेरी के जवाहर नगर एरिया में 14 अलग-अलग इमारतों में काम कर रहे थे। स्थानीय लोगों ने उस जगह को 'इंटिग्रा स्ट्रीट' कहना शुरू कर दिया था।

उनके ऑफिस फैंसी नहीं थे, बस घरों को ऑफिस की शक्ल दे दी गई थी।

'हमारे पास उस समय एसी भी नहीं हुआ करता था। बस मेज, कुर्सी और कंप्यूटर्स।'

शुरुआत में काम भी बेसिक ही था। क्लाइंट डिजाइन के साथ टाइपसेटिंग और लेआउट भी इंटिग्रा को सौंप देते थे। लेकिन *ओलिवर ट्वीस्ट* जैसी भूखी कंपनियों ने और 'ज्यादा' मांगना शुरू कर दिया। वे कॉपी एडिटिंग, इंडेक्सिंग और प्रूफरीडिंग भी मांगने लगे। मुश्किल काम था, जिसमें गलती की कोई गुंजाइश नहीं थी।

'हमारे पास कोई अनुभव नहीं था, लेकिन हमारी एक कर्मी थी, डेजी, जो बहुत बढ़िया प्रूफरीडर थी।'

डेजी ने वह प्रोजेक्ट संभालकर, क्लाइंट के साथ काम करते हुए उसे पूरी तरह समझ लिया। बाद में उसने पूरी यूनिट लगा ली। श्रीराम को अहसास हुआ कि उन्हें डेजी जैसे और लोगों की जरूरत है, जिससे कंपनी को दूसरे लेवल पर ले जाया जा सके। इसे दिमाग में रखकर, इंटिग्रा ने 2001 में एक ट्रेनिंग फैकल्टी खोली।

'शुरुआत में हम नए लोगों को लेकर उन्हें मुफ्त में प्रशिक्षण देते। लेकिन कोई भी मुफ्त के काम को गंभीरता से नहीं लेता।'

फिर कंपनी ने एक सर्टिफिकेट कोर्स शुरू किया, जहां कैंडिडेट को दाखिले के समय फीस देनी होती थी। योग्य कैंडिडेट को कोर्स पूरा होने पर नौकरी

भी मिलती थी। प्रशिक्षण की अवधि 6 से 12 महीने थी, यह काम की जटिलता पर निर्भर थी। कॉपी-एडिटिंग ज्यादा तकनीकी काम था, जिसमें अच्छी इंग्लिश की जरूरत थी।

उनका 90 प्रतिशत स्टाफ पांडिचेरी से है, जबकि 10 प्रतिशत आसपास के क्षेत्रों से।

'उस समय हम स्थानीय लोगों को वरीयता देते थे, क्योंकि बड़े शहरों के लोग ज्यादा पैसा मांगते थे। और वह कंपनी के माहौल और आदर्शों में भी पूरी तरह फिट नहीं होते थे।'

जैसे कंपनी तेजी से बढ़ने लगी, श्रीराम ने एचआर पोलिसी के लिए एक सलाहकार की मदद ली।

'मेरा मकसद था अच्छे लोगों को नियुक्त करना, मुझसे ज्यादा स्मार्ट लोग। खासकर फाइनेंस जैसे एरिया में, जहां मैं बिल्कुल अच्छा नहीं हूं।'

एक क्वालिटी-कंट्रोल कंसल्टेंट को भी नियुक्त किया गया, जिससे निजी स्तर पर शुरू किए गए काम को अधिक व्यवसायिक रूप दिया जा सके। एक सेंट्रल क्वालिटी टीम भी रखी गई, जो रोज के काम पर नजर बनाए रखती, और पूरे हुए काम में से सेंपल भी चैक करती।

कंपनी की बौद्धिक क्षमता बढ़ाने के साथ-साथ उसके बाहरी रूप पर भी काम किया गया। साल 2000 में कंपनी के लिए एक अच्छे ऑफिस की तलाश शुरू हुई। लेकिन चेन्नई, बंगलौर या मुंबई की तरह वहां कोई रेडीमेड बिल्डिंग नहीं थीं कि बस आप चले गए।

'हम अपने पैसे को निर्माण काम में नहीं फंसाना चाहते थे, लेकिन और कोई विकल्प था भी नहीं!'

एक एकड़ का प्लॉट खरीदकर, लोन पास कराया गया। 2003 में भूमि पूजन हुआ, लेकिन 60,000 वर्गफीट की फैकल्टी को पूरा होने में और 3 साल लग गए।

'पड़ोसी ने इस पर कुछ ऐतराज जताया, जिसके लिए हमें कई अनुमोदन लेने पड़े... उनमें एक अनुमोदन एक मरीज से भी लिया था!'

आर्किटेक्ट के साथ काम करते हुए, श्रीराम बिल्डिंग से जुड़े हर काम में निजी रूप से शामिल थे। बिजली और सिविल वर्क के लिए सही बंदों का चयन

भी सबसे बड़ी चुनौती थी। एक को चुनने से पहले आपको कम से कम तीन लोगों की पूरी डिटेल पढ़नी होती थी। श्रीराम रोज का ऑफिस काम निबटाकर फिर निर्माण के काम में जुट जाते।

'मैं अपनी टीम के साथ इन सारे मसलों पर रात 8 बजे से 12 बजे तक काम करता रहता। वो दिन सच में पागल बनाने वाले लेकिन रोमांचक भी थे।'

जनवरी 2006 में, आखिरकार पांडिचेरी के 100 फुटा रोड पर इंटिग्रा के आलीशान कॉरपोरेट हेडक्वार्टर का मुहूर्त हो ही गया। स्टाफ मॉर्डन वर्कस्टेशन और खुशनुमा माहौल में काम करने को लेकर रोमांचित था।

'हमने खासतौर पर उन रंगों का चयन किया था, जो ध्यान बढ़ाने में मददगार होते हैं, और आंखों को भी सुहाते हैं।'

बिल्डिंग में वास्तुशास्त्र के हिसाब से बनाया हुआ एक 'ब्रह्मस्थानम' भी है, जो सकारात्मक ऊर्जा के लिए बनाया जाता है।

'तब हमारे स्टाफ में 800 कर्मी थे, लेकिन हमारी योजना थी कि हमारी स्टाफ संख्या जल्द ही 2000 हो जाएगी।'

एक उद्यमी वह देखता है, जो सामने दिखाई नहीं देता। वह मन की आंखों से देखता है। हालांकि बिजनेस प्लान तो बहुत से लोग बनाते हैं, लेकिन विजन प्लान कुछ ही लोग बनाते हैं।

'मेरा शौक है कि टटोलते रहो आपको जीवन से क्या चाहिए। यहां तक कि जब मैं युवा इंजीनियर ही था, और नई-नई नौकरी जॉइन की थी, तब भी मैंने लिखा था कि कब तक मैं सीईओ बनूंगा, या मेरा काम कब शुरू होगा।'

वे हाथ से लिखे नोट आज भी उनके पास हैं। प्लान ए, प्लान बी, आपको कितने साल लगेंगे वहां पहुंचने में।

'रोज सपने देखते रहो... आपको कुछ तो नजर आ ही जाएगा।'

उनकी अपनी कंपनी की भी यही कहानी है। अतीत के धरातल पर,

'अगर आप ऑफिस में अच्छा माहौल उपलब्ध करवाएं, तो स्टाफ ज्यादा समय तक अच्छा काम करने के लिए प्रेरित रहता है।'

भविष्य की कल्पना करते हुए, वर्तमान की रचना करो। उद्यमी को इन 3 गेंदों से उलझना ही पड़ता है--हर रोज, हर पल।

'2006-07 में हम 6.5 मिलियन डॉलर (30 करोड़ रुपए) की कंपनी थे। इंवेस्टमेंट बैंकर्स ने हमें फोन करना शुरू कर दिया था।'

100 प्रतिशत की एक्सपोर्ट-आधारित आईटीईएस यूनिट के साथ, इंटिग्रा टैक्स छूट का मजा लेती है। अच्छे विदेशी प्रकाशकों के साथ काम करने की वज़ह से कभी कोई पैसा नहीं फंसा। वर्किंग कैपिटल और लोन कैनरा बैंक व स्टेट बैंक ऑफ इंडिया के साथ सुरक्षित हैं।

'जब भी कोई निवेशक फोन करता है, मैं कह देता हूं--नॉट इंट्रस्टेड। मैं सोचता हूं कि मीटिंग में क्यों मैं अपना और उनका समय बर्बाद करूं!'

इस रुख की वजह से कुछ लोग श्रीराम को 'घमंडी' भी मानते हैं।

'मैंने सोचा, ठीक है, चलो आमने-सामने मिलकर फिर 'न' कह देते हैं,' वह चुटकी लेते हैं।

हालांकि, बाजार बदल रहा था। पब्लिशिंग उद्योग ने बहुत से गठबंधन और कब्जे देखे, और कस्टमर्स भी ज्यादा सचेत हो रहे थे।

'हम आपको बहुत सा काम दे रहे हैं, लेकिन बाजार में बहुत कॉम्पिटिशन है... क्या आप मुकाबला कर पाओगे?' वे पूछते।

श्रीराम ने निर्णय लिया कि अब 'कुछ बड़ा' सोचने का समय है।

'मैंने कुछ पैसे लेकर और तेजी से आगे बढ़ने का फैसला किया।'

बहुत सी पब्लिशिंग कंपनियां इस क्षेत्र में अपनी सेवाएं दे रही हैं। लेकिन ऐसी कंपनियां बहुत तेजी से नहीं बढ़ सकतीं। इसी से वे कब्जे में ले ली जाती हैं।

'हमने बड़ा बनने का निर्णय लिया। कोई हमें खरीदने की कोशिश करे, इसके बजाय हम दूसरी कंपनियों को अपने कब्जे में ले लेंगे।'

इस क्षेत्र में नंबर वन बनने का श्रीराम के विजन ने बेरिंग प्राइवेट इक्विटी को निवेश के लिए आकर्षित किया। उसने 2007 की शुरुआत में इंटिग्रा में एक बड़ा शेयर खरीद लिया और इससे बिजनेस तेजी से सफलता की सीढ़ियां चढ़ने लगा।

इस मोड में उन्हें बहुत कुछ सीखने समझने को मिला।

'कभी-कभी हम समय से या बेहतर सर्विस नहीं दे पाते। ऐसा खासतौर पर उस दौरान हुआ, जब हमारा ध्यान स्थिरीकरण की प्रक्रिया पर था।'

हर समय कुछ नई खोज समय की मांग थी। एक मुख्य मैनेजर, सज्ञाराज ने आर एंड डी डिपार्टमेंट खोला। इसका काम ऐसा सॉफ्टवेयर बनाना था जो मैनेजमेंट, प्रोडक्शन और डिलीवरी पर बारीक नजर बनाए रख सके। ऐसा जिससे कस्टमर को पता चल सके कि उनका प्रोजेक्ट किस स्तर पर पहुंचा है।

उन्होंने दूसरा ध्यान ऑटोमेशन पर दिया।

'जबकि लोग हाथ से काम कर रहे हैं, मैंने तय किया कि हम ऑटोमेट काम करेंगे।'

एक वैज्ञानिक जरनल का उदाहरण लेते हैं। आप एक ऐसा सॉफ्टवेयर बना सकते हैं, जो आर्टिकल के अंत में खुद रेफ्रेंसेस चैक कर ले। वह प्रोग्राम पहला नाम, आखरी नाम और प्रकाशन का साल भी चैक कर सकता है, जो प्रकाशक ने बताया हो।

हालांकि, जब भाषा की बात आती है, तो मशीनें इंसान से आगे नहीं निकल सकतीं।

'कॉपी एडिटिंग के कुछ नियम हैं, और इसे भी इंसानी जजमेंट की जरूरत होती है।'

अपने बिजनेस को कहां ले जाना है, इसका निर्णय करना भी एक कला है। श्रीराम ने महसूस किया कि यद्यपि इंटिग्रा सभी बड़े प्रकाशकों के साथ काम कर रहा है, कंपनी अपने आउटसोर्स वर्क का 2-5 प्रतिशत भाग ही संभाल पा रही है। इस प्रकार क्लाइंट अपना 20-25 प्रतिशत काम किसी दूसरे वेंडर को दे रहा था।

'आपको पूरी तरह कस्टमर में ही मसरूफ रहना होता है, उसकी सभी जरूरतों को समझना होता है।'

इस सोच से यह निष्कर्ष निकला कि आपको हमेशा नए क्लाइंट की तलाश

'आप या तो आला खिलाड़ी हो सकते हो या स्तरीय। लेकिन हमें स्तरीय की तरफ जाने का ही तय करना होगा।'

नहीं करते रहना चाहिए। आप अपने वर्तमान क्लाइंट के साथ काम करते हुए भी आगे बढ़ सकते हैं।

'वही कंपनियां जो कभी हमारे साथ सप्लायर की तरह व्यवहार करती थीं, अब हममें पार्टनर देखने लगी थीं।'

ऊंचे भरोसे और सहयोग के चलते, कस्टमर आपको और ज्यादा काम देने लगते हैं। उसी दौरान इंटिग्रा ने तय किया कि वे यूरोप और एसटीएम (साइंटिफिक, टेक्नीकल, मेडिकल) आधारित कस्टमरों से आगे बढ़ेंगे।

'हमने स्कूल और कॉलेज के बाजार में उतरने का निर्णय लिया, साथ ही ट्रेड पब्लिशिंग में भी।'

इसके लिए इंटिग्रा ने दो यूएस आधारित पब्लिशिंग कंपनियों के साथ काम करना शुरू किया। इनमें से एक थी एल्म स्ट्रीट पब्लिशिंग, जो मार्केट में कॉलेज के किताबें बेचती है।

'जब हमारे यूएस कस्टमर पूछते कि आप 'ऑनशोर' हो या 'ऑफशोर', हम कहते--दोनों।'

इससे इंटिग्रा को कंटेंट क्रिएशन और एडिटिंग डूवलपमेंट में भी काम मिला, जिसमें बहुत दक्षता की जरूरत होती है। यहां तक कि यूरोप में भी इंटिग्रा ने अपने पोर्टफोलियो में अनेक भाषाएं जोड़कर काम बढ़ाने का निर्णय लिया।

'14 साल तक हमने मुख्य रूप से अंग्रेजी भाषा के प्रकाशकों के साथ काम किया, जिसमें कुछ फ्रेंच भी थी। फिर हमने इटेलियन, जर्मन इत्यादि भाषा में भी काम करने के लिए लोगों को नियुक्त किया।'

पांडिचेरी में काम करने का यह भी फायदा मिला कि वहां बहुत से विदेशी आते हैं। इसलिए दूसरी भाषाएं बोलने वालों की नियुक्ति में कोई समस्या नहीं आई। इंटिग्रा अब 7 भाषाओं में काम कर रही है, जिनके लिए उनकी टीम में 14-15 बहुभाषी काम कर रहे हैं।

2007 में इंटिग्रा ने सीनियर्स प्रोफेशनल्स को नियुक्त करना शुरू कर दिया--जैसे सीएफओ और ग्लोबल सेल्स और मार्केटिंग संभालने के लिए हैड। ऐसे कर्मचारियों की नियुक्ति बहुत बड़ी चुनौती थी।

'सबसे पहले मुझे अपने विकास के बारे में बताना पड़ा। फिर मैंने भविष्य के बारे में बात की--कि हम दूसरी कंपनियां खरीदेंगे, और हम आईपीओ के

लिए भी जाएंगे। हमारे पास एंप्लॉयी स्टॉक ऑप्शन प्लान (ईएसओपी) भी है।'

एक युवा और आलीशान कंपनी के साथ काम करने का विचार लुभावना था। लेकिन लोकेशन की वजह से बहुत से लोग कतरा गए।

'वे अच्छी जगहों पर रह रहे थे, उनके बच्चे आईबी या आईसीएसई स्कूलों में पढ़ रहे थे। जब वे पांडिचेरी आए तो उन्हें महसूस हुआ कि वे यहां पर एडजस्ट नहीं कर पाएंगे।'

आखिरकार कुछ अपनी किस्मत आजमाने के लिए तैयार हो गए। उनकी सांस्कृतिक पृष्ठभूमि, काम करने के तरीके और अनुभव ने बोर्डरूम की काबिलियत में चार चांद लगा दिए।

'मैंने अपने मैनेजर से बहुत कुछ सीखा, हमने एक कंपनी के रूप में साथ विकास किया।'

सांस्कृतिक भिन्नता ने भी दूसरी कंपनियों को खरीद पाने में बड़ी भूमिका निभाई। इंटिग्रा अपनी पुरानी टीम के साथ डटी रही, जिसमें ज्यादातर अमेरिकी कर्मचारी थे। उनके काम करने का तरीका ज्यादा आत्मनिर्भर होता है।

'यूएस में शुरुआती एग्रीमेंट में समय लगता है, लेकिन जब एक बार सब तय हो जाता है, तो वे बाद में सुपरवाइज नहीं करते। भारत में शुरुआत में 'सबकुछ' के लिए तैयार हो जाते हैं, लेकिन उस पर अंत तक अपनी नजर बनाए रखते हैं।

हालांकि भारतीय कर्मचारी एक समय पर कई काम करने में सक्षम होते हैं, वहीं यूएस में ऐसा कम ही देखने को मिलता है। एक बार यह फर्क समझ आ जाने पर आप आसानी से काम कर सकते हैं।

यद्यपि सफलता की राह कभी भी आसान नहीं होती। 2008 में, सभी आउटसोर्सिंग कंपनियों की तरह इंटिग्रा पर भी आर्थिक मंदी का असर पड़ा था। वे लगभग तली तक पहुंच गए थे, साथ ही उन पर लागत कम करने का दबाव भी बढ़ता जा रहा था।

'हर बार जब आप कुछ सीखने की कोशिश करते हो, आपसे गलतियां होंगी... जरूरी यह है कि आप उनसे कैसे उबरते हो।'

'जब हमने कंपनी शुरू की, हमारा प्रोफिट मार्जिन 30-40 प्रतिशत था। अब, गला काट प्रतियोगिता की वजह से, मार्जिन कम हो रहे हैं।'

इस पर भी, क्लाइंट और कम करवाना चाहता है।

'हमें उन्हें समझाने में बहुत मेहनत करनी होती है कि अगर कुछ और कम किया गया, तो बिजनेस चलाना मुश्किल हो जाएगा।'

चिंता का एक और कारण था संघर्ष। चेन्नई के आउटसोर्स पब्लिशिंग का केंद्र बन जाने के बाद, इंटिग्रा की तरफ सभी की नजरें उठनी लगी थीं।

'कुछ और अन्य कंपनियां ट्रेनिंग में निवेश करना चाहती हैं।'

फिर भी, इंटिग्रा अपनी अच्छी साख के साथ निरंतर प्रगति भी करती रही। मार्च 2011 तक कंपनी की सालाना आय 68 करोड़ रुपए थी और उनके पास 1000 कर्मचारी थे।

कंपनी के विकास के साथ-साथ कर्मियों का स्वास्थ्य भी उनकी प्रमुख वरीयताओं में शामिल रहा। इंटिग्रा में 60 प्रतिशत से ज्यादा कर्मचारी महिलाएं हैं, और यह कोई संयोग नहीं है। उनका लक्ष्य वे समस्याएं ही रहतीं, जिनकी वजह से महिलाएं अपना 100 प्रतिशत नहीं दे पा रही थीं। इसकी शुरुआत उन्होंने बेसिक हेल्थ चेकअप से की।

'बहुत सी महिलाएं थकावट की शिकायत कर रही थीं। ब्लड टेस्ट करवाने पर पता चला कि उनमें से ज्यादा अनीमिया की शिकार थीं।'

परिवार और काम के बीच संतुलन बनाना एक अलग चुनौती है।

कंपनी महिलाओं के लिए काम के सुविधाजनक घंटे और बच्चों के लिए कैंपस में डे-केयर सेंटर भी चलाती है, जिससे युवा मांओं को काम करने में कोई परेशानी न हो। अनु के नेतृत्व में 15 सदस्यों की टीम महिलाकर्मियों का मार्गदर्शन करती हैं।

'महिलाएं बहुत मेहनतीं, और प्रतिस्पर्धी हैं, लेकिन वह प्रमोशन नहीं लेना चाहतीं।'

उन्हें प्रोत्साहित करने के लिए, कंपनी ट्रेंनिंग प्रोग्राम के साथ-साथ पर्सनल काउंसलिंग की सुविधा भी देती है। इन प्रयासों को तब पहचान मिली, जब इंटिग्रा को 2009 नैसकॉम ने 'एक्सीलेंस इन जेंडर इनक्ल्यूसिविटी' अवॉर्ड से सम्मानित किया।

'मेरा लक्ष्य है हर स्तर पर बराबर की भागीदारी। मैं महिला, पुरुष, ग्रामीण, शहरी और भारत के हर क्षेत्र के लोगों के साथ काम करना चाहता हूं। इससे सोचने के नए तरीके मिलते हैं।'

अपने हिसाब से इंटिग्रा छोटे शहर की कंपनी होते हुए भी बहुत अलग सोच रखती है। मंत्री और बाबू अक्सर अपने सिफारशी लोगों को उनके पास भेजते हैं। 'प्लीज फलाने को नौकरी पर रख लो।'

ऐसी सिफारिशों से निबटने के लिए उनका अपना तरीका है।

'आप 100 लोगों की सिफारिश कर दीजिए, मैं सबको ट्रेनिंग देने के लिए तैयार हूं। लेकिन जब तक वे टैस्ट और इंटरव्यू नहीं पास कर लें, मैं उन्हें नौकरी पर नहीं रख सकता।'

एक बार, सेल्स टैक्स कमीशनर का आवेदक पास नहीं हो पाया। जब उसे नौकरी देने से मना कर दिया गया तो कमिश्नर ने नाराजगी जताते हुए कंपनी पर इंकमटैक्स का छापा डलवा दिया।

'हां, वह ज्यादती थी, लेकिन हम पूरी तरह से पारदर्शिता अपनाते हैं, हमारे पास छिपाने के लिए कुछ था ही नहीं। बाद में केस वापस ले लिया गया।'

कागजों पर तो कोई भी आदर्शवादी हो सकता है। बात तो तब है, जब मुश्किल समय में भी उन्हीं आदर्शों पर टिका रहा जाए।

पिछले दो सालों में कंपनी किताबों, जरनल और डाटा कंवर्जन से आगे आकर ई-लर्निंग और मल्टीमीडिया सर्विस में भी काम कर रही है। विश्व में टॉप 10 की रेस में शामिल इस कंपनी के पास नंबर वन बनने के कई तरीके मौजूद हैं।

बिजनेस में 19 साल बिताने के बावजूद, श्रीराम बहुत व्यस्त ही रहते हैं। उनके समय का 30 प्रतिशत यात्राओं और क्लाइंट से मिलने में जाता है। पांडिचेरी

'मैं अपने काम में नंबर वन बनना चाहता हूं, लेकिन मेरा अंतिम लक्ष्य तो जिंदगी में ज्ञान हासिल करना ही है।'

'मेरे पूर्वजों ने बहुत सा सामाजिक काम किया था, मेरा भी मकसद श्रीरामचैरिटेबलट्रस्ट.ओआरजी द्वारा समाज के कुछ काम आना है।'

में होने के दौरान वह सुबह 9 बजे से शाम 9 बजे तक ऑफिस में काम करते हैं। उनका लक्ष्य है कि काम के इन घंटों में कुछ कटौति की जाए।

'पहले कुछ सालों में, मैंने काम को पूरे 24 घंटे दिए, जिसमें सारी छुट्टियां और सप्ताहंत भी शामिल थे... अब कम से कम मैं सप्ताहंत परिवार के साथ बिताता हूं।'

अनु एक संतुलित जीवन जी रही हैं। वह फाइनेंस और एचआर के कुछ महत्वपूर्ण काम संभालती हैं, लेकिन रोज शाम को 3 बजे घर के लिए निकल जाती हैं, जब उनका छोटा बेटा, अद्वैत स्कूल से घर आता है।

'वह अपने बड़े बेटे धांविन के साथ ऐसा नहीं कर पाई थीं, और इसका उन्हें आज भी मलाल है। तो शाम के उन दो घंटों में भी वह काम करती हैं, लेकिन घर से।'

एक तरफ यह बिजनेस का विकास है, तो दूसरी तरफ आध्यात्मिकता का भी। हर सुबह, श्रीराम आधा घंटा योग और प्राणायाम में बिताते हैं। उसके बाद ही वह अखबार और मेल देखते हैं।

'इसी तरह मैं अपने सारे तनाव को झेल पाता हूं।'

श्रीराम के एक आध्यात्मिक मार्गदर्शक भी हैं, जिनसे वह कॉलेज के ठीक बाद मिले थे। वह लगभग हर शाम अपने गुरु से बात करते हैं, हर मामले में उनकी सलाह लेते हैं।

'इसका ज्योतिष से कोई लेना-देना नहीं है, गुरुजी मानते हैं कि हरेक को अपने फैसले खुद ही लेने पड़ते हैं। लेकिन वह मेरी प्रेरणा और सहारा हैं।'

ज्ञान के कई रास्ते हैं--भक्ति योग, ज्ञान योग और कर्म योग। श्रीराम मानते हैं कि वह कर्म योग के मार्ग पर हैं।

एक बार एक कर्मचारी ने कहा था, 'सर... हम सब आपके लिए काम कर रहे हैं।'

श्रीराम ने जवाब दिया, 'नहीं... मैं तुम्हारे लिए काम कर रहा हूं।'

'मैंने एक चैरिटेबल ट्रस्ट खोली है, जो ग्रामीण क्षेत्रों में स्वास्थ्य, महिला सशक्तिकरण और शिक्षा के क्षेत्र में काम कर रही है।'

पिछले 2 सालों में, श्रीराम सप्ताहंत पर कुछ खेती भी करते हैं, उन्हें एक बंजर जमीन को हरा-भरा बनाने का श्रेय जाता है। वे ऑर्गेनिक तरीकों से कृषि

करते हैं, तथा वर्षा के जल को पुनः उपयोग के लिए तैयार करते हैं।

'यह एक लंबी अवधि तक चलने वाला ऑर्गेनिक फॉर्म है--वहां कोई भी आ सकता है, और खेती के ऑर्गेनिक तरीके सीख सकता है।'

एक उद्योग भी तो विचारों की ही खेती है। अपने बीज रोपो और उनकी होशियारी से देखभाल करो--तभी तो उर्वर फसल होगी।

*

युवा उद्यमियों को सलाह

पहले सपने देखना शुरू करो। अपने निजी और व्यवसायी दोनों जीवन के। पहले सपने देखो, फिर उन्हें पूरा करो। अपने विजन को कागज पर लिख दो, और फिर उस पर पूरा ध्यान केंद्रित करो।

अपने प्लान, अपने विजन को देखते हुए--जांचो कि आपने सही राह चुनी है या नहीं। या फिर दिशा बदलने की जरूरत है?

तीसरा, अपनी गलतियों से सीखते हुए आगे बढ़ो... यह बहुत मुश्किल समय होता है। उदाहरण के लिए, आप काम कर रहे हैं, शुरुआती दौर में हैं, तो अपने हाथ सभी चीजों में डाल लेते हैं। फिर आप उस दिशा में बढ़ते हैं, जो आपको ऊंचाइयों तक ले जाती है।

आपको कुछ काम अपने हाथ से जाने देना होता है, जब आप जान जाते हैं कि विकास के लिए क्या जरूरी है, आप ऐसा ही करते हैं। नहीं तो आप फंसा हुआ महसूस करने लगते हैं, और कंपनी कहीं फंसकर रह जाती है।

काम में धैर्य की बहुत आवश्यकता है। कभी-कभी आपको गलतियां करनी पड़ती हैं, अपनी गलतियों से सीखो।

उसके बाद अगला दौर सफलता का ही होगा। ऐसा जरूर होगा।

बोतल में जीनी

संदीप कपूर—परफ्यूम स्टेशन
जोधपुर (राजस्थान)

आईटीसी में अपने पसंद का काम करते हुए, संदीप कपूर ने रूस और फिर चीन तक की उड़ान भरी। 2010 में, वह अपने गृहनगर, जोधपुर लौट आए और भारतीय मध्यवर्ग को ध्यान में रखते हुए, परफ्यूम का रिटेल आउटलेट खोला।

पुराने समय में, युवा रोमांच की तलाश में व्यापारी जहाजों पर निकल जाया करते थे। विजयी होकर वापस आने पर उनके पास मसालों, सिल्क और सोने का अंबार लगा होता। युवा अभी भी रोमांच की तलाश में, अपनी जन्मभूमि से दूर सात समंदर का सफर तय करते हैं। संदीप कपूर भी उन्हीं यायावरों में से एक हैं।

उनके भी सफर की शुरुआत राजाओं के नगर जोधपुर से हुई। लेकिन एक महत्वाकांक्षी इंसान के लिए वहां कोई 'भविष्य' नजर नहीं आ रहा था।

'मैं कानपुर में अपने दादा के साथ फोटोग्राफी के बिजनेस से जुड़ गया, और फिर अन्य मौकों की तलाश में वहीं रह गया।'

बड़ा मौका तब आया जब संदीप को आईटीसी में अपनी 'ड्रीम जॉब' मिली। किस्मत की लहर ने उन्हें मॉस्को पहुंचा दिया, जहां उन्होंने परफ्यूम के काम के बारे में समझा। फिर व्यापारिक झोंके ने उन्हें चीन पहुंचा दिया।

आखिरकार, वह जोधपुर ही लौट आए, एक नये खुशबू के विचार के साथ। भारतीय मध यवर्ग को ध्यान में रखते हुए, बेहतरीन और कम दाम के परफ्यूम का रिटेल आउटलेट खोलने का विचार।

पहला 'परफ्यूम स्टेशन' 2010 में जोधपुर में खुला, और यह बड़ा हिट साबित हुआ। ध ीरे-धीरे यह ब्रांड दूसरे शहरों में भी अपने पैर पसारने लगा।

'मुझे 'बी' और 'सी क्लास' शहरों में ज्यादा संभावनाएं दिख रही हैं, और वही मेरे बाजार हैं।'

क्योंकि जगह कोई भी क्यों न हो युवा सपने देखना और आशावान होना नहीं छोड़ते। कुछ रोमांच की तलाश में समंदर पार जाते हैं, तो कुछ को पैरों के नीचे ही आसमान मिल जाता है।

क्योंकि मौके तो हर जगह मौजूद हैं, बस जरूरत है तो उन्हें देखने की।

बोतल में जीनी

संदीप कपूर—परफ्यूम स्टेशन जोधपुर (राजस्थान)

संदीप कपूर का जन्म तो इलाहाबाद में हुआ, लेकिन पालन-पोषण हुआ जोधपुर में।

'मेरे पिता यूनिवर्सिटी में कैमिस्ट्री के प्रोफेसर थे, और मां भी कॉलेज में होम साइंस पढ़ाती थीं।'

संदीप की स्कूली शिक्षा केंद्रिय विद्यालय से हुई और फिर जोधपुर यूनिवर्सिटी से इकोनॉमिक्स में एमए किया। स्नातक के बाद, वह अपने दादा के फोटो स्टूडियो में काम करने लगे। फोटोग्राफी कानपुर में सुस्थापित काम है।

'कानपुर में वह काम काफी लोकप्रिय था। कहावत भी थी--अगर लड़की की शादी में कुछ दिक्कत आ रही हो, तो उसे चित्रा स्टूडियो में जाकर फोटो खिंचवाने चाहिए!'

स्टूडियो के अलावा, चित्रा के पास यूपी में *कोडेक* और *कोनिका फिल्म्स* के वितरण के भी अधिकार थे।

जब संदीप ने काम करने का फैसला लिया, तब उन्होंने सोचा था कि एक मालिक का पोता होने के कारण उन्हें बड़े ठाठ का काम मिलेगा--बस कैश काउंटर पर बैठकर, आसपास के लोगों को ऑर्डर देने का। लेकिन दादाजी ने उन्हें पहले 3 महीने सफाई के काम पर लगाया।

'मुझे बाद में समझ आया कि वह चाहते थे, मैं जमीनी स्तर काम करना

शुरू करूं... जो वाकई मेरे लिए बहुत अच्छा रहा। मैं अभी उनके काम के तरीके को मानता हूं और आदर भी देता हूं।'

चित्रा स्टूडियो में, संदीप को बिजनेस की ए बी सी डी सीखने को मिली। एक छोटे से संगठन को कैसे चलाया जाए, लोगों के साथ कैसा व्यवहार किया जाए, टीम को एकजुट कैसे किया जाए, जैसे उनके दादा ने 50 सालों तक अपनी टीम को जोड़कर रखा था।

'मैंने फोटोग्राफी के बारे में भी बहुत कुछ सीखा। चूंकि वह मेरा शौक भी था, तो मैंने अपने काम में बहुत मजे किए।'

लेकिन लगभग सालभर बाद, संदीप बेचैन होने लगे। युवक और दादा का भविष्य के बारे में सोचने का तरीका अलग था। बिजनेस चलाने के बारे में भी।

'मैंने सोचा कि यही समय है, बाहर जाओ, और दुनिया को देखो।'

कानपुर उद्योग और अवसरों का शहर हुआ करता था, ऐसा शहर जहां वह अपने लिए नौकरी की तलाश कर सकते थे। बजाय इसके कि वह अखबार में विज्ञापन देखें, वह खुद एक ऑफिस से दूसरे ऑफिस जाकर अपना सीवी छोड़ आते।

'मैं ब्रांच मैनेजर से मिलने की कोशिश करता, उनसे बात करता।'

इस तरह संदीप को 1985 में पहली नौकरी मिली, गुडलास नैरोलेक पेंट बेचने की। पगार तो 1200 रुपए महीना थी, लेकिन वहां जो सबक उन्होंने सीखें, वह अनमोल थे।

'उस नौकरी में मैंने जाना कि सामान बेचकर जीवित रहना कितना मुश्किल होता है।'

ग्रामीण उत्तर भारत में घूम-घूमकर पेंट बेचना आसान नहीं है। बाजार में कड़ी प्रतिस्पर्धा है, दुकानवाले आपसे घंटों इंतजार करवाते, और खासतौर पर जब आप पैसे लेने गए हों तब।

'मैं पेंट के बड़े कैन ले जाता था, जिससे मुझे जब दुकान में लंबा इंतजार करना पड़ता था, तो काफी मदद हो जाती थी। इससे मैं धैर्य की कला में भी माहिर हो गया!'

संदीप यह भी जान गए कि किसी उत्पाद को बेचने के लिए आपको उसके

बारे में पूरी जानकारी होनी चाहिए। तो उन्होंने जितना हो सका पेंट और पेंटिंग के बारे में जानकारी हासिल की।

'दूसरे को मनाने के लिए, पहले खुद को मनाना पड़ता है।'

हर टूर का मतलब होता था, रेलवे स्टेशन का चक्कर। आते-जाते संदीप की नजर आईटीसी के ऑफिस पर पड़ती, और वह सोचते, 'अब मुझे इस कंपनी के लिए काम करना चाहिए!' तो एक सुबह उन्होंने आईटीसी के ऑफिस में जाकर अपना सीवी दे दिया। किस्मत से उस दौरान वहां कुछ पद खाली भी थे।

'मुझे इंटरव्यू के लिए बुलाया गया, और अगले ही सप्ताह मुझे नौकरी मिल गई!'

आईटीसी एक बड़ा संगठन था, जहां का माहौल भी बिल्कुल अलग था। सीनियर्स-जूनियर्स को अपनी छाया तले लेकर काम सिखाया करते थे। कानपुर के ब्रांच मैनेजर, ओजेर अहमद संदीप के मार्गदर्शक थे।

'लोगों को संभालने, तुरंत निर्णय लेने और किसी भी समस्या का समाधान निकालने की योग्यता ने मुझे प्रभावित किया। मैंने उन जैसे लोगों के साथ काम करते हुए काफी कुछ सीखा।'

सबसे ऊपर, आईटीसी 'मार्केटिंग का स्कूल' हुआ करता था। किसी भी नए प्रोडक्ट के पेश होने के साथ उसमें होर्डिंग्स, इन-शॉप पीओपी, फ्री सेंपल और ग्राहक की प्रतिक्रिया जैसे कई स्तर शामिल होते थे। संदीप हर काम को बड़ी लगन से सीखते। महज 6 सालों में, उन्हें 4 प्रमोशन मिले। सबकुछ बहुत ही अच्छे से चल रहा था, तभी एक नया अवसर सामने आया।

'मैंने *बिजनेस इंडिया* मैग्जीन में एक विज्ञापन देखा--रूस में एक कंपनी को अपने टबेको बिजनेस के लिए जनरल मैनेजर की तलाश थी।'

वह *एगियो काउंटर ट्रेड पीटीई* नाम की सेल एंड डिस्ट्रीब्यूशन की एक बड़ी कंपनी थी, जिसका मालिक एक भारतीय था, जिसने अपने रूसी साझेदार के साथ कंपनी खोली थी। कंपनी किसी भी चीज का उत्पादन नहीं करती थी--वह सब चीज का आयात करती, जिसमें तंबाकू से लेकर कपड़े और इलेक्ट्रोनिक्स सामान भी शामिल था।

1993 में रूस बाजार के नजरिए से रोमांचक था--बस शुरुआती अवस्था

'आईटीसी के साथ काम करना मेरे जीवन का बहुत खास दौर रहा--इसने मुझे बिक्री, मार्केटिंग, लोगों से संपर्क करने के सबक सिखाए। वह मेरे लिए नौकरी से ज्यादा एक *लर्निंग स्कूल* रहा।'

थी। दरअसल वहां कुछ बेहतरीन अवसर भी थे। भारत और रूस में रुपए-रुबल करार भी था। इससे भारत को रुपयों में ही सुरक्षा उपकरण खरीदने की इजाजत थी। रूसी आयातक भी भारतीय बाजार से सामान रुपयों में ही खरीदते थे।

जब सोवियत संघ के टुकड़े हुए, जो भारत सोवियत संघ के बीच बहुत सारा बकाया शेष रह गया। ऋण को बहुत से नए बने गणतंत्रों और स्वतंत्र फैक्टरियों में बांट दिया गया।

'मेरा काम था, प्लांट मैनेजमेंट से बात करके उन्हें बताना कि उन्हें हमसे इतनी रकम वापस लेनी है। सरकार ने उतनी रकम के बदले का सामान देना सुनिश्चित किया था। तो हम उन्हें सामान देते और वे उसे बेचकर पैसे ले लेते।'

इस तरह संदीप का काम था, भारत से बेचे जा सकने वाले सामान के कंटेनर लाना। वह अनुभव बहुत ही रोमांचक था। दरअसल पहले ही दिन जब वह सितंबर 1993 में, मॉस्को में उतरे तो सड़क पर टैंक चल रहे थे।

'मैंने सोचा--हे भगवान! यह मैं कहां आ गया!'

मिखाइल गोर्बाचेव से सारे अधिकार ले लिए गए थे, और विद्रोही ताकतें सत्ता के लिए संघर्ष कर रही थीं। हालांकि किसी भारतीय के लिए रूस में मुख्य समस्या राजनीति नहीं बल्कि कड़ाके की ठंड थी।

'भाषा भी दूसरा मुद्दा था--बमुश्किल ही कोई इंग्लिश बोल पाता था, तो मुझे रूसी भाषा सीखनी पड़ी।'

1995 तक, संदीप को अपने काम में मजा आना बंद हो गया था। उन्हें आईटीसी के व्यवसायीकरण की याद आने लगी, और उन्होंने वापस भारत लौटने का फैसला कर लिया।

'मेरे पुराने बॉस ने कहा कि उन्हें मुझे वापस काम पर रखने में खुशी होगी।'

संदीप बस अब जाने की तैयारी कर रहे थे, वह मॉस्को में अपने आखरी

कुछ दिन बिता रहे थे। एक शाम को वह एक भारतीय रेस्त्रां में खाना खा रहे थे। वहां कोई दूसरा भारतीय भी सामने की मेज पर बैठा था।

'हम एक-दूसरे का अभिवादन कर बातें करने लगे।'

दिनेश सिंह यूके की ब्रिटिश-इंडियन कंपनी स्टेरियन इंटरनेशल से थे। कंपनी परफ्यूम का उत्पादन करती थी, जो वे रूस में बेचते थे। और दरअसल उन्हें एक जनरल मैनेजर की तलाश थी।

डिनर के दौरान उनका एक अनौपचारिक इंटरव्यू हो गया और 'मीठा' आते-आते, संदीप को एक नौकरी का प्रस्ताव भी मिल गया।

'मैं सीआईएस ऑपरेशन के हेड के रूप में स्टेरियन में काम करने लगा। मैंने उनके साथ 8 सालों तक काम किया, उससे मुझे परफ्यूम के बारे में सबकुछ पता लग गया।'

परफ्यूम बनाना कोई 'रॉकेट साइंस' तो था नहीं--वह तो एल्कोहल, पानी, सुगंधित तेल और कुछ निश्चित तत्वों का मिश्रण है। ज्यादातर कंपनियां फ्रेंच फ्रेगरेंस ऑइल का इस्तेमाल करती हैं, जिससे ग्राहक की नजर में उसकी कीमत और बढ़ जाती है। लेकिन जिस तरह के परफ्यूम स्टेरियन बनाकर बेचता है, उसकी मांग बहुत ज्यादा थी।

वहां कोई 'ब्रांड' नहीं है, परफ्यूम में से अच्छी खुशबू आनी चाहिए और उसकी बोतल आकर्षक होनी चाहिए। लेकिन उसकी कीमत ज्यादा जरूरी चीज है।

'अपने हिसाब से लोग एक महंगा ब्रांड खरीदते हैं, और उसे खास मौकों पर इस्तेमाल करते हैं, लेकिन रोज वह हमारा परफ्यूम इस्तेमाल करते हैं।'

आखिरकार स्टेरियन ने निर्णय लिया कि वे परफ्यूम की पैकेजिंग को थोक में रूस में बेचेंगे और वहां लोकल परफ्यूम से उन्हें भरकर बाजार में उतार दिया जाएगा। इस काम के लिए, संदीप ने टेमेन, एक इथोपिया मूल के रूसी, को ढूंढ़ लिया, जो एक फैक्टरी लगाने का इच्छुक था।

2003 में, रूसी ने संदीप को अपनी कंपनी में शेयरधारक बना लिया। अब समय आ गया था कि नौकरी छोड़कर अपना बिजनेस किया जाए।

'मैं उत्पादन और बिक्री के नजरिए से पूरी फैक्टरी संभाल रहा था। मैं क्लाइंट से मिलकर ऑर्डर लेता, और सुनिश्चित करता कि उनकी जरूरतें पूरी

'आज अर्थव्यवस्था के इंजन बी और सी क्लास शहर हैं। हमारा फ्रेंचाइसी बिजनेस छोटे शहरों जैसे जयपुर, जोधपुर, उदयपुर, अजमेर से ही चल रहा है।'

कर पाएं।'

उनके क्लाइंट बड़े थोक विक्रेता थे, और उनमें से कुछ को डिजाइन सर्विस भी चाहिए थी। वे कहते, 'हमें मश्क में नया परफ्यूम चाहिए।'

संदीप ने इसका एक हल निकाला--कॉन्सेप्ट, बोतल, ढक्कन और द्रव्य। जबकि वह आगे की जिम्मेदारी संभाल रहे थे, वहीं उनका रूसी साझेदार पीछे की। खासकर, जमीन की सरदर्दी। रूस में एक परफ्यूम फैक्टरी चलाने के लिए लाइसेंस की जरूरत होती है, क्योंकि उसमें 75 प्रतिशत एल्कोहल का इस्तेमाल किया जाता है।

'दरअसल, एल्कोहल 'विकृत' होता है, इसलिए उसे पीना मना होता है।'

यद्यपि, ग्रामीण इलाकों में लोग उसका इस्तेमाल सच में एल्कोहल की तरह ही कर रहे थे। क्योंकि एक लीटर इएयू द कोलोन की कीमत एक लीटर वोदका से सस्ती होती है। इससे निबटने के लिए, रूसी सरकार ने 2005 में और कड़े नियम बनाए।

'इससे हमारे बिजनेस पर बुरा असर हुआ। आखिरकार, हमने फैक्टरी बंद करने का फैसला लिया।'

उस समय, बिजनेस (यॉर्क ट्रांसनेशनल) की सालाना आय लगभग 10 मिलियन डॉलर थी। लेकिन फैक्टरी बंद करने का मतलब बिजनेस बंद करना नहीं था।

'हम अपने एल्कोहल सप्लायर के पास गए और उससे एक सौदा किया--हमारे उपकरण लेकर, हमारा परफ्यूम बनाओ।'

उत्पादन के झंझटों से आजाद होकर, यॉर्क ने अपना सारा ध्यान सेल्स और मार्केटिंग पर लगाया। नये क्लाइंट, बड़े ऑर्डर की तलाश और परफ्यूम में नए आइडिया सोचना। दाम कम ही रखने की वजह से कंपनी ने बोतलें, ढक्कन, स्प्रे नॉजल और दूसरा सामान चीन से आयात करना शुरू कर दिया।

'हम एक एजेंट से डील कर रहे थे, लेकिन गुणवत्ता के स्तर पर बहुत सी परेशानियां आ रही थीं। तो 2006 में, मैंने खुद चीन जाने का फैसला किया।'

संदीप शंघाई से 300 किमी दक्षिण में एक हलचल भरे व्यापारिक केंद्र यीवु में पहुंचे। वह शहर एक बड़ा 'ग्लोबल सुपरमार्केट' है, जहां दुनियाभर के व्यापारी आते हैं। इससे उन्होंने सोचा कि यॉर्क को भी वहां लोकल स्टाफ के साथ अपना एक ऑफिस खोलना चाहिए, जिससे क्वालिटी पर नजर बनाए रखी जा सके। दरअसल, चीन में ही परफ्यूम उत्पादन शुरू करना भी ज्यादा समझदारी भरा निर्णय लग रहा था।

एक बार फिर, कंपनी ने कॉन्ट्रेक्ट-मैन्युफैक्चरिंग रूट अपनाया।

'हमने डिजाइन सप्लाई किए, फॉर्मूला और अन्य सामान भी--उनका काम था, सबकुछ लगाकर बोतलें भरना।'

उनकी योजना अब दूसरे देशों में भी एक्सपोर्ट करने की थी। यॉर्क अब बहुत सी प्रदर्शनियों में भी भाग लेने लगा, जैसे 2008 में केंटन वर्ल्ड फेयर। मेले में, संदीप को अपना पहला ग्राहक संयुक्त राज्य से मिला। इस बाजार के लिए उन्हें अपनी तकनीक और पैकिंग में कुछ सुधार लाने की जरूरत थी।

'रूसवासियों के डिजाइन थोड़े भड़कीले और उन्हें फलों ओर नींबू की महक पसंद थी। जबकि अमेरिकियों को सादे डिजाइन और सौम्य खुशबू भाती थी।'

और दूसरी तरफ, भारत जैसे देशों में लोग परफ्यूम के बजाय ड्योडरेंट लेना पसंद करते हैं, क्योंकि वह 150 रुपए में मिल जाता है। दरअसल, संदीप जब भारत आते तो दंग रह जाते कि परफ्यूम के दाम इतने अधिक है कि वह औसत ग्राहक की पहुंच से बाहर है। और खरीदारी करने में भी कोई मजा नहीं है।

'मैं जोधपुर के एक स्टोर में खड़ा था, और मैं एक फ्रेग्रेंस चैक करना चाहता था। तभी दुकान का एक लड़का आया और बोला--नहीं, नहीं इसे खोलना मत!'

संदीप ने महसूस किया कि बाजार में एक झोल है। वहां ऐसे स्टोर होने चाहिए, जहां लोग आएं, और अलग-अलग परफ्यूम की महक सूंघ सकें। साथ ही दाम भी किफायती होने चाहिए। और इस कॉन्सेप्ट के लिए सबसे सही जगह उनके गृहनगर से बेहतर और कौन सी होगी।

'2010 में, मैंने जोधपुर में प्रयोग के तौर पर पहला परफ्यूम स्टेशन खोला।'

प्रोजेक्ट का फाइनेंस और अन्य झमेले संभालने के लिए, संदीप ने अपने बड़े भाई पीयूष को इसमें मिला लिया। व्यवसाय से चार्टड अकाउंटेंट पीयूष रिटायर होने के बाद, एक शांत जीवन बिताने के लिए अपनी पेंट फैक्टरी चला रहे थे।

'मैंने उन्हें उनके रिटायरमेंट से बाहर निकालकर इस नए काम में लगा दिया!'

पहले परफ्यूम स्टेशन के लॉन्च की खबर एफएम रेडियो पर दी गई और उसका रिबन काटने के लिए, टीवी अदाकारा, कविता कौशिक (धारावाहिक एफआईआर की चंद्रमुखी चौटाला) को बुलाया गया। दुकान में बस परफ्यूम और परफ्यूम ही है। जिनकी कीमत 250 रुपयों से शुरू होकर 1000 रुपए तक है।

'कोई आपको परेशान नहीं करेगा, आप जितनी चाहो खुशबुएं सूंघ सकते हैं। हमारे पास प्रशिक्षित सलाहकार भी हैं, जो आपको इस पर जानकारी दे सकते हैं।'

लोगों को आइडिया पसंद आया, और स्टोर दूसरे महीने से ही 3 लाख रुपए प्रति महीने की सेल करने लगा। परफ्यूम को चीन से मुंबई लाया जाता, और फिर वहां से सड़क के रास्ते जोधपुर। इन्हीं उत्पादों को यॉर्क यूएस, ऑस्ट्रेलिया, हांगकांग, रूस और सिंगापुर भी भेजता।

'भारतीय बाजार के लिए, हमारे पास परफ्यूम की स्पेशल 'आर्ची' श्रृंखला है, जिसके लिए हमने आर्ची कॉमिक्स से लाइसेंस भी लिया है।'

संदीप को भरोसा है कि अगले 5-10 सालों में परफ्यूम मार्केट में जबरदस्त उछाल आएगा, तो एक नेशनल रिटेल चेन खोलना समझदारी ही है। हालांकि दूसरे ब्रांड 'धीमे प्रभाव' पर जोर देते हुए, पहले बड़े शहर से शुरुआत करते हैं, वहीं 'परफ्यूम स्टेशन' ने ठीक इसके विपरीत काम किया।

'हमने उदयपुर, जयपुर, अजमेर, औरंगाबाद और विजयवाड़ा में अपने फ्रेंचाइस आउटलेट शुरू किए।'

'परफ्यूम स्टेशन' 6 स्टोर से 8-10 लाख रुपए प्रतिमहीने की कमाई कर रहा है। और उनकी योजना है कि अगले 3 सालों में उनके और 50 आउटलेट खुलने चाहिए।

उनकी योजना काफी फायदेमंद है, क्योंकि जो आउटलेट वे खोलते हैं, वह किसी मॉल में नहीं होते, जहां किराया काफी होता है।

'हालांकि, हमारा विचार है कि मॉल में जो छोटे किओस्क (स्टॉल) होते है, उन्हें आजमाया जाए।'

मजे की बात है कि बड़े शहर उनके लिए चुनौती बन रहे हैं। उत्तरी दिल्ली में, दिल्ली विश्वविद्यालय के पास बना फ्रेंचाइस स्टोर ग्राहकों को आकर्षित नहीं कर पा रहा।

'हमारे सामने 2 परेशानी हैं--लोगों में ब्रांड के प्रति ज्यादा दीवानगी है और नकली ब्रांडेड उत्पाद आसानी से और सस्ते में उपलब्ध हैं!'

हालांकि, 'परफ्यूम स्टेशन' इतनी जल्दी हार मानने वालों में से नहीं है। दूसरा आउटलेट पश्चिमी दिल्ली के रानी बाग, जो बजट को ध्यान में रखकर शॉपिंग करने वालों के लिए मशहूर है, में खोला गया। दरअसल, दिल्ली में पहले स्टोर की असफलता से भी कंपनी ने सबक ही लिया है।

'हमने महसूस किया कि बड़े शहरों में लोग ब्रांडेड परफ्यूम के नाम पर 4-5 गुणा तक ज्यादा खर्च करने को तैयार हैं। तो हमने तय किया कि हम भी अपने स्टोर पर यह उत्पाद उपलब्ध कराएंगे।'

और कुछ अन्य बड़े बदलाव मानो उनका इंतजार कर रहे थे। यॉर्क ट्रांसनेशनल को अपनी उत्पादन यूनिट और एक्सपोर्ट ऑफिस भी भारत में लाना पड़ा। इसकी दो वजह रहीं: चीन में लागत का बढ़ना और रुपए के मूल्य में आई गिरावट से भारत से एक्सपोर्ट करना ज्यादा फायदे का सौदा था।

हालांकि संदीप की योजना अपनी फैक्टरी खोलने की नहीं है--उन्हें उत्पादकों से कॉन्ट्रेक्ट कर माल मंगवाने पर भरोसा है।

'मुझे एक चीज का अहसास है, उस क्षेत्र में अपना 100 प्रतिशत दो जिसके बारे में जानकारी हो। हम सेल और डिस्ट्रीब्यूशन कंपनी हैं, एक फैक्टरी को संभालने से हमारा फोकस कम हो जाएगा।'

ऐसी सोच आपको एक छोटी लेकिन चुस्त कंपनी बनाने की आजादी देती है। भारत, रूस और चीन में फैले महज 10 लोगों के साथ यॉर्क 15 मिलियन डॉलर का बिजनेस कर रहा है--जिसमें से 50 प्रतिशत तो रूस में एक्सपोर्ट करने से ही आता है।

'हमारा यीवु का ऑफिस भारत आ जाने के बाद, मुझे भारत में ज्यादा समय मिलने लगा। तो अब भारत में बिजनेस बढ़ाने पर ज्यादा ध्यान दे पाता हूं!'

हालिया वर्षों में संदीप की जिंदगी में कुछ आराम आया है। रूस, चीन और भारत के बीच लगातार होने वाले दौरों से किसी भी अन्य काम के लिए कम समय मिल पाता था। अब वह वापस फोटोग्राफी की तरफ जाना चाहते हैं, और 80-90 के दशक के जैज म्यूजिक का मजा लेना चाहते हैं।

एक आदमी दुनिया भर में घूम सकता है, लेकिन उसका दिल हमेशा 'घर' की ही आस में रहता है।

'कभी-कभी इमीग्रेशन का फॉर्म भरते हुए, अचानक ही दिल धड़कने लगता है, जब वे पूछते हैं--आप किस देश से हैं?'

राष्ट्रवाद की तंग परिभाषा और मानव की बनाई सीमाओं से परे, भविष्य के नागरिक, विश्व के नागरिक कहलाएंगे।

*

युवा उद्यमियों को सलाह

अपने कान और आंख खुले रखो, मौकों की तलाश करो, और बढ़ जाओ! और, हां, मुश्किलें तो आएंगी, लेकिन अच्छी बात यह है कि अगर आपको अपने काम में मजा आएगा, तो सबकुछ आसान लगने लगेगा।

प्ले स्टेशन

विराट कुठाल—ट्विस्ट मोबाइल
इंदौर (मध्य प्रदेश)

2009 में, विराट कुठाल ने मोबाइल गेम्स बनाने की कंपनी शुरू की, और बहुत थोड़े समय में ही नोकिया के ओवी प्लेटफॉर्म पर उल्लेखनीय सफलता दर्ज कर ली। अब उनका फोकस एंड्राइड मार्केट पर है, और वो अगला 'एंग्री बर्ड' बनाने का सपना देखते हैं।

इंदौर 'बिजीनेस' का शहर है। हर कोई कुछ न कुछ खरीद या बेच रहा है--सीमेंट से लेकर फार्मास्यूटिकल और नमकीन सेव तक सबकुछ।

पारंपरिक सफेद कुर्ता-पजामा और बहीखाते की जगह आधुनिक पेंट-शर्ट और कंप्यूटर ने ले ली है। लेकिन दिल से, इंदौर अभी भी वही 'व्यापारियों' वाला शहर है।

इससे विराट कुठाल की कहानी कुछ अलग और दिलचस्प हो जाती है। उनकी 4 साल पुरानी गेमिंग कंपनी उस चींटी की तरह है, जिसने विशाल हाथी को हिलाकर रख दिया था। लेकिन उनके इस सफर की तीव्रता और साहस ने मुझे चकित कर दिया!

जब 2011 में मैं पहली बार विराट से मिली, वह अपनी पहली सफलता के समुद्र में गोते लगा रहे थे। इंदौर की कंपनी ट्विस्ट मोबाइल को नोकिया वर्ल्ड कॉन्फ्रेंस में वक्ता के तौर पर आमंत्रित किया गया था। उन्हें ईए और एंग्री बर्ड के निर्माता के साथ मंच साझा करना था।

यद्यपि युवा उद्यमी त्रिदेंत होटल की बहुत महंगी कॉफी पर टिप्पणी करने से खुद को रोक नहीं पाए थे।

'मुझे इस कॉरपोरेट बुलशिट से नफरत है,' उन्होंने कहा था। 'मैं हमेशा बस से ही इंदौर से मुबंई तक के सफर को वरीयता देता हूं।'

दो साल बाद मैं फिर से विराट से मिली, उनका 'स्टेटस अपडेट' जानने के लिए। सबकुछ बदल गया था।

ट्विस्ट मोबाइल अधिक सुनियोजित होकर एक पूरी तरह से अलग बाजार पर ध्यान केंद्रित करने लगा है। लेकिन उसकी आत्मा का क्या? और खुद युवा उद्यमी का क्या?

विराट टू (एक नये अवतार में) अधिकारपूर्वक रेड वाइन का ऑर्डर देते हैं। वह ऐसे अनुभवी की तरह बात करते हैं, जिन्होंने दो सालों में जीवन का अनुभव प्राप्त कर लिया है। उनके निजी विकास की झलक उनकी कंपनी के विकास में भी दिखाई देती है।

'मोबाइल स्पेस में 6 महीने में सबकुछ बदल जाता है। दो साल तो मानो पूरी जिंदगी का हिसाब है!'

'बिजीनेस' में टिके रहने के लिए, आपको चुस्त और चालाक होना पड़ता है। पुराने विचारों को नकार दो, लेकिन अपने आदर्शों पर टिके रहो।

'जब भी मौका मिलता है, मैं आज भी इंदौर से मुंबई स्लीपर बस में ही जाता हूं!'

भले ही आप खुद का बेहतर वर्जन बना लें, लेकिन अपने मूल को भी नहीं मिटने दें। पहला वर्जन वही है, जहां से आपने 'आम आदमी' के रूप में अपना सफर शुरू किया था।

प्ले स्टेशन

विराट कुठाल–ट्विस्ट मोबाइल
इंदौर (मध्य प्रदेश)

विराट कुठाल का जन्म इंदौर से 14 किमी दूर एक गांव, राव में हुआ।

'मेरे पिता एक किसान थे लेकिन बाद में कंस्ट्रक्शन के धंधे में आ गए थे।'

विराट ने अपने घर के ही पास एक स्कूल, सेंट जॉन हायर सेकेंड्री स्कूल से पढ़ाई की। 12 साल की उम्र में, उन्होंने इंदौर के नामी स्कूल में दाखिला लिया, लेकिन वह कभी भी पढ़ाई को लेकर गंभीर नहीं थे। घर पर भी सबके दिमाग में था कि नंबर कोई मायने नहीं रखते--आखिरकार उन्हें अपना पारिवारिक बिजनेस ही तो संभालना था।

'मैं इसे बहाना बनाकर अक्सर क्लास से बंक मारता और अपने पापा के ऑफिस में मस्ती मारने पहुंच जाता।'

स्कूल में सिर्फ उनका मन एक ही विषय में लगता था, गणित। और स्कूल के बाद कंप्यूटर क्लास भी उनका शगल हुआ करता था। हैरानी की कोई बात नहीं थी, जब विराट को 10वीं के इम्तेहान में सिर्फ 57 प्रतिशत अंक ही हासिल हुए।

'इसके बाद में थोड़ा गंभीर हो गया।'

यद्यपि विराट का मन कंप्यूटर साइंस में ही था, लेकिन उनके पिता ने उन पर आर्किटेक्चर की पढ़ाई के लिए दबाव डाला--इससे कंस्ट्रक्शन बिजनेस

में फायदा मिलता। तो विराट को अगले 5 साल इंदौर की आईपीएस अकादेमी में बीआर्क की पढ़ाई करते हुए बिताने पड़े।

इस दौरान विराट की एकमात्र सफलता एनुअल नेशनल डिजाइन कॉम्पिटिशन जीतना था, जो 120 कॉलेजों के बीच आयोजित किया गया था। लेकिन इतना ही काफी नहीं था।

'तीसरे साल में, मैंने महसूस किया कि मैं आर्किटेक्ट के तौर पर आगे पढ़ाई नहीं कर सकता... मुझे उस क्षेत्र में मजा नहीं आ रहा था, मैं उसमें अच्छा नहीं कर सकता था।'

उस समय तक, पारिवारिक कंस्ट्रक्शन का काम भी अच्छे से नहीं चल रहा था। तो घरवालों का मूड भी बदलने लगा था--अब उन्हें नौकरी कहीं अच्छा विकल्प मालूम हो रही थी। लेकिन आर्किटेक्चर में नहीं।

2001 में, विराट ने बीआर्क कोर्स पूरा कर लिया, लेकिन काउंसिल ऑफ आर्किटेक्चर में अपना रजिस्ट्रेशन नहीं करवाया। इसके बजाय वह कंप्यूटर मैनेजमेंट में मास्टर करने के लिए पुणे गए।

'मैं कोई ऐसा कॉलेज चाहता था, जहां अटेंडेंस जरूरी न हो।'

पीआईसीटी (पुणे इंस्टीट्यूट ऑफ कंप्यूटर टेक्नोलॉजी) ऐसी ही जगह थी। विराट ने बस कुछ दिन क्लासें लीं, और फिर पेपर देने बैठ गए। बाकी के समय वह अपने आर एंड डी में व्यस्त रहे।

'उस समय मेरा परिवार मेरी मदद कर रहा था... एमसीएम के बाद भी, मैं अपना काम करता रहा। मैंने नौकरी नहीं की।'

विराट की दिनचर्या कुछ अजीब थी। वह सुबह 4 बजे तक इधर-उधर उलझे रहते, प्रोग्राम पर काम करते। फिर 12 बजे तक सोते। खाते, अखबार पढ़ते और शाम 4 बजे तक फिर से सो जाते। फिर डिनर के समय उठते। यह सब डेढ़ साल तक चलता रहा, जब तक उन्होंने और उनके अच्छे दोस्त कपिल ने आखिरकार पुणे से दिल्ली आकर रहने का फैसला नहीं कर लिया। उन्हें एक कंपनी *सिस्टम लाइफ साइकिल* में नौकरी मिली थी।

'दरअसल, मैंने आंट कॉलोनी पर आधारित एक गेम बनाकर, उन्हें प्रस्ताव दिया था--चलो इसे साथ मिलकर बेचते हैं।'

और उन्होंने उसके बजाय, उन्हें 17,000 रुपए महीने की नौकरी का प्रस्ताव

दे दिया। जो 2004-05 में काफी बड़ी रकम थी।

'उस समय तक मैं सिंगल था, क्योंकि मेरी गर्लफ्रेंड ने मुझे छोड़ दिया था... उसे लगता था मेरा कोई लक्ष्य नहीं है, और मैं कभी बदल नहीं सकता।'

विडंबना यह थी कि वह लड़की विराट को इसलिए पसंद करती थी, क्योंकि उसे विराट अलग लगते थे। लेकिन फिर प्राथमिकताएं बदल जाती हैं, और आपको खुद को स्वीकारना पड़ता है। नए लोगों, नए हालात और काम करने के नए तरीकों के लिए।

जब पीसी के गेम मोबाइल प्लेटफॉर्म पर आने लगे, तब विराट को अहसास हुआ, कि मोबाइल की दुनिया में कदम रखना होगा। नौकरी डॉट कॉम के एक विज्ञापन ने उनका ध्यान आकर्षित किया। गेमलोफ्ट, दुनिया के सबसे बड़े मोबाइल गेम डवलपर्स में से एक, हैदराबाद में अपना ऑफिस लगाने वाले थे।

विराट ने नौकरी के लिए आवेदन दिया।

'मैंने टैस्ट पास कर लिया, जो कंप्यूटर साइंसवालों के लिए सामान्य था।'

पगार भी कुछ बेहतर थी--22,500 रुपए--लेकिन विराट के लिए वहां बहुत कुछ था। हालांकि उन्होंने 6 महीने में ही वह नौकरी छोड़ दी।

'मैंने बहुत से दोस्त बनाए, कॉन्टेक्ट जोड़े और फिर तय किया कि मैं फिर से घर से ही काम करूंगा... अपने आइडिया पर।'

सालभर में ही वह अपने पैसे खत्म कर चुके थे, तो विराट को एक बार फिर से गेमलोफ्ट में आना पड़ा। इस बार 'गेम डिजाइनर' के रूप में। डवलपर के तौर पर विराट दी हुई डिटेल पर कोडिंग करते थे। डिजाइनर के तौर पर वे डिटेल देते थे। कल्पना करके की गेम कैसे खेला जाना चाहिए।

'मैं *प्रिंस ऑफ पर्सिया* खेलते हुए बड़ा हुआ था, तो गेमलोफ्ट में काम करना--यूबीसॉफ्ट (जिसने प्रिंस ऑफ पर्सिया बनाया था) की सिस्टर्स कंपनी, एक सपने के सच होने जैसा था।'

एक प्रतिद्वंद्वी कंपनी ने विराट को अच्छे पैकेज का लालच देकर अपने यहां बुलाने की कोशिश की थी, लेकिन उन्होंने मना कर दिया। गेमलोफ्ट में काम करना बहुत अच्छा अनुभव था। लेकिन फिर समस्याएं आनी शुरू हुईं। एक महत्वपूर्ण प्रोजेक्ट लेट हो गया और विराट ने पैसे लेने से मना कर दिया।

'मैं अपनी टीम के लिए सुरक्षात्मक हूं... मैंने जिम्मेदारी ली। मुझे नौकरी

'मैं पांचवीं क्लास से प्रोग्रामिंग कर रहा हूं... मैंने सॉफ्टवेयर तब बनाया, जब फोटोशॉप और कोरलड्रा भी नहीं था!'

से निकाल दिया गया।'

मुझे फिर से काम पर आने को कहा गया।

'मैं 15 दिन का नोटिस नहीं चाहता था, मैंने कहा, इसे ही मेरा आखरी दिन रहने दो।'

नवंबर 2007 में, विराट वापस दिल्ली आ गए, जहां अभी भी उनके अच्छे दोस्त कपिल राज काम कर रहे थे। 27 साल की उम्र में, वह वापस अपने पुराने ढर्रे पर आ गए--अपने बेडरूम में बैठकर, प्रोग्राम से छेड़छाड़। अपनी पसंद का काम करना--नए गेम्स के सपने देखना।

और विराट का परिवार उनके कैरियर के बारे में क्या सोचता था? क्या उन्हें उनके भविष्य की चिंता नहीं थी...

'यकीनन... लेकिन मैं आपको एक बात साफ कर दूं, अगर आप वाकई कुछ करना चाहते हैं तो अपने मां-बाप को *मार* दो।'

यकीनन, सच में नहीं, लेकिन उनकी इच्छाओं को जरूर मार दो, जो उन्होंने आपके लिए पाल रखी हैं। नहीं तो, आपके खुद के सपने दम तोड़ देंगे, बिना सच का उजाला देखे ही।

कपिल (पार्ट टाइम काम करते हुए) और विराट (फुल-टाइम काम करते हुए) ने 'ट्विस्ट फ्यूचर' की शुरुआत की। कंपनी ने विदेशों से कंटेंट के लिए लाइसेंस लेना शुरू किया और फिर उस इंडियन ऑपरेटर को पब्लिश किया। लेकिन इसमें मार्जिन काफी कम था। कमाई का दूसरा जरिया मोबाइल एप्प बनाना भी था। इसमें 'क्लाइंट सर्विसिंग' भी शामिल था, जो विराट को सख्त नापसंद था, एक ऐसा काम जो न तो चुनौतीपूर्ण था, न ही क्रिएटिव।

लेकिन, उनके पास कोई विकल्प नहीं था।

वैसे भी कंपनी इससे पहले कि कुछ और सोच पाती, अचानक विराट के पिता का देहांत हो गया। उन्हें परिवार के साथ रहने के लिए इंदौर आना पड़ा।

'अपनी मां की खातिर मैं शादी करने के लिए भी राजी हो गया।'

लड़की को घरवालों ने ही पसंद किया था, लेकिन इसमें भी एक ट्विस्ट था। पल्लवी से पहली मुलाकात में ही विराट जान गए थे कि वह महज 19 साल की थीं, और अभी कॉलेज में पढ़ाई ही कर रही थीं। विराट के मां ने लड़की को यह कहते हुए मना कर दिया कि वह बहुत छोटी है।

लेकिन विराट और पल्लवी ने पहली नजर में ही एक-दूसरे को पसंद कर लिया था, उन्होंने जोर दिया कि वे किसी दूसरी लड़की से शादी नहीं करेंगे।

'मैं ट्विस्ट फ्यूचर से बमुश्किल 10,000 रुपए महीना कमा पा रहा था... लेकिन उसे मेरे आइडिया पसंद आए, और मुझ पर भरोसा रखा।'

अपनी तरफ से, विराट ने भी सुनिश्चित किया कि वह शादी के बाद भी अपनी पढ़ाई जारी रख पाएंगी। हनीमून के ठीक बाद, पल्लवी बीटेक सेकेंड ईयर के एग्जाम की तैयारियों में लग गईं, और विराट 'संघर्षरत उद्यमी' के लबादे में व्यस्त हो गए।

उनका संघर्ष उनकी पसंद था, मजबूरी नहीं। विराट के परिवार के पास काफी जमीन थी। तो वह क्यों आसान राह नहीं चुनते?

क्योंकि, जो कंपनी खून-पसीने पर खड़ी की जाती है, वही मुकाम तक पहुंचती है।

'अच्छी बात थी कि मेरे मां-बाप ने कभी मुझे बिजनेस के लिए पैसे नहीं दिए। अगर वे देते तो मैं आसानी से उन्हें उड़ाकर बिगड़ सकता था।'

विराट इंदौर में रहते हुए ही, ट्विस्ट फ्यूचर के साथ काम करते रहे। लेकिन उन्हें बेचैनी सी हो रही थी--वह कुछ और करना चाहते थे। एक बिजनेस का सुझाव इंदौर में आईपीएस अकादेमी के मालिक और उनके पारिवारिक मित्र, अचल चौधरी की तरफ से आया।

'मैं एक नया कॉलेज शुरू करना चाहता हूं, जहां गेम ड्वलपमेंट सिखाया जाए। क्या तुम इस प्रोजेक्ट से जुड़ना चाहोगे?'

विराट सहमत हो गए, लेकिन यह खयाल साकार नहीं हो सका। इसकी फीस बहुत ज्यादा थी और कॉन्सेप्ट बहुत ही अनोखा। लेकिन विराट के पास प्लान बी भी था--मोबाइल गेम्स। यह किसी भी उद्यमी के लिए सहज प्राप्त फल था।

'क्या यह ज्यादा बेहतर नहीं होगा कि अपने उत्पाद बनाकर खुद दुनिया पर छा जाओ?'

उनके मित्र और बिजनेस पार्टनर, कपिल को इसमें कोई आपत्ति नहीं थी कि विराट एक नई कंपनी शुरू करें, जिसका मकसद अपने गेम्स बनाना और पब्लिश करना था। इस प्रकार, जनवरी 2009 में, ट्विस्ट मोबाइल की नींव पड़ी, जिसके पार्टनर और निवेशक अचल चौधरी थे।

यह कोई औपचारिक निवेश नहीं था।

मि. चौधरी ने कहा था, 'हर महीने तुम्हें जितने भी पैसों की जरूरत हो, मुझसे ले लेना।'

विराट ने एक डूवलपर और एक अकाउंटेंट को नियुक्त किया। ऑफिस की जगह और कंप्यूटर भी मि. चौधरी ने ही उपलब्ध करवाए। सवाल था कि शुरुआत कहां से की जाए? गेमलोफ्ट में, विराट का फोकस सिर्फ गेम बनाने पर था। यहां काम ज्यादा जटिल था--सबकुछ खुद संभालना था, सही आइडिया से लेकर पब्लिशिंग प्लेटफॉर्म तक।

'मैं बहुत से लोगों से मिला, अपने विचार साझा किए। मैंने मार्केटिंग संभालने के लिए एक व्यक्ति को भी नियुक्त किया।'

शुरुआत में, ट्विस्ट मोबाइल ने साइबर कैफे को मोबाइल कंटेंट बेचने की कोशिश की--लेकिन वह नहीं चला। खुद को गतिशील रखने के लिए, विराट *वेबदुनिया* के साथ काम करने को तैयार हो गए, वह लोकल अखबार *नई दुनिया* का ही पोर्टल है। ट्विस्ट मोबाइल ने बीआरईडब्ल्यू गेम्स बनाए, जो सीडीएमए फोन पर इस्तेमाल हो सकते थे। वेबदुनिया ने इसमें मध्यस्थ की भूमिका निभाई और इन्हें पब्लिश किया।

चूंकि ट्विस्ट मोबाइल को पहले से कोई पैसा नहीं दिया गया था, इसलिए इसमें कोई 'रिस्क' भी नहीं था। जब कोई जोखिम ही न हो, तो पाने की भूख भी कुछ कम हो जाती है।

'हम रेवेन्यू-शेयर के आधार पर काम कर रहे थे, और मुश्किल से ही कुछ कमा पाते थे।'

पहले 6 महीनों में--मार्च से नवंबर 2009--ट्विस्ट मोबाइल ने लगभग 7 लाख रुपए गंवा दिए थे। यह सारा पैसा चौधरी का ही था।

कंपनी के 5 कर्मचारी थे, जिनमें ड्वलपर्स भी थे, जिनके पास 2-3 साल का अनुभव था। सबकी पगार मिलाकर 60-70,000 रुपए महीना पड़ रही थी।

विराट खुद कोई पैसा नहीं ले रहे थे।

इस निराशा में, ट्विस्ट मोबाइल ने ज़ी स्टूडियों और शेवेरलो जैसे क्लाइंट के लिए मोबाइल एप्प बनाने शुरू कर दिए। लेकिन विराट की उम्मीद कम होने लगी थी।

'हमने एक कार-रेस का गेम लॉन्च किया--इससे 3000 रुपए मिले। मुझे शक होने लगा कि गेम बनाने में कुछ पैसे हैं भी या नहीं।'

दिसंबर 2009 में, बदलाव का समय आया। विराट ने बंगलौर में नोकिया कॉन्फ्रेंस में भाग लिया। वहां भारत भर से आए ड्वलपर्स से मिलकर, उनके अनुभव जानकर विराट को अहसास हो गया कि गेम बनाने में उज्ज्वल भविष्य है।

आपको बस एक मौके की तलाश होती है।

ट्विस्ट मोबाइल के पास वह आइडिया एक क्लाइंट के जरिए आया।

एक एजेंसी ने फोन करके पूछा, 'क्या आप कोई ऐसा एप्प बना सकते हैं, जिसमें पता चल सके कि एक आदमी 30 साल बाद कैसा लगेगा?'

'जरूर,' विराट ने कहा।

चूंकि प्रोजेक्ट के लिए हैवी इमेज प्रोसेसिंग की जरूरत थी, इसलिए उन्होंने इसके लिए 9 लाख रुपए मांगे। उस क्लाइंट ने अप्रूवल नहीं दिया। लेकिन तब तक विराट के दिल में वह आइडिया घर कर गया था।

'यह मुझे भी अच्छा लगा... मैं अब से 30 साल बाद कैसा लगूंगा?'

विराट ने निर्णय लिया कि वह इस एप्प को स्वतंत्र रूप से ड्वलप करेंगे। इस काम में उन्हें 2 महीने लग गए।

मई 2010 में, ट्विस्ट मोबाइल ने 'एज इफेक्ट' का लॉन्च किया, एक

'मैं कभी अपने भाई के साथ कपड़े साझा किया करता था, फिर हम पैसे वाले हो गए। फिर एक बार दोबारा, हमने सबकुछ गंवा दिया। पैसा आता है, जाता है, यह सबकुछ नहीं है।'

ऐसा एप्प जिसमें यूजर अपनी फोटो डालकर, उसे 30 साल बाद के रूप में देख सकता था। इस एप्प को पहली बार इजराइल में लॉन्च किया गया, जहां इसे अभूतपूर्व सफलता मिली। पहले ही दिन में इसके 1000 डाउनलोड हुए। कस्टमर्स हर डाउनलोड के साथ 3 डॉलर खर्च कर रहे थे, इससे ट्विस्ट मोबाइल ने 50,000 रुपए कमाए।

'हमने इजराइल में एप्प को एक मध्यस्थ के जरिए लॉन्च किया था, लेकिन वह बहुत अच्छा आदमी था। उसने ऑनलाइन रिपोर्ट भी हमारे साथ साझा की, उसने हमें धोखा नहीं दिया।'

'एज इफेक्ट' एप्प से ट्विस्ट मोबाइल को इजराइल से 7 लाख रुपए मिले। इसे बाद में भारत में भी पब्लिश किया गया, लेकिन यहां यह उतना लोकप्रिय नहीं हो सका।

'मैंने महसूस किया कि भारतीय बाजार में पेड डाउनलोड उतना अच्छा नहीं कर पाते।'

तो, डूवलपर को पैसे कहां से मिलते हैं? यही तो लाख टके का सवाल था?

'गेमलॉफ्ट जैसी कंपनियां एक गेम बनाने में 1-2 करोड़ रुपए खर्च करती हैं, जबकि हम बहुत बजट में ऐसा कर देते हैं।'

उस दौरान, ट्विस्ट मोबाइल का नियम था कि किसी भी एप्प की लागत 80,000 रुपए से ज्यादा नहीं होनी चाहिए। एक अनुभवी डूवलपर को, आर्टिस्ट के साथ काम करते हुए, किसी भी एप्प को बनाने में 45-60 दिन लगते हैं। परेशानी यह है कि आप नहीं बता सकते कि कौन सा एप्प चलेगा या कौन सा नहीं।

'ऐज इफेक्ट की सफलता से उत्साहित होकर, हमने ऐसे ही और एप्प बना डाले। लेकिन वे कामयाब नहीं हो पाए।'

इसी समय विराट की मुलाकात दीपक खुराना से हुई, वह उनके दोस्त के दोस्त और एड इंजन कंपनी, वीसर्व के संस्थापक थे।

'तुम इन-एप्प एडवर्टाइजमेंट्स की कोशिश क्यों नहीं करते?' दीपक ने सलाह दी।

वह अच्छा आइडिया था, लेकिन उसमें एक समस्या थी। विराट के पास

एडिशनल कोडिंग की विशेषता नहीं थी। हालांकि, वीसर्व ने एप्परैपर नाम की एक तकनीक विकसित की हुई थी। एक सॉफ्टवेयर जो ड्वलपर को आसानी से किसी भी एप्लीकेशन के साथ जोड़ने की सुविधा देता है।

'मुझे एक एप्प दो--हम उसे ऑनलाइन करेंगे और नंबर देखेंगे,' दीपक ने कहा।

पहला 'रैप्ड एप्प' लोकप्रिय एप्प शेयरिंग साइट, गेटजार पर अपलोड किया गया था। इस फ्री एप्प को 300 डाउनलोड मिले थे। यद्यपि, गेम में विज्ञापन भी थे, इसलिए ट्विस्ट मोबाइल को हर यूजर क्लिक के साथ 3 डॉलर मिल रहे थे।

'लाइव रिपोर्ट देखना बहुत रोमांचक था... मैं उन 3 डॉलर को कभी नहीं भूल सकता!'

वह दिन विराट का था।

'*फ्री* शब्द में बहुत ताकत है। फ्री शब्द तुरंत ही आंखों को खींच लेता है... इसके जरिए आप हजारों नहीं, बल्कि लाखों लोगों तक पहुंच सकते हैं।'

प्रति यूजर मिलने वाली एक-एक पैनी भी अच्छी रकम बना सकती है।

मोबाइलनाइन पर एक वेबसाइट फ्री एप्पस ऑफर करती है, वहां ट्विस्ट मोबाइल गेम्स को तुरंत 1.6 मिलियन डाउनलोड मिल गए। तब नोकिया की नजर इस कंपनी पर पड़ी। 21 मार्च 2011 को, ट्विस्ट मोबाइल का पहला 'रैप्ड एप्प' नोकिया ओवी स्टोर पर पब्लिश किया गया।

'एड रैपर तकनीक को अपनाना हमारे लिए बदलाव का पल था... इसने सबकुछ बदल दिया।'

जुलाई 2011 से, ट्विस्ट मोबाइल ने 1000 डॉलर प्रतिदिन की कमाई करनी शुरू कर दी। विराट ने क्लाइंट के प्रोजेक्ट लेने बंद कर दिए, उनका पूरा ध्यान ओरिजनल गेम्स पर आ टिका। उनका ऐसा ही एक सफल गेम रहा, 'साइको

'यहां तक कि तब भी जब मैं नौकरी नहीं किया करता था, दिन में 14-15 घंटे काम करता था। काम करने में मजा आता था, उससे कभी थकावट नहीं हुई।'

हंटर'। गेम में एक हिरन की तलाश करनी थी। लेकिन आप *कैसे* खेलते हो, यह आप पर निर्भर करता है।

'यह आइडिया मुझे 5 साल पहले मिला था... जब मैं खाते, सोते बस गेम ही खेलता था!'

15 अगस्त 2011 को लॉन्च हुए, साइको हंटर को 15 दिनों में ही 1 मिलियन डाउनलोड मिले। यह ओवी के इतिहास में सबसे अच्छा रिकॉर्ड बना। इस दौरान ट्विस्ट मोबाइल के अन्य सफल एप्प में 'स्कैच इफेक्ट' और 'शेड इफेक्ट' शामिल हैं। दोनों 'ऐज इफेक्ट' गेमिंग इंजन से ही बनाए गए।

जबकि ज्यादातर डूवलपर्स का फोकस स्मार्टफोन पर ही था, वहीं ट्विस्ट मोबाइल की सोच कुछ अलग थी। नोकिया की तरह ही विराट का भी मानना था कि सस्ते और सिंपल फोन रखने वाले ग्राहक भी गेम्स का शौक रखते हैं।

'मैं हमेशा अपने चायवाले लड़के के बारे में सोचता हूं--मैं जो भी एप्प बनाऊं, वो उसके फोन पर होने चाहिएं।'

अक्टूबर 2011 तक, ट्विस्ट मोबाइल के पास 14 मिलियन डाउनलोड थे, जिसमें से 4.5 मिलियन तो सिर्फ भारत में हैं। भारत में, कंपनी के पास ओवी स्टोर पर स्पेशल प्रमोशन और विजिबिलिटी की भी सुविधा है।

'6 महीने से भी कम समय में, हम एशिया की पहली ऐसी कंपनी बन गए, जिसने 10 मिलियन डाउनलोड का लक्ष्य हासिल किया था!'

उस समय तक, 4,00,000 डूवलपर्स में से महज 160 ही कुल मिलाकर सभी गेम्स में एक मिलियन डाउनलोड हासिल कर पाते थे। तो यह सच में बड़ी बात थी। विराट को अक्टूबर 2011 में लंदन में, नोकिया वर्ल्ड डूवलपर कॉन्फ्रेंस में वक्ता के तौर पर बुलाया गया। ट्विस्ट मोबाइल उन 3 कंपनियों में से एक थी, जिन्हें प्रजेंटेशन के लिए वैश्विक रूप से चुना गया था।

'वह गर्व का पल था, जब स्टीफन एलोप, नोकिया के सीईओ, ने ट्विस्ट मोबाइल का नाम ईए (इलैक्ट्रोनिक्स आर्ट्स) और एंग्रीबर्ड्स के साथ लिया।'

उस समय तक, नोकिया ओवी स्टोर पर 97 प्रतिशत डाउनलोड फ्री थे, तो सवाल उठता है कि डूवलपर्स को उनकी मेहनत का पैसा कैसे मिलता था? विराट खुले दिल से 'एड रैपर्स' के साथ गेम बेचने के अनुभव को साझा करते, जिससे कुछ शुरुआती डूवलपर्स संभावनाएं देख पाते।

'मैं जो भी जानता हूं, उसे दूसरों को बता देता हूं। मैं मानता हूं कि जितना ज्यादा कॉम्पिटिशन होगा, उतना ही इंडस्ट्री के लिहाज से अच्छा होगा, हमारे भविष्य के लिए भी।'

विराट ने लंदन से वापस आकर, अपनी 15 सदस्यी टीम को 35 का बना दिया। दूसरे छोटे डवलपर्स से अलग, वह एक बात के लिए स्पष्ट थे--कोई भी दूर बैठे काम नहीं करेगा, सभी का साइट पर आना जरूरी है। रोज की बातचीत से भरोसा और दक्षता आती है।

'मैं लगातार अपनी टीम को उनके बारे में सोचने के लिए उकसाता रहता, और मैं उसका परिणाम भी देख सकता हूं।'

शुरुआत में गेम के आइडिया विराट ही सामने लाते थे, लेकिन समय के साथ टीम के दूसरे सदस्य भी अपने आइडिया पेश करने लगे। ऐसे ही एक गेम ने जब ओवी पर एक मिलियन डाउनलोड हासिल किए, तो यह बहुत बड़ी उपलब्धि था।

यह खास इसलिए भी है कि ट्विस्ट मोबाइल में स्थानीय लोग ही काम कर रहे थे।

'मेरी नीति है इंदौर या एमपी के नए लड़कों को काम दिया जाए। हमारे कर्मचारियों में बहुत से इंजीनियरिंग स्नातक हैं, लेकिन जो कोई भी आवेदन करना चाहे उसका स्वागत है।'

सभी के लिए समान चुनौतियां हैं--नियुक्ति के लिए एक कठिन इम्तेहान और फिर ऊर्जा और जोश की परीक्षा के लिए पर्सनल इंटरव्यू। किसी भी व्यवसाय में सही लोगों की नियुक्ति बहुत जरूरी है, खासतौर पर किसी प्रोडक्ट कंपनी के लिए।

'मैंने महसूस किया कि हमारी ताकत कम लेकिन सक्षम लोगों में निहित है।'

कर्मचारियों को खुश रखने के लिए, विराट के अपने फंडे हैं। लोग सिर्फ

'आदर्श रूप से मैं बहुत अलग हूं, तो कभी-कभी दूसरों के साथ काम करना बहुत मुश्किल हो जाता है।'

दो ही कारणों से काम छोड़कर जाते हैं--पगार के लिए या फिर इज्जत के लिए। पहले भाग को विराट अपनी कंपनी के मुनाफे का 10 प्रतिशत सभी कर्मचारियों में बांटकर संभालते हैं। दूसरा वाला तो स्वभाव पर ही निर्भर होता है।

'मैं कभी केबिन में नहीं बैठता... *बॉस* के जैसा व्यवहार नहीं करता, मैं बस टीम का एक भाग है।'

बॉस के तौर पर, विराट देर तक ऑफिस में काम करते हैं, दोपहर 12 बजे से शुरू करके रात 3 बजे तक। रोज पहले कुछ घंटे वह टीम के साथ उनकी समस्याओं का समाधान करने में बिताते हैं। यहां तक कि वह प्रोग्रामर के साथ पीसी पर भी काम करते। रात 9 से 2 बजे तक का समय विराट नए आइडिया के इस्तेमाल में लगाते।

'मैं हमेशा ऑफिस आता, शनिवार और रविवार को भी... लेकिन मैं कभी दूसरों को इसके लिए मजबूर नहीं करता।'

एक लीडर को अपने ही उदाहरण के जरिए लीड करना चाहिए, तभी उसे इज्जत मिल पाएगी। अच्छे काम और बढ़िया ऑफिस की वजह से, ट्विस्ट मोबाइल को कर्मचारियों की वजह से होने वाली परेशानियों का लगभग न के बराबर ही सामना करना पड़ा।

फरिश्ते समान आने वाले निवेशक से भी इनके संबंध हमेशा मधुर बने रहे।

'हर सप्ताह हम एक या दो मीटिंग करते हैं, जहां हम सभी विषयों पर चर्चा करते हैं। और पैसों से ज्यादा, मि. चौधरी मुझे सही सलाह भी देते हैं।'

विराट ने उनसे बिजनेस का एक नियम सीखाः 'कभी भी जुबानी विश्वास पर काम मत करो। सबकुछ लिखकर तय करो।'

और दूसरी तरफ, कोई भी संबंध विश्वास पर ही टिकता है।

युवा उद्यमी और उनके निवेशक की बीच का व्यापार बिल्कुल सादा है--दोनों की 50 प्रतिशत की भागीदारी है। लेकिन जहां तक रोजमर्रा के काम की बात है, उस पर विराट का पूरा नियंत्रण है।

'मुझे कभी कोई चैक बनाने या कर्मचारी को नियुक्त करने से पहले उनसे पूछना नहीं पड़ता। न मुझे कोई सफाई देनी होती है।'

2011 के अंत तक, ट्विस्ट मोबाइल की सालाना आय एक करोड़ रुपए

थी, जिसमें 60 प्रतिशत मुनाफा था। यद्यपि, विराट हमेशा जमीन से जुड़े ही रहे और लागत को कम ही रखा।

'महंगे लोगों को नियुक्त करके जाल में फंसना आसान होता, ऐसे लोग जो आपके साथ सिर्फ पैसों के लिए जुड़ते हैं--वो आपकी मेहनत से खड़ी की हुई, कंपनी को बर्बाद कर सकते हैं।'

विराट की योजना थी कि इस पैसे का इस्तेमाल दूसरा ऑफिस बनाने में किया जाए--या तो वियतनाम में या फिलीपिंस में। भारत के बाहर इन दोनों ही जगह पर ट्विस्ट मोबाइल की अच्छी मार्केट है। उनका विजन है कि भारत में उनके पास 100 लोगों और विदेश में 50 लोगों की मजबूत टीम हो। ऐसी टीम के साथ, ट्विस्ट मोबाइल नोकिया से अलग, दूसरे प्लेटफॉर्म तक भी पहुंच पाएगा।

'मैंने महसूस किया कि हमें एंड्रॉइड, ब्लैकबेरी और आईफोन पर भी काम करना शुरू करना चाहिए।'

वह रास्ता उनके गेम्स को दूसरे प्लेटफॉर्म तक पहुंचा सकता है। लेकिन विराट जानते थे कि यह नहीं चल पाएगा।

'आईफोन यूजर एंग्री बर्ड्स जैसे गेम खेलते हैं। इस बाजार के लिए जो क्वालिटी और जिस तरह का काम चाहिए, वह उससे बिल्कुल अलग है, जो हम कर रहे हैं।'

विराट को अहसास था कि उन्हें टीम और उसकी क्षमताओं को बढ़ाना होगा। बेहतर आर्टिस्ट, बेहतर प्रोग्रामर और ज्यादा प्रोफेशनल तरीकों से काम करने की जरूरत होगी। कंपनी के पास अपना पैसा था, जिसे वह उसके विस्तार में लगा सकती थी। लेकिन इसे अच्छे से और जल्दी निबटाने के लिए उन्हें और पैसों की जरूरत थी।

किस्मत से, ट्विस्ट मोबाइल की साख अच्छी थी और उसकी तरफ निवेशक ध्यान देने लगे थे। जनवरी 2012 में, मैट्रिक्स कैपिटल पार्टनर ने उनसे इस बाबत बात की। जब बातचीत चल ही रही थी, और इस बीच विराट ने लोगों की नियुक्ति भी शुरू कर दी।

'मैं गेमलॉफ्ट और डिजिटल चॉकलेट में काम कर रहे अपने दोस्तों से मिला, और जल्द ही उन्हें बोर्ड में शामिल कर लिया।'

'जब मैं कहता हूं, *अपने मां-बाप को मार दो*, तो मेरा मतलब उन रुढ़िवादी विचारों से है, जो उन्होंने आपके दिमाग में जमा कर दिए हैं। अगर आप कुछ नया करना चाहते हैं, तो उन्हें उठाकर साइड करना ही पड़ेगा।'

किस्मत से, सभी काम जल्दी होता गया। मई 2012 में, डील फाइनल हो गई। जून तक पैसे भी आने शुरू हो गए। जुलाई में, उन्होंने सार्वजनिक घोषणा की। कंपनी के पहले निवेशक को अपने निवेश का 20 गुणा ज्यादा मिला, और उन्होंने अच्छे संबंध बरकरार रखते हुए खुद को बिजनेस से अलग कर लिया। मैट्रिक्स ने जो रकम निवेश की उसे गुप्त ही रखा गया।

तो जब एक छोटी सी शुरुआत को इतनी बड़ी रकम मिल जाती है, तो वास्तव में क्या होता है? और सबकुछ कैसे चलता है।

'बजाय 5 मसलों पर अपना दिमाग भिड़ाने के, हम पहले एक समस्या पर ही अपना फोकस बनाते हैं।'

अच्छे गेम बनाने के लिए आपको अच्छे लोगों की जरूरत होती है। और इन लोगों को अपने साथ जोड़ने के लिए अच्छे ऑफिस की। तो यहां से सब चीजों की शुरुआत होती हैं। ट्विस्ट मोबाइल ने एक ऑफिस किराए पर लेकर उसे अपने तरीके से तैयार करवाया, उसमें 125 लोगों के बैठने की क्षमता थी। इसके बाद उन्होंने ईएसओपी (एंप्लॉयी स्टॉक ऑप्शन प्लान) का लॉन्च किया।

'मुझे ईएसओपी पर भरोसा है, लेकिन मैंने देखा कि भारत में लोग इसे ज्यादा वरीयता नहीं देते। उन्हें आकर्षित करने का बेहतर तरीका है, काम करने की आजादी।'

काम करने की आजादी, मनमुताबिक समय चुनने की आजादी। लेकिन इस आजादी के साथ जिम्मेदारी भी जुड़ी है। सर्वश्रेष्ठ बनो, और खुद ही अपने लक्ष्य को ऊपर उठाते रहो। इस गतिमान संसार में कुछ भी स्थिर नहीं है। आज के सफल एप्प, कल दिखाई भी नहीं देंगे।

'मैं हर नए नियुक्त हुए आदमी से खुद कुछ समय के लिए मिलता हूं। सिर्फ उनका चेहरा देखने, और यह जांचने के लिए कि क्या वह आज के हाई-स्पीड

कल्चर से ताल मिला पाएंगे।'

एक कंपनी को तेजी से चलाने के लिए, एक बंदे को स्टीयरिंग व्हील संभालकर अपनी नजर को फिनिशिंग लाइन पर ही जमाना होता है। हर पुर्जे को एक साथ घूमना होता है--खराब पुर्जों की इसमें कोई जगह नहीं है। निवेश के एक साल बाद, ट्विस्ट मोबाइल ने जिन 77 लोगों को नियुक्त किया था, उनमें से सिर्फ 4 ही उनकी पुरानी टीम के साथ रह पाए।

विराट कंधे झटकते हैं।

'बिजनेस को भावनाओं से नहीं चलाया जा सकता। अगर लोग सही से काम नहीं कर पा रहे हैं, तो आपको उन्हें जाने देना चाहिए...'

कुछ लोगों ने काम छोड़कर एक आर्टिस्ट और 1-2 प्रोग्रामर की मदद से अपनी ही कंपनी शुरू कर ली। लेकिन विराट को इसकी चिंता नहीं है। मोबाइल तकनीक में 6 महीने में सब बदल जाता है। यहां टिके रहने के लिए आपको आगे की सोचनी पड़ती है।

2012 में बनाए 10 लेवल के सिंपल गेम के बाद ट्विस्ट मोबाइल ने 2013 में 90-120 लेवल वाले जटिल गेम भी बनाए। ऐसे गेम को तैयार होने में 3-4 महीने लगते है, जिस पर 6 लाख रुपए की लागत आती है। साल में ऐसे ही 10-15 टाइटल बनाने के बाद, ट्विस्ट मोबाइल नोकिया ओवीस्टोर के 5 बड़े डूवलपर्स में शामिल हो गया। जुलाई 2013 में, इससे कंपनी की आय में 75 प्रतिशत की कमाई हुई।

यद्यपि अगस्त 2013 में, कंपनी ने ओवी स्टोर के लिए नए उत्पाद न बनाने का निर्णय करके अपना पूरा ध्यान स्मार्टफोन पर केंद्रित करने का निर्णय लिया। इसमें समझदारी भी थी। फीचर फोन यूजर्स एप्प या गेम्स को लेकर इतने दीवाने नहीं होते कि बार-बार उन्हें ही रिपीट करें। और ये एंट्री-लेवल फोन यूएस जैसे बड़े बाजारों में उतने प्रासंगिक भी नहीं है।

'स्मार्टफोन पर इंटरनेट का इस्तेमाल बहुत है। इसी वजह से हाई-क्वालिटी कंटेंट की जरूरत होती है।'

मैट्रिक्स से मिली सलाह से इस कठिन निर्णय को लेने में और परेशानी आई।

'मुझे आज भी याद है, मैट्रिक्स पार्टनर्स के एमडी, रिषी नवानी ने मुझसे

'हम फ्रांस या अमेरिका द्वारा चालित नहीं हैं। क्रिएटिव लोग हमारे साथ काम करते हैं, क्योंकि उन्हें अच्छा काम मिलता है।'

कहा था--मोबाइल तकनीक में बहुत जटिलताएं हैं। फीचर फोन प्लेयर्स को पकड़ पाना बहुत मुश्किल होगा।'

लेकिन ट्विस्ट मोबाइल यह लड़ाई लड़ने को तैयार था। एंड्रॉइड मार्केट में कॉम्पिटिशन और डिमांड बहुत ज्यादा हैं। आपको अपने एप्प को आगे लाने के लिए बहुत मेहनत करनी ही होगी।

'हम अभी सीखने के दौर में ही हैं, हम समझने की कोशिश कर रहे हैं कि अपने एप्प को एंड्रॉइड मार्केट में उतारने के लिए और क्या करने की जरूरत है।'

विराट मानते हैं कि भविष्य में, प्रचार से ज्यादा वो एप्प चलेंगे, जो सालाना आय को कुछ सहारा दे सकें। प्रीमियम कंटेंट, वर्चुअल गुड्स, या सब्सक्रिप्शन भी इन-एप्प हो सकते हैं। ऐसे गेम बनाने के लिए एक अलग सोच की जरूरत होती है।

'देखो, भारत में हमें बचपन से सिखाया जाता है--क्षणिक खुशी के लिए मत भागो। लेकिन यूरोप में, सबकुछ क्षणिक खुशी पर निर्भर करता है।'

संस्कृति का फर्क गेम के हर पहलू पर दिखाई देता है। अगर एक भारतीय शूटिंग गेम बनाता है, तो वह कहेगा कि उसके कस्टमर को गन का पैसा देने दो, और गोलियां फ्री कर दो। रूस में, गेम डिजाइनर कहेगा, बंदूक फ्री दे दो, लेकिन कस्टमर से गोलियों के पैसे लो।

विराट की योजना वियतनाम में एक स्टूडियो शुरू करने की है, या कम से कम कुछ वियतनामी को नियुक्त करने की। हालांकि उसने पाया कि वह भारत आने के लिए राजी नहीं थे। फिर वह रूस गया और चीजें पूरी तरह बदल गईं।

'रूस में, लोग भारत के बारे में जानते हैं, उन्हें भारत में काम करने में कोई परेशानी नहीं है।'

दरअसल, किसी बंगलौर वाले को इंदौर ले जाना बहुत मुश्किल होगा, लेकिन

मॉस्को में विराट को ऐसी परेशानी नहीं हुई। उन्होंने 12 महीने के कॉन्ट्रेक्ट पर एक गेम डिजाइनर को नियुक्त किया, और 6 और ऐसे लोगों को नियुक्त करना चाहते हैं। लागत के हिसाब से भी यह सही सौदा होता है। हाई-क्वालिटी के रूसी लोग भारतीयों से कम पगार पर काम करने को तैयार हो जाते हैं।

संस्कृति पार के इस सफर में ट्विस्ट मोबाइल ने मार्केट रिसर्च के लिए ग्रीक के निवासी को नियुक्त कर एक कदम और आगे बढ़ा दिया। वह कंपनी में एआईइएसइसी* के जरिए आईं।

अतीत में, कंपनी ने गेम अपनी गट-फीलिंग से बनाए थे। लेकिन अब यह काम ज्यादा साइंटिफिक तरीके से होता है।

'हम ग्राहकों को अपने ऑफिस में बुलाते हैं, और उनसे गेम चैक करने को कहते हैं। हम उनकी सलाह भी लेते हैं, और उसे फाइनल स्टेज पर लागू करते हैं।'

दरअसल, कंपनी का हर पहलू अब ज्यादा संगठित रूप से काम कर रहा है। पहले दो सालों में, कर्मचारियों को 'ऑफर लैटर' नहीं मिलता था। क्योंकि ऐसा कोई पेपर उनके पास था ही नहीं! अब उनके पास एचआर मैनेजर भी है और मालिक-कर्मचारी कॉन्ट्रेक्ट भी।

ट्विस्ट मोबाइल प्रोडक्शन स्पीड बढ़ाने के लिए टैक्नोलॉजी में निवेश भी निवेश कर रही है। चूंकि आईओएस, एंड्रॉइड और सिंबियन को सपोर्ट करने के लिए कोई एक प्लेटफॉर्म उपलब्ध नहीं है, इसलिए कंपनी कोको2डीएक्स का इस्तेमाल करके अपने टूल ड्वलप करना चाहती है। आसान काम नहीं है, लेकिन उसका भी अपना मजा है।

उनकी भी कमजोर कड़ी अकाउंट ही है।

'हमारी बैलेंस शीट सालभर की देरी से थी... हमें उसके लिए बहुत सा ब्याज देना पड़ा!'

वीसी के बोर्ड में आने के बाद, हर तीन महीने पर बोर्ड मीटिंग और काम की समीक्षा की जाने लगी। सब कैसा चल रहा है, हमें और क्या करना

* एक अंतर्राष्ट्रीय नॉन-प्रोफिट ऑर्गेनाइजेशन जो छात्रों को लीडरशिप ट्रेनिंग और इंटर्नशिप के मौके देता है (www.aiesec.org)

चाहिए--समस्याओं पर चर्चा और मौकों की तलाश।

'अब मैं प्रोफेशनल निवेशकों और अपने जान-पहचान वालों से लिए पैसों में फर्क को समझता हूं।'

वीसी निवेशक हमेशा प्रेरित करते हैं, वह अपने निवेशकों के प्रति जवाबदेह हैं। लेकिन उन्हें अपनी सीमाओं का भी ज्ञान है, और समस्याओं का भी। मार्च 2013 में उनकी कंपनी की सालाना आय 1.6 करोड़ रुपए थी।

'पिछले साल में हमने तकनीक और प्रतिभा पर फोकस केंद्रित करने की कोशिश की। जिनका इस्तेमाल हम नए गेम बनाने और सेल बढ़ाने में करेंगे।'

ट्विस्ट मोबाइल 6-10 मिलियन डॉलर के सीरिज बी की प्रक्रिया पर काम कर रहा है। कंपनी की योजना ईस्ट यूरोप में एक स्टूडियो खोलने की है, जिससे इसकी मार्केटिंग और पीआर स्पेंड को बढ़ाया जा सके।

अच्छे 'पब्लिशर' के साथ काम करके--जैसा लेखक करते हैं--अपनी साख और विश्वसनीयता बढ़ाई जा सकती है। एंग्री बर्ड की सफलता का एक राज यह भी है कि उसे शुरुआत में शिलिंगो* ने प्रचारित किया था। शिलिंगो कई सफल शीर्षकों का प्रकाशक होने के साथ एप्पल के मजबूत साझेदारों में जाना जाता है।

हर डूवलपर का सपना होता है, एक ऐसा गेम जिसे 1.5 मिलियन डाउनलोड मिलें। रोवियो एंटरटेनमेंट को इसमें 6 साल लगे, और रातोरात सफलता हासिल करने के लिए 51 शीर्षक। एक सिंपल गेम, एक बेसिक इंजन पर बना... वह लोगों को पसंद आ ही जाता है।

यह आपको एक नई उम्मीद देता है। अगर फ़िनलैंड** में एस्पू यह कर सकती है, तो इंदौर में भी ऐसा हो सकता है।

* एंग्री बर्ड की सफलता के बाद, शिलिंगो को इलैक्ट्रोनिक्स आर्ट (ईए) ने 20 मिलियन डॉलर में खरीद लिया था।

** एस्पू एंग्री बर्ड के निर्माता, रोवियो एंटरटेनमेंट का हैडक्वार्टर है।

युवा उद्यमियों को सलाह

मेरी सलाह है पहले तय करो--आप बिजनेस करना चाहते हो या नौकरी। अगर आप बिजनेस करना चाहते हो तो बहुत दूर का सफर बिना जूतों के करने को तैयार रहो। जैसा मैंने किया।

आप चाहे अमीर हों या गरीब, घर से पैसे मत लो। वह आपको बर्बाद कर देगा। मां-बाप या नौकरी से मिला पैसा ईजी मनी होता है।

अगर बिजनेस के जरिए ही पैसा कमाया जाए, तब आपको उसकी कीमत समझ आएगी। जब आप अपने पैसे बनाते हो, तब उसे सोच समझकर खर्च करते हो।

भारत में निवेशक ढूंढ़ना बहुत मुश्किल होता है, लेकिन अगर मिल जाए तो उन्हें खुश रखिए, उन्हें बताएं कि वह आपके लिए कितने महत्वपूर्ण हैं। उन्हें निवेशक न समझें, शुरुआती सालों में उन्हें मार्गदर्शक ही मानिए। देखिए कि उन्होंने अपने समय में पैसा कैसे कमाया है। उनकी रणनीति अपनाइए, तकनीक नहीं।

अगर आप किसी छोटे शहर में हैं, तो इसका फायदा उठाइए। छोटे शहरों में पगार के अलावा मान-सम्मान भी बहुत महत्व रखता है। लोग आपके साथ तभी काम करते हैं, जब उनके साथ अच्छा बर्ताव किया जाता है।

आप किसी पर खुद के लिए ज्यादा काम करने का दबाव नहीं डाल सकते। यह अंदर से आना चाहिए। अगर उनमें मालिकत्व की भावना होगी, तभी वे देर तक काम करेंगे, डेडलाइन पूरी करने के लिए वह देर रात तक भी काम करेंगे। इस जादू का अहसास आपको तभी होगा।

संघर्ष के दिनों का मजा लीजिए। मुश्किल समय में, मेरे पास ज्यादा और बेहतर आइडिया थे। मैं ट्रेन से सफर के दौरान, शौचालय के बाहर घूमता रहता और लोगों से बात करने की कोशिश करता।

दूसरे लोगों के विचारों से प्रभावित मत होइए। अपने पास के लोगों और घटनाओं से प्रेरणा लीजिए। इससे आपके प्रोडक्ट में 'मानवीयता' आएगी।

एयर सप्लाई

अभिजीत बरूआ—प्रीमियर क्रायोजेनिक्स
गोवाहाटी (असम)

80 के दशक के मध्य में एक युवा केमिकल इंजीनियरिंग में एमएस की डिग्री के साथ भारत वापस आया और देश के संवेदनशील हिस्से, असम में बिजनेस शुरू किया। आज प्राकृतिक गैस के क्षेत्र में उनकी कंपनी सालाना 50 करोड़ रुपए कमा रही है।

भारत के किसी अन्य भाग में प्रीमियर क्रायोजेनिक्स बस महज मध्यम आकार का उद्योग होता।

असम में यह आशा का प्रतीक है।

बंद और कर्फ्यू, राजनीतिक और विचारों की लड़ाई के बीच किसी कंपनी का इस साइज और स्केल पर पनप पाना किसी चमत्कार से कम नहीं है। इसे चलाने वाला एक आईआईटी और यूएस से शिक्षित प्रोफेशनल है, जो यहां अपनी दृढ़ इच्छा के चलते टिके हैं।

और भले ही लोग कुछ भी कहते रहें या कुछ भी मानते रहें, उन्होंने साबित कर दिया कि असम में बिजनेस कर पाना संभव है।

'हां, यहां बंद और विरोध चलता रहता है, लेकिन मेरी फैक्टरी इन कारणों से कभी एक दिन के लिए भी बंद नहीं हुई है।'

दरअसल, अभिजीत ने तो ऐसी जगह में होने का फायदा उठाते हुए सही बिजनेस का चयन किया। जब अभिजीत ने लिक्विड नाइट्रोजन का उत्पादन शुरू किया तो असम में स्थित ओएनजीसी और ऑयल इंडिया जैसी कंपनियां तुरंत ही उनकी ग्राहक बन गईं। बेशक यह सब आसान नहीं रहा होगा। सबसे बड़ी समस्या थी बिजली सप्लाई की, जिससे रोज उत्पादन प्रभावित हो रहा था। फिर भी, अभिजीत अपने गृह राज्य की लिए आशावान ही हैं।

'यहां समस्याएं हैं, लेकिन अगर मैं कहीं और होता, तो वहां दूसरी तरह की मुसीबतें होतीं!'

सकारात्मक सोच और सकारात्मक कार्यों ने ही यह सब संभव बनाया। आज प्रीमियर क्रायोजेनिक्स अपने पंखों की उड़ान को उस भूभाग के पार ले जाना चाहता है--नॉर्थईस्ट के ककून के बाहर।

लेकिन उनके दिमाग में जो मिशन है, वह इससे काफी बड़ा है।

'उद्यमिता महज मेरा व्यवसाय नहीं है, यह मेरा जुनून है... मैं इस प्रांत से उभरे और उद्यमियों को देखना चाहता हूं।'

हो सकता है कि यह जमीन विचारों से भरी हो। और उन युवक और युवतियों से धारा की विपरीत दिशा में तैर सकें।

बंद करो यह झगड़ा, शुरू करो कुछ काम।

मन की शांति, काम करने की शांति, लोग यही चाहते हैं और उन्हें यह मिलना भी चाहिए।

एयर सप्लाई

अभिजीत बरूआ--प्रीमियर क्रायोजेनिक्स गोवाहाटी (असम)

अभिजीत बरूआ का जन्म और पालन-पोषण असम में ही हुआ।

'मेरे पिता राज्य सिंचाई विभाग में इंजीनियर थे और मेरे परदादा पुलिस सर्विस में थे।'

हालांकि, शुरू से ही अभिजीत का झुकाव बिजनेस की तरफ था। वह उनकी छिपी हुई महत्वाकांक्षा थी, कि अपना ही कुछ काम करना है। युवा लड़का अपने पिता के कजिन, हेमेंद्र प्रसाद बरूआ से प्रभावित था।

'वह नॉर्थईस्ट इंडिया से हार्वर्ड बिजनेस स्कूल जाने वाले पहले व्यक्ति थे। मेरे माता-पिता मुझे हमेशा प्रोत्साहित करते--तुम्हें हेमन बोरदेउता* जैसा ही कुछ करना चाहिए।'

अभिजीत अच्छे छात्र थे--दरअसल, इसी एक चीज में वह अच्छे थे। उन्होंने 10वीं क्लास के बोर्ड एग्जाम में कॉटन कॉलिजिएट हाइर सेकेंड्री स्कूल में टॉप किया और पूरे राज्य में दूसरे स्थान पर रहे। ऐसा ही नतीजा 12वीं के इम्तेहान में भी रहा, अभिजीत को कैमिकल इंजीनियरिंग में आईआईटी दिल्ली में दाखिला मिल गया। वह साल 1978 था।

आईआईटी की शुरुआती किसी क्लास में प्रोफेसर ने हर छात्र से पूछा, 'आपने कैमिकल इंजीनियरिंग को क्यों चुना?'

* असमी में बोरदेउता अंकल को कहते हैं।

'सफल बिजनेसमैन बनने के लिए सबसे जरूरी है कि आपको सभी चीजों के बारे में थोड़ी-थोड़ी जानकारी होनी ही चाहिए।'

अभिजीत का जवाब था, 'मैंने कहीं सुना था कि अगर तुम बिजनेस शुरू करना चाहते हो तो यह अच्छा रहेगा।'

'ओह,' प्रोफेसर ने कहा, 'तो तुम उद्यमी बनना चाहते हो!'

उस समय पहली बार अभिजीत ने इस शब्द को सुना था, जो उनकी जिंदगी को परिभाषित करता है।

लेकिन शुरुआत में, उन दिनों के लगभग हर आईआईटी स्नातक की तरह, इस युवा का ध्यान भी यूएस की फुल स्कॉलरशिप की तरफ था। रोचेस्टर में मास्टर डिग्री पूरी करने के बाद वह एमबीए करना चाहते थे।

'मुझे वार्टन बिजनेस स्कूल, बर्कले और कॉर्नल में दाखिला मिल रहा था, लेकिन मेरा मन हार्वर्ड बिजनेस स्कूल की तरफ था, और मैं कहीं और पढ़ाई नहीं करना चाहता था।'

एचबीएस ने अभिजीत को दाखिला नहीं दिया, क्योंकि उनके पास काम करने का कोई अनुभव नहीं था।

'जाओ, और कुछ समय काम करो। फिर 2-3 साल बाद आना, शायद हम तुम्हें दाखिला दे दें,' उन्होंने कहा।

अभिजीत ने उनकी सलाह मानते हुए, एक अनोखी चीज की--वह गोवाहाटी लौट आए। और क्या, उन्होंने तय कर लिया था कि वह नौकरी नहीं करेंगे।

'मैंने सोचा था कि मैं कोई छोटा बिजनेस शुरू करूंगा, और 2-3 साल बाद हार्वर्ड चला जाऊंगा।'

दोस्त और परिवार वाले हैरान थे, लेकिन अभिजीत पर कोई असर नहीं पड़ा। वह बिजनेस आइडिया के लिए इधर-उधर देखने लगे--कुछ नया, या कुछ ऐसा जो यहां की मार्केट को रास आए। इस जुनून में, उन्होंने पूरे असम का सफर तय किया, सारी फैक्टरियों में गए, लोगों से बात की। ऐसी ही एक जगह थी, *ओएनजीसी*।

वहां, अभिजीत को पता चला कि तेल के क्षेत्र में एक उत्पाद, 'लिक्विड नाइट्रोजन' बहुत जरूरी होता है, जिसकी वजह से उत्पादन पर काफी असर पड़ता

है, वो असम में नहीं मिल पाता। उसे बिहार के सिंदरी से मंगवाना पड़ता है। लिक्विड नाइट्रोजन को मंगवा पाना आसान नहीं था, और उसकी आपूर्ति भी बहुत अच्छी नहीं थी।

'तो मैंने सोचा यह अच्छा आइडिया है--क्योंकि यह यहां नहीं मिलता तो इसकी खपत अच्छी हो जाएगी। इस तरह मैंने इसके उत्पादन का निर्णय लिया।'

इस प्रोजेक्ट के लिए काफी पैसों की जरूरत थी, और अभिजीत के पास निवेश के लिए पैसे नहीं थे। लेकिन वह सही समय पर, सही जगह में थे। विरोध और बेचैनी के कई वर्षों बाद, असम को 1985 में नई सरकार मिली थी, जिसका नेतृत्व एएएसयू (ऑल असम स्टूडेंट्स यूनियन) के पूर्व सदस्य कर रहे थे।

'बहुत सी बातें हो रही थीं कि सक्षम कैसे बना जाए, स्थानीय लोगों को बिजनेस के लिए कैसे आकर्षित किया जाए। तो सरकार बहुत सहयोगात्मक थी।'

किसी असमी का यूएस से अपने राज्य में वापस आकर बिजनेस करने का विचार बेहद सुखद था। वह जहां भी गए लोग उनकी मदद के लिए आगे आए। उन दिनों में, तकनीकी उद्यमियों के लिए आईडीबीआई के पास एक स्कीम भी थी।

'मुझे 10.5 लाख रुपए का लोन बहुत कम ब्याज-दर पर मिल गया और असम सरकार ने भी कुछ शेयर का योगदान दिया।'

फिर भी, अभिजीत को अपनी तरफ से 5-6 लाख रुपए का निवेश करना पड़ा। उनके प्रोजेक्ट की लागत थी 1 करोड़ रुपए।

उनका पहला काम था, फैक्टरी के लिए जमीन तलाश करना। अभिजीत ने शिवसागर में एक छोटा सा प्लॉट खरीदा, क्योंकि यह जगह ओएनजीसी के पूर्वी हेडक्वार्टर के पास थी। और ओएनजीसी उनका सबसे बड़ा भावी ग्राहक था।

'शिवसागर एक दूर-दराज इलाका था, अभी भी है। लेकिन उन दिनों, हमें एक एसटीडी कॉल करने के लिए भी एक घंटे का सफर तय करके जोरहाट आना पड़ता था।'

फैक्टरी को बनने में दो साल लग गए। पहले साल में, वह एक ही आदमी का काम था। अभिजीत खुद ही सब काम कर रहे थे--लैटर टाइप करने से

'मैंने कभी कोई नौकरी नहीं की,
तो मेरा पहला पद मैनेजिंग डायरेक्टर ही रहा।'

लेकर मशीनों की इंस्टालेशन तक सब।

उनके एक सप्लायर ने टिप्पणी की, 'जब मैं हमारी मशीन लगाने जाता हूं, तो वहां बहुत से लोग होते हैं--कोई फाइनेंस के लिए, कोई मार्केटिंग के लिए। लेकिन यहां आप ही डायरेक्टर हो, आप ही प्रोड्यूसर हो, क्लर्क हो--सब खुद ही संभाल रहे हो!'

1987 में, अभिजीत की बहन गोवाहाटी विश्वविद्यायल ये एमबीए कर रही थीं। एक कंपनी बनाने के लिए आपको दो डायरेक्टर्स की जरूरत होती है। अभिजीत ने अपनी बहन को दूसरा डायरेक्टर बनने के लिए राजी कर लिया।

1988 की शुरुआत में, असम एयर प्रोडक्ट फैक्टरी में काम शुरू हो गया। प्रोजेक्ट चालू करना अपेक्षाकृत आसान था--मशीनें उपलब्ध थीं, या वे बाहर से मंगवाई जा सकती थीं। असली चुनौती थी फैक्टरी में रोज का काम हो पाना।

'हमें उत्पादन, मशीनें चलाने और उससे संबंधित मसलों का कोई अनुभव नहीं था।'

सभी कर्मचारी स्थानीय थे, जो फैक्टरी के एक किलोमीटर के दायरे में रहते थे। एक डिप्लोमा इंजीनियर को छोड़कर, सभी या तो मैट्रिक किए थे या स्कूल की पढ़ाई बीच में ही छोड़ दिए थे। उनमें से कई वहां फैक्टरी के निर्माण के समय ही दैनिक मजदूर के तौर पर भी काम कर चुके थे।

'जो ज्यादा मेहनती और प्रेरित नजर आ रहे थे, हमने उन्हें नौकरी का प्रस्ताव दिया। शायद उनके पास भी कोई और विकल्प नहीं था, और शायद मेरे पास भी!'

अभिजीत ने प्रोडक्शन संभालने के लिए एक अनुभवी इंसान को नियुक्त करने की कोशिश की--कोलकाता के एक सज्जन, जिन्होंने एमएनसी से स्वैच्छिक रिटायरमेंट लिया था। हालांकि वह दुविधा में रहे, लेकिन आखिरकार उन्होंने काम न करने का फैसला किया। ऐसा ही सेल्स के मामले में भी हुआ। इस बार, आदमी ने जॉइन तो कर लिया, लेकिन महीने भर में ही कहीं और से काम मिलने पर नौकरी छोड़ दी।

असम एयर प्रोडक्ट में लिक्विड नाइट्रोजन और ऑक्सीजन गैस का उत्पादन होने लगा। लिक्विड नाइट्रोजन के लिए वहां बहुत से ग्राहक तैयार थे, कंपनी जितना चाहे माल बेच सकती थी।

'ओएनजीसी के लोग अक्सर पूछते--आपकी कंपनी में प्रोडक्शन कब शुरू होगा? उन्हें 1500 किमी दूर से प्रोडक्ट मंगवाने में बहुत दिक्कत पेश आ रही थी।'

ऐसे संवेदनशील इलाके का नुकसान ही उनका सबसे बड़ा फायदा बन गया। अभिजीत ने 15 रुपए का कॉन्ट्रेक्ट साइन किया और उन्हें पहले दिन से ही एक भरोसेमंद खरीदार भी मिल गया। हालांकि, ऑक्सीजन की अलग कहानी थी। औद्योगिक ऑक्सीजन गैस की जरूरत छोटी वर्कशॉप के साथ-साथ बड़ी फैक्टरियों को भी होती है। फिर मेडिकल ऑक्सीजन, जिसका अस्पताल में व्यापक प्रयोग होता है।

'इन अलग-अलग ग्राहकों तक पहुंचने के लिए हमें बहुत सी मार्केटिंग की जरूरत थी। शुरू में मैंने और अनामिका दोनों ने मिलकर इस पर बहुत काम किया।'

उस समय तक, इंडियन ऑक्सीजन लिमिटेड कंपनी का खासा नाम था। असम एयर प्रोडक्ट की रणनीति फ्री ट्रायल का प्रस्ताव देने की थी।

'5 सिलेंडर लेकर उन्हें बरत कर देखो। अगर आपका मन माने तो हम और दे देंगे।'

पहले साल के कामों में, असम एयर प्रोडक्ट्स ने बहुत अच्छी शुरुआत तो नहीं की थी, लेकिन गुजारे लायक काम हो ही गया था। धीरे-धीरे बिजनेस बढ़ा, जब ऑयल इंडिया भी लिक्विड नाइट्रोजन की ग्राहक बन गई। 1995 तक, असम एयर प्रोडक्ट्स की सालाना आय 6 करोड़ रुपए थी। हालांकि, बिजनेस को एक परेशानी का सामना करना ही पड़ रहा था--पावर सप्लाई।

'जब मैंने शिवसागर में काम करना शुरू किया, तो मैं नहीं जानता था कि इसे लेकर इतनी परेशानी होगी। हमारे जैसी फैक्टरी बिना 24 घंटे बिजली के काम नहीं कर सकती!'

दिन में 8-10 बार बिजली कटने पर, ऐसी किसी फैक्टरी के उत्पादन पर असर पड़ना स्वाभाविक ही है। अभिजीत ने पूरे राज्य में बिजली कटने का हिसाब

'हमने ऐसे लोगों को नियुक्त किया जो बस 5वीं या 8वीं क्लास तक ही पढ़े थे, लेकिन उनकी सोच की दिशा सही थी और आज वो मेरे महत्वपूर्ण लोगों में शामिल हैं।'

लगाया। उन्होंने न सिर्फ इस बाबत लोगों से बात की, बल्कि खुद सब-स्टेशन पर जाकर उनके रिकॉर्ड्स चैक किए। इससे उन्हें पता चल गया कि पिछले महीने और पिछले साल में कितनी बार बिजली गई थी।

'मैं संभवतया असम के अलग-अलग भागों में बिजली की स्थिति को बिजली बोर्ड के लोगों से ज्यादा जानता हूं!'

अभिजीत इस निर्णय पर पहुंचे कि संभतया बिजली की सबसे अच्छी सप्लाई राज्य की राजधानी में ही थी। तो, असम एयर प्रोडक्ट्स को गोवाहाटी शिफ्ट करना होगा। इसके लिए एक नई फैक्टरी बनाने की जरूरत होगी। इसके लिए फाइनेंस का बंदोबस्त आईपीओ ने किया।

'हमने प्रीमियर क्रायोजेनिक्स नाम के एक नए उद्योग का गठन किया और उसके थोड़े से शेयर मार्केट में उतारकर 2 करोड़ रुपए जमा किए।'

ज्यादातर शेयर संस्थानिक निवेशकों जैसे आईडीबीआई (इंडस्ट्रीयल डूवलपमेंट बैंक ऑफ इंडिया), आईआईबीआई (इंडस्ट्रीयल इंवेस्टमेंट बैंक ऑफ इंडिया), एआईडीसी (असम इंडस्ट्रीयल डूवलपमेंट कोरपोरेशन) और एनईडीएफआई (नॉर्थईस्ट डूवलपमेंट फाइनेंस कोरपोरेशन) ने खरीदे। 51 लाख रुपए का निवेश आईएफसीआई (इंडस्ट्रियल फाइनेंस कोरपोरेशन ऑफ इंडिया) ने भी किया।

इस प्रकार, प्रीमियर क्रायोजेनिक्स का नाम कोलकाता और गोवाहाटी के स्टॉक एक्सचेंज में शामिल हो गया। इससे अभिजीत को प्रशिक्षित लोगों को आकर्षित करने का भी मौका मिला, जैसे कंपनी सेक्रेटरी अंजन तालुकदार और जनरल मैनेजर त्रिदिब बोरा, जो पहले ऑइल इंडिया लिमिटेड के साथ काम करते थे।

'मि. बोरा ने हमारे सालों के विकास में बहुत योगदान दिया है!'

रोज की संघर्षों के बीच, एक और बड़ी चुनौती जिसका कंपनी ने सामना किया, वह थी नुमालीगढ़ रिफाइनरी (भारत पैट्रोलियम, ऑयल इंडिया और असम सरकार का साझा उपक्रम) को हाई-प्योरिटी लिक्विड नाइट्रोजन की सप्लाई।

'वह बड़ा मौका था, लेकिन हमने कभी ऐसे हाई प्रोडक्ट की सप्लाई नहीं की थी। जब हमने पहली खेप भेजी, तब हमारे पास प्योरिटी टैस्ट के लिए उपकरण तक भी नहीं थे--और नहीं जानते थे कि वह मान्य होगा या नहीं!'

वह खेप नकार दी गई। टीम ने बार-बार कोशिश की और आखिरकार सही मापदंड की और स्थिर उत्पादन में कामयाब हो ही गई। महत्वपूर्ण लिक्विड नाइट्रोजन वाली नुमालीगढ़ रिफाइनरी अक्टूबर 2000 में कमीशन की गई थी।

'इसके चलते, महीने भर में ही, हमारे प्लांट ने पहली बार 100 प्रतिशत क्षमता का उपयोग किया!'

जब बाद में त्रिदिब बोरा नुमालीगढ़ गए, तो उन लोगों ने आकर उनसे हाथ मिलाया, 'अगर आप लोग नहीं होते तो हम कभी भी इस रिफानरी का काम समय पर नहीं कर पाते!'

किसी बड़े प्रोजेक्ट में छोटा सा भी योगदान दे पाने की भावना बहुत संतुष्टि देती है!

इस प्रकार, उद्योग प्रोजेक्ट दर प्रोजेक्ट आगे बढ़ता गया। प्रीमियर क्रायोजेनिक्स यूनिट ने 1996 में लिक्विड नाइट्रोजन और लिक्विड ऑक्सीजन के उत्पादन के साथ काम करना शुरू किया। 2003 में, 'डिजॉल्व एसीटिलीन प्लांट' और 2011 में नाइट्रोस ऑक्साइड प्रोडक्शन भी इसमें जुड़ गया। अब प्लांट तरल कार्बन डाईऑक्साइड को सीओ2 गैस और ड्राई आइस में भी बदलता है।

'हम ज्यादा उत्पादन शिवसागर से गोवाहाटी ही ले आए हैं। यहां तक कि गोवाहाटी में भी हमने जगह का चुनाव सोच-समझकर किया था।'

फैक्टरी लोखड़ा में स्थित है, जो नॉर्थईस्ट के सबसे बड़े सब-स्टेशन से 1.3 किमी. दूर है। बिजली अब उतनी बड़ी समस्या नहीं है। हालांकि, पुरानी फैक्टरी का इस्तेमाल कंप्रसिंग स्टेशन के तौर पर किया जा रहा है। लोखड़ा फैक्टरी में लिक्विड ऑक्सीजन बनकर, टैंकर के जरिए शिवसागर पहुंचाई जाती है। यहां इसे सिलेंडर में भरकर पूर्वी असम में भेजा जाता है।

'सिलेंडर के परिवहन की लागत बहुत ज्यादा आती है। तो पिछले 5 सालों में हमने ऐसे 4 ऑक्सीजन बोतलिंग प्लांट लगाए हैं।'

वे प्लांट असम के 4 कोनों में केंद्रित हैं--लखीमपुर (उत्तर), सिल्चर (दक्षिण), बोंगेगोन (पश्चिम) और शिवसागर (पूर्व)। इन प्लांट पर बिजली की उतनी जरूरत

‘महज पिछले दो सालों से हमने यह सोचना शुरू किया है कि हम आज कहां हैं, और कहां जाना चाहते हैं... अब हम नॉर्थईस्ट से आगे जाना चाहते हैं।’
‘असमी लोग पारंपरिक रूप से सौम्य और शांतिप्रिय होते हैं... पिछले 20 सालों में जो कुछ हुआ वह दुर्भाग्यपूर्ण है।’

नहीं है और ये जनरेटर पर भी काम कर सकते हैं।

इस बिजनेस के अपने कुछ अनोखे पहलू हैं, उनमें सबसे उल्लेखनीय है फ्री में उपलब्ध कच्चा माल। हवा हर जगह मौजूद है, बस आपको उपकरण की जरूरत है, और तरीका पता होना चाहिए। हालांकि, औद्योगिक गैस को ‘खतरनाक’ करार किया जाता है, इसलिए फैक्टरी को सुरक्षा के सारे चरण पूरे करने होते हैं।

दूसरा तथ्य है, 7 क्यूबिक मीटर के ऑक्सीजन सिलेंडर की लागत 140 रुपए होती है। पर सिलेंडर भरकर तैयार होने पर 7000 रुपए में जाता है। इन सिलेंडर को रिसाइकल भी किया जाता है, और उनका ध्यान भी रखना पड़ता है।

‘शुरू में हमारे बहुत से सिलेंडर खो गए और हम यह भी नहीं पता लगा पा रहे थे कि किन ग्राहकों ने हमें वापस दिया!’

कंपनी ने अब अपने ग्राहको को ‘हाई रिस्क’ और ‘लो रिस्क’ में वर्गीकृत कर दिया है, और उनकी फैक्टरियों में साल में दो बार सिलेंडर का स्टॉक लेने जाते हैं।

असम एयर प्रोडक्ट की सेल का 95 प्रतिशत नॉर्थईस्ट प्रांत से ही आता है, जहां इसका 70 प्रतिशत मार्केट पर कब्जा है। बाकी का 5 प्रतिशत बंगाल, भूटान और भारतीय वायु सेना से किए करार और भारत के अन्य भागों से आता है। 2007 तक दोनों कंपनियों की सालाना आय 20 करोड़ रुपए थी, और 15-20 प्रतिशत की विकास दर। लेकिन कंपनी अब एक नई दिशा की ओर बढ़ने वाली है।

‘हाल ही में हमने तेल के क्षेत्र में नए उपक्रम देखे हैं।’

यह काम छोटे स्तर पर तब शुरू हुआ, जब 1997 में असम एयर प्रोडक्ट ने एक मोबाइल एयर-कंप्रेशर ओएनजीसी को किराए पर दिया था। बाद में, ऐसे और 2 यूनिटों को किराए पर दिया गया। 2010 में, कंपनी ने आगे बढ़ते हुए ऑयल इंडिया से करार किया और उनके लिए नैचुरल गैस कंप्रेशन का स्टेशन लगाया।

'हमें मार्जिनल ऑयलफील्ड में स्टेशन लगाने का काम सौंपा गया, क्योंकि उन्हें लगा कि वो खुद यह काम नहीं कर पाएंगे।'

कम प्रेशर की नैचुरल गैस के लिए कम्प्रेशन ठीक रहता है, जिससे वह आसानी से पाइप के जरिए चली जाती है। हालांकि, मार्जिनल ऑयलफील्ड गैस की मात्रा छोटी होती है, जिससे वह या तो नीचे की ओर फैल जाती है, या जल जाती है।

'हमारा काम ऐसा कम्प्रैसिंग स्टेशन लगाना था, जिससे हम गैस को लो प्रेशर पर लाकर इसे हाई प्रेशर पाइप लाइन में पंप कर सकें।'

इस काम में मुश्किल बात थी जगह हासिल करना। वो भी जब तक उन्हें 7 महीने में ऐसे 6 स्टेशन लगाने थे। एग्रीमेंट साइन करने के वक्त, टीम संसाधनों की कमी का सही से अंदाजा नहीं लगा सकी थी।

'हमने सोचना शुरू किया, किसी न किसी तरह हम संभाल ही लेंगे!'

और इसी तरह काम हुआ भी। आप पहले दिन एक गांव में जाते, फिर दूसरे दिन, फिर तीसरे दिन। 15वें या 20वें दिन आपको कोई न कोई ऐसा मिल ही जाएगा, जो जमीन बेचना चाहता होगा। वहां कुछ चुनौतियां भी थीं--जैसे एक जगह पर कोर्ट केस था--लेकिन अभिजीत और उनकी टीम ने डेडलाइन पर प्रोजेक्ट पूरा कर ही दिया।

ऑयल इंडिया के अधिकारियों ने खुश होकर कहा, 'ऐसा तो हमने सोचा ही नहीं था--हम 7 महीनों में एक भी स्टेशन नहीं लगा पाते!'

मई 2011 से 6 यूनिट काम करने लगीं और बाद में उनमें 3 यूनिट और जुड़ गईं। इन कम्प्रैशर से ऑयल इंडिया साल में लगभग 50 करोड़ रुपए की नैचुरल गैस को बर्बाद होने से बचा पाई। यह सिर्फ बिजनेस नहीं था, एक मायने में यह समाज सेवा भी थी!

ऐसे स्टेशन की सफलता ने उन्हें इस प्रकार के और भी कॉन्ट्रेक्ट दिलाए।

'मैं हमेशा बिजनेस को आगे बढ़ाने के बारे में ही नहीं सोचता। मैं राज्य के संगठन और विकास के लिए भी कुछ समय और प्रयत्न निकालने की कोशिश करता हूं।'

'लेखकों, गायकों और अदाकारों को अवॉर्ड मिलते हैं–तो छोटे उद्यमियों को क्यों नहीं! हमें उन्हें प्रोत्साहित करना ही चाहिए।'

ओएनजीसी के ऐसे ही एक प्रोजेक्ट में न सिर्फ लिक्विड नाइट्रोजन की सप्लाई शामिल थी, बल्कि उपकरण उपलब्ध कराने और पंपिंग ऑपरेशन का काम संभालने की जिम्मेदारी भी दी गई। इससे कंपनी को नॉर्थईस्ट से बाहर बंगाल और बिहार जाने का भी मौका मिला।

'ऑक्सीजन/नाइट्रोजन अभी भी बिजनेस में 80 प्रतिशत की भागीदारी दे रहे हैं, लेकिन हम धीरे-धीरे ऑयलफील्ड और प्रोजेक्ट सर्विस को ज्यादा वरीयता दे रहे हैं!'

मार्च 2013 में, असम एयर प्रोजेक्ट और प्रीमियर क्रायोजेनिक्स, दोनों की संयुक्त सालाना आय 44 करोड़ दर्ज की गई, जिसमें 6 करोड़ रुपए मुनाफा था। जो अच्छा है, लेकिन हाल में, अभिजीत खुद से पूछते हैं--क्या यह काफी है?

'पिछले 2 सालों से हम सोचने लगे हैं कि 100 करोड़ रुपयों से बढ़कर 1000 करोड़ रुपयों तक कैसे पहुंचा जाए? पहले कभी हमें ऐसी महत्वाकांक्षा नहीं थी...'

भविष्य अभी लिखा जाना बाकी है, लेकिन अभी काफी सफर तय करना बाकी है, जिंदगी के सबक लेते हुए। अभिजीत के पास 400 से ज्यादा कर्मचारी हैं, जिनमें से 220 स्थायी रूप से काम कर रहे हैं। असम एयर प्रोडक्ट का काम कभी असम से प्रभावित नहीं हो पाया।

'यहां तक कि बंद के दौरान भी हमारी फैक्टरी में 99 प्रतिशत उपस्थिति होती है... हमारी कंपनी के इतिहास में वह कभी एक दिन के लिए भी विरोध या विद्रोह के चलते बंद नहीं हुई है।'

हालांकि, बिजनेस पर असर पड़ता है। बंद के दौरान यातायात बंद होता

है, और कस्टमर भी काम नहीं कर पाते।

'मैं दिल से चाहता हूं कि शांति और स्थिरता आए... हमारी अर्थव्यवस्था यकीनन बड़ी और बेहतर होगी!'

अभिजीत के दिमाग में जितना अपनी कंपनी के विकास का ख्याल है, उतना ही नॉर्थईस्ट के विकास का भी। वह सजगता से समाज और राज्य के हित में अपना उत्तरदायित्व निभा रहे हैं। इसमें स्टेट फाइनेंशियल कॉर्पोरेशन की अध्यक्षता और असम की औद्योगिक नीतियों का निर्धारण करने वाली कमेटी का नेतृत्व भी शामिल है। अभिजीत 'वॉइस ऑफ इंडस्ट्री' बनकर फिक्की और सीआईआई जैसे निकायों के साथ भी काम कर रहे हैं।

हालांकि उनका जुनून तो उद्यमिता को प्रोत्साहित करना ही है। ऐसा ही एक प्रोजेक्ट असम सरकार, सीआईआई और भारतीय युवा शक्ति ट्रस्ट (बीवाईएसटी) का संयुक्त उपक्रम है।

'मैं *बंबू टेक्नोलॉजी पार्क* का एक प्रचारक भी हूं। यह गोवाहाटी से 70 किमी. दूर एक पब्लिक-प्राइवेट पार्टनरशिप है, जहां हम बंबू आधारित भिन्न उद्योगों के लिए आम सुविधाएं मुहैया करा रहे हैं।'

इन सब कामों के बीच बहुत कम 'फ्री' समय मिल पाता है। लेकिन वह इसे कैसे बिताते हैं। अभिजीत की पत्नी भी एक उद्यमी हैं, वह अपने काम--'कल्पना बरूआ 91 डिग्री' में व्यस्त हैं, जो प्रदेश की जानी-मानी लकड़ी फर्नीचर की रेंज है।

उनके तीनों बच्चे विदेश में रह रहे हैं। जाह्नबी ने कंप्यूटर साइंस में बीएस करने के लिए प्रिंस्टन में दाखिला लिया है, यद्यपि वह बाद में फाइनेंशियल इंजीनियरिंग में गईं और आखिर में इकोनोमिक्स में स्नातक किया।

'लेकिन उसकी रुचि तुलनात्मक धर्म में है। अभी वह हार्वर्ड डिविनिटी स्कूल से पोस्ट ग्रेजुएशन कर रही है।'

जाह्नबी की बहन ऊर्वशी के मिडिलबरी कॉलेज, वरमॉन्ट में मुख्य विषय रहे हैं, इंटरनेशल पॉलिटिक्स और इकोनॉमिक्स। अभी वह न्यूयॉर्क में ई एंड वाई के साथ काम कर रही हैं।

'ऊर्वशी में बिजनेस की समझ है, लेकिन अभी तक उसने मेरे साथ काम करने में कोई दिलचस्पी नहीं दिखाई है!'

और नील, परिवार का सबसे छोटा सदस्य, जो हांग कांग में यूनाइटेड वर्ल्ड कॉलेज में पढ़ रहा है। अभिजीत को उम्मीद है कि किसी दिन वह असम आकर उनका सारा काम संभाल लेंगे।

नदी का प्रवाह कहां ले जाए--घूमाता हुआ या सीधा--हम नहीं जानते। हमें बस बहते चले जाना है, एकाग्रता और सागर की गहनता की ओर, जहां आखिरकार सबको एक हो जाना है।

*

युवा उद्यमियों को सलाह

संसार अवसरों से भरा हुआ है; आज 30 साल पहले के मुकाबले ज्यादा अवसर मौजूद हैं। भारत की स्थिति कभी इतनी बेहतर नहीं थी, जितनी आज है, युवाओं को इसका जरूर फायदा उठाना चाहिए। अब हम वैश्विक बिजनेस शुरू करने के लिए सोच सकते हैं, ना कि सिर्फ लोकल बिजनेस। तो मैं सभी को सलाह दूंगा कि जिसकी भी चाह है, वह मौके को पकड़ ले।

मेरे अनुभव से, मुझे लगता है कि अगर आपमें इच्छा हो, दिमाग स्पष्ट हो, मकसद नेक हो तो हर कोई आपकी मदद के लिए तैयार हो जाता है। नकारात्मक खबरों से निराश मत हों, जो आप भ्रष्टाचार या 101 अन्य परेशानियों के बारे में सुनते हैं।

जो नॉर्थईस्ट जैसे प्रांत में बिजनेस शुरू करना चाहते हैं, उन्हें याद रखना चाहिए कि हर जगह की कुछ खूबियां और कुछ खामियां होती हैं। दूसरे राज्यों में प्रतियोगिता ज्यादा हैं, यहां आपको फिर भी कुछ ऐसे अनछुए क्षेत्र मिल जाएंगे, जहां आप बिजनेस शुरू कर सकते हैं। चूंकि नॉर्थईस्ट सरकार की वरीयता सूची में शामिल है, इसलिए आपको कुछ छूट और सहयोग मिलने के भी आसार हैं। तो किसी के लिए भी यह शुरू करने की अच्छी जगह है। कुछ अनुभव प्राप्त करने के बाद, आप भारत में दूसरी जगहों और दुनिया में कहीं भी जा सकते हैं।

शुरुआत से ही सही लोगों की नियुक्ति और काम का सही वातावरण बनाने पर ध्यान केंद्रित रखो। मैं किसी इंसान में 3 चीजें देखता हूं--वह कितना समर्थ है, कितनी लगन है, और उसके लिए नौकरी कितनी जरूरी है। किसी भी काम के लिए सही इंसान बहुत जरूरी होता है। आज भी, मैं किसी भी आवेदक का फाइनल इंटरव्यू खुद ही लेता हूं।

लोहा गर्म है

विभोर अग्रवाल—मल्टीमैक्स इंजीनियरिंग
मेरठ (उत्तर प्रदेश)

आईआईटी-आईआईएम स्नातक विभोर अग्रवाल एक आकर्षक कंसल्टिंग जॉब छोड़कर मेरठ वापस आए और अपने पिता की छोटी सी इंजीनियरिंग सर्विस फर्म को संभाला। 7 साल के कम अरसे में, उन्होंने न सिर्फ बिजनेस का व्यवसायीकरण किया बल्कि उसे 25 गुणा बढ़ा भी दिया।

मेरठ एक समय में रुका हुआ शहर है। छोटी दुकान, पुराने मकान, और एक अजीब सा, रुका हुआ अहसास।

जिसके लिए हिंदी शब्द है, 'जड़ता'।

जब 1857 में हुए सैनिक विद्रोह ने अंग्रेज शासन का खात्मा कर दिया था, उस समय मेरठ भारत के मुख्य केंद्र के रूप में उभरा था। और फिर मानो वह वहीं सो गया, जबकि पूरा भारत आगे बढ़ गया।

ऐसे सुस्त से परिवेश में एक युवक वापस यहां आने का फैसला करता है। वो भी बंगलौर शहर की चकाचौंध, पांच सितारा होटलों की लंच-मीटिंग और पगार के मोटे से चैक को छोड़कर।

'लोग नहीं समझ पाते कि एक आईआईटी-आईआईएम युवक मेरठ में क्या करेगा... यकीनन उसका दिमाग खराब हो गया है!'

हां, उसका दिमाग ही खराब हुआ था जो अपने परिवार के छोटे से इंजीनियरिंग बिजनेस को संभालने आ गया। एक ऐसी कंपनी जिसकी सालाना आय भी किसी आईआईएम स्नातक को गोल्डमैन सैच्स में मिलने वाली पगार से कम थी।

पावर-पॉइंट प्रेजेंटेशन और एक्सएल शीट की हाई-फाई दुनिया से अलग, विभोर ने खुद को एक दुकान के फर्श पर खड़ा पाया। खुद की, अपनी कंपनी की और उसके आकार की फिर से इंजीनियरिंग करने के लिए।

'लोग ऊसूलों और आदर्शों की बात करते हैं। लेकिन जिस चीज को आप मानते हैं, उसके साथ खड़े हो पाना कभी आसान नहीं होता।'

कॉन्ट्रेक्ट और टेंडर की दुनिया में, अपनी क्वालिटी और कीमत को संभाल पाना बहुत मुश्किल हिसाब-किताब है। लेकिन मल्टीमैक्स इंजीनियरिंग का यही आदर्श है।

'इस उद्योग के लोग जानते हैं कि अगर एक बार इस कंपनी ने जुबान दे दी, तो वह उसे निभाएगी।'

एक मजबूत बिजनेस मजबूत नींव पर ही खड़ा किया जा सकता है। 7 साल के छोटे अरसे में, विभोर ने प्रमाणित कर दिया कि मेरठ में भी कोई बिजनेस खड़ा किया जा सकता है।

अगर आप काम में ऊर्जा और जुनून डालो तो। 'सब चलता है' को मत स्वीकारो। यह आज की बगावत है। अज्ञानता, जड़ता और आलस से आजादी।

लोहा गर्म है

विभोर अग्रवाल--मल्टीमैक्स इंजीनियरिंग
मेरठ (उत्तर प्रदेश)

विभोर का जन्म मेरठ, यूपी के एक व्यवसायी परिवार में हुआ।

'कोई भी ज्यादा पढ़ा-लिखा नहीं था, सिवाय मेरे पिता के जिन्होंने आईआईटी रुड़की और आईआईटी बॉम्बे से पढ़ाई की थी।'

मेरठ के इकलौते कॉन्वेंट स्कूल सेंट मैरी एकेडमी, आईसीएसई में छात्र के तौर पर हमेशा टॉपर रहे। वह स्कूल के हैड बॉय भी रहे और उन्हें 'बेस्ट स्टूडेंट' का अवॉर्ड भी मिला।

'बहुत कम उम्र से ही मुझे पता था कि मुझे इंजीनियर ही बनना है, कुछ और नहीं।'

इस सपने का अहसास उन्हें 2003 में बॉम्बे आईआईटी से बीटेक और एमटेक करने के बाद हुआ। उसके बाद उन्होंने आईआईएम बंगलौर में दाखिला लिया और लंदन में डटसेच बैंक में काम करने के दौरान उन्हें ए टी कर्नें में कंसल्टिंग रोल के लिए चुन लिया गया। नौकरी आकर्षक थी, लेकिन डेढ़ साल में ही विभोर बेचैन होने लगे।

'जब भी मैं *ईटी* में किसी उद्यमी की उपलब्धियों के बारे में पढ़ता, तो मैं सोचता कि मैं अपना समय कंसल्टिंग में क्यों बर्बाद कर रहा हूं।'

किसी दूसरे के बिजनेस के लिए फाइनेंशियल मॉडल क्यों बनाना, जबकि आपके शहर में आपका अपना बिजनेस आपकी राह तक रहा हो? वह बिजनेस

'लोग कहते, नहीं यार, सॉरी आपकी कंपनी का नाम नहीं सुना, हम आपके साथ काम नहीं कर पाएंगे।'

था 'मल्टीमैक्स इंजीनियरिंग', जिसे उनके पिता ने मेरठ में 1979 में शुरू किया था।

'दरअसल डैड ने आईआईटी से स्नातक करने के बाद इस बिजनेस को शुरू किया था, लेकिन यह कभी बहुत अच्छा काम नहीं चल पाया। तो वह थोक आभूषणों के पारिवारिक व्यवसाय में आ लगे। साथ ही साथ मल्टीमैक्स भी छोटे स्तर पर चालू रहा।'

बिजनेस में जाने का विचार विभोर के मन में शुरू से ही था, बस सवाल था कि कब?

'मैंने आईआईटीबी के अपने थिसिस गाइड, प्रोफेसर उदय शनॉय* से इस बाबत बात की, जो न सिर्फ एक शिक्षक थे, बल्कि उद्यमी भी थे। उन्होंने मुझे समझाया कि जो भी करना है, अभी कर डालो।'

परिवार विभोर के निर्णय से खुश था। लेकिन बाकी दुनिया इसे पचा नहीं पा रही थी।

'अरे, तुम इतनी अच्छी नौकरी क्यों छोड़ोगे? तुम बिजनेस की सरदर्दी क्यों पालना चाहते हो??'

उस समय, मल्टीमैक्स इंजीनियरिंग की सालाना आय 1 करोड़ रुपए थी, जो उनके ज्वैलरी बिजनेस का एक-तिहाई भी नहीं था। लेकिन, यही तो चुनौती थी!

'मैंने तय किया कि मैं 5 सालों में बिजनेस को 1 करोड़ से 100 करोड़ के मुकाम पर पहुंचा दूंगा।'

एक बड़े लक्ष्य का सफर बहुत छोटे और विनम्र स्तर पर शुरू हुआ। लैपटॉप पर 24 घंटे काम करते हुए, विभोर को जमीन पर आकर हाथ गंदे करने पड़े।

'मैंने पहले 3 महीनों में इंजीनियरिंग के सारे फंडों को दोबारा से सीखा।

* डॉ. शनॉय ऑनलाइन एजुकेशन कंपनी सिवम डॉट कॉम के सह-संस्थापक हैं।

यह भी अजीब था कि मैं एक कैमिकल इंजीनियर हूं, जबकि हमारा बिजनेस पूरा मैकेनिकल इंजीनियरिंग का है।'

अच्छी खबर थी कि उनके पास एक ऑफिस, एक फैक्टरी और कुछ क्लाइंट्स थे। बुरी खबर थी कि कंपनी का कोई विजन, कोई लक्ष्य और कोई प्रोफेशन आउटलुक नहीं था। उनकी कोई 'टीम' भी नहीं थी। सबसे बड़ी चुनौती थी 'चलता है' नजरिये को 'चलता नहीं है' में बदलने की।

इसका उदाहरण पहले मालिक को ही पेश करना था।

'मैंने छोटे-छोटे बदलावों से शुरुआत की, जैसे हर चीज का ठीक से दस्तावेजीकरण, लोगों को डिजाइनिंग और कॉस्टिंग के लिए कंप्यूटर की जानकारी देकर।'

चिंता का दूसरा और सबसे बड़ा विषय था, अनुभवी और बेहतरीन कर्मचारियों को अपने साथ जोड़ना। लेकिन कैसे? इस प्रकार की इंडस्ट्री के लिए गुजरात, मुंबई और नोएडा थे--वहां से मेरठ आकर रहना शायद ही कोई पसंद करता।

'साथ ही, बजट को लेकर भी मेरी अपनी सीमाएं थीं।'

लेकिन जब कोई लक्ष्य हासिल करना होता है, तो उसे पाने की आपकी लगन ही काफी होती है। विभोर ने जॉब पोर्टल पर विज्ञापन दिए, एप्लीकेशन को देखा और खुद ही भावी आवेदकों को फोन करना शुरू किया।

'मैं उन्हें नहीं बताता कि मैं डायरेक्टर ही बात कर रहा हूं, क्योंकि मुझे लगता था कि वे सोचेंगे यार कैसी कंपनी है, डायरेक्टर खुद फोन कर रहा है...'

जिन लोगों को उन्होंने फोन किया, उनमें से 95 प्रतिशत लोगों ने मल्टीमैक्स का नाम भी नहीं सुना था। और जॉब ठुकराने का यह अपने आप में ही बड़ा कारण था। लेकिन विभोर 'न' सुनना ही नहीं चाहते थे। वह खुद आवेदकों के घर जाते, उन्हें मनाते और मेरठ के स्कूलों में उनके बच्चों का दाखिला करवाने की जिम्मेदारी भी लेते।

'मैं प्रिंसिपल से मिला, बच्चों के पेपर दिलवाए। और प्रार्थना की, कि भैया, ये पास हो जाएं नहीं तो इसका पिता मेरे साथ काम नहीं करेगा (हंसते हुए)।'

इससे ज्यादा, विभोर ने उन्हें एक जमे-जमाए बिजनेस और एक स्टार्ट-अप बिजनेस में काम करने के बारे में बताया।

'आपको अपने लिए एक सीमा बनानी ही पड़ती है कि यह मेरी *लक्ष्मण-रेखा* है। मैं इससे नीचे कभी अपनी क्वालिटी नहीं गिराऊंगा, भले ही कीमत को लेकर कितनी भी झिकझिक क्यों न हो।'

'मैंने उन्हें बताया कि मैं क्या हासिल करना चाहता हूं, और मल्टीमैक्स दूसरी कंपनियों से कैसे अलग है।'

हीट एक्सचेंजर्स और प्रेशर वैसल के उत्पादन के बिजनेस में बहुत प्रतियोगिता है। ये उपकरण कैमिकल प्लांट, पावर प्लांट, फर्टीलाइजर प्लांट, शूगर प्लांट और यहां तक कि रिफाइनरियों के लिए बहुत जरूरी होते हैं। यद्यपि इनकी खरीद के समय पर कंपनियां दूर की नहीं सोच पातीं।

'जो सप्लायर सबसे कम लागत कोट करता है, उसे कॉन्ट्रेक्ट दे दिया जाता है।'

लागत कम करने के लिए वह क्वालिटी से समझौता करता है। या फिर कुछ महीनों बाद वापस कस्टमर के पास जाकर कहता है, 'सॉरी यह नहीं हो सकता--या फिर आपको पैसे बढ़ाने पड़ेगे।' दोनों ही तरीके विभोर को मंजूर नहीं थे।

'हमारे बिजनेस का ऊसूल है सही माल की डिलीवरी, सही समय पर, और प्रतियोगियों के दाम से भी मैच करना।'

एक ऊंचे पहाड़ की चढ़ाई, लेकिन उसके लिए पहले बैस कैंप तक पहुंचना होता है--ऑर्डर लेकर। रणनीति सीधी थीः ज्यादा से ज्यादा भावी कंस्टमर तक पहुंचना। जहां भी हो सके।

'पूरे देश में जितनी रिफाइनरी हैं, जितने प्लांट्स हैं, मैं खुद एक-एक में गया। हरजगह जाने से मुझे कुछ बढ़त मिली।'

जहां भी विभोर जाते उनकी आईआईटी-आईआईएम की पृष्ठभूमि कस्टमर्स को आकर्षित करती। शुरू में उन्हें विजिटिंग कार्ड में यह छपवाने में शर्म आती, लेकिन फिर उन्हें अहसास हुआ कि यह किसी दरवाजे के अंदर जाने के लिए बहुत जरूरी है।

'मैंने अपने नाम के नीचे *एमटेक आईआईटी बॉम्बे, पीजीडीएम आईआईएम*

बंगलौर लिखवा लिया, और इससे लोगों के व्यवहार में बड़ा परिवर्तन आया।'

लेकिन एक बार जब आप हॉट सीट पर बैठ जाते हैं, तो आपकी और आपकी कंपनी की काबिलियत ही आगे का सफर तय करने में मददगार होती है। और क्लाइंट बहुत क्रूर भी हो सकते हैं।

उनकी पूरी प्रेजेंटेशन सुनने के बाद, एक बड़ी एमएनसी के परचेज हैड ने बेबाकी से कहा, 'देखो ऐसा है, तुम्हारे जैसी पचास फेब्रिकेशन कंपनियां हैं। मैं किस-किस को इंक्वायरी दूं, किस-किस को काम दूं?'

लेकिन विभोर ने उसकी बात दिल से नहीं लगाई। जब वह ऑर्डर की तलाश में इधर-उधर जा रहे थे, उनके ऑफिस में सैटिंग का काम चालू था। एक महत्वपूर्ण काम था मल्टीमैक्स को स्वामित्व वाली कंपनी से प्राइवेट लिमिटेड कंपनी में बदलना। और दूसरा था फैक्टरी को आईएसओ 9000 के अनुसार तैयार कराना।

हर छोटे कदम से आगे बढ़ने का भाव आ रहा था, कंपनी के लक्ष्य के और करीब जाने का भाव। अब इंतजार था तो एक ऐसे मौके का जो कंपनी की काबिलियत को साबित कर सके।

वह मौका मिला टाटा कैमिकल्स से। कंपनी का एक फर्टिलाइजर प्लांट यूपी के दूर-दराज इलाके बबराला में था, मेरठ से 140 किमी. दूर। दूसरे कस्टमरों की तरह विभोर वहां भी मिलने गए थे। इस बार, समय उनके अनुकूल था।

उनके पास एक छोटा प्रोजेक्ट था और प्रोजेक्ट के हैड थे मि. पी के जैन। उन वृद्ध सज्जन को यह युवा उद्यमी भा गया और उन्होंने विभोर को प्रोजेक्ट के लिए बिड (बोली) करने को कहा।

'हमारे धंधे में तो भाग लेने के लिए ही कोई आसानी से नहीं मिलता।'

विभोर ने बहुत मेहनत करके एक तकनीकी और व्यापारिक बोली तैयार की। उस पर काफी सलाह-मशविरा होने के बाद, मल्टीमैक्स को 'पहला मौका' मिल ही गया।

'मुझे बताया गया कि हमारे दाम कंपनी द्वारा निर्धारित दामों से 20 प्रतिशत ज्यादा थे। उन्होंने कहा--अगर तुम दाम कम कर सको तो हम तुम्हें ऑर्डर दे देंगे।'

अपनी टीम के साथ मीटिंग करके विभोर ने उनकी जरूरत के हिसाब

'मैं आसानी से सेल्स एजेंट को नियुक्त कर सकता था, लेकिन जब तक आप खुद यह काम नहीं करते हो, आप एक गंभीर मैनेजर नहीं बन पाओगे, आप उथले ही रहोगे।' 'हर छोटी उपलब्धि भी अपने साथ बड़ी संतुष्टि लाती है। हर चुनौती ने मुझे नए विचारों पर काम करने के लिए प्रेरित किया।'

से दाम कम करके वह ऑर्डर ले लिया। विभोर के पाले में बड़ी बात यह रही कि टाटा कंपनी के ऑफिसर कॉन्ट्रेक्ट मिलने के एक महीने बाद विभोर की फैक्टरी में विजिट पर आए।

'इस बिजनेस में सामान्य तौर पर, जब तक क्लाइंट आपकी फैक्टरी का मुआयना नहीं करता, तब तक आपको ऑर्डर भी नहीं मिलता है। आपकी क्वालिटी की जांच, टीम से मुलाकात इत्यादि।'

तो अब युवक के कंधों पर उनके विश्वास का भार भी था। दरअसल जब वे लोग ऑडिट के लिए आए, तो मि. जैन पूरी तरह से संतुष्ट थे।

'हमारे पास बड़ा इंफ्रास्ट्रक्चर तो नहीं है, लेकिन काम करने के लिए एक मजबूत टीम है। और वह बोले--अगर टीम अच्छी है, तो काम हो जाएगा।'

मल्टीमैक्स ने समय पर ऑर्डर पूरा कर दिया, बेहतर क्वालिटी और पूरे कागजों के साथ। टाटा कैमिकल्स बहुत खुश हुआ, और उन्होंने विभोर को एक प्रशंसा पत्र भी भेजा।

'वह अभी भी मेरे लैपटॉप पर है,' वह चहकते हैं।

इस प्रक्रिया में 2009 तक, मल्टीमैक्स की सालाना आय 1 करोड़ रुपए से 4 करोड़ रुपए तक पहुंच चुकी थी। और कंपनी ने कुछ मुनाफा भी कमाया था। अब तक उनका फोकस मार्केट के बदलाव पर केंद्रित हो गया था। अब, विभोर ने मार्केट की 'प्रोजेक्ट' साइड पर काम करने का मन बना लिया।

'मतलब, अगर कोई नया प्लांट लगाने वाला है और उसे 100 हीट एक्सचेंजर्स की जरूरत हो तो--इस स्तर का बिजनेस हमने कभी पहले नहीं किया था।'

ऐसा तब हुआ जब इंडियन ऑयल कॉरपोरेशन (आईओसी) पारादीप,

उड़ीसा में बड़ा ग्रीनफील्ड प्रोजेक्ट लगाने वाला था और मल्टीमैक्स ने इसमें बोली लगाने के लिए पहले ही अप्रूवल ले लिया। जबकि पूरे प्रोजेक्ट की कीमत लगभग 30,000 करोड़ रुपए थी, इसलिए काम को कई टेंडरों में बांटा जाना था। मल्टीमैक्स ने इसमें 100 करोड़ के टेंडर के लिए बोली लगाई।

पहले दूसरी मार्केट में काम करने के कारण, विभोर ने अपनी लागत में उन्हीं मानदंडों का सहारा लिया। वह नहीं जानते थे कि प्रोजेक्ट की कीमत काफी ज्यादा तय करनी होती है, क्योंकि उनकी अपेक्षाएं कही कड़ी होती है।

'हमारी बोली सबसे कम थी, और नियम के अनुसार, इंडियन ऑयल कॉरपोरेशन ने हमें ऑर्डर दे दिया। क्योंकि सबसे कम बोली लगाने वाले प्रत्याशी को टेंडर दे दिया जाता है।'

वह मल्टीमैक्स के लिए मानो अप्रत्याशित स्थिति थी। एक ही महीने में 4 करोड़ रुपए की कंपनी को 40 करोड़ रुपए का ऑर्डर मिल गया था!

और विभोर ने तुरंत इस मौके को पकड़ लिया।

'चूंकि आईओसीएल में बहुत से विभाग हैं, तो किसी को पता नहीं चला कि क्या हुआ है। लेकिन मैं जानता था कि एक दिन उनकी आंख खुलेगी और उससे पहले हमें पूरी तरह तैयार हो जाना चाहिए।'

अपने पिता के साथ विभोर ने तुरंत ही एक बैंक से मुलाकात की। एक सरकारी ऑर्डर की वजह से उन्हें लोन मिल गया। मशीनें खरीदी गईं, जगह का विस्तार हुआ और नए लोगों को काम पर रखा गया।

3 महीने बाद, आईओसीएल में एक हड़कंप हुआ--बड़े स्तर पर। कोई नहीं समझ पा रहा था कि कैसे एक छोटी सी कंपनी को इतना बड़ा ऑर्डर मिल गया। मामले की जांच के लिए एक कमेटी बनाई गई। यह कमेटी अगस्त 2010 में मेरठ आई, यह सोचकर कि कोई छोटे स्तर की यूनिट और कुछ थोड़े से कर्मचारी काम कर रहे होंगे।

'उन्होंने मन बना लिया था कि हम 50 प्रतिशत ऑर्डर तो रद्द कर ही देंगे, किसी बड़ी 100-200 करोड़ वाली कंपनी को देंगे।'

लेकिन, मल्टीमैक्स इंजीनियरिंग पूरी तरह से तैयार थी। जब कमेटी ने फैक्टरी का मुआयना किया, सवाल पूछे, संदेह उठाए--तो उन्हें हर बात का संतुष्टि भरा जवाब मिला। आखिरकार, उन्हें ऑर्डर वापस लेने का कोई कारण नहीं मिल पाया।

'हमारे नवरत्न पीएसयू का वर्क कल्चर बहुत उल्लेखनीय है। मुझे आईओसीएल से एक बड़ा कॉन्ट्रेक्ट मिला, बिना एक भी पैसा किसी को दिए।'
'उस प्रोजेक्ट के अंत में, मुझे दो कोर्ट केस, एक दो पुलिस की घटनाएं, और बहुत सा नुकसान मिला। लेकिन अब मुझे डर नहीं लगता।'

'अगले दो सालों में हमने लग-लिपटकर उन ऑर्डर्स को पूरा किया! इससे मार्केट में हमारी साख अच्छी बनी।'

2010 में सालाना आय 9 करोड़ रुपए थी और उसके अगले साल 20 करोड़ रुपए तक पहुंच गई। हालांकि कंपनी को कोई मुनाफा नहीं हुआ। विभोर ने बहुत कम दाम की बोली लगाई थी, जिसकी वजह से उन्हें कॉन्ट्रेक्ट मिला था। लेकिन उस दाम के साथ वैसी क्वालिटी दे पाना नामुमकिन था।

'मुझसे एक बड़ी गलती हो गई थी... लेकिन आप गलतियों से ही तो सीखते हो।'

किस्मत से विभोर के पिता बहुत मददगार थे। उन्होंने कहा, 'देखो, लाइफ में ऐसा होता है... गलतियां करोगे, सीखोगे... तभी आगे बढ़ोगे।'

वैसे मुश्किल समय में, परिवार के दूसरे बिजनेस ने उनकी बहुत मदद की।

'जब भी हमें पैसों की तंगी हुई तो ज्वैलरी शॉप ने हमें वित्तीय सहयोग दिया, इससे हम आगे बढ़े।'

उस प्रोजेक्ट को अंजाम दे पाना भी एक चुनौती थी। चूंकि उनके पास जगह की कमी थी, तो विभोर ने एक दूसरी जगह किराए पर ली। जब वहां काम शुरू हुआ, तो मकानमालिक के मन में लालच आ गया और वह ज्यादा पैसों की मांग करने लगा।

'हमने मना कर दिया, लेकिन उसने अपने परिसर में से हमें मशीन हटाने नहीं दीं। तो हमें पुलिस और फिर जिला न्यायाधीश के पास जाना पड़ा।'

आखिरकार, मामला अदालत में पहुंचा, जिससे विभोर कई रात सो नहीं पाएं। 'इतना बड़ा प्रोजेक्ट ले तो लिया अब करूंगा कैसे!'

लेकिन इन सब परेशानियों के बावजूद, क्लाइंट पर इनका कभी असर

नहीं पड़ा। मल्टीमैक्स ने अच्छी साख कमाई और वह आईओसीएल के दूसरे फेब्रिकेटर के मुकाबले कही ज्यादा जिम्मेदार साबित हुए। क्लाइंट द्वारा भेजे गए किसी भी ई-मेल का 24-48 घंटों में जवाब जरूर दिया जाता।

'दरअसल, उन्होंने हम पर बहुत बारीकी से नजर बनाए रखी, और हमने काम देखने आए उनके हर आदमी का स्वागत किया। वे देखने आते कि भई मल्टीमैक्स में आखिर हो क्या रहा है।'

जब पूरा प्रोजेक्ट खत्म हो गया, तो कुछ हासिल होने जैसा अहसास था। सिर्फ टॉप मैनेजमेंट में ही नहीं, काम करने वाले नीचे तबके तक सबमें।

'जिन लोगों ने उसे पूरा किया, उनके अपने सर्कल में, दूसरी कंपनियों में भी उनके साथी इस प्रोजेक्ट के बारे में बात करते हैं।'

मल्टीमैक्स ने आईओसीएल के साथ जो साख बनाई, उससे प्राइवेट सेक्टर में उनके लिए और नए अवसर खुले। बोर्ड में कई नए क्लाइंट आकर जुड़े, लेकिन खास तो उस एमएनसी का आना रहा, जिसने कभी विभोर से कहा था, 'तुम्हारे जैसी 50 फेब्रिकेशन कंपनियां हैं।'

'दो महीने पहले, उस कंपनी ने मल्टीमैक्स को एक बड़ा ऑर्डर दिया। सिर्फ उनकी साख की वजह से।'

क्योंकि अगर विभोर वालों ने कुछ कहा है, तो वो डिलीवर किया है। चाहे कर्मचारी के स्तर पर हो या क्लाइंट के स्तर पर। भले ही इसके लिए कंपनी को पैसों का नुकसान ही क्यों न उठाना पड़े।

'एक लाला-टाइप बिजनेस और कॉरपोरेट बिजनेस में यही फर्क है!'

मार्च 2013 में, मल्टीमैक्स इंजीनियरिंग की सालाना आय 25 करोड़ रुपए थी, और कंपनी पर अब कोई खतरा नहीं रह गया था। उनका 50 प्रतिशत बिजनेस अभी भी पीएसयू से आता है, जबकि बाकी कॉरपोरेट सेक्टर से। उनका स्टाफ अब 25 से 224 हो गया, और मल्टीमैक्स अब आवेदकों की पसंदीदा कंपनी बन गई है।

'मेरे एक स्टाफ के बंदे ने कहा कि विभोरजी को देखकर वो गालिब का शेर याद आता है कि... *मैं अकेला ही चला था जानिब-ए-मंजिल मगर, लोग आते गए और काफिला बनता गया।*'

और कारवां को और आगे बढ़ना है।

'कभी-कभी मैं अपने आईआईटी/आईआईएम वाले दोस्तों से नहीं मिल पाता, लेकिन वैसे मैं सबसे पूरी तरह जुड़ा रहता हूं, और इसका कोई फर्क नहीं पड़ता कि मेरा ऑफिस मेरठ में है या मुंबई में।'

इंडस्ट्री अभी बहुत मुश्किल समय से गुजर रही है। हर क्षेत्र में मंदी का असर दिखाई दे रहा है, बहुत कम प्लांट लगाए जा रहे हैं। इससे मल्टीमैक्स जैसी कंपनियों पर खासा असर पड़ा है। लेकिन विभोर की नजर बड़े लक्ष्य पर हैं, और उनकी योजना काफी आगे जाने की है।

'मुझे अहसास है कि हम एक प्रोडक्ट कंपनी हैं। और किसी भी प्रोडक्ट की तरह, कभी विकास का दौर आएगा, कभी प्रतियोगिता का और कभी पतन का।'

वर्तमान में, मल्टीमैक्स 'प्रतियोगिता' के दौर से गुजर रही है, जहां बहुत सी कंपनियां उनके जैसे उत्पाद बना रही हैं। तो, दाम को लेकर एक जंग छिड़ी हुई है। इस जंगल से बाहर आने का तरीका है, लगातार आगे की सोचो। देखो मार्केट की क्या जरूरत है, और नए उत्पाद विकसित करो।

वही प्लांट जिन्हें हीट एक्सचेंजर्स की जरूरत होती है, उन्हें ही पाइपिंग के लिए बहुत से छोटे-छोटे उपकरणों की भी जरूरत होती है। इन्हें मल्टीमैक्स की फैक्टरी में बिना किसी अतिरिक्त निवेश के ही बनाया जा सकता है।

'इसके लिए सिर्फ एक चीज की जरूरत है कैमिकल इंजीनियरिंग और प्रोसेस डिजाइनिंग। दोनों ही हम अच्छी तरह समझते हैं।'

दूसरा क्षेत्र जहां विभोर की नजर है, वह है नैचुरल गैस। वह मानते हैं कि अगले 10 सालों में यह 'बड़ी चीज' बनकर उभरेगी। वह कारों में से पेट्रोल और डीजल और घरों में से एलपीजी को निकाल देगी। जैसे गैस का उत्पादन बढ़ता है, तो गैसे से संबंधित प्लांट के उपकरणों की जरूरत भी बढ़ जाती है।

'उन उत्पादों पर मैं अब फोकस कर रहा हूं।'

आखिर में, युवा उद्यमी की नजर अब एक्सपोर्ट पर है। कंपनी ने एक यूरोपियन क्लाइंट से छोटा सा ऑर्डर लिया है, जो उनके पास किसी तीसरी पार्टी से होकर आया है। लेकिन विभोर जानते हैं कि सही मायनों में बाजार

को समझने के लिए खुद जाने से बेहतर और कुछ नहीं है।

'मैं फिर से सफर कर रहा हूं, इस बार मध्यपूर्व की कंपनियों से मिलने के लिए, उनसे ऑर्डर लेने के लिए!'

बिजनेस डूवलपमेंट, प्रोजेक्ट मैनेजमेंट और एचआर--इन क्षेत्रों में विभोर की काबिलियत संदेह से परे है। लेकिन उनके पीछे जो चट्टान की तरह खड़े हैं, वह उनके पिता हैं। वह सभी टैक्स, लेबर और अन्य सरकारी और कानूनी जरूरतों को संभालते हैं।

'जनरेशन गैप को मैंने ए टी कर्ने के बोसेस के साथ काम करते हुए भरना सीख लिया था। हालांकि मेरे पिता और मैंने अपने बीच में कामों को बांट लिया है।'

हालांकि बहस और वैचारिक मतभेद तो चलते रहते हैं, लेकिन दोनों के बीच एक अनकहा सम्मान और समझ भी है।

ऐसा ही पत्नी गरिमा के मामले में भी है। वह केपीएमजी से प्रशिक्षित सीए हैं और अब अपने पति की कंपनी में अकाउंट संभाल रही हैं। जब कभी वह कहती हैं, 'ये नंबर बन नहीं रहे हैं।'

और विभोर कहते हैं, 'हो जाएगा।'

ऐसे ही उन्होंने उन्हें मेरठ आकर रहने के लिए राजी कर लिया था। दक्षिण दिल्ली में पैदा हुई और पली-बढ़ी लड़की के लिए मेरठ आकर रहना किसी सदमे से कम नहीं रहा होगा।

'लेकिन कुछ शुरुआती मुलाकातों के बाद, उन्होंने अपना मन बदल लिया।'

जैसे विभोर ने अपना मन बदला कि वह कहां जाना चाहते हैं--जिंदगी में और बिजनेस में। महत्वाकांक्षाएं हैं, लेकिन सेहत और खुशी की कीमत पर नहीं।

'मैं अब भी अपनी कंपनी को 100 करोड़ रुपए के मुकाम पर ले जाना चाहता हूं लेकिन मैं जानता हूं कि हर कोई तो अंबानी नहीं बन सकता। अब मैं सफलता को अंकों में नहीं नापता।'

और कहीं अंदर, यह आईआईटी-आईआईएम स्नातक मानते हैं कि उन पर देश का कर्ज है। और इस तरह, छोटे स्तर पर वह उसे उतारने की कोशिश कर रहे हैं।

'अगर मैं कोई ऐसी कंपनी चलाता हूं, जो 200 नौकरियां देती है, अगर

मैं एक्सपोर्ट के जरिए कुछ विदेशी मुद्राएं अपने देश में ला पाता हूं... तो यह मेरी शिक्षा का सदुपयोग होगा!'

भारत के हर छोटे शहर को ऐसे युवाओं की जरूरत है। जिससे एक छोटी क्रांति का आगाज हो सके, उनके घर के आंगन से ही सही।

*

युवा उद्यमियों को सलाह

मैं समझता हूं कि किसी को बिजनेस में हाथ आजमाने से पहले कुछ वर्ष काम का अनुभव लेना चाहिए। जब आप किसी के मातहत होते हैं, तो उससे बहुत फर्क पड़ता है। इससे आप ज्यादा व्यवसायिक, जिम्मेदार तो बनते ही हैं, साथ ही इससे आपका नेटवर्क भी बढ़ता है।

अगर आप एमबीए कर रहे हैं, तो मैं आपको सलाह दूंगा कि ऐसे कोर्स का चयन करें, जो आपको बेहतर उद्यमी बनने में मदद करे। ऐसे ग्रेड या सीवी पॉइंट के पीछे मत भागो, जो आपको नौकरी दिलवाने में मदद करते हैं।

उद्यमिता एक प्रकार की सीसॉ राइड है। जो आपको कभी ऊपर और कभी बिल्कुल नीचे लाकर छोड़ देती है। जब आप नीचे होते हैं, तो हार मत मानिए। हिम्मत बनाए रखिए। कई बार मैंने सोचा कि मुझे सफलता मिल ही गई है, तब भी बिल्कुल पॉइंट से मुझे वापस आना पड़ा। लेकिन हर असफलता से मैंने कुछ सीखा और हर बार कुछ अलग किया। अगर एक बार तय कर लिया है तो मन में दुविधा मत लाओ। दोबारा नौकरी पर वापस जाने की मत सोचो।

मेरी पसंदीदा दो कविताएं हैं। पहली रॉबर्ट फ्रॉस्ट की *द रोड नॉट टेकन*--'टू रोड्स डाइवर्ज्ड इन ए येलो वुड। एंड सॉरी आई कुड नॉट ट्रेवल बोथ।' (पीले जंगल में राहें दो हो जाती हैं। और खेद है मैं दो कश्तियों पर एकसाथ सवारी नहीं कर सकता।)

दूसरी कविता है, रुडयार्ड किपलिंग की *इफ*--'इफ यू कैन कीप युअर हैड वैन ऑल अबाउट यू आर लूसिंग देअर्स...' (जब आप सब खो रहें हों तो अपना दिमाग ठिकाने पर रखिए।) इन लाइनों को अपने दिमाग में रखकर चलते जाओ, कहीं न कहीं तो पहुंच ही जाओगे। जब आप अपना काम करते हो, तो हो सकता है आप सफल हों, या हो सकता है नहीं हों, लेकिन इससे आप जरूर कुछ न कुछ सीख जाते हो।

दूध की गंगा

श्रीकुमार मिश्रा--मिल्क मंत्रा
भुवनेश्वर (ओडिशा)

जेवियर इंस्टीट्यूट ऑफ मैनेजमेंट, भुवनेश्वर (XIMB) स्नातक ने वह सब किया, जिसकी किसी एमबीए से उम्मीद की जा सकती है, लेकिन वह उनके लिए काफी नहीं था। लंदन में टाटा टेटली की नौकरी छोड़कर, श्रीकुमार वापस अपनी जड़ों में लौट आए, एक आधुनिक मिल्क प्लांट लगाने के लिए--ओडिशा के लोगों का 'अमूल'।

ओडिशा में, आपको बिजनेसमैन मिल जाएंगे, खनन के सामंत मिल जाएंगे। लेकिन कोई 'उद्यमी' शायद ही मिले।

श्रीकुमार मिश्रा उसी दुर्लभ प्रजाति से हैं।

बहुत से अन्य उड़िया लोगों की तरह वह भी, एक अच्छी प्रोफेशनल डिग्री हासिल करके, शानदार नौकरी करना चाहते थे। लेकिन उनके अंदर कुछ था, जो उन्हें बार-बार कह रहा था, 'इतना ही काफी नहीं है।' आखिरकार, वह वापस ओडिशा लौट आए, अपनी नई कंपनी शुरू करने।

'लोग बार-बार मुझसे पूछते कि मैंने लंदन में टाटा टेटली की नौकरी क्यों छोड़ दी। वह मेरी प्रेरणा, कुछ अलग करने की मेरी इच्छा को नहीं समझ सकते थे।'

ओडिशा वापस आने के 4 साल बाद, श्रीकुमार ने अपने डेयरी प्रोजेक्ट को हकीकत का रूप देने के लिए सबकुछ किया। जब उद्यम पूंजी और बैंकों ने उनकी मदद करने से मना कर दिया, तो युवा उद्यमी ने अपने बिजनेस प्लान के जरिए अपने दोस्तों, परिवार और शुभचिंतकों से पैसे लेने का मन बनाया।

'पैसे इकट्ठे करने का दौर मेरे जीवन का सबसे चुनौतीपूर्ण समय रहा। लेकिन मैंने अपना दिमाग मिल्क मंत्रा पर केंद्रित रखा।'

इसके लॉन्च के 18 महीने बाद, युवा कंपनी ने राज्य द्वारा चालित ओमफेड को टक्कर देनी शुरू कर दी। इसने ग्राहकों के लिए दूध की क्वालिटी को बेहतर बनाया और 12,000 डेयरी फार्मर्स के जीवन-स्तर में सुधार किया।

पुरी के बाहर, मिल्क प्लांट के अत्याधुनिक ऑफिस में बैठे हुए, मैं बाहर हरियाली का विस्तार देख रही थी। वह घास जिसे गायें खाकर, हमें पोषक और मीठा दूध देती हैं। इस चमत्कार पर विचार करते हुए, अपना भी एक चमत्कार गढ़ डालो।

दूध की गंगा

श्रीकुमार मिश्रा—मिल्क मंत्रा
भुवनेश्वर (ओडिशा)

श्रीकुमार का जन्म ओडिशा के कटक में हुआ।

'मेरे पिता आईआईटी खड़गपुर से स्नातक थे, और पहली पीढ़ी के उद्यमी थे। बहुत संघर्ष के बाद, उन्होंने 70 के दशक में, ओडिशा में कलिंगा ट्रांसफॉमर्स नाम की कंपनी लगाई।'

श्रीकुमार बिना दुनिया की चिंता किए बड़े हो रहे थे, कटक के दूसरे लड़कों की तरह 'गली क्रिकेट' खेलते हुए। लेकिन 1985 में, जब वह महज 8 साल के थे, तो एक आकस्मिक घटना ने उनके पूरे घर को ही हिला दिया।

'एक कार एक्सीडेंट में मेरे पिता का देहांत हो गया, और हम पूरी तरह उजड़ गए।'

अपने खोने के गम के साथ ही, परिवार को बिजनेस और कानूनी समस्याओं से भी दो-चार होना पड़ा। श्रीकुमार के पिता ने बैंक के पास जमानत के तौर पर अपना घर गिरवी रख रखा था। यह एक अस्थायी अरेंजमेंट था। हालांकि, उनके असमय जाने से मामला गंभीर हो चुका था।

'दूसरे साझेदारों ने हमारा घर नहीं छुड़वाया, दरअसल उन्होंने कंपनी को भी खोखला कर दिया। तो, बैंक प्रॉपर्टी पर कब्जा करना चाहता था। हमारे सिर पर यह तलवार लटकी ही रही।'

बैंक के साथ सालों तक कानूनी समस्याएं चलती रहीं। यहां तक कि

श्रीकुमार याद करते हैं कि 10वीं के बोर्ड एग्जाम के दौरान भी उन्हें बार-बार कोर्ट और वकीलों के चक्कर लगाने पड़ रहे थे। उनका सपना था, अपने पिता की तरह आईआईटी में पढ़ाई करना--लेकिन वह भी नहीं हो सका था।

'मेरा ज्यादा समय वकीलों के साथ ही गुजर रहा था, तो जेईई की पढ़ाई के लिए भी समय मुश्किल से निकल पा रहा था।'

श्रीकुमार को लगा अगर वह कटक में रहे, तो यह सब यूंही चलता रहेगा। तो उन्होंने इंजीनियरिंग करने के लिए ओडिशा से दूर जाने का फैसला किया। तब तक उनकी बड़ी बहन की शादी हो चुकी थी और उनकी छोटी बहन, और मां ने भी उनके फैसले का समर्थन दिया। इस प्रकार, श्रीकुमार ने डी वाई पाटिल कॉलेज, पुणे में मैकेनिकल इंजीनियरिंग करने के लिए दाखिला लिया।

कॉलेज के आखरी साल में, श्रीकुमार सीएटी की तैयारी कर रहे थे। लेकिन चूंकि समय उनके साथ नहीं था, तो उनके एग्जाम की तारीख उनके फाइनल प्रोजेक्ट के प्रेजेंटेशन के दिन ही पड़ी।

'हालांकि मैंने एक्सएटी दिया और मेरा चुनाव XIM भुवनेश्वर में हो गया। तो मैंने वही किया।'

श्रीकुमार अपने उन दिनों की एक घटना याद करते हैं, 'इंडिया लीडरशिप समिट'। लीडरशिप और गवर्नेंस पर मुंबई में आयोजित किया गया एक राष्ट्रीय स्तर का समारोह। उसमें श्रीकुमार का चयन किया गया और उन्हें फाइनल प्रेजेंटेशन के लिए मुंबई बुलाया गया। भारत भर के छात्रों से मुकाबला करते हुए, उन्होंने पहला स्थान प्राप्त किया।

उन्हें ट्रॉफी लेने के लिए स्टेज पर बुलाया गया, जिस मौके का श्रीकुमार ने फायदा उठाया। उन्होंने वहां आई हुई कंपनियों के सीईओ और एचआर हेड्स को संबोधित करते हुए कहा, 'मैं विनम्रता से अपनी जीत को स्वीकार करते हुए, यहां मौजूद नियोक्ताओं से कहना चाहूंगा, कि उन्हें प्रतिभा के लिए आईआईएम से बाहर भी देखना चाहिए। क्योंकि प्रतिभा तो हर जगह है।'

कैंपस प्लेसमेंट के दौरान, श्रीकुमार को आईसीआईसीआई में नौकरी मिली। हालांकि, उन्होंने टाटा एडमिनिस्ट्रेटिव सर्विस (टीएएस) में आवेदन किया था, जिसका चयन नेशनल लेवल पर किया जाना था।

'मेरे सीवी को चुना गया और फिर हम 2-3 दिन के लिए कोलकाता गए,

जहां ग्रुप डिस्कशन, इंटरव्यू और पैनल इंटरव्यू का दौर चला।'

श्रीकुमार ईस्ट जोन के चुने हुए 3 छात्रों में थे और जून 2001 में टीएएस से जुड़ गए।

टीएएस का प्रोग्राम बहुत व्यवस्थित था, जहां आप विभिन्न कंपनियों में जाते हैं, और उनके सीईओ से बात करते हैं। चूंकि टाटा ग्रुप की कंपनियां पूरे देश में फैली हुई हैं, तो एक प्रकार से यह ज्ञानवर्द्धक 'भारत दर्शन' का दौर रहा। आप पुणे में टाटा मैनेजमेंट ट्रेनिंग सेंटर (टीएमटीसी) की क्लास लेते हैं, और बढ़िया खाना खाते हैं। लेकिन सबसे ज्यादा जरूरी है वे 4 प्रोजेक्ट, जिसमें आपको एक प्रोजेक्ट के लिए तीन महीने मिलते हैं।

'ये प्रोजेक्ट आपको अलग-अलग उद्योगों के चरम से वाकिफ कराते हैं। साल के अंत में, आप उस सेक्टर या कंपनी के बारे में स्पष्ट हो जाते हैं, जहां आपको कैरियर बनाना है।'

श्रीकुमार टाटा टी में काम करने लगे, जहां उन्होंने अपने आखरी प्रोजेक्ट के दौरान काम किया था। वह काफी रोमांचक समय था क्योंकि कंपनी ने तभी यूके में टेटली को हासिल किया था और विभिन्न देशों में इस ब्रांड को लॉन्च करने वाली थी।

'मैं कोलकाता में टेटली के ग्लोबल बिजनेस डिविजन में काम करने लगा और उभरते बाजारों की तलाश में कजाकिस्तान से चीन तक का सफर तय किया!'

2002 में, श्रीकुमार ने राशिमा से शादी की। वह XIMB जूनियर थीं। एक साल बाद, श्रीकुमार की पोस्टिंग 'कंट्री हैड' के रूप में साउथ अफ्रीका में हो गई। मतलब कि आपके पास न तो ऑफिस होगा, न बॉस--आप बस जंगल में पहुंच गए थे, सबकुछ खुद ही करना था!

'हमें सबकुछ जीरो से शुरू करना था, तो मैंने घर से ही काम करना शुरू किया। मैंने टेटली के कामों को पूरी तरह संभाल लिया, और उसमें मुझे बहुत कुछ सीखने को भी मिला!'

टेटली ब्रांड लॉन्च करने के अलावा, श्रीकुमार को एक साउथ अफ्रीकी चाय कंपनी, जोकल्स के टेकओवर का भी श्रेय मिला।

'वह देश का तीसरा बड़ा चाय का ब्रांड था, जिसे दो उद्यमियों ने मिलकर लगाया था। वह टेटली के अंतर्गत तेजी से बढ़ने वाला डिवीजन बना।'

‘कैट जैसे एग्जाम का एक दिन आपकी पूरी जिंदगी को बदलकर रख सकता है। मुझे नहीं लगता कि किसी की प्रतिभा को आंकने का यह सही तरीका है।’

‘मैनेजर के तौर पर आप बिजनेस क्लास में सफर करते हो, 5-सितारा होटलों में ठहरते हो, लेकिन अपना कुछ कर गुजरने की ललक आपको इसमें संतुष्ट नहीं होने देती, वहीं कोई और ऐसी नौकरी में पूरी जिंदगी बिताने को तैयार रहता है।’

2006 में, श्रीकुमार लंदन आ गए, प्राग में टेटली द्वारा लिए नए बिजनेस को संभालने के लिए। दो साल बाद उन्हें मर्जर और एक्वीसिशन मार्केट का हैड बनने के लिए कहा गया। उनका काम काफी रोमांचित था--उभरती हुई, ऐसी कंपनियों की पहचान करना जिन्हें टेटली खरीद सके।

‘मुझे विश्व भर की अनेकों मार्केट में काम करने का मौका मिला। मैं समझने लगा था कि उद्यमी फूड और ड्रिंक के अच्छे ब्रांड बनाने के लिए क्या करते हैं।’

इससे वह वापस घर जाने के अवसरों के बारे में सोचने लगे। उनकी समझ और अनुभव एक ही दिशा की तरफ इशारा कर रहे थेः अभी जो दूसरे विकसित होते बाजारों में हुआ है, वही मौका अब भारत के पास है।

‘मैं तुर्की में दो भाइयों से मिला--द कराकन्स--जिन्होंने 200 मिलियन डॉलर का चाय का बिजनेस* जमाया था। वह काफी प्रेरक था!’

ड्रिंक्स में सबसे ज्यादा आविष्कार रेडी-टू-ड्रिंक उत्पादों में हुए थे। टेटली के लिए, दूसरी कंपनियों को अपने में मिलाना बस विकास का इंजन ही नहीं था। इससे उन्हें नए विचार भी मिलते थे। लेकिन शक की चुटकी श्रीकुमार का दिमाग झकझोरने लगी थी।

‘कॉरपोरेट जगत उद्यमिता के बारे में बात करना पसंद करता है, लेकिन बदकिस्मती से मैंने किसी भी कंपनी में उद्यमिता की भावना नहीं देखी।’

* कराकन भाइयों की कंपनी *दोगुस चाय* है।

बिजनेस स्कूल से बाहर आने के महज 7 सालों में ही श्रीकुमार एक ऐसी शानदार जिंदगी जी रहे थे, जो किसी भी एमबीए वाले का सपना होती है। पहले एक विशेषज्ञ के तौर पर साउथ अफ्रीका में, और अब लंदन, पाउंड के आलीशान पैकेज पर।

'मैं वेस्ट लंदन के पहाड़ी क्षेत्र हैरो में रह रहा था। सबकुछ बढ़िया चल रहा था। बिजनेस क्लास सफर, 5-सितारा होटलों में रहना, सब मजे में।'

राशिमा को भी लंदन रास आ रहा था, वह एक बड़े एजुकेशन ट्रस्ट के साथ काम कर रही थीं। एक नौजवान जोड़े को इससे ज्यादा क्या चाहिए?

और फिर भी, श्रीकुमार संतुष्ट नहीं थे। हर प्रोफेशनल के कुछ कैरियर लक्ष्य होते हैं, फाइनेंशियल लक्ष्य होते हैं लेकिन जब सब कुछ मिल जाता है, तब क्या?

'मुझे लगा कि सब ऐसे ही चलता रहेगा--फिर कुछ और, फिर कुछ और। इस सारी प्रक्रिया में मैं कुछ भी नया नहीं कर पा रहा हूं।'

उसी समय श्रीकुमार को अहसास हुआ कि इस समय भारत में संभावनाएं चरम पर हैं। इस मौके को उन्हें गंवाना नहीं चाहिए।

'2007 से मैंने हर सप्ताहंत नए सेक्टर की तलाश और लोगों से कॉन्टेक्ट बनाने में लगाए। दरअसल उद्यमियों से बात करने के लिए मैं लंदन में टीआईई से भी जुड़ गया।'

इस बातचीत से श्रीकुमार एक बात के लिए निश्चिंत थे--वह चाहे जो भी करें, वह साइज और स्केल में बड़ा होना चाहिए। यकीनन, इसके लिए बहुत से पैसों की जरूरत होगी। लेकिन उन्हें फंड उठाने के बारे में कोई भी जानकारी नहीं थी। उस समय श्रीकुमार ने हार्वर्ड बिजनेस स्कूल के वेंचर कैपिटल और प्राइवेट इक्विटी पर आधारित एक सप्ताह के कोर्स के बारे में सुना। उन्होंने अपनी नौकरी से छुट्टी लेकर इसे करने का फैसला किया।

'मैंने इसके पैसे खुद दिए, लेकिन यह बहुत उपयोगी रहा। कोर्स से मुझे समझ आया कि वीसी क्या है और यह कैसे काम करता है... इससे मुझे यह सोचने में मदद मिली कि मैं पैसे कैसे उठा सकता हूं।'

आखिरकार, जनवरी 2009 में, श्रीकुमार ने अपने सपनों को कागज पर उतारा। तब तक उन्होंने तय कर लिया था कि उन्हें भारत में एक बड़ा सा

'ओडिशा में उद्योगों की मदद करने के लिए कोई इकोसिस्टम नहीं है। ज्यादातर, या तो पारिवारिक बिजनेस संभाल रहे हैं या फिर खदान के लाइसेंसों से पैसे कमा रहे हैं।'
'मैंने दूध को चुना क्योंकि इसका बहुत बड़ा और असीमित बाजार है... अभी यहां बहुत कुछ किया जाना बाकी है।'

एफ एंड बी ब्रांड खड़ा करना है। प्रोजेक्ट का स्केल इतना बड़ा होना चाहिए, जिससे एक सप्लाई चेन के जरिए ओडिशा से जुड़ा जा सके। जब वह अन्य बहुत से विचारों पर माथा-पच्ची कर रहे थे, तब उनके मन में दूध का विचार घर कर गया।

भारत में दूध का बाजार लगभग 40 बिलियन डॉलर है, जिसमें से अभी 5-6 बिलियन डॉलर पर ही काम हो रहा है। तो यहां किसी भी नए खिलाड़ी के लिए असीम संभावनाएं हैं।

'दूध बहुत पुराना क्षेत्र है, लेकिन मुझे लगा कि इसमें अभी काफी संभावनाएं हैं। गुजरात, पंजाब और आंध्र जैसे राज्यों में इस पर काफी काम हुआ है, लेकिन ओडिशा में कुछ नहीं।'

और क्या, डेयरी उत्पाद बिजनेस की कसौटी पर भी खरे उतर रहे थे--जिसका प्रभाव ओडिशा पर भी पड़ता। हाशिये पर पहुंचे हुए किसान दूध के जरिए नियमित आय पा सकते थे, अगर उन्हें कोई ईमानदार और पारदर्शी खरीदार मिले तो।

इस प्रकार, मई 2009 में, श्रीकुमार पूरी योजना के साथ भारत आ गए। उनके प्रोजेक्ट में कम से कम 5 मिलियन डॉलर (लगभग 22 करोड़ रुपए*) लगने वाले थे। सबसे पहला और बड़ा काम था पैसे इकट्ठे करना। उस समय तक डेयरी उद्योग में एक ही प्राइवेट-इक्विटी डील थी--मोतीलाल ओसवाल ने पुणे की पराग मिल्क फूड्स में निवेश किया था।

'मैंने कुछ वीसी और दूसरे निवेशकों से बात की--उनमें से ज्यादातर ने इसे हवाई किला ही माना। लेकिन मैं अपने फैसले पर अडिग था, मैं इस पर

* 2009 में एक यूएस डॉलर की कीमत 45 रुपए थी।

काम करके इसे आगे ले जाऊंगा!'

इक्विटी के जरिए 5 मिलियन डॉलर जमा करना आसान नहीं था। श्रीकुमार ने कुछ लोन लेने का तय किया। उन्होंने स्टेट बैंक ऑफ इंडिया, कोलकाता से संपर्क किया, वहां वह एक उड़िया सज्जन को जानते थे। प्रोजेक्ट के प्रस्ताव और प्रमोटर्स की पृष्ठभूमि के बारे में पढ़कर, उन्होंने सकारात्मक जवाब दिया। बैंक प्रोजेक्ट की 50 प्रतिशत कीमत का लोन देने के लिए तैयार हो गया।

नए जोश के साथ श्रीकुमार फिर से वेंचर कैपिटल की ओर गए। लेकिन उनके प्रयासों के नाममात्र के ही परिणाम आ रहे थे।

'अचानक मुझे महसूस हुआ कि ये वीसी जो वीसी होने का दावा करते हैं, दरअसल स्थापित व्यवसायों में ही पैसा लगाते हैं, जिसकी सालाना आय कम से कम 20 करोड़ रुपए हो। वे लोग किसी नए बिजनेस में दिलचस्पी नहीं लेते!'

एक उद्यमी को ऐसे लोगों की जरूरत होती है, जो उसमें *विश्वास* कर सकें। इस कारण से शुरुआती निवेशकों को 'ऐंजल' कहा जाता है। और आपके दोस्तों और परिवार से बेहतर कौन ऐंजल हो सकता है? श्रीकुमार के शुरुआती निवेशक थे, उनके ससुर, सुमन कुमार नरूला और टाटा के पूर्व सहकर्मी, संदीप दास।

पूर्व सहकर्मी का कहना था, 'मैं हमेशा से कुछ अपना करना चाहता था लेकिन मैं यह आरामदायक जिंदगी नहीं छोड़ पाया... कम से कम मैं तुम्हारे काम में निवेश करके, अपने सपनों को तुम्हारे जरिए जी पाऊंगा!'

श्रीकुमार ने अपने सपनों को ज्यादा से ज्यादा निवेशकों से साझा करने का निर्णय लिया। उन्होंने अपने दोस्तों और परिवार के साथ मिलकर पैसा इकट्ठा करना शुरू किया। भले ही कोई 5 लाख रुपए का काम निवेश ही क्यों न करे।

लेकिन निवेश सिर्फ जान-पहचान तक के लोगों तक ही सीमित नहीं रहा। बड़ी रकम उठाने के लिए आपको अनजान लोगों को भी मनाना पड़ता है। कई जगह जाने के बाद, मुंबई के दो ऐंजल उनके काम में पैसा लगाने को तैयार हो गए। आखिरकार, भारत और यूके से 20 निवेशक उनके बोर्ड में शामिल हो गए।

'इससे मुझे मदद मिली, इससे वेंचर कैपिटलिस्ट को अहसास हुआ कि यह बंदा वाकई में गंभीर है!'

'वीसी ने मुझे बताया, ''आपके पास अनुभव है, और आपका बिजनेस प्लान भी अच्छा है, लेकिन हमारे लिए अभी इसमें निवेश करना बहुत जल्दबाजी होगी।'' मैं एकदम सन्न था... तो शुरू कब करना चाहिए! इसमें जल्दबाजी क्या है?!'

एक सोशल वेंचर फंड, *आविष्कार* के विनीत राय से श्रीकुमार बात कर रहे थे।

'मैं जानता था कि वह हमारे प्रोजेक्ट में जरूर दिलचस्पी लेंगे, क्योंकि यह ग्रामीण विकास से सीधे रूप से जुड़ा था। हालांकि, सामान्य तौर पर उनका निवेश लाखों में होता था, करोड़ों में नहीं।'

इस मामले में, उन्होंने कुछ छूट देने का निर्णय लिया। इस प्रकार, श्रीकुमार आखिरकार 10 करोड़ रुपए उठाने में कामयाब हो गए जिसकी उन्हें इक्विटी फंड* से जरूरत थी। अब, वह फिर से लौटकर बैंक के पास गए, जहां एक बुरी खबर उनका इंतजार कर रही थी। वह सज्जन जिन्होंने लोन देने का वादा किया था, अब अपने पैर पीछे खींच रहे थे।

'मैंने पहले से कोई तैयारी नहीं की थी, क्योंकि मुझे यकीन था कि काम बन जाएगा... लेकिन अचानक मैं वापस शून्य पर पहुंच गया था।'

किस्मत से, श्रीकुमार आईडीबीआई बैंक को मनाने में कामयाब हो गए। वे भी किसी नए उद्यमी को पैसे देने में अनिच्छुक ही लग रहे थे। लेकिन उनका पिछला रिकॉर्ड और इक्विटी के जरिए उठाई गई रकम को देखकर, वह सहमत हो गए। आखरी रुकावट थी कि बैंक को कुछ जमानत और श्रीकुमार और उनकी पत्नी की तरफ से पूरी गारंटी चाहिए थी।

'मैंने कहा, देखिए मैं पहले ही अपनी सारी पूंजी कंपनी में लगा चुका हूं, अब मेरे पास जमानत के तौर पर देने के लिए कुछ नहीं होगा। लेकिन बैंक वाले जोर देने लगे...'

* स्टेनफॉर्ड ने मिल्क मंत्रा और आविष्कार फंड रेसिंग पर एक केस स्टडी की--वीसी डिसीजन मेकिंग प्रोसेस इन इंडिया

श्रीकुमार आखिरकार पहले पड़ाव को पार करने में कामयाब हो गए। लोन पास हो चुका था और पहले चरण के पैसे भी जमा हो गए थे। यह जनवरी 2011 की बात है--पूरे 18 महीने।

इस दौरान श्रीकुमार ने एक और महत्वपूर्ण फैसला लिया--अपने प्लांट के लिए खरीदना। शुरुआत में वह सरकार और आईडीसीओ (इंडस्ट्रीयल डूवलपमेंट कॉरपोरेशन ऑफ ओडिशा) के पास गए। लेकिन जल्द ही उन्हें अहसास हो गया कि इससे कोई मदद नहीं मिलने वाली।

'मैंने एक अच्छी जगह की तलाश शुरू कर दी, जो दूध सप्लाई करने वाले गांवों और हमारे मुख्य बाजार, भुवनेश्वर के भी पास हो।'

आखिरकार उन्हें पुरी जिले के कोणार्क में अपनी मनपसंद जगह मिल गई। हालांकि 5 एकड़ की जगह में बहुत से लोगों के खेत आ रहे थे--एक-एक करके सभी किसानों को अपनी जमीन बेचने के लिए मनाया गया।

लेकिन यह समस्याओं का अंत नहीं था। खेती की जमीन को उद्योग में तब्दील करना एक बेहद लंबी और जटिल प्रक्रिया है। इसमें भी एक साल से ज्यादा का समय लगा।

'अगर मैं पहले पैसे मिलने के बाद काम शुरू होने का इंतजार करता, तो इससे पूरा प्रोजेक्ट ही लेट हो जाता।'

साल 2011 मुख्य रूप से प्लांट की प्रोसेसिंग शुरू होने में ही लग गया। इसमें बहुत सी जटिलताएं पेश आईं। एक ही स्थान पर पूरी क्लीयरेंस मिलने की बात तो बस कागजों तक ही रहती है असल में तो आपको एक *हां* के लिए 20 अलग-अलग विभागों के चक्कर लगाने होते हैं।

दरअसल, जब उन्होंने डीआईसी (डिस्ट्रिक्ट इंडस्ट्रीज सेंटर) में अपना नाम रजिस्टर करवाया, तो वह रजिस्ट्रेशन नंबर '1' देखकर हैरान रह गए।

ऑफिसर ने कहा, 'आपका पुरी जिले में पहला मीडियम स्केल* का उद्योग है।'

भारत में कोई भी फैक्टरी मालिक आपको बता देगा, कि किसी भी फैक्टरी को चालू करने से पहले आपको कई लोगों की हथेलियां गर्म करनी पड़ती है।

* डीआईसी 5-10 करोड़ रुपए के प्लांट को मीडियम स्केल के अंतर्गत रखता है

'XIMB में प्रशिक्षित होने की वजह से हमें लोगों को आकर्षित करने में मदद मिली। हम रूरल मैनेजमेंट छात्रों को भी अपने काम में साथ जोड़ सकते थे।'

'मैं आनंद और बनासकांठा गया। वहां मैंने देखा कि डेयरी फार्मिंग से उन्होंने कितना विकास किया है। मुझे समझ नहीं आ रहा था कि ओडिशा में ऐसा क्यों नहीं हुआ था।'

लेकिन सवाल उठता है कि कितनी हथेलियां।

'हमने कोशिश की कि ऐसी मांग से बच सकें। लोग जानने लगे कि उनसे पैसे मांगना और मिलना बहुत मुश्किल है।'

ऐसे समय में आपको किसी सही अधिकारी से मिलने की जरूरत होती है। श्रीकुमार ऐसी ही एक घटना याद करते हैं, जब एक बॉयलर इंस्पेक्टर अप्रूवल देने में देरी कर रहा था। इस अप्रूवल के बिना फैक्टरी में काम चालू नहीं हो सकता था।

'मैं शहर से बाहर जा रहा हूं... इसमें 25 दिन और लग जाएंगे,' इंस्पेक्टर ने चिढ़ते हुए कहा।

'लेकिन सर हमें लोन की ईएमआई भी तो देनी है, मुझे दूसरे 20 निवेशकों को भी जवाब देना होता है। इससे मेरे प्रोजेक्ट में 2-3 महीने की देर हो जाएगी!'

ऑफिसर को इससे कोई फर्क नहीं पड़ा। इस पर सोच-विचार करने के बाद, श्रीकुमार ने डिपार्टमेंट के सीनियर ऑफिसर से मिलने का निर्णय लिया। युवा उद्यमी की बात सुनकर, वह मदद करने के लिए तैयार हो गए।

'मैं आपके प्लांट को खुद सर्टिफिकेट दे दूंगा,' उन्होंने कहा।

एक दूसरे समय, एक वरिष्ठ नौकरशाह ने श्रीकुमार के प्रोजेक्ट के बारे में अखबार में पढ़ा। उसने प्लांट देखने की इच्छा जाहिर की। प्लांट देखने के बाद उन्होंने श्रीकुमार के प्रयासों की सराहना की और कहा, 'अगर तुम्हें कोई दिक्कत हो तो मुझे बताना। मैं तुम्हारी मदद करूंगा।'

श्रीकुमार ने उनके प्रस्ताव को स्वीकारा और नौकरशाह ने अपना वादा

भी निभाया।

उस समय, XIMB एक इन्क्यूबेटर लगा रही थी। प्रोफेसर रमन ने श्रीकुमार को अपनी फैकल्टी में आमंत्रित किया। एक एमओयू साइन किया गया और *मिल्क मंत्रा* को वहां ऑफिस की जगह मिल गई।

'मुझे इन्क्यूबेशन की वैसे जरूरत नहीं थी, लेकिन ऑफिस कहीं दूर होने से निर्माण काम में कई दिक्कतें आतीं। अब मैं ज्यादा जरूरी चीजों पर अपना ध्यान केंद्रित कर सकता था।'

इन सब चीजों के बीच एक बड़ी चुनौती थी, सप्लाई चेन को नियमित रूप से चालू करना। सबसे पहले, किसानों से दूध के लिए संपर्क करना। आप सोच सकते हैं कि मैं किसानों से दूध खरीदकर उनकी मदद कर रहा हूं, इससे ग्रामीण विकास भी होगा। लेकिन खुद गांव के लोग इस बारे में क्या सोचते हैं।

'दरअसल प्लांट के आसपास के गांववाले सोच रहे थे कि यह कोई टाटा, बिरला टाइप के लोग होंगे। इससे उन्हें क्या फायदा हो सकता है?'

श्रीकुमार और उनकी टीम खुद गांववालों से मिलने के लिए पहुंची, और *सभा* में बैठकर उनसे बात की। युवा उद्यमी ने कहा, 'देखो, आप लोग समझ रहे होंगे कि मैं कोई अमीर बिजनेसमैन हूं, लेकिन मेरी यह कमीज तक बैंक के पास गिरवी रखी है। मेरे पास देने के लिए कोई पैसा नहीं है लेकिन हां, मैं आपको डेयरी फार्मर्स बना सकता हूं।'

गुजरात में, कायरा जिले के किसानों ने खुद को संगठित करके अमूल कॉपरेटिव का गठन किया। यहां, वैसी उद्यमिता का अभाव है। गांववाले प्लांट में नौकरी मिलने के लिए ज्यादा इच्छुक थे।

श्रीकुमार को अहसास हुआ कि लोगों के दिमाग को बदलने के लिए एक लंबा रास्ता तय करना होगा।

'मैं परेशान होने लगा था, लेकिन फिर मुझे लगा कि इन लोगों ने वास्तव में कभी विकास देखा ही नहीं है। कभी भी, और कोई भी उन्हें धोखा देता रहता है, इसलिए उनकी नजर बस छोटे फायदों पर होती है कि वह जल्दी से जल्दी कैसे पैसे कमाए।'

शुरुआत से ही, मिल्क मंत्रा की नजर प्रामाणिक तरीकों से दूध खरीदने

पर थी। इस मुश्किल काम को संभालने की जिम्मेदारी श्रीकुमार ने अपने जीजा, अशित को दी। भारतीय सेना में लेफ्टिनेंट कर्नल अशित स्वैच्छिक रिटायरमेंट लेकर, माइक्रोफाइनेंस सेक्टर में काम करने लगे। ग्रामीण ओडिशा की गहन समझ होने की वजह से वह इसके लिए सही चुनाव साबित हुए।

मार्च 2011 में, अशित और श्रीकुमार ने सुबर्णपुर और नासिकेश्वर गांवों में सभाएं कीं। किसानों में कई प्रकार की शंकाएं थीं, लेकिन वे नए इन लोगों को एक मौका देने को तैयार हो गए।

'हालांकि, तब तक हमारा प्लांट पूरी तरह तैयार भी नहीं हुआ था, लेकिन हमने उनसे दूध लेना शुरू कर दिया। सप्लाई चेन बनाने के लिए पहले आपको किसानों का भरोसा हासिल करना होता है।'

पहले ही दिन सुबह-सुबह दो आदमी अत्याधुनिक मिल्क कूलर लेकर वहां आ पहुंचे, जिनकी क्षमता 2000 प्रति लीटर थी। उस दिन वह 30 लीटर दूध जमा करने में ही कामयाब हो पाए। लेकिन धीरे-धीरे कलेक्शन बढ़ने लगा। स्टेट कॉपरेटिव या स्वतंत्र एजेंट से भिन्न मिल्क मंत्रा बहुत ही स्पष्ट और पारदर्शी पद्धति अपनाता है।

कंपनी हर किसान की अलग-अलग पासबुक बनाती है, जिसमें जमा होने वाले दूध का हिसाब-किताब रखा जाता है। रोज का हिसाब लिखा जाता है कि कितना और किस क्वालिटी का दूध उक्त किसान से लिया गया है।

'दूध की जांच किसान के सामने ही की जाती है और फिर पासबुक में एंट्री कर दी जाती है। तो किसान को पता होता है कि 10 दिनों के बाद उसे कितने रुपए मिलेंगे।'

इससे लोगों के बीच मिल्क मंत्रा की अच्छी साख बनने लगी। उसी दौरान कंपनी ने पशुओं के लिए उच्चस्तरीय चारा भी बेचना शुरू कर दिया। इससे किसानों को अच्छा उत्पादन और फिर अच्छी कमाई होने लगी। एमएफआई और बैंकों के साथ भी करार किया गया, जिससे किसानों को गायें* खरीदनें के लिए लोन मिल सके।

* एक गाय की कीमत 20-30,000 रुपए होती है, जिससे प्रतिदिन 10 लीटर दूध प्राप्त किया जा सकता है।

'हमने पशु-स्वास्थ्य का प्रोग्राम भी शुरू किया और कृत्रिम वीर्यारोपण का भी विचार है, जिससे उच्चस्तरीय गाय के बच्चे प्राप्त किए जा सकें।'

दूध का उत्पादन नियमित रूप से बढ़ रहा था, लेकिन वहां कोई प्रोसेसिंग प्लांट नहीं था। उनके पास बस एक ही रास्ता था, एजेंट को दूध बेचने का। श्रीकुमार को तब जाकर किसानों के हालात और एजेंटों की मनमानी का पता चला।

एजेंट बिल्कुल मनमाने ढंग से काम करते। अचानक एक दिन वे कहते कि आपका दूध बेकार है, मैं इसे नहीं ले सकता। और वह पहले लिए दूध का पैसा भी नहीं देते।

'हमने खुद ऐसे एजेंटों की वजह से लाखों रुपए का नुकसान उठाया। अगर वो हमारी जैसी कंपनियों के साथ धोखा कर सकते हैं, तो किसानों की दुर्दशा के बारे में सोचो...!'

एक समय में एजेंट के पास किसानों के 10-30,000 रुपए उधार हो जाते हैं। पैसे मिलने की आशा में वे आगे भी माल सप्लाई करते रहते हैं। दरअसल, उनके पास और कोई विकल्प भी तो नहीं होता। यहां तक कि स्टेट कॉपरेटिव भी किसानों के हित में काम नहीं करते हैं, सोसाइटी सेक्रेटरी भी एजेंट के जैसा ही व्यवहार करते हैं।

किसानों पर विश्वास हासिल करना तो बिजनेस का एक पहलू था, लेकिन ग्राहकों को विश्वास में कैसे लिया जाए?

'मैं जानता था कि शहरी ग्राहक के लिए क्वालिटी और सहूलियत ज्यादा जरूरी होती है। तो हमने हरसंभव आधुनिक प्लांट लगाने पर ही जोर दिया।'

उपकरणों को दुनिया की बेस्ट कंपनी से खरीदा गया। इन सप्लायरों में श्रीकुमार को तकनीकी मदद भी मिली। खासतौर से टेट्रापैक के अनिल बर्मन ने उनकी बहुत मदद की। और वह नौकरी छोड़ने के बाद भी उनके लिए सलाहकार का काम कर रहे हैं।

'बहुत सी डेयरी एक निश्चित साइज पर पहुंचने के बाद अपनी सेवाओं का विस्तार करती हैं। हमने पहले दिन से ही ऐसा किया।'

'खुशकिस्मती से इंडस्ट्री के बहुत से लोगों के साथ मेरे अच्छे संपर्क रहे। उन्हें मेरे काम पर भरोसा है।'

इनमें से एक हैं बिस्वजीत आचार्या, मिल्क मंत्रा के जनरल मैनेजर। आईआईटी खड़गपुर से डेयरी टेक्नोलॉजी में पोस्ट ग्रेजुएट, और ओमफेड में 20 सालों के काम का अनुभव रखने वाले बिस्वजीत ने इस उद्यमी के साथ काम करने के लिए अपनी सरकारी नौकरी तक छोड़ दी।

'सच कहूं तो मैं हैरान था कि श्रीकुमार को कितनी नॉलेज है,' वह बताते हैं। 'नॉलेज के साथ-साथ वह अपनी जुबान के भी उतने ही पक्के हैं।'

20,000 वर्गफीट की टेट्रापैक मिल्क प्रोसेसिंग यूनिट का काम जीरो से शुरू करना एक रोमांचक काम था। टैंकरों में दूध आता और उसे बिना हाथ लगाए प्रोसेस और पैकेजिंग के लिए टैंक में जमा कर दिया जाता।

'दूध की सप्लाई नियमित करने के लिए एकरूपता बहुत जरूरी तथ्य है। और साफ-सफाई भी।'

प्लांट लगाने से पहले श्रीकुमार आनंद भी गए थे, अमूल का प्लांट देखने के लिए, और उनके अनुभव से सीखने के लिए। उसी समय, उन्होंने कुछ विविधता लाने का भी निर्णय लिया। एक आइडिया था बोतल फॉरमेट लाने का, लेकिन उससे प्रति लीटर 4-5 रुपए का खर्च बढ़ता। तो अब क्या?

किस्मत से, श्रीकुमार आईडीएमसी के सत्यब्रत मिश्रा से मिले। वह कंपनी जो डेयरी तकनीक और पैकेजिंग में विशेषज्ञ है।

'मैंने कंपनी के साथ काम करना शुरू किया, पाउच फॉरमेट के प्रयोग के रूप में।'

प्रयोगों में 7-8 महीने लगे। आखिरकार, उन्होंने एक 3 परत वाली लेमिनेट निकाली, जो दूध को सीधे प्रकाश से बचाती थी। इससे दूध ज्यादा समय तक ताजा रह पाता था। हालांकि, जो पैकेजिंग मशीन मिल्क मंत्रा ने खरीदी थी, वह इस नए मैटिरियल पर नहीं चल सकती थी। श्रीकुमार और बिस्वजीत ने उत्पादक के साथ लगातार काम करते हुए अपनी मशीन में संशोधन करवाए।

'मुझे गर्व है कि हम अच्छा और सस्ता उत्पाद बना पाए। हमारे दूध की फुटकर बिक्री पर 2 रुपए का मुनाफा होने लगा।'

मिल्क मंत्रा के प्लांट अक्टूबर 2011 में काम करना शुरू किया, पहले

2-3 महीने तो शुरुआती कामों में ही लग गए। अब बारी असली इम्तेहान की थी--रिटेल मार्केट में पहुंच बनानी। श्रीकुमार ने सीधे ग्राहक तक पहुंचने की सोच बनाई, अपने उत्पादों की मांग पैदा करके।

'हमने होम डिलीवरी मॉडल की शुरुआत की, एक-एक घर जाकर उन्हें अपने उत्पाद की क्वालिटी पैकेजिंग इत्यादि के बारे में बताकर।'

श्रीकुमार के पूर्व सहकर्मी और निवेशक, संदीप दास भी भारत लौट आए और नौकरी के बीच में ही वह सेल्सबॉय को 2 सप्ताह का प्रशिक्षण देने के लिए राजी हो गए।

कुछ ही समय में, लोग 'मिल्की मू' ब्रांड के बारे में बात करने लगे और उसे दूसरों को भी इस्तेमाल करने की सलाह देने लगे। लॉन्च के समय मिल्क मंत्रा के पास 2000 घर आ गए थे। अब रिटेलर भी इस नए ब्रांड को बेचने में रुचि दिखाने लगे थे। मिल्क मंत्रा ने जल्दी ही विभिन्न मार्केट में अपने वितरक सुनिश्चित कर दिए और जनवरी 2012 तक भुवनेश्वर में बढ़िया शुरुआत की। सत्यजीत मोहंती, सेल्स के जनरल मैनेजर के रूप में कंपनी से जुड़े और पंजाब के डेयरी सेक्टर में किए अपने काम का अनुभव कंपनी को दिया।

शुरुआत में, ओमफेड ने रिटेल मार्केट में मिल्क मंत्रा को न आने देने की कोशिश की थी। आखिरकार, मिल्क मंत्रा ने मार्केट को जीत ही लिया। लेकिन सेल्स और मार्केटिंग अपने सिरे की लड़ाई लड़ ही रहे हैं।

'दूध को अपने आखरी कदम तक कोल्ड चेन की जरूरत होती है, आपको डूबी हुई रकम के बारे में भी सावधानी बरतने की जरूरत होती है। सामान बेचो और उसी दिन पैसे वापस लो, नहीं तो आप उन्हें गंवा सकते हैं!'

लॉन्च होने के 18 महीनों बाद, मिल्क मंत्रा प्रतिदिन 35,000 लीटर दूध का उत्पादन कर रहा है, जो उसकी सकल क्षमता का 60 प्रतिशत है। प्लांट पनीर, छाछ और दही का भी उत्पादन कर रहा है। यद्यपि दूध की बिक्री सिर्फ ओडिशा में ही हो रही है, लेकिन दूध के अन्य उत्पाद कोलकाता और रायपुर भी पहुंच रहे हैं।

'स्वाद' स्थानीय पसंद के हिसाब से बदल जाता है। पूर्वी भारत में, ग्राहक उनकी मसालेदार लस्सी और कुछ ज्यादा मीठी लस्सी पसंद करते हैं।

'शुरुआत में, हमारी लस्सी फ्लॉप हो गई थी, क्योंकि उसमें वह बात नहीं

थी,' श्रीकुमार हंसते हुए बताते हैं।

फैक्टरी में 80 कर्मचारी काम करते हैं, जिनमें से आधे तो कॉन्ट्रेक्ट पर काम करते हैं। चूंकि वहां और कोई फैक्टरी नहीं है, इसलिए वहां 'वर्किंग कल्चर' नहीं है। देर से आना, छुट्टियां मारना और अनुशासन की कमी कुछ ऐसे मुद्दे हैं, जिन्हें अभी दूर किया जाना बाकी है।

'आखिरकार हमें उनपर जीत हासिल करनी ही होगी, उनकी आदतों को बदलकर। इसमें समय लगेगा, प्यार और सख्ती दोनों की जरूरत होगी!'

मार्च 2013 में मिल्क मंत्रा की सालाना आय 18 करोड़ रुपए थी। यह उसके लिए पहला आर्थिक साल भी था। श्रीकुमार को दूसरे साल में 50 करोड़ रुपए की उम्मीद है। कंपनी अभी भी खतरे के निशान पर है लेकिन वह इसे लेकर परेशान नहीं है। यह कम-मुनाफे और बहुत फैला हुआ काम है, जो सिर्फ स्केल बढ़ाने पर मुनाफा पसंद हो सकता है।

लेकिन मिल्क मंत्रा का प्रभाव अभी असरदार है। अब कंपनी के नेटवर्क पर 10,000 किसान हैं। ये किसान प्रति लीटर दूध पर 20 रुपए कमाते हैं और अब इन्हें एजेंट का शिकार बनने की जरूरत नहीं है। दूसरी तरफ, ओमफेड भी अपनी क्वालिटी को लेकर ज्यादा सजग हो गया है। चूंकि ओमफेड मिल्क मंत्रा के मुकाबले 10 गुणा ज्यादा दूध बेचता है, तो आखिरकार ग्राहकों के लिए तो हर तरह से फायदे की ही स्थिति है।

मिल्क मंत्रा ने फरवरी 2013 में, फंडिंग का दूसरा राउंड पूरा किया लेकिन इसे अभी और बढ़ाने की जरूरत है। कंपनी को और फंड की जरूरत है, खासतौर पर श्रीकुमार ड्रीम प्रोजेक्ट के लिए--एक मिल्क ड्रिंक जिसे पूरे देश में बेचा जाए।

'वीसी और पीई को फूड सेक्टर में बड़ा अवसर नजर आ रहा है, तो अब मेरे लिए फंड उठाना आसान है।'

इसका विपरीत पहलू है एक बड़े स्तर की कंपनी बनाओ और और फिर उसमें शेयरधारकों को कम कर दो। कम करना जटिल तो होता है, लेकिन श्रीकुमार को यह करना ही पड़ा। क्योंकि उन्हें लगता है कि किसी चीज के जितने ज्यादा टुकड़े होते है, उसकी कीमत उतनी ही कम हो जाती है।

काम तो काफी भागा-दौड़ी का, है ही, श्रीकुमार के पास ऑफिस के बाहर कोई समय ही नहीं है।

'दूध ऐसा क्षेत्र है जो आपको पूरी तरह व्यस्त रखता है! गायें दिन में दो बार दूध देती हैं--जिसे इकट्ठा करके प्रोसेस, पैकेज, बेचने और पैसे लेने में लगाना पड़ता है। इससे हमारे पास रात-दिन का काम होता है...'

हालांकि श्रीकुमार ने गोल्फ खेलना छोड़ दिया है, लेकिन वह एस्पन इंस्टीट्यूट के प्रति अपने कमिटमेंट के लिए समय निकाल लेते हैं। यह एक अंतर्राष्ट्रीय नॉन-प्रोफिट संगठन है, जिसका फोकस आदर्श लीडरशिप पर है।

भले ही मिल्क मंत्रा को स्थापित करने में कितने ही उतार-चढ़ावों का सामना क्यों न करना पड़ा हो, लेकिन श्रीकुमार के साथ चट्टान की तरह उनकी पत्नी राशिमा हमेशा खड़ी रहीं। दरअसल, व्यावसायिक चुनौतियों के साथ ही साथ इस जोड़े ने और भी कई बोल्ड कदम उठाए।

'जून 2009 में हमारा पहला बच्चा हुआ--हमारे लौटने के एक महीने बाद--और 2011 में दूसरा बच्चा। हमने उस समय बात करके तय किया कि--चलो देखते हैं और कितनी अस्थिरता हम संभाल सकते हैं।'

इसके अलावा, राशिमा ने मिल्क मंत्रा के ब्रांड कम्यूनिकेशन पहलू पर भी अपना योगदान दिया, और 'मिल्की मू' लोगो के पीछे भी उनका ही हाथ है। वह संगठन के एचआर पहलू को भी संभालती हैं।

और सबसे बड़ी बात, बिजनेस प्लान किसी कागज पर लिखा जा सकता है, लेकिन जिंदगी का प्लान दिल पर लिखा होता है।

श्रीकुमार कटक में रहते हैं, अपने बचपन के घर में। वह घर जिसे उन्होंने 2006 में कोर्ट के बाहर हुए समझौते में अपने लिए सुरक्षित करा लिया।

जिंदगी निष्कपट नहीं है। लेकिन खूबसूरत है। आप जो भी कल्पना करोगे, वह वैसी बन जाएगी... अगर आप इस पर भरोसा करें और मेहनत भी।

*

युवा उद्यमियों को सलाह

सभी चुनौतियों के बावजूद, आज जहां हम भारत में हैं, यह जिंदगी में एक बार मिलने वाला मौका है। और अगर कोई सच में ही कुछ बनाने की ठान ले, तो इससे बेहतर समय नहीं मिल पाएगा।

कुछ भी इससे बेहतर नहीं हो पाएगा। मेरे पास एक आलीशान कॉरपोरेट कैरियर था लेकिन मैं संतुष्ट नहीं था। एक छोटे शहर में वापस आना चुनौती भरा था, यहां कोई बड़ा कैनवास मेरा इंतजार नहीं कर रहा था। लेकिन वह मन की आवाज थी।

छोटी सी आशा

जबकि दूसरे समस्याओं को देखते हैं, ये हमेशा समाधान पर काम करते हैं। वे नई पीढ़ी के लिए बदलाव और आशा के दूत हैं।

पगला कहीं का

ए मुरुगनाथम--जयश्री इंडस्ट्रीज कोयम्बटूर (केरल)

9वीं क्लास तक पढ़े हुए मुरुगन एक स्वतंत्र विचारों वाले चिंतक और आविष्कारक हैं। एक साधारण सी वर्कशॉप में अकेले काम करते हुए, उन्होंने एक ऐसी मशीन बनाई जिससे सस्ते नैपकिन बनाए जा सकते हैं। जिसने पूरे भारत की सामान्य महिलाओं के जीवन को बदलकर रख दिया।

मुरुगनाथन कुछ बावले से हैं। सभी यही कहते हैं, और वह मानते भी हैं।

'बचपन से ही मैं कुछ अलग करने की कोशिश करता था। मैं सामान्य जीवन से हमेशा कटता था। मैं छोटी-छोटी नई चीजें आविष्कार किया करता था।'

आविष्कार शब्द अभी हाल ही में मुरुगन की शब्दावली में शामिल हुआ है। उन्हें कोयम्बटूर के औद्योगिक शहर में वर्कशॉप में सहायक का काम करने के लिए इंग्लिश की कोई जरूरत नहीं थी। टैक्सटाइल मिलों और ऑटो एंसीलरी वाले इस शहर में बड़ा घर और बड़ी कार ही आदमी की हैसियत का पैमाना है। मुरुगन के लिए यह सब बहुत ही अजीब है।

'मेरे बहुत से दोस्त हैं, जो बोलेरो और स्कॉर्पियो खरीद रहे हैं, बड़ी-बड़ी चेन पहनते हैं और बिना बटन की कमीज। क्या इंसान की जिंदगी का यही मकसद है?'

मुरुगन इसे जीवन की सीमा मानते हैं। 9वीं क्लास तक पढ़े हुए मुरुगन एक चिंतक, आविष्कारक और दार्शनिक हैं। एक ऐसे इंसान जिसके पास साफ दिल और सुंदर दिमाग है।

इसी दिमाग से उन्होंने उस समस्या का समाधान ढूंढ़ा, जिससे भारत की 90 प्रतिशत महिलाएं प्रभावित होती हैं। लेकिन उसके बारे में न तो कभी सुना जाता है, न बात की जाती है। समस्या है महिलाओं का मासिक धर्म संभालने का तरीका। मुरुगन ने अपनी बीवी के लिए सस्ते सैनेटरी नैपकिन बनाने की चुनौती को स्वीकार किया। धीरे-धीरे उन पर एक जुनून सवार हो गया। एक 'पागलपन'।

सालों के प्रयोग और कुछ नए विचारों को अपनाकर मुरुगन ने एक कम कीमत वाली मशीन तैयार की। उन्हें अपने इस आविष्कार को स्वयंसेवी समूहों और सीधे उपभोक्ताओं से साझा करने में खुशी मिलती है। भारत के दूर-दराज गांवों और धीरे-धीरे पूरे विश्व में।

'मुझे बड़ी कंपनियों से बहुत से ऑफर आए, लेकिन मुझे पैसा नहीं चाहिए। मैं मर्सिडीज नहीं चाहता। मैं चाहता हूं कि अगले 10 सालों में, भारत की 100 प्रतिशत महिलाएं सैनेटरी नैपकिन का इस्तेमाल करें।'

कोयम्बटूर के बाहर एक साधारण-सी वर्कशॉप में वह लकड़ी की सामान्य सी कुर्सी-मेज पर बैठते हैं। वहीं से उन्होंने इस महान कार्य को अंजाम दिया। वहां कोई एयरकंडीशन नहीं लगा है, लेकिन मुझे वहां गर्मी का अहसास नहीं हुआ।

हम अपनी जिंदगी पैसे बटोरने में लगा देते हैं--सांसारिक वस्तुएं, जो हमारे पीछे ही रह जाएंगी।

पगला कहीं का

ए मुरुगनाथम--जयश्री इंडस्ट्रीज कोयम्बटूर (केरल)

मुरुगनाथम का जन्म तमिलनाडु में कोयम्बटूर के पास पप्पनेकन पुदुर गांव में हुआ।

'मैं भाग्यशाली था जो मेरा जन्म एक गरीब परिवार में हुआ। लोग सोचते हैं कि अमीर होना अच्छा होता है, लेकिन अमीर लोग असली बचपन का मजा नहीं ले पाते। वे तितलियों के पीछे भागना और पेड़ों पर नहीं चढ़ते, जैसा मैंने किया था!'

बचपन में, मुरुगन की विज्ञान विषय में खास रुचि थी। तमिल-माध्यम स्कूल, जहां वह पढ़ते थे, उन्हें एक प्रोत्साहित करने वाले शिक्षक मिले।

'मैंने स्कूल में साइंस एग्जीबिशन में भाग लिया और उसमें मुझे चिकन इंक्यूबेटर बनाने के लिए प्राइज भी मिला था।'

मुरुगन के सहपाठी ज्यादातर जमींदार परिवारों से थे। उन्हें उनके खेतों पर जाना पसंद था, खेती के विभिन्न तरीकों और उनके उपकरण को देखना और उनकी मरम्मत करना।

'मुझे मैकेनिकल चीजों और उनके पाट्‌र्स के साथ प्रयोग करना पसंद था!'

मुरुगन के पिता करघा बुनकर थे, लेकिन बदकिस्मती से एक सड़क दुर्घटना में उनका देहांत हो गया। उनकी मां, श्रीमती ए वनिता ने घर चलाने के लिए एक खेत पर काम करना शुरू कर दिया। लेकिन उन्हें मजदूरी बहुत कम मिलती थी--एक दिन के 5 रुपए। भाई-बहन में बड़ा होने के कारण मुरुगन ने 9वीं

क्लास के बाद पढ़ाई छोड़कर काम करना शुरू कर दिया।

'बचपन में मैंने बहुत से काम किए, जैसे पटाखे, गन्ने और गणेश की मूर्तियां बेचना इत्यादि। तो मैंने सोचा कि मैं कुछ अपना ही काम करना शुरू करूंगा।'

शुरुआत में मुरुगन ने एक फैक्टरी कर्मियों को इडली बनाकर बेचने का काम भी शुरू किया। काम बढ़िया था लेकिन यह विचार दूसरे को देखकर आया था। जब उनके प्रतिद्वंद्वी ने उनके परिवार को धमकाया तो उस 15 साल के बच्चे ने वह काम बंद कर दिया। उन्होंने कोयम्बटूर में कोई नौकरी करने का फैसला किया--उद्योग और कपड़ा मिलों के शहर में।

युवा लड़के ने कई कामों में हाथ आजमाया, लेकिन उनका मन अपना काम करने में ही था।

'मैं एक वर्कशॉप में हैल्पर के तौर पर काम करने लगा। मतलब, मशीनों का काम नहीं बस सीनियर लोगों के लिए चाय, सिगरेट वगैहरा लाने का काम।'

पड़ोस की वर्कशॉप के मालिक ने मुरुगन को चेताया, 'तुम्हारा बॉस अच्छा आदमी नहीं है। उसके साथ काम मत करो।'

लेकिन मुरुगन ने इसे दूसरे नजरिए से देखा।

'मेरा मालिक शराबी था... यह मेरे लिए अच्छा ही रहा। मैंने बहुत मेहनत की, सब चीजें सीखीं और बहुत कम समय में ही सब सोचने लगे कि वर्कशॉप का मालिक मैं हूं।'

दूसरे छोटे व्यवसायियों की तरह, वर्कशॉप के मालिक ने बहुत ऊंचे ब्याज पर लोन लिया था। 10,000 के लोन पर उन्हें हर रोज 100 रुपए ब्याज के देने थे। वर्कशॉप के रोज के खर्चों को मिलाकर 250 रुपए रोज का कर्ज था, और उस पर कई लोन का बोझ भी। लेकिन ज्यादातर शराब पीकर धुत्त पड़े रहने वाले मालिक को इसकी जरा भी चिंता नहीं थी।

'पैसा लेने वाले आते और मुझे काम करता देखते, मैं उनके पैसे लौटा रहा था। वे कहते--इस आदमी को बाहर निकाल दो, और वर्कशॉप पर तुम ही कब्जा कर लो।'

एक दिन शराबी ने घोषणा की कि वह वापस गांव में रहने जा रहा है, और उसने वर्कशॉप मुरुगन को सौंप दी।

इस प्रकार, एक छोटी सी शेड और ग्रिल बनाने की एक वेल्डिंग मशीन उस युवक को मिल गई। काम बहुत छोटा था, लेकिन मुरुगन के लिए काफी था। उन्होंने अपनी दो छोटी बहनों की शादी कराई, और फिर आखिर में खुद भी शादी कर ली। लेकिन उनके दिमाग में हमेशा छोटे-छोटे आविष्कार घूमते रहते।

'मैं देखता कि सभी ग्रिल उन्हीं पुराने डिजाइनों की बनती हैं, एकदम उबाऊ! तो मैं रंगोली पैटर्न लिए और वैसे ही डिजाइन मैटल पर बनाने लगा।'

मुरुगन के सजे-संवरे ग्रिल लोकप्रिय होने लगे, यद्यपि उन्होंने कभी अपना काम बढ़ाने के बारे में नहीं सोचा।

'मेरा लक्ष्य कभी भी ज्यादा पैसा कमाने का नहीं रहा। मुझे सोने का बाथटब नहीं चाहिए। मैं खुद का विकास करना चाहता हूं।'

मुरुगन ने बहुत पहले ही जिंदगी का निजी दर्शन बना लिया था। बचपन में उन्होंने अपने आसपास लावारिस पिल्लों को देखा। वह सोचते कि वे कैसे जिंदा रहते हैं, क्या खाते हैं? लेकिन उन्हें कभी ऐसे सवालों का जवाब नहीं मिल पाया। कुछ महीने बाद उन्होंने देखा कि वे बड़े हो गए थे और जिंदा भी थे।

'मैं समझ गया कि जिंदा रहना अपने हाथ में नहीं है, वह प्राकृतिक है। तो हर इंसान को जीने की सोच से अलग कुछ करना चाहिए।'

अक्टूबर 1998 में, एक दिन मुरुगन वर्कशॉप से लंच और कुछ देर आराम करने के लिए घर आए। उन्होंने देखा कि उनकी पत्नी शांति अपने पीछे कुछ छिपाए वहां से निकल रही हैं।

'तुम क्या ले जा रही हो?' उन्होंने पूछा।

'इससे आपको क्या लेना!' शांति ने पलटकर जवाब दिया।

इससे मुरुगन उठकर उनके पीछे गए। उन्होंने शांति का हाथ पकड़कर देखा उसमें एक कपड़े का टुकड़ा था। इतना गंदा, जिससे वह अपनी मशीन भी साफ नहीं करते थे।

'मुझे समझ आ गया कि वह अपने मासिक धर्म के दौरान बिल्कुल भी, सफाई पर ध्यान नहीं दे रही थी। मैंने उनसे पूछा--तुम सैनेटरी नैपकिन का इस्तेमाल क्यों नहीं करतीं?'

'जब मैं बच्चों को कारों और बसों में बैठकर स्कूल जाते देखता हूं तो दुख होता है। वे एक सोने के पिंजरे में जी रहे हैं, उनका असली बचपन उनसे छूट रहा है।'

उन्होंने जवाब दिया, 'हां मुझे पता है नैपकिन के बारे में। मैं भी टीवी देखती हूं। लेकिन अगर मैं और मेरे परिवार की औरतें नैपकिन का इस्तेमाल करने लगेंगी तो हमें अपना दूध का खर्च कम करना पड़ेगा।'

मुरुगन सन्न रह गए। वह पास की मेडिकल शॉप पर गए और सैनेटरी नैपकिन का पैकेट मांगा। उस समय उन्हें मार्केट में आने वाले ब्रांड का नाम तक भी नहीं पता था, तो उन्होंने एक रंगीन से पैकेट की तरफ इशारा कर दिया। दुकान पर बैठी लड़की ने नैपकिन के पैकेट को अखबार में लपेटकर उन्हें दे दिया।

'ऐसा लग रहा था जैसे मैं कोई स्मगलिंग का सामान ले जा रहा हू।'

घर आकर, मुरुगन ने पैकेट खोला और देखा कि नैपकिन बस एक सफेद पट्टी ही तो है। उसे अपने हाथ में लेकर उनका दिमाग उसके वजन का अनुमान लगाने लगा।

'मैं समझ गया कि इसका वजन 10 ग्राम से भी कम है और यह रूई जैसा नजर आ रहा है।'

मुरुगन जानते थे कि 10 ग्राम रूई की कीमत महज 10 पैसे होती है, और नैपकिन 4 रुपए प्रति पीस के हिसाब से बिक रहा था। क्या मुनाफा है इसमें! उन्होंने तय किया कि वह कम कीमत के नैपकिन बनाएंगे, जिन्हें शांति इस्तेमाल कर पाएंगी। कोयम्बटूर में लगभग 500 कपड़ा मिले हैं, तो कच्चा माल तो आसानी से मिल जाएगा। मुरुगन ने लक्ष्मी मिल से कुछ अच्छी क्वालिटी की रूई खरीदी और उसे एक मोटे कपड़े में लपेट दिया। दिखने में वह बिल्कुल नैपकिन की तरह ही था।

'जब भी मैं कोई नई चीज बनाता, तो अपनी बीवी के पास जाकर कहता, अपनी आंखें बंद करो। फिर मैं उसे उसके हाथ में रख देता। ऐसा ही मैंने इसके साथ भी किया।'

जब शांति ने अपनी आंखें खोलीं तो हैरान रह गईं।

'देखो, मैंने यह तुम्हारे लिए बनाया है। इसे इस्तेमाल करके मुझे बताओ!' मुरुगन ने कहा।

चूंकि नैपकिन का इस्तेमाल मासिक धर्म के दौरान ही किया जा सकता है।

'आपको कुछ दिन तक इंतजार करना पड़ेगा,' उन्होंने पलटकर जवाब दिया।

मुरुगन ने उन्हें नैपकिन सौंप दिया और बात आई-गई हो गई। तीन सप्ताह बाद जब वह लंच के लिए घर आए, तो शांति दरवाजा खोलते ही उन पर बरस गई।

'क्या बकवास नैपकिन दिया था मुझे? बिल्कुल ही बेकार है... मैं कपड़े का ही इस्तेमाल कर लूंगी!'

मुरुगन के लिए यह फटकार ऐतिहासिक रही। अगर शांति ने सकारात्मक जवाब दिया होता, तो मुरुगन ने इस शोध को उसी दिन छोड़ दिया होता। कोई भी एक रूई का पैकेट लाकर, इसे आयताकार में काटकर, मोटे कपड़े में लपेटकर नैपकिन बना लेता। लेकिन समस्या ज्यादा बड़ी और जटिल थी। अब मुरुगन ने इसकी तह में जाने का मन बना लिया।

'अगर कोई काम आसान होता है, तो मुझे वह करने में मजा नहीं आता, लेकिन मुश्किल काम को करने में मैं रात-दिन एक कर देता हूं।'

फिर मुरुगन ने पूरे मन से रिसर्च का काम शुरू कर दिया। उन्होंने अलग-अलग तरह के नैपकिन बनाए। लेकिन वह प्रयोग किस पर करते? शांति तो बस महीने में एक बार यह कर सकती थीं--इससे तो उन्हें प्रयोग करते-करते सालों गुजर जाते! मुरुगन ने इसमें अपनी बहन की मदद लेने का निर्णय लिया। लेकिन उन्हें भी महिलाओं की इस साफ-सफाई में रुचि नहीं थी।

उन्होंने शांति को बुलाकर कहा, 'अन्ना का दिमाग खराब हो गया है। प्लीज उनसे कह दो कि जब तक उनका दिमाग ठीक न हो, मेरे घर न आएं।'

मुरुगन इतनी आसानी से हार मानने वाले नहीं थे। उन्हें इसके लिए स्वयंसेवी कहां मिल सकते थे? उन्होंने खोज जारी रखी।

'मुझे मेडिकल कॉलेज का ध्यान आया। क्योंकि वे लड़कियां डॉक्टर बनने

'मेरे परिवार में कोई कभी नौकरी के लिए नहीं गया... अब जाकर मुझे पता लगा है कि इसे स्व-रोजगार कहते हैं।'
'सैनेटरी नैपकिन का कच्चा माल कोका कोला फार्मूला की तरह एक बड़ा राज है। इसलिए कुछ कंपनियों ने इस पर एकाधिकार बनाया हुआ है।'

के लिए पढ़ाई कर रही थीं, तो वह मदद के लिए तैयार हो सकती थीं।'

पास का मेडिकल कॉलेज (कोयम्बटूर मेडिकल कॉलेज) वहां से 27 किमी दूर था, एयरपोर्ट के पास। मुरुगन ने स्कूटर उठाया और वहां के लिए चल दिए। किसी तरह, उन्होंने कुछ लड़कियों को अपने रिसर्च प्रोजेक्ट में शामिल करने के लिए तैयार कर लिया।

'हम क्या कर सकते हैं?' उन्होंने पूछा।

'बस इसे इस्तेमाल करने के बाद अपनी राय देनी है... यह सिर्फ रूई का बना है।'

समस्या थी कि मेडिकल कॉलेज के छात्र भी अपने पीरियड्स के बारे में बात करने से झिझकते थे। तो मुरुगन ने एक फीडबैक शीट तैयार की। आइडिया अच्छा था, लेकिन जब मुरुगन वह शीट लेने वापस कॉलेज पहुंचे, तो उन्होंने देखा कि 2 लड़कियां जल्दी से सबके फॉर्म भरकर दे रही थीं। शायद दया या सहानुभूति के चलते उन्होंने झूठमूठ का ही डाटा भर दिया था।

'मैं एक झूठे डाटा के आधार पर अपनी रिसर्च को आगे कैसे बढ़ा सकता था?'

मुरुगन कॉलेज के गेट के ही बाहर बैठकर कॉफी पीने लगे। वह सोच रहे थे कि अब आगे क्या किया जाए। इस पॉइंट पर उन्हें एक सिंपल ख्याल आया।

'मैं खुद नैपकिन इस्तेमाल करके देखूंगा।'

लेकिन किसी आदमी को मासिक धर्म कैसे हो सकते है?

थोड़ी सी होशियारी और बचपन के एक दोस्त की मदद से। मुरुगन ने एक कसाई से बात की कि जब वह किसी बकरे का सिर काटे तो उसे बता

दे। कसाई जब सुबह मुरुगन के बाहर से निकला, तो उसने अपनी साइकिल की घंटी बजा दी। यह एक 'सिग्नल' था।

'मैं उसकी दुकान पर गया, एक खाली फुटबॉल में गर्म खून भरा और फिर नैपकिन लगा लिया। उसमें एक ट्यूब लगी थी, जिससे नैपकिन पर खून रिसता था।'

चलते हुए, साइकिल चलाते हुए और काम करते हुए, जब भी बॉल पर दबाव बढ़ता उसमें से खून निकलता। इस तरह 10 दिन तक मुरुगन ने महिलाओं को होने वाली परेशानी का अनुभव किया।

'मेरे कपड़े के नैपकिन अच्छा काम नहीं कर रहे थे। मुझमें से बदबू आ रही थी और मेरे कपड़े गंदे हो गए थे। मैं समझ गया था कि महिलाओं को इसमें कितनी परेशानी होती होगी।'

सैनेटरी नैपकिन बनाने का जुनून चरम पर था। पड़ोसी बात करने लगे थे कि मुरुगन को या तो कोई बड़ी बीमारी हो गई है, या फिर उस पर किसी बुरी आत्मा का साया है। शांति को भी यकीन हो चला था कि वह प्रोजेक्ट के बहाने से कॉलेज की लड़कियों के करीब जाने की कोशिश कर रहे हैं। एक दिन वह कभी वापस न आने की कसम खाकर घर से चली गईं।

इसका भी मुरुगन और उनके प्रयोगों पर कोई असर नहीं पड़ा। अधीरता और प्रेरणा से उन्हें सही फीडबैक लेने का तरीका मिल ही गया। बस किसी महिला से इस्तेमाल किए हुए नैपकिन ले लिए जाएं--इससे सबकुछ पता चल जाएगा।

'कुछ लोग सोचने लगे थे कि यह काला जादू कर रहा होगा, लेकिन मेडिकल कॉलेज की लड़कियां मुझे जानती थीं, तो वह मान गईं।'

काम बिल्कुल आसान थाः मुरुगन काली पॉलीथिन में अलग-अलग तरह के नैपकिन सप्लाई करते। फिर उसी पॉलीथिन में इस्तेमाल किए हुए नैपकिन रख दिए जाते, जिसे वह तय समय पर जाकर ले आते।

'अगर मेरी फ्रेंच कट होती और मैं बड़े स्टाइल से बात करता तो वे लोग मेरी मदद नहीं करते। लेकिन उन्होंने देखा, मैं बिल्कुल सिंपल आदमी हूं, कोई चक्कर चलाने की कोशिश नहीं करूंगा, तो उन्होंने कहा ठीक है।'

उनके पागलपन के भी कई तरीके थे--नैपकिन पर अलग-अलग रंग के

'अगर समस्या बड़ी होगी तो आपको मदद के लिए कोई भी खड़ा नहीं मिलेगा... आप वहीं खड़े रहो और देखिएगा कोई न कोई मौका तो मिल ही जाएगा।'

'यहां इस शोध के लिए मैं सर्जरी करवाकर एक महिला बनने के लिए भी तैयार हो जाता!'

कोड थे, तो वह जान सकते थे कि किसने कौन सा नैपकिन इस्तेमाल किया है। घर के बने नैपकिन के साथ मुरुगन ब्रांडेड नैपकिन की तुलना करके दोनों में फर्क जानने की कोशिश करते।

'जैसे एक दिन मैं सारे इस्तेमाल किए हुए नैपकिन को मेज पर फैलाकर जांच रहा था... उसी दिन मेरी मां मुझसे मिलने आ पहुंची।'

बस घर में तूफान खड़ा हो गया। वृद्ध महिला ने मान लिया कि मुरुगन का दिमाग खराब हो गया था, और उन्होंने घोषणा कर दी कि अब उनका उससे कोई रिश्ता नहीं होगा।

इस दौरान, उनके प्रयोगों के कुछ परिणाम आने लगे थे। कंपनी वाले नैपकिन में कुछ तो अलग था। लेकिन वह समझ नहीं पा रहे थे कि वो क्या है।

'मैंने आईआईटी की कई लैब में स्टेफ्री और केयरफ्री नैपकिन टैस्टिंग के लिए भेजे। हर टैस्ट के लिए 6000 रुपए से 10,000 रुपए तक फीस देनी पड़ी। लेकिन सभी की रिपोर्ट एक ही थी।'

रिपोर्ट में था कि नैपकिन में सेल्यूलोज सब्स्टेंस यानी रूई ही थी। फिर भी मुरुगन जिस भी स्तर की रूई का इस्तेमाल करते, वह असफल ही रहते। दो साल इसी में निकल गए; आखिरकार मुरुगन एक महत्वपूर्ण निर्णय पर पहुंचे।

'वे कंपनियां रूई का इस्तेमाल नहीं कर रही थीं... या फिर वह रूई के साथ कुछ खास करती थीं। मुझे पता करना ही होगा कि वह क्या है।'

जांच के डेढ़ साल बाद, मुरुगन को अहसास हुआ कि नैपकिन में जो सेल्यूलोज सस्टेन हैं वह रूई नहीं बल्कि वुड-फाइबर है। खासतौर पर चीड़ की लकड़ी का फाइबर।

'सैनेटरी नैपकिन बनाने में और कोई राज है ही नहीं... बस इसका कच्चा माल ही सबसे बड़ा राज है। वुड-फाइबर तरल को जल्दी सोख लेता है और अपनी शेप भी बरकरार रख पाता है। इससे वह अच्छा आराम दे पाते हैं।'

राज तो कमाल का पता चला था, लेकिन पाइनवुड पेड़ का भारत में उत्पादन उतना नहीं है। मुरुगन को अहसास हुआ कि उन्हें ऑस्ट्रेलिया, कनाडा या अमेरिका से सामान मंगवाना पड़ेगा। यह अपेक्षाकृत आसान भी होगा--पाइनवुड फाइबर की कीमत रूई की कीमत से एक-चौथाई है और इसे आसानी से इंटरनेट के जरिए मंगवाया जा सकता है।

मुरुगन ने एग्रीकल्चर यूनिवर्सिटी के एक प्रोफेसर की मदद से एक लैटर लिखवाकर नवंबर 2000 में ऑर्डर कर दिया। जब कुछ सप्ताह बाद फेडेक्स पैकेज का पैकेट वहां पहुंचा, तो वह अपने उत्साह पर काबू नहीं कर पा रहे थे। लेकिन उन्हें ऐसा लगा कि माल मंगवाने में जरूर कोई गलती हुई है।

'मुझे उम्मीद थी कि उसमें से कुछ कॉटन रोल जैसा निकलेगा, लेकिन वह तो बस एक प्लेन बोर्ड था।'

कोई भी इतनी सख्त सामग्री से नरम नैपकिन कैसे बना सकता है?

हर रोज मुरुगन फेडेक्स के कवर से बोर्ड निकालते, उसकी जांच करते और अपना सिर खपाते। एक दिन गलती से उनसे बोर्ड का एक कोना फट गया, और उनका दिल तो बल्लियो उछलने लगा। उसके अंदर फाइबर था।

'तुरंत ही मैं सब राज समझ गया। लेकिन तब मैंने जाना कि इस पूरी प्रक्रिया को अंजाम देने के लिए एक प्लांट की जरूरत होगी, जिसकी लागत कम से कम 4-5 करोड़ रुपए आएगी।'

इसलिए एक नैपकिन की कीमत इतनी अधिक बैठती है। तो, इसका समाधान क्या है। अगले 4 साल मुरुगन ने पाइनवुड बोर्ड की प्रोसेसिंग का दूसरा तरीका ढूंढ़ने में लगा दिए। गलती व कोशिशें और त्याग व तपस से आखिरकार उन्होंने इसका हल ढूंढ़ ही लिया।

'मैंने अपनी वर्कशॉप में एक छोटी मशीन बनाई और उसी के जरिए मैंने नैपकिन बनाए।'

मुरुगन ने वह नैपकिन मेडिकल कॉलेज की लड़कियों को इस्तेमाल करने के लिए दिए। इस समय जो प्रतिक्रिया मिली वह बिल्कुल भिन्न थी।

'अन्ना!' उन्होंने कहा। 'पता है क्या हुआ? इस बार मैंने नैपकिन लगाया और मैं भूल ही गई कि मैं नैपकिन इस्तेमाल कर रही हूं!'

शांति द्वारा खारिज किए हुए बकवास नैपकिन से शुरू करके ब्रांडेड नैपकिन बनाने जितना सफर बेहद लंबा रहा। सफर कुछ दिनों या कुछ सप्ताह का नहीं था, पूरे 4 साल का था। और इसकी डिवाइस भी सिंपल ही है--कोई भी उसे घंटेभर में ही चलाना सीख सकता है। इस प्रक्रिया का पहला भाग था 'डिफाइब्रेशन'।

'इसमें सामग्री को फेंटा जाता है, एक सूखा मिश्रण। आप पाइनवुड को अंदर रखिए, फिर फाइबर उससे अलग हो जाता है।'

फिर, एक एल्यूमिनियम माउल्ड का इस्तेमाल करके गूदे को पैड की शैप में ढाला जाता है। उसकी मोटाई उसके आकार पर निर्भर करती है। इस यूनिट को फुट पैडल के जरिए चलाया जाता है।

तीसरा चरण है नैपकिन-फिनिशिंग मशीन पैड्स की सीलिंग। 2005 में, पूरी मशीन की कीमत 65,000 रुपए थी। प्रति नैपकिन की कीमत 1 रुपए से भी कम आ रही थी।

'मैंने आईआईटी मद्रास से संपर्क किया और भारत में हर जगह गया... भारत में बड़ी समस्या यह है कि अगर आपको अंग्रेजी नहीं आती, तो कोई भी आपको काबिल नहीं मानता।'

लेकिन कहीं पर, किसी ने तो मुरुगन के आविष्कार पर ध्यान दिया। 2006 में, आईआईटी मद्रास ने एक कॉम्पिटिशन का आयोजन किया, जिसका नाम था, 'इनोवेशन फॉर द बैटरमेंट ऑफ सोसाइटी'। कम-कीमत वाली सैनेटरी मशीन को भी प्रतियोगिता में रखा गया, और उसने फर्स्ट प्राइज भी जीता।

अब अचानक ही, हर कोई मुरुगन के बारे में जानना चाहता था।

'मैग्जीन और टीवी चैनल वाले इंटरव्यू के लिए मेरा पीछा करने लगे। और मैं तो उस समय तक आईआईटी व आईटीआई में अंतर भी नहीं जानता था!'

प्रचार के कुछ अन्य प्रभाव भी होते हैं। मुरुगन की बीवी, मां और बहन भी मुरुगन की *पागलपन* की हरकतों को माफ करके उनके पास लौट आईं। शांति अब अपने घर में पति के साथ रहने के लिए आ गईं।

उसी समय, मुरुगन अपने नैपकिन को व्यापारिक रूप से मार्केट में उतारने

को लेकर व्यस्त थे।

'मैं अपने नैपकिन बनाने की कोशिश कर रहा था, जो जे एंड जे, प्रोक्टर एंड गैम्बल जितने ही अच्छे थे, लेकिन उनकी कीमत उनसे आधी थी।'

मुरुगन के 'कोवई' नैपकिन 2006 में कोयम्बटूर शहर में लॉन्च किए गए, जिसका एक छोटा सा विज्ञापन स्थानीय अखबार में भी दिया गया। लेकिन खराब मार्केटिंग और डिस्ट्रीब्यूशन के कारण उनका ब्रांड बुरी तरह से असफल रहा।

'मुझे अहसास हुआ कि ग्राहक सोचते हैं कि अगर कोई 10 रुपए में 8 नैपकिन दे रहा है, तो वह जरूर खराब क्वालिटी के होंगे। इसमें मेरा काफी नुकसान हुआ था। मेरे 50,000 रुपए मिट्टी में मिल गए थे।'

मुरुगन खामोशी से इस नुकसान को सहन कर गए। वह और कर भी क्या सकते थे? एक अकेले इंसान के लिए इन शक्तिशाली मल्टीनेशनल कंपनी से टक्कर ले पाना आसान नहीं था।

'मेरे पास मशीनें और कच्चा माल था। मैंने वह अपनी बीवी को दे दिए, यह सोचकर की वह इन्हें इस्तेमाल कर लेगी। उसका 5-10 साल का काम तो इनसे चल ही जाएगा। उसे कहीं और से नैपकिन खरीदने की जरूरत नहीं पड़ेगी।'

जिंदगी फिर से अपने पुराने ढर्रे पर लौट आई, मुरुगन अपनी वर्कशॉप में व्यस्त हो गए। दो महीने बाद, शांति उनके पास एक अनोखी मांग लेकर हाजिर हुईं।

'हमें और कच्चा माल चाहिए।'

'लेकिन वह माल तो 1500 नैपकिन बनाने के लिए काफी था! तुमने उसका क्या किया?' मुरुगन ने पूछा।

'हम नैपकिन बेच रहे हैं,' शांति ने जवाब दिया।

'एक मोती हासिल करने के लिए आपको समुद्र में 10-20 बार गोते लगाने पड़ते हैं, कभी-कभी 100 बार भी। मोती कभी आपको सतह पर तैरता हुआ नहीं मिलेगा।'

'मैं किराए के घर और किराए की वर्कशॉप में रहना पसंद करता हूं। स्वामित्व बेकार की सिरदर्दी और बोझ है।'

'वो कैसे?' मुरुगन ने सोचा। 'मैं पहले ही कोशिश करके देख चुका हूं!'

फिर, उन्होंने ध्यान दिया कि अक्सर पड़ोस की औरतें खिड़की में से घर में झांकती रहती थीं। जब मुरुगन हॉल में होते तो वह वहां से चली जातीं। लेकिन जब वह किसी दूसरे कमरे में होते, तो वह अंदर आतीं और चुपचाप शांति से एक पैकेट ले लेतीं। पैसे भी इसी प्रकार लिए-दिए जा रहे थे।

'5 रुपए,' उन्होंने शांति को कहते सुना।

'तुम 5 रुपए में पैकेट क्यों बेच रही हो?' मुरुगन ने पूछा।

'ओह... क्या आपने 5 रुपए सुना? दरअसल वह किस्तों में पैसे देती हैं, हर सप्ताह 5 रुपए। सही है न?'

कुछ औरतें तो एक नैपकिन खरीदने भी आती थीं। जो कभी कोई दुकानदार नहीं देता।

इससे मुरुगन को प्रेरणा मिली। आखिरकार, उन्हें समझ आ ही गया कि मल्टीनेशनल कंपनियों को कैसे टक्कर देनी है। 60 सालों में, भारत में सिर्फ 10 प्रतिशत महिलाएं सैनेटरी नैपकिन का इस्तेमाल कर रही थीं। मुरुगन का लक्ष्य बाकी की 90 प्रतिशत महिलाएं थीं--पिरामिड का तल।

'मेरा मॉडल था कि महिलाएं अपनी मशीन खरीदें और उससे नैपकिन बनाकर पड़ोस में बेचें।'

इस तरह से उत्पादन अलग-अलग जगहों पर चालू हो जाएगा। न तो ट्रांसपोर्ट का खर्चा और मोटे मुनाफे का लफड़ा। एक उच्च-स्तरीय, कम कीमत वाला उत्पाद आप अपने भरोसे की जगह से खरीद पाएंगे।

'दरअसल हमारे देश में मासिक धर्म से जुड़ी कई असंगतियां हैं। आप 20-30 सैकंड के कॉरपोरेट विज्ञापन के जरिए लोगों का दिमाग नहीं बदल सकते।'

मीडिया और जबानी प्रचार के चलते मुरुगन को विभिन्न फोरम और यूनिवर्सिटी में आविष्कार पर बोलने के लिए बुलाया जाने लगा। लोगों को शुरू में तो यह काफी अजीब लगा कि वह सिर्फ तमिल और तेलुगु में ही बात कर सकते थे।

'मैंने अंग्रेजी सीखनी शुरू की... मैं कहता हूं कि यह हिंदी सीखने की अपेक्षा ज्यादा आसान है!'

शुभचिंतकों की सलाह और जानकारी मिलने पर मुरुगन को आईपीआर

(इंटलेक्चुअल प्रॉपर्टी राइट्स) के बारे में पता चला। अहमदाबाद में नेशनल इनोवेशन फाउंडेशन (एनआईएफ) की मदद से उन्होंने पेटेंट के लिए आवेदन किया। उन्हें एनआईएफ की मदद से माइक्रोइनोवेशन वेंचर फंड भी मिला, जिससे वह अपनी मशीनें बना पाए।

'मैंने एक यूवी स्टलाइजेशन यूनिट लगाई, जिससे हर साइज के पैड पर संशोधन किया जा सके। और उत्पादन दर को भी 1000 पैड प्रतिदिन पर पहुंचाया जा सके।'

हालांकि बिजनेस मॉडल में कोई परिवर्तन नहीं आया। मुरुगन ने किसी भी बड़े कॉरपोरेट को अपनी मशीन बेचने या लाइसेंस देने से मना कर दिया। कम-कीमत वाले नैपकिन बस औरतें ही औरतों के लिए बनाएंगी।

हर मशीन सिर्फ सेल्फ हेल्प ग्रुप और और महिला उद्यमियों को ही दी जाएगी। एक दिन की ट्रेनिंग और कच्चा माल मशीन के साथ उपलब्ध कराया जाता है। एम एस स्वामीनाथन रिसर्च फाउंडेशन, ऑल इंडिया वूमन कॉन्फ्रेंस, डाटा, मालाबार हॉस्पिटल, कम्युनिटी सेंटर-एएआई दिल्ली, मंडल महिला समकिय और सम्मेलन उनके शुरुआती ग्राहकों में थे। जिंदल स्टील और मोजर बेयर जैसी कंपनियों ने ओडिशा और कर्नाटक में सीएसआर गतिविधि के तहत उनके प्रोजेक्ट को संभाला।

उनके नैपकिन बहुत से व्यापारिक नामों* से बेचे जा रहे हैं, जैसे 'ईजी फील', 'बी फ्री', 'फील फ्री' (बड़े ब्रांडों से प्रभावित होकर) और कुछ देसी नाम हैंः सखि, नारी सुरक्षा, नलम। 10 पैड के पैकेट की कीमत है 15 रुपए, उद्यमी को प्रति पैड 50 पैसे का फायदा है। जिससे महीने में 3000-5000 रुपए बच जाते हैं, यह उत्पादन क्षमता पर निर्भर है।

'मुझे याद है कि मेरी मां ने पैसे कमाने के लिए कितना संघर्ष किया है... नैपकिन बनाने के काम से हर ग्रामीण महिला को गुजारे लायक पैसे मिल ही जाएंगे।'

मुरुगन का लक्ष्य 10 लाख महिलाओं को रोजगार दिलाना है। छोटे स्तर पर, मुरुगन की मशीनें कई जरूरतों के लिए आर्थिक आत्मनिर्भरता दिलाती है।

* भारत और दूसरे 7 देशों में कुल 742 नामों के ब्रांड हैं।

'मुझे भूटान का दर्शन पसंद है। वही एक देश है जहां राष्ट्रीय खुशी को आंका जाता है न कि सकल घरेलू उत्पाद को।'

'देखो यह अनंतपुर की रहने वाली महिला है, उसका पति पुलिस गोली-बारी में मारा गया था। मेरी मशीनों के जरिए यह अपना घर खुद चला पा रही है।'

बैंक भी ऐसी महिलाओं को मशीन खरीदने के लिए लोन मुहैया कराते हैं। इस उत्पाद की मार्केट नियमित और बेहद बड़ी है। इसकी मशीनें 6 साल में अपने पैसे निकाल लेती हैं।

2009 तक, यूपी, बिहार, आंध्र, तमिलनाडु और हरियाणा में 100 से ज्यादा मशीनें लगाई जा चुकी हैं, जो 2.5 ग्राहकों तक पहुंच बनाती हैं। लकिन इसके आविष्कारक के दिमाग में एक 'बड़ी' तस्वीर चल रही है।

'1960 में, अमूल ने श्वेत क्रांति की शुरुआत की थी। मैं भी अपने काम के जरिए दूसरी सफेद क्रांति को प्रचारित करना चाहता हूं।'

इस लक्ष्य को पूरा करने के लिए, मुरुगन ने अपना फोकस राज्य सरकारों के साथ मिलकर काम करने पर लगाया है। इसकी शुरुआत उत्तराखंड सरकार के साथ हुई। वहां सरकार ने 'उत्तराखंड पर्वतीय आजीविका संवर्धन' के तहत टिहरी जिले के दूर-दराज गांव बारपुर में मशीन लगवाई।

'यह जगह देहरादून से 16 घंटे दूर है, आप नीचे गंगा नदी बहते हुए देख सकते हैं। वहां कोई सड़क तक नहीं थी, हमें खच्चर पर रखकर मशीन को वहां ले जाना पड़ा था!'

उस इलाके की महिलाओं ने जिंदगी में पहली बार सैनेटरी नैपकिन का इस्तेमाल किया। एक छोटा सा उद्योग भी 7-8 महिलाओं को रोजगार दे ही देता है। काम के इस तरीके को आसपास के 22 गांवों में अपनाया गया।

नवंबर 2009 में, ग्रासरूट इनोवेशन तकनीक के 5वें राष्ट्रीय सम्मान समारोह में राष्ट्रपति प्रतिभा पाटिल ने मुरुगन को सम्मान दिया। उनके आविष्कार को सरकारी और आईएएस सर्कल में भी पहचान मिली। महाराष्ट्र, गुजरात और छत्तीसगढ़ जैसे राज्य पूरे उत्साह से आगे आए।

'फेडरेशन' मॉडल मदर डेयरी और अमूल की तरह काम करता है, जिसके

तहत हर राज्य अपना अलग ब्रांड तैयार करता है। जैसे, उदाहरण के लिए, महाराष्ट्र राज्य स्कीम के अंतर्गत आने वाली सभी महिलाएं 'निर्मल' नाम के ब्रांड का इस्तेमाल करेंगी और गुजरात राज्य में 'सखि' नाम से नैपकिन बेचे जाएंगे।

'गुजरात सरकार बहुत सहयोग कर रही है और मुझे उम्मीद है कि हम इस राज्य में जल्दी ही नैपकिन इस्तेमाल में 100 प्रतिशत महिलाओं तक पहुंच बना लेंगे*। यह बाकी भारत के लिए एक आदर्श बनेगा।'

हालांकि, पूरी प्रगति काफी धीमी है, अगस्त 2013 तक 947 मशीनें ही लग पाई थीं। क्योंकि मुरुगन की सोच है कि उनके उत्पाद का ज्यादा से ज्यादा फायदा सीधे उपभोक्ता तक पहुंचना चाहिए। जब कोई नेता उनसे 100-200 मशीनें मांगता है, तो वह मना कर देते हैं।

'शायद वह इसे वोट बैंक के लिए फ्री साइकिल या टीवी देने की तरह ही इस्तेमाल करेंगे। लेकिन इस फ्री वाली नीति में मुझे कोई भरोसा नहीं है। मैं अपना सामान सिर्फ प्रयोक्ता को ही बेचूंगा।'

नक्सलवादी और आदिवासी एरिया मुरुगन के प्रोजेक्ट के लिए अच्छे हैं। यहां तक कि जब कोई फाउंडेशन उनके पास आती है, तो वह उनसे और दूर-दराज के इलाकों में भी जाने का आग्रह करते हैं।

'हर जगह, महिलाएं नैपकिन बनाकर आसपास बेच रहे हैं। यह कोई कॉरपोरेट मॉडल नहीं है, यह देश के विकास का मॉडल है।'

हालांकि, अब भारत से बाहर बांग्लादेश, श्रीलंका, नेपाल, मॉरिशियस और दक्षिण अफ्रीका, कीनिया और नाइजीरिया में भी इसके प्रति रुचि देखी जा रही है। यह मॉडल हर कहीं काम कर रहा है। मुरुगन इसमें भी खुश हैं कि अगर कोई उनसे एक मशीन खरीदकर, अपने यहां उसकी नकल बनाकर, इसी सिद्धांत पर काम करते हुए महिलाओं की सेवा कर सके।

नाम और शोहरत के बावजूद, मुरुगन विनम्र और पूरी तरह से जमीन से जुड़े हुए हैं।

'अगर आप मेरे ऑफिस में फोन करें, तो फोन मैं ही उठाऊंगा। मेरे पास कोई सेक्रेटरी नहीं है।'

* किताब के प्रिंट में जाने से पहले गुजरात में 55 मशीनें लगाई जा चुकी थीं।

वर्कशॉप में 4 सहायकों की मदद से मशीनें लगाई गईं। अलग जगहों पर होने वाला उत्पादन विभिन्न सप्लायरों इत्यादि की मदद से संभाला जाता है।

'जैसे उन्होंने नैनो कार में किया,' वह चहकते हैं।

मुरुगन की जयश्री इंडस्ट्री हर मशीन की बिक्री पर कुछ मुनाफा* भी कमाती है। वह कहते हैं, इतना ही काफी है।

'उत्पादन की लागत और उसके ऊपर से थोड़ी-बहुत जरूरत पूरी हो जाए, बस इतना ही। इससे ज्यादा तो लालच बन जाता है।'

मुरुगन का तर्क सिंपल है। इंसान का आखरी लक्ष्य तो ज्ञानोदय ही है। दुनिया में बहुत से अमीर आदमी हैं, लेकिन 'ज्ञानी' आत्माएं बहुत थोड़ी हैं। वे दुनिया को छोड़कर, खुशी की तलाश में हिमालय चले जाते हैं। लेकिन मुरुगन की ऐसी कोई योजना नहीं है।

'देखो, ज्ञान प्राप्त करने के लिए किसी दूरस्थ जगह पर जाने की जरूरत नहीं होती है... आप अपने बिजनेस परिसर में या घर में भी ज्ञान प्राप्त कर सकते हैं। यह सब आपके मन में ही है।'

खुश रहने के लिए आपको क्या चाहिए? बचपन में आप चॉकलेट के एक टुकड़े से खुश हो जाते हैं। बड़े होकर आपको प्यार, पैसा, नाम, शोहरत--अनगिनत चीजें चाहिएं। मुरुगन को खुश रहने के लिए कुछ नहीं चाहिए। वह पहले से ही खुश हैं।

'मैं हमेशा खुश रहता हूं। उसके अलावा तो सब अतिरिक्त ही है--यह पैन, यह लैपटॉप। अगर मुझसे कोई बात करने आ जाए तो मुझे खुशी होती है, न आए तो भी मैं खुश हूं।'

एक खुशहाल इंसान, साफ मकसद के साथ।

'मेरे जन्म से पहले भारत में 5 से 6 प्रतिशत महिलाएं ही सैनेटरी नैपकिन का इस्तेमाल कर रही थीं। मैंने एक मशीन बनाई और उसके 10 से 15 से 20 साल बाद सारी महिलाएं नैपकिन का इस्तेमाल करेंगी। बस इतना ही, मेरा मकसद पूरा हो गया।'

सवाल है कि आप अपने पीछे क्या छोड़कर जाएंगे? एक घर, एक कार,

* 2013 में, मशीन की कीमत 1.45 लाख रुपए से 2.5 लाख रुपए थी।

एक बैंक अकाउंट? या, फिर एक आइडिया, जो इस खूबसूरत दुनिया में एक लहर पैदा कर दे।

*

युवा उद्यमियों को सलाह

इंसान की परेशानी यह है कि उसे सबसे ज्यादा चिंता जिंदा रहने की है। तो विकास या उपलब्धि की तरफ किसी का ध्यान नहीं जाता। बस बंगलौर में एक अपार्टमेंट खरीद लो, सुंदर लड़की से शादी कर लो, दो बच्चे पैदा करो, उन्हें कॉन्वेंट स्कूल में भेज दो. .. उन्हें लगता है कि यही उपलब्धि है। 'मैं तो पूरी तरह से सैटल हो गया।' नहीं, यह तो बस जीवित रहना ही है।

अगर मैं किसी छात्र से पूछता हूं, 'तुम क्या पढ़ रहे हो?' वे बताते हैं एमसीए, एमएससी, बीटेक लेकिन यह सब तो बस नाम हैं। आखिरकार वे क्या करने वाले हैं? हर कोई बस पैसे बनाने की कोशिश ही करेगा।

मुझे लगता है कि इंजीनियरों को अपने क्षेत्र में कुछ नया करने की कोशिश करनी चाहिए। जो भी तुम्हारा क्षेत्र हो, आपको उसमें कुछ करते रहना चाहिए।

अगर आप एक कलम बना रहे हो, तो पूरी ईमानदारी से बनाओ। आपका कलम दूसरे कलमों से बेहतर होना चाहिए। अपने आप आपका नाम हो जाएगा। कलम पहले कोयम्बटूर में बिकेगा, फिर आसपास के राज्यों में, फिर पूरे भारत में और फिर विश्व में। पैसा भी पीछे-पीछे अपने आप ही जाएगा।

नया सोचो। मैं क्या कर रहा हूं? मैं मशीन नहीं बना रहा हूं, मैं एक समस्या का हल ढूंढ़ रहा हूं। इंसान की ऐसी ही और भी बहुत सी समस्याएं हैं, वही आपके लिए मौका बन जाएगा। बस आप खड़े रहो।

आखरी सलाह है कि आप बस उतना ही खर्च करो, जितना आपने खुद कमाया है। कभी बैंक लोन या ईएमआई के चक्कर में मत पड़ो। अपने जीवन को सिंपल रखो, आपकी जरूरतें भी सिंपल ही हैं। आपको 24 घंटे खुश रहने के लिए किसी चीज की जरूरत नहीं है। यह आपका जन्मसिद्ध अधिकार है।

प्यार से आगे

डॉ. चंद्रशेखर संकुराथ्रि—
श्रीकिरण इंस्टीट्यूट ऑफ ऑप्थामोलॉजी
काकीनाडा (आंध्र प्रदेश)

डॉ. चंद्रशेखर संकुराथ्रि ने त्रासदी पर विजय हासिल करते हुए नेत्रों के लिए श्रीकिरण इंस्टीट्यूट की स्थापना की। पिछले 20 सालों में, उनके धर्मार्थ अस्पताल ने यह साबित कर दिया है कि कनाडा हो या काकीनाडा--श्रेष्ठता की कोई सीमा नहीं होती।

आंध्र प्रदेश में कोई भी भोजन दही-चावल और आचार के बिना पूरा नहीं होता। दही-चावल जहां आरामदेह है, वहीं आचार आपके मुंह को जला सकता है।

डॉ. चंद्रशेखर संकुराथ्रि कुछ इसी की तरह के हैं। वह सौम्य और परिचित से नजर आते हैं, लेकिन उनके अंदर जो आग धधक रही है, वह सुस्त तटीय शहर में कभी पहले देखने को नहीं मिली।

जब आप विशाखापट्टनम से काकीनाडा जाते हैं, तो रास्ते में हरे-भरे खेत आपकी आंखों को बांध लेते हैं। यहां की जमीन उपजाऊ और समृद्ध है।

इसी जमीन पर डॉ. चंद्रशेखर संकुराथ्रि का जन्म हुआ। गरीब लेकिन कड़े आदर्शों वाले परिवार में मिली परवरिश ने उन्हें जिंदगी की कठिन चुनौतियों का सामना करने के लिए तैयार कर दिया था।

'मैं समझता हूं कि गरीबी क्या है, अभाव क्या है--यही मेरी धरोहर है।'

60 के दशक के आखिर में, कनाडा प्रवास ने उनकी धरोहर में और इजाफा किया--अच्छी नौकरी, सुंदर घर और परिवार। लेकिन यह सभी अचनाक 23 जून 1985 को उनसे छिन गया, जब उनकी पत्नी और दो छोटे बच्चे कनिष्का एयरक्रैश में चल बसे।

एक आग ने उनकी आत्मा को जला दिया--उनमें कड़वाहट और निराशा भर दी।

क्या अब जीने का कोई कारण बचा था?

ऐसा कोई कारण, जो इस सबसे बड़ा हो सकता था।

डॉ. चंद्रा 1989 में काकीनाडा लौट आए। मंजरी संकुराथ्रि मेमोरियल फाउंडेशन के तहत उन्होंने नेत्रों का श्रीकिरण इंस्टीट्यूट (अपने बेटे के नाम पर) और शारदा विद्यालयम (अपनी बेटी के नाम पर) की नींव रखी। पिछले 20 सालों में इन संस्थानों ने हजारों लोगों के जीवन को बदल दिया है।

मंजरी, श्रीकिरण और शारदा की खूबसूरत तस्वीर अस्पताल के प्रवेश द्वार पर लगी है। उनकी मौजूदगी भी वहां महसूस की जा सकती है।

शारदा--सरस्वती का दूसरा नाम--स्कूल की आत्मा।

श्रीकिरण--प्रकाश की किरण--आंखों के अस्पताल की ज्योति।

मंजरी--एक राग का नाम--उनकी दिव्यता का राग।

ऐसा राग जिसे सुना नहीं जा सकता, बस दिल से महसूस किया जा सकता है।

प्यार से आगे

डॉ. चंद्रशेखर संकुराथ्रि–
श्रीकिरण इंस्टीट्यूट ऑफ ऑप्थामोलॉजी
काकीनाडा (आंध्र प्रदेश)

चंद्रशेखर संकुराथ्रि का जन्म आंध्र प्रदेश के जिले प्रकासम के सिंगार्याकोंदा में हुआ। लेकिन पालन-पोषण राजामुंद्री में हुआ।

'मैं 6 भाइयों और 2 बहनों में सबसे छोटा था। मेरे पिता स्टेशन मास्टर थे, हमारे पास पैसे बहुत कम थे, लेकिन सभी बच्चों को शिक्षा अच्छी दी गई थी।'

चंद्र जब 5 साल के थे, तो उनकी मां का निधन हो गया, उसके कुछ समय बाद पिता भी चल बसे। वह स्थानीय सरकारी स्कूल में जाते थे, लेकिन बहुत महत्वाकांक्षी छात्र नहीं थे। न ही उन्हें यह पता था कि 'मैं क्या बनूंगा।'

'हमारे एक गणित के शिक्षक थे जो सबको डराते थे। मैं उनसे बहुत नफरत किया करता था, उनके विषय में मैं मुश्किल से ही पास हो पाता था। इसलिए मैंने 11वीं के बाद बायोलॉजी ले ली।'

दूसरे बायो के छात्रों की तरह ही, चंद्र भी शुरू में डॉक्टर बनना चाहते थे। लेकिन माध्यमिक शिक्षा पूरी करने के समय वह बस 15 साल के थे। नियम के अनुसार आपको मेडिसन में दाखिला लेने के लिए कम से कम 17 साल का होना चाहिए। तो चंद्र ने प्राणी विज्ञान में बीएससी (ऑनर्स) करने का निर्णय लिया।

'मैं बीएससी के बाद मेडिसन में जा सकता था, लेकिन तब तक मेरी रुचि उसमें नहीं रही।'

तो चंद्र ने आंध्रा यूनिवर्सिटी, वाल्टेयर (विशाखापट्टनम) में ही रहकर प्राणीविज्ञान में एमएससी की। उनके भाई और बहनों ने उनकी देखभाल की और पढ़ाई पूरी कर पाने में मदद की।

'मैं अपने परिवार का बहुत आभारी हूं। मैं आज जो भी हूं, वह सब उनकी वजह से हैं।'

मास्टर की पढ़ाई पूरी करने के दौरान चंद्र को एक अच्छे शिक्षक का मार्गदर्शन मिला--डॉ. के हनुमंथा राव। डॉ. राव से प्रेरित होकर युवा स्नातक ने भी शिक्षण में जाने का फैसला किया। उन्होंने आवेदन किया और राजमुंदरी में उन्हें एक लेक्चरार की नौकरी भी मिल गई। वह कुछ देर की मृगतृष्णा ही साबित हुई।

'मैं बहुत कुछ पढ़ाना चाहता था, लेकिन मुझे अच्छे छात्र नहीं मिले।'

चंद्र ने वहां से इस्तीफा देकर काकीनाडा में रिसर्च असिस्टेंट के तौर पर सेंट्रल इंस्टीट्यूट ऑफ फिशरीज टेक्नोलॉजी (सीआईएफटी) में काम करना शुरू कर दिया। वह 1965 की बात है। फिर जल्द ही युवा को अहसास हो गया कि यह काम मुख्य रूप से डाटा कलेक्शन का है, न कि रिसर्च का।

'मैं फॉरन यूनिवर्सिटी में पीएचडी के लिए आवेदन करने का निर्णय लिया, जहां सही मायनों में रिसर्च की जा सके।'

चंद्र के एक दोस्त ने पिछले साल कनाडा, न्यूफाउंडलैंड में मैमोरियल यूनिवर्सिटी में दाखिला लिया था। उसने उनके लिए वहां का पता और एप्लीकेशन फॉर्म भेजा था।

'वह इकलौती यूनिवर्सिटी थी, जहां मैंने आवेदन दिया था। किस्मत से मुझे स्कॉलरशिप के साथ दाखिला मिल गया।'

चंद्र के भाइयों ने उन्हें एक तरफ का टिकट और कुछ गर्म कपड़े लाकर दे दिए। इनके साथ वह 29 सितंबर 1967 को कनाडा पहुंच गए।

कनाडा भारत से पूरी तरह अलग था--वहां का खाना, संस्कृति और ठंडा मौसम भी। लेकिन वहां का एक फायदा था, मैमोरियल यूनिवर्सिटी में पढ़ाई कर पाना। पूरा कैंपस गर्म भूमिगत टनल के जरिए आपस में जुड़ा हुआ था।

'हम कभी-कभार ही बाहर जाया करते थे, तो मुझे ठंड और कोहरे का ज्यादा सामना नहीं करना पड़ा।'

1969 में मास्टर करने के बाद से ही चंद्र पीएचडी करना चाह रहे थे।

वह कनाडा में अल्बर्ता यूनिवर्सिटी के डॉ. जॉन सी होल्म्स के काम से बेहद प्रभावित थे। डॉ. होल्म्स 1960 के दशक का लोकप्रिय विषय--पेरासाइट इकोलॉजी के विशेषज्ञ थे।

'मैं डॉ. होल्म्स के साथ काम करना चाहता था, लेकिन लोगों को लगा कि मेरा दिमाग खराब हो गया है, जो मैं एडमॉन्टन जाने की सोच रहा हूं।'

वहां का मौसम बहुत ही विषम था, साल के 6 महीने वहां का तापमान जीरो डिग्री से कम रहता था। लेकिन वह ठंड भी इस गर्म दिमाग युवक के इरादों को रोकने में कामयाब नहीं हो पाई।

'जब मैं कुछ करने की ठान लूं, तो कोई मुझे रोक नहीं सकता! हां, जनवरी फरवरी में वहां का तापमान जीरो से 40 डिग्री कम हो जाता था। लेकिन वह अनुभव कमाल का था।'

डॉ. होल्म्स के मातहत काम करना, चंद्र के जीवन का बदलाव का पल रहा। डॉ. होल्म्स कम शब्द बोलने वाले इंसान थे। वह आपको प्रोत्साहित करेंगे, सही दिशा दिखाएंगे, लेकिन कभी इसका बखान नहीं करेंगे। आपको खुद सोचकर आगे बढ़ना होता है।

'शुरू में वह मुझे इतने पसंद नहीं आए। लेकिन फिर मुझे उनके पढ़ाने का तरीका अच्छा लगने लगा।'

डॉ. होल्म्स अपने छात्रों से खुद को 'जॉन' कहलवाना पसंद करते। अगर आप जॉन को कुछ बताएं और वह बोले 'ओके' तो मतलब सबकुछ ठीक है। अगर कुछ गड़बड़ है तो वह आपसे सवाल पूछेंगे और फिर सवाल-जवाब के बीच वह कमजोर कड़ी को पकड़ लेंगे।

'मैंने उनसे तर्कपूर्ण ढंग से सोचना सीखा, यह मेरी जिंदगी का बहुत महत्वपूर्ण सबक रहा।'

1974 में, चंद्र ने पीएचडी पूरी कर ली। अब तक वह कैनेडियन नागरिक बन चुके थे। वहां स्थायी रूप से बसने की उनकी कोई इच्छा नहीं थी, लेकिन उनके पास कोई विकल्प नहीं था। उन्होंने नेशनल रिसर्च काउंसिल (एनआरसी)

‘भारत में, हमेशा आपको कोई न कोई बताता रहता है कि क्या करना है, कैसे करना है। कनाडा में मैंने सीखा कि आपको अपने बारे में कैसे सोचना है।’

‘जब मैंने देखा कि वो बच्चे पूरा दिन काम करने के बाद भी स्कूल आना चाहते थे, तो उससे मुझे एक नई प्रेरणा मिली।’

में स्कोलरशिप के लिए एप्लाई किया था।

‘जब मैं इंटरव्यू के लिए गया, तो मुझे बताया गया कि सिर्फ कैनेडियन नागरिक को ही यह स्कॉलरशिप दी जाती है।’

तो उन्होंने वह किया जो जरूरी था, और कनाडा में ही रहने का निर्णय लिया।

चंद्र की पहली नौकरी नानमियो में पैसेफिक बायोलॉजिकल स्टेशन पर थी, वह वेनकुवेर के समीप शीर्षस्थ फिशरिज रिसर्च सेंटर था। वहां पर पहले 2 जाने-माने साइंटिस्ट काम कर रहे थे। चंद्र ने उनके साथ 2 साल पोस्ट-डॉक्टोरल फैलो के तौर पर काम किया, जिसे एनआरसी ने सपोर्ट किया था। लेकिन उन्हें नानमियो में कोई स्थायी नौकरी नहीं मिल पाई।

1977 में, वह कैनेडियन वाइल्डलाइफ सर्विस में काम करने के लिए ओटावा आ गए।

इस दौरान 1975 में चंद्र भारत भी आए थे, और यहां उनकी शादी काकीनाडा की ही रहने वाली, मंजरी से करा दी गई। उनका बेटा श्रीकिरण नवंबर 1978 और बेटी शारदा जुलाई 1981 में पैदा हुई। परिवार वहां के आलीशान घर में सुख से जीवन व्यतीत कर रहा था।

1984 में, चंद्र ब्यूरो ऑफ मेडिकल डिवाइस के साइंटिफिक इवेल्यूटर (यूनाइटेड स्टेट में एफडीए की समकक्ष) बन गए। अगले साल, उनकी पत्नी और बच्चे वार्षिक छुट्टियों में भारत जाने के लिए तैयार थे।

‘मैंने उनसे वादा किया था कि मैं अगस्त में उनके पास आ जाऊंगा और फिर स्कूल खुलने के समय तक हम साथ कनाडा लौट आएंगे।’

लेकिन ऐसा कभी नहीं हो पाया।

डॉ. चंद्र मंजरी, श्रीकिरण और शारदा को मॉन्ट्रियल एयरपोर्ट छोड़कर वापस घर आ गए।

एयर इंडिया की फ्लाइट 182 ने 23 जून 1985 को 329 यात्रियों के साथ उड़ान भरी। सुबह के 7:10 पर प्लेन आयरलैंड के पास था और डेढ़ घंटे में लंदन के हीथ्रो एयरपोर्ट पहुंचने वाला था।

7:14 पर 'एम्परर कनिष्का' शेनन एयर ट्रैफिक कंट्रोल के रडार से बाहर हो गया। वह प्लेन और उसके सभी यात्री प्लेन में एक सूटकेस में रखे गए बम से बीच हवा में ही जलकर खाक हो गए।

कोई भी नहीं बच पाया।

एयर इंडिया 182 या 'कनिष्का बॉम्बिंग' जैसा कि अब उसे कहा जाता है, ने पूरी दुनिया को हिलाकर रख दिया था। डॉ. चंद्रशेखर संकुराथ्रि की तो पूरी दुनिया ही उजड़ गई थी।

3 साल तक, चंद्र पूरी तरह सदमे में रहे।

'मैं सोचा करता था कि कहीं से जरूर कोई चमत्कार होगा, शायद वे कहीं से आ जाएंगे।'

जब उनका दुख स्थायी हो गया, तो चंद्र ने भगवान से लड़ाई करनी शुरू कर दी।

'मैं ही क्यों? मेरा ही परिवार क्यों? उन्हें क्यों ले गए, मुझे क्यों छोड़ दिया?'

भगवान ने कोई जवाब नहीं दिया।

लेकिन उनके अंदर की आवाज कह रही थी, 'घर जाओ।'

चंद्र अपनी नौकरी छोड़कर, घर बेचकर वापस भारत आ गए। उनके दिमाग में बस एक ही बात थी--किसी तरह बच्चों की मदद करनी है।

'मेरे दिमाग जो पहला ख्याल आया वह एक अनाथालय खोलने का था।'

एयरक्रैश के बाद, चंद्र ने एक कैनेडियन संगठन के साथ काम करना शुरू कर दिया, जो भारत में अनाथालय चलाता था। लेकिन उनके दिमाग में बच्चों की परवरिश को लेकर कुछ अलग ही विचार चल रहे थे।

'एक दिन मुझे लगा कि उन्हें समझाने से बेहतर है कि मैं अपना ही अनाथालय शुरू कर लूं!'

'गुणवत्ता और सूक्ष्मता बहुत महत्वपूर्ण होती है। फिर चाहे वह कोई शैक्षिक संस्थान हो या अस्पताल, हम जो कर रहे हैं, उसमें सर्वश्रेष्ठ क्यों नहीं हो सकते?'

'आपको मरीजों के प्रति सहानुभूति रखनी चाहिए, इससे कोई फर्क नहीं पड़ता कि वे पैसे दें या नहीं। सभी को अच्छी आंखें चाहिए... सिर्फ अमीरों को ही नहीं।'

उन्होंने इसके लिए काकीनाडा का चयन किया, क्योंकि मंजरी भी वहीं की थीं।

उन्होंने सबसे पहले 1989 में कनाडा एक चैरिटी संस्थान--मंजरी संकुराथ्रि मैमोरियल फाउंडेशन--को रजिस्टर करवाया। फिर भारत में उसका रजिस्ट्रेशन गैर-मुनाफा वाले न्यास के रूप में हो गया।

दूसरी चीज, चंद्र ने एक घर बनवाने का निर्णय लिया। लेकिन वह इतना आसान नहीं था। उस समय के कानून के अनुसार विदेशी भारत में जमीन नहीं खरीद सकते थे।

'मैं मुंबई जाकर रिजर्व बैंक के अधिकारी से मिला। लेकिन उससे भी बात नहीं बन पाई।'

आखिरकार, उन्होंने अपनी बहन के नाम पर जमीन खरीदकर निर्माण काम शुरू करवाया। 1990 में घर बनकर तैयार हुआ और फिर चंद्र उसमें रहने आ गए।

उनके बराबर में ही आधी तैयार हुई अनाथालय की इमारत और कुछ घास के मैदान थे। चंद्र अक्सर उधर घूमा करते, और उसके पार खेतों में काम कर रहे बच्चों के पास जाकर उनसे बात करने लगते।

उन्होंने उनसे पूछा, 'तुम खेत पर क्यों आए हो?'

तो एक बच्चे ने जवाब दिया, 'मेरे पिता मुझे यहां काम करवाने के लिए लाए हैं।'

चंद्र ने पूछा, 'क्या तुम पढ़ाई करना चाहते हो?'

बच्चों ने पलटकर कहा, 'हम कैसे पढ़ाई कर सकते हैं? स्कूल तो दिन

में लगता है--जब हम काम कर रहे होते हैं।'

चंद्र ने कहा, 'ठीक है, अगर स्कूल शाम के समय या रात में खुले तो क्या तुम स्कूल आओगे?'

सभी ने उत्साह से कहा, 'हां।'

तभी से इसकी शुरुआत हुई। जनवरी 1990 में, चंद्र ने खुले आसमान के नीचे एक स्कूल की शुरुआत की। बच्चे स्लेट और चॉक लेकर आने लगे। वहां कोई किताबें, मेज और कुर्सियां नहीं थीं।

'मैंने उन्हें तेलगु के वर्ण और बेसिक गणित पढ़ाना शुरू किया--जमा, घटा के सवाल। उनकी रोजमर्रा के काम आने वाली चीजें।'

लड़के और लड़कियां 5 से 13 साल की उम्र के थे। और चंद्र उनके पढ़ने का उत्साह देखकर हैरान थे। वह कभी एक क्लास भी नहीं छोड़ते थे।

'जब मैं बच्चा था, मैं शायद ही कभी इतने उत्साह से स्कूल गया हूं!'

वहां एक सरकारी स्कूल था--2 क्लास, 2 अध्यापक और 120 बच्चों वाला। वहां पहली से पांचवीं तक की पढ़ाई होती थी।

एक दिन चंद्र कुछ बच्चों के पास रुके और उनसे पूछा, 'तुम किस क्लास में पढ़ते हो?'

जवाब था, '3/4/5वीं में।'

'तुम्हारा नाम क्या है?'

'राजेश।'

'अपना नाम लिखकर दिखाओ!'

वह अपनी भाषा, तेलुगु में अपना नाम तक नहीं लिख सकते थे।

चंद्र ने कहा, 'ठीक है... स्कूल खत्म होने के बाद, 3:30 बजे आकर मुझसे मिलना।'

लगभग 45 बच्चे रोज स्कूल खत्म होने के बाद, चंद्र के घर पर पढ़ने के लिए आने लगे। उनकी बहन, हेमा ने भी उन्हें पढ़ाने में मदद की। आम के पेड़ के नीचे बैठकर, वे चौथी और पांचवीं क्लास के बच्चों को फिर से आधारभूत चीजें पढ़ा रहे थे।

कुछ बच्चे बीच में छोड़कर चले गए। कुछ सप्ताह बाद उनके पास 20 बच्चे ही बचे।

'जब आप किसी चीज में विश्वास रखते हैं, तभी आप उसमें पैर डालते हैं। आप समझौता नहीं कर सकते।'
'मैं स्कूल या कॉलेज से निकले लोगों की नियुक्ति को वरीयता देता हूं। वे प्रशिक्षित नहीं है, लेकिन मैं उन्हें अपने मिशन और अपने विजन के अनुसार ट्रेनिंग देता हूं।'

आखिरकार, उन सबको ठीक से लिखना और पढ़ना आ गया, और उनमें आगे पढ़ने के प्रति प्रेरणा विकसित हुई।

इस छोटे से प्रयास ने चंद्र को आशा की एक किरण दिखाई। अगर आम के पेड़ के नीचे लगने वाली छोटी सी क्लास से ऐसा प्रभाव हो सकता है, तो अगर एक स्कूल चलाया जाए तो!

तब तक चंद्र अनाथालय खोलने के विचार से उलझ रहे थे। फिर चंद्र ने कुछ और बड़ा करने का निर्णय लिया।

'अगर मैं एक अनाथालय खोलता, तो पूरे जीवन में लगभग तीसेक बच्चों की मदद कर पाता लेकिन अगर मैं एक स्कूल खोल लूं, तो ज्यादा बच्चों तक मदद पहुंचा सकता हूं।'

वह इमारत जिसमें चंद्र अनाथालय खोलने वाले थे, स्कूल में त्ब्दील हो गई। 14 जुलाई 1992 को, शारदा विद्यालयम की शुरुआत पहली क्लास के 25 बच्चों और 2 शिक्षकों के साथ हुई।

'हम हर साल एक क्लास और बढ़ाते जाने वाले थे।'

जब स्कूल अपना आकार ले रहा था, एक और समस्या चंद्र को अपनी ओर खींच रही थी। उनका एक दोस्त, वी के राजू, जो आंखों का डॉक्टर था, ने उन्हें बताया कि भारत में अंधे लोगों की संख्या बहुत ज्यादा है। वर्ल्ड हेल्थ ऑर्गेनाइजेशन के अनुसार उनमें से 80 प्रतिशत मरीजों को समय रहते ठीक किया जा सकता था।

'मेरे दोस्त अक्सर भारत आकर वहां आंखों के चैकअप का फ्री कैंप लगाते, लेकिन वह काफी निराशाजनक रहता।'

डॉ. राजू महज एक सप्ताह या फिर 10 दिनों के लिए आ पाते, लेकिन

वास्तविक समस्या उससे कहीं ज्यादा बड़ी थी। यहां तक कि कैंप भी स्कूल की जमीन पर जुगाड़ू ऑपरेशन थियेटर बनाकर लगाए जाते थे।

ग्रामीण भारतीयों को हाई-क्वालिटी का आंखों अस्पताल क्यों नहीं मिल सकता? बहुत से लोग यह सवाल उठाते हैं, लेकिन बहुत कम इसका जवाब दे पाते हैं।

'मैंने डॉ. राजू से कहा कि मैं एक आंखों का अस्पताल बनाना चाहता हूं। अगर वह अपनी दक्षता दे सकें तो यहां हम बेहतरीन सुविधाएं देने की कोशिश करेंगे।'

डॉ. राजू तुरंत सहमत हो गए। 21 जनवरी 1993 को, श्रीकिरण इंस्टीट्यूट ऑफ ऑप्थामोलॉजी की शुरुआत शारदा स्कूल वाली इमारत में ही की गई। चूंकि स्कूल ग्राउंड फ्लोर पर था, इसलिए अस्पताल को पहले माले की जगह दी गई।

'हमारे पास 4,000 वर्गफुट की जगह थी।'

अस्पताल स्टाफ के रूप में 6 सहयोगी और एक युवा डॉक्टर थे--जिन्होंने अभी हाल ही में प्रशिक्षण प्राप्त किया था। लेकिन काकीनाडा और आसपास के इलाकों में जल्दी ही इस अस्पताल के बारे में चर्चा होने लगी। मरीजों ने बड़ी संख्या में आना शुरू कर दिया।

'मुझे लगने लगा कि स्कूल और अस्पताल को एक ही इमारत में नहीं चलाया जा सकता।'

उसी के बराबर में एक छोटी सी बिल्डिंग क्लासरूम बनाने के लिए शुरू की गई। पुरानी इमारत को पूरी तरह अस्पताल में तब्दील कर दिया गया। लेकिन ईंटों और गारे के नीचे जो असली नींव रखी गई थी, वह विजन, मान्यताओं और आदर्शों की थी।

'मैं 22 सालों तक कनाडा में रहा था और मैं स्कूल और अस्पताल में दुनिया की सर्वश्रेष्ठ सेवाएं मुहैया कराना चाहता था। इसके लिए मुझे अपने साथ सही लोगों की जरूरत थी।'

और मैंने उन्हें लेकर, उनके साथ अपना मकसद साझा किया।

चंद्र ने युवा डॉक्टर को बेहतर ट्रेनिंग की लिए यूएस भेजा। ताकि वह दुनिया की बेस्ट तकनीक को जान सके।

'जब मैं बच्चों को देखता हूं, मैं सबकुछ भूल जाता हूं... (अपना दुख भी) इसलिए उनके साथ ज्यादा समय बिताना चाहता हूं, उन्हें स्कूल में देखना चाहता हूं, बात करना चाहता हूं।'

खुद चंद्र मदुरई के अरविंद आई हॉस्पिटल में गए, और डॉ. वेंकटस्वामी के साथ अपने प्रोजेक्ट पर बात की।

'वह बहुत अच्छे इंसान हैं, और उतने ही विनम्र भी। जब भी मुझे यहां कोई समस्या आती, मैं उनके पास जाता, और वह हमेशा मेरा मार्गदर्शन करते।'

श्रीकिरण इंस्टीट्यूट ऑफ ऑप्थामोलॉजी ने अरविंद आई हॉस्पिटल के मॉडल पर चलते हुए उच्चस्तरीय और सस्ता आंखों का इलाज मुहैया करवाया। अरविंद की ही तरह, श्रीकिरण इंस्टीट्यूट ने भी ग्रामीण इलाकों में आई-कैंप लगाए, काकीनाडा के 50-100 किमी के दायरे से शुरू करते हुए।

'हमने पाया कि लोगों को उनकी समस्या के बारे में पता भी नहीं है। अगर वह देख नहीं सकते, तो यह उन्हें सामान्य लगता है--वह नहीं जानते कि उन्हें महज चश्मे की जरूरत है।'

श्रीकिरण का मिशन सिंपल थाः संवेदना के साथ किया गया आंखों का बेहतर उपचार। फिर भी, अचानक आए किसी बाहरी व्यक्ति के लिए स्थानीय लोगों का विश्वास जीतना इतना आसान नहीं होता।

उनकी रणनीति थी, आसपास के लोगों से घुलना-मिलना--सरपंच या स्थानीय नेता से मिलकर उन्हें अपने काम के मकसद के बारे में बताना। उनसे किसी स्कूल की इमारत आई कैंप लगाने के लिए मांगना, जो कि फ्री ही होती है और सबके लिए खुली होती है।

'कैंप के दिन हम रजिस्टर किए गए हर मरीज को जांचते हैं। इससे कोई फर्क नहीं पड़ता कि वहां कितने लोग हैं।'

जिन्हें कम इलाज की जरूरत होती है, उन्हें तो वहीं देख लिया जाता है, बाकी को काकीनाडा अस्पताल में टेस्टिंग और सर्जरी के लिए लाया जाता है।

आंखों का पहला मुफ्त कैंप 20 जनवरी 1993 को लगाया गया, जहां 54 मरीजों की जांच की गई। उनमें से 18 लोगों में मोतियाबिंद की शिकायत पाई

गई, लेकिन उनमें से 11 ही सर्जरी के लिए राजी हुए।

'बाकियों ने पहले दूसरों के ऑपरेशन का प्रभाव देखना चाहा... क्या वे लोग वाकई में गंभीर हैं? क्या ये वाकई में अच्छे हैं?'

सर्जरी वाले मरीजों को डॉ. चंद्र की मारुति जिप्सी में काकीनाडा लाया गया, और ऑपरेशन के बाद वहीं छोड़ दिया गया। उस गाड़ी में एक बार में 10 मरीजों को लाया जा सकता था, तो अक्सर गाड़ी को कई चक्कर लगाने पड़ते थे। इस काम के लिए एक बस आदर्श होती, लेकिन वह काफी महंगी थी।

भगवान ने चंद्र की खामोश विनती का जवाब दिया, जब 1995 में जिंदल अल्यूमिनियम ने दान के लिए हाथ बढ़ाया। हालांकि इस रकम से एक मिनी बस की 50 प्रतिशत कीमत ही कवर हो रही थी।

'फिर भी, हम आगे बढ़े... बाकी के 50 प्रतिशत के लिए मैंने अपनी मारुति जिप्सी बेच दी!'

मरीजों को घर से अस्पताल और अस्पताल से घर ले जाने का काम एक असामान्य प्रक्रिया थी। उस समय, रोटेरी क्लब्स और लॉइंस क्लब्स अक्सर आंखों के कैंप आयोजित करते थे, और स्कूल की इमारतों और कम्युनिटी हॉल* में ही ऑपरेशन को भी अंजाम देते थे।

'मुझे लगा कि यह सही नहीं है। अगर मरीज को कोई समस्या है, तो वह कहां जाएगा? उसे कैसे पता चलेगा कि कहां जाना है?'

उसमें इंफेक्शन का भी अधिक जोखिम है। इसलिए श्रीकिरण इंस्टीट्यूट--बहुत से दबाव के बावजूद--ने बेहतर प्रेक्टिस को अपनाया। सर्जरी--सिर्फ काकीनाडा के हाई-टैक अस्पताल में ही की जाएंगी।

एक और प्रैक्टिस जो श्रीकिरन इंस्टीट्यूट ने अपनाई, वह थी ऑपरेशन के बाद का फोलो-अप। यहां तक कि बड़े-बड़े अस्पतालों में भी इसे जरूरी नहीं माना जाता है। अगर मरीज को कोई समस्या है--तो वह खुद वापस आएगा।

डॉ. चंद्र का विचार इससे भिन्न है।

'मेरी नजर में, सिर्फ 50 प्रतिशत मरीज समस्या होने पर वापस आते हैं।

* 1998 से ऐसे ऑपरेशन को अवैध करार दिया गया है।

बाकी के आधों का क्या? हम नहीं जानते...'

एक बस से गांवों में जाना, मरीजों को इकट्ठा करना, उनकी जांच के बाद उन्हें वापस घर छोड़कर आना, बहुत महंगा सौदा था। लेकिन यह जरूरी भी था।

'हम 6 सप्ताह तक मरीजों पर नजर बनाए रखना चाहते थे... इससे उच्चस्तरीय सफलता सुनिश्चित होती है।'

आखरी और सबसे जरूरी फर्क था, कि डॉ. चंद्र ने फैसला किया था कि सभी मोतियाबिंद के मरीजों को आईओएल (इंट्राओक्यूलर लेंस इंप्लांट) देना। और तो और उन्होंने गरीब मरीजों के लिए बेहतर क्वालिटी के चश्में उपलब्ध करवाए।

'हमारे आईओएल इंप्लामेंटेशन की दर 99.9 प्रतिशत है। 0.01 प्रतिशत वह मरीज हैं, जिन्हें किन्हीं स्वास्थ्य कारणों की वजह से यह लेंस नहीं लगाया जा सकता।'

यह बहुत प्रभावशाली कदम था। 90 के दशक में, राष्ट्रीय स्तर पर भी आईओएल इंप्लामेंटेशन की दर 40 प्रतिशत से कम थी, और आज भी यह 60 प्रतिशत से ज्यादा नहीं है।

तो, वह एक महत्वाकांक्षी प्रोजेक्ट था। जमीन और इमारत में शुरुआती पूरा पैसा डॉ. चंद्र ने ही लगाया था। पहले 4 सालों में उन्होंने कामकाज के पैसे भी अपने पास से ही दिए।

'मैंने कभी विस्तार से बजट और पैसों की कोई योजना नहीं बनाई। किसी तरह भगवान ने सब संभाल लिया... हम छोटे स्तर पर ही काम कर रहे थे, मेरे पैसे काफी थे।'

लेकिन जैसे-जैसे मरीजों की संख्या बढ़ने लगी, खर्च भी बढ़ता गया। साल के 20 लाख रुपए से बढ़कर अब खर्च 40 रुपए हो चला था। उस पॉइंट पर डॉ. चंद्र के कैनेडियन शुभचिंतकों ने उनका साथ दिया।

'लोग मुझसे पूछा करते थे, 'तुम क्या कर रहे हो?' मैं उन्हें बताता और कहता--अगर आप भी मदद करना चाहें तो हमें कुछ डोनेशन दे सकते हैं।'

1997 में, डॉ. चंद्र 'हेल्प द ऐज्ड केनेडा' संगठन के संपर्क में आए, जो बुजुर्ग लोगों की समस्याओं पर ध्यान देती थी। चूंकि मोतियाबिंद का ज्यादा असर

बुजुर्गों पर ही होता है, तो वह श्रीकिरण इंस्टीट्यूट के प्रोजेक्ट में निवेश करने को तैयार हो गए। उनका 200,000 कैनेडियन डॉलर का योगदान इस युवा संगठन के लिए बड़ा महत्वपूर्ण रहा।

'इन पैसों से हम स्वास्थ्य उपकरणों, डॉक्टरों के प्रशिक्षण और पैरामेडिकल पर्सनल में निवेश कर सकते थे। इससे हम मजबूत और विश्वस्त हुए।'

अगले 9 सालों तक, श्रीकिरण इंस्टीट्यूट को हेल्प द ऐज्ड केनेडा और सीआईडीए (कैनेडियन) ने बहुत मदद दी। दूसरे बड़े दाताओं में सेंसर टेक्नोलॉजी लिमिटेड, केनेडा; आई केयर फॉर द एदीरोंडेक्स, यूएसए और इंफोसिस फाउंडेशन, इंडिया हैं।

श्रीकिरण इंस्टीट्यूट को इतने दाताओं और मददगारों की इतनी जरूरत इसलिए है क्योंकि वहां आने वाले 90 प्रतिशत मरीजों का इलाज मुफ्त* किया जाता है। और हम बड़ी संख्याओं की बात कर रहे हैं। 1993 में 475 सर्जरी की गई थीं, और 2002-03 में तो ऑपरेशन चरम संख्या पर पहुंच गए थे।

'हमने उस साल 17,000 सर्जरी कीं। हमारी टीम में 5 डॉक्टर और पैरामेडिकल स्टाफ था। दरअसल, हमारा अस्पताल आंध्र प्रदेश का आंखों का दूसरा बड़ा अस्पताल बन गया था।'

सबसे बड़ा अस्पताल--एल वी प्रसाद इंस्टीट्यूट, हैदराबाद--साल में 25,000 सर्जरी करता था, लेकिन उनकी टीम में 80 डॉक्टर और बेहद बड़ा इंफ्रास्ट्रक्चर भी शामिल था।

'हमारी ताकत थी--बहुत कम संसाधनों के साथ बेहतर परिणाम देना!' डॉ. चंद्र चहककर कहते हैं।

इसका राज था उनका पैरामेडिकल स्टाफ, जो ऑपरेशन के बाद का और पहले का काम बखूबी संभाल लेता था। अगर हम बात करें, तो सर्जरी में 3-4 मिनट का समय लगता है, जिसमें डॉक्टर को छोटा-सा कट लगाकर केटेरेक्ट को हटाना और नया लेंस लगाना होता है। लेकिन उन पर काम का दबाव बहुत ज्यादा था।

'डॉक्टर भी बहुत युवा थे, लेकिन उनमें से कभी किसी ने कोई शिकायत

* भारत का दूसरा कोई भी आंखों का अस्पताल 90 प्रतिशत मरीजों का फ्री में ऑपरेशन नहीं करता है।

'मेरा बेटा महज 6 साल का था, लेकिन वह कहता था कि वह बड़े होकर बच्चों के आंखों का डॉक्टर बनना चाहता है... मैं नहीं जानता... उसने ऐसा क्यों कहा।'

नहीं की!'

यकीनन, उनके काम पर भी संदेह किया गया। क्या आंध्र प्रदेश के एक छोटे से शहर में हजारों सर्जरी की जा सकती हैं?

क्या यह सच है या किसी तरह का घोटाला?

केंद्रीय स्वास्थ्य मंत्रालय ने हैदराबाद से जांच के लिए एक टीम भेजी।

'2001 में, वे कैमरे के साथ आए, यह देखने के लिए कि हमारे पास कोई बिल्डिंग है भी या नहीं, क्या हम सच में ऑपरेशन करते हैं?'

जांचकर्ता यह देखकर हैरान रह गए कि हर ऑपरेशन के कागजात को सही से संभालकर रखा गया था, उनका हर काम पारदर्शी था। हर मरीज की आईडी और घर का पता लिखा हुआ था। 17,000 सर्जरी वाकई में हुई थीं।

इस 'करैक्टर सर्टिफिकेट' की दूसरे कारणों से भी जरूरत थी। अंधापन नियंत्रण करने के लिए शुरू किए गए नेशनल प्रोग्राम के तहत, श्रीकिरण इंस्टीट्यूट को हर फ्री सर्जरी* के लिए 750 रुपए मिलने वाले थे।

परेशानी यह थी कि यह पैसा नहीं मिल पा रहा था। दिल्ली से भी दूसरी टीम वहां जांच के लिए पहुंची, जिसमें सीनियर और जूनियर अकाउंटेंट के साथ एक ऑडिट भी था। उन्होंने रिकॉर्ड में से पते लेकर गांववालों के घर जाकर दस्तक दी।

'क्या श्रीकिरण इंस्टीट्यूट में आपका ऑपरेशन हुआ था?' उन्होंने पूछा।

'हां।'

'क्या तुमने उन्हें कुछ पैसा दिया था?' उन्होंने जोर देकर पूछा।

'एक भी पैसा नहीं...'

'क्या उन्होंने तिमारदारी सही से की थी?'

* श्रीकिरण इंस्टीट्यूट में सर्जरी की वास्तविक कीमत 2500 रुपए प्रति मरीज है।

'हां, उन्होंने हमारे परिवारवालों से भी ज्यादा अच्छी देखभाल की थी।'

रिपोर्ट में एक भी कमी नहीं मिलने पर टीम वापस दिल्ली लौट गई। लेकिन, फिर भी, उन लोगों ने पैसे नहीं दिए। कारण साफ था।

'पैसे के लिए आपको सामने वाले की हथेली गर्म करनी पड़ती है। लेकिन हम दृढ़ थे कि हम ऐसा नहीं करेंगे।'

आखिरकार, डॉ. चंद्र को दिल्ली जाकर यूनियन हेल्थ मिनिस्ट्री की मुख्य सचिव, सुजाता राव से मिलना पड़ा।

उन्होंने संबंधित विभाग के अधिकारियों को बुलाकर कहा, 'डॉ. चंद्रशेखर यहां आपके सामने हैं--आप जो पूछना चाहते हैं, इनसे पूछ लीजिए।'

वहां एकदम खामोशी छा गई।

एक सप्ताह बाद, श्रीकिरण इंस्टीट्यूट की 70 लाख की रकम उन्हें दे दी गई। काकीनाडा के जिला कलेक्टर ने चैक पर साइन करके खुद डॉ. चंद्र को चैक दिया।

'उस पैसे से, हमने इस इमारत का निर्माण कार्य शुरू किया,' डॉ. चंद्र, वर्तमान में इस्तेमाल की जा रही चार-मंजिला इमारत की तरफ इशारा करते हुए बताते हैं।

इस दौरान, उनका पहला प्रोजेक्ट--शारदा विद्यालयम--भी अपनी गति से फल-फूल रहा था। 2003 तक, वहां 140 छात्र और 12 शिक्षक थे। 2008 में, एक शुभचिंतक ने वेनकुवेर में 250,000 कैनेडियन डॉलर इकट्ठा करके उन्हें भेजे, जिससे हाईस्कूल की दो मंजिला इमारत का निर्माण हुआ।

ऑप्थामोलॉजी इंस्टीट्यूट की तुलना में स्कूल चलाने का बजट बहुत कम है--लगभग 4-5 लाख प्रतिवर्ष। लेकिन समुदाय पर उसका प्रभाव बहुत बड़ा था।

शारदा विद्यालयम में 60 प्रतिशत लड़कियां हैं। बच्चे न सिर्फ स्कूल की पढ़ाई पूरी करते हैं, बल्कि उनमें से कुछ तो आगे भी पढ़ाई जारी रखते हैं। जैसे एमएससी, पोलिटेक्नीक डिप्लोमा और इंजीनियरिंग भी।

'मैं चाहता हूं कि भारत का हर बच्चा भारत को बेहतर बनाने के लिए काम करे।'

शारदा से पास हुए बच्चे उनके अस्पताल में भी काम करते हैं। ऑपरेशन थियेटर, प्रशासन और अन्य सहायक कामों में भी। उनमें से एक माली का बेटा भी है। वह लड़का 10वीं क्लास के बाद डॉ. चंद्र के पास आया और बोला, 'मैं और आगे नहीं पढ़ सकता... मुझे एक नौकरी चाहिए।'

तो उसे चश्मे की दुकान के लिए रख लिया गया।

'वह बढ़िया लड़का है, जब उसका अपना काम खत्म हो जाता है, तो वह दूसरों की मदद करवा देता है!'

आई कैंप से मरीजों को काकीनाडा रविवार रात को लाया जाता है। जब भी बस आती है, तो वह लड़का अपनी हरसंभव मदद देता है।

'मैंने कभी उसे कुछ नहीं बताया... वह खुद आता है... हमारे छात्रों और दूसरे लड़के-लड़कियों में यही फर्क है!'

उत्तरी अमेरिका में स्वयंसेवा भी जिंदगी जीने का एक तरीका है। जिसकी कमी डॉ. चंद्र को भारत में खलती है।

'कनाडा में, हर बच्चा हाई-स्कूल के दौरान ही स्वयंसेवा का काम शुरू कर देता है--ओल्ड-ऐज होम या फिर बच्चों के अस्पताल में। यहां तो और भी ज्यादा लोग हैं, लेकिन वह आगे नहीं आते।'

दरअसल, श्रीकिरण इंस्टीट्यूट में काकीनाडा की अपेक्षा ज्यादा दाता और स्वयंसेवक कनाडा से ही हैं। रेजीडेंट डॉक्टर श्रीकिरण इंस्टीट्यूट में 3 सप्ताह बिना पगार के काम करते हैं। उनका काम ही उनकी संतुष्टि है--ऐसी संख्या और जटिल मामले इस विकसित दुनिया में कम ही देखने को मिलते हैं।

'हम अल्ब्रेता विश्वविद्यालय के साथ टेली-ऑप्थामोलॉजी प्रोग्राम लगाने के लिए बात कर रहे हैं। जिस दूर-दराज इलाकों में बैठा हुआ मरीज भी दुनिया के सर्वश्रेष्ठ डॉक्टर से अपना इलाज करवा पाए।'

काकीनाडा के आंखों के अस्पताल की अनकही कहानी पर 2008 में सीएनएन की नजर पड़ी। डॉ. चंद्र को चैनल ने 'रियल हीरो' के रूप में नामांकित किया और उनकी कहानी को वैश्विक टेलीविजन पर प्रसारित किया। दरअसल, भारत से नामांकित होने वाले वह पहले व्यक्ति थे। इसके बाद ही स्थानीय तेलुगु अखबार *ईनादु* ने संकुराथ्रि फाउंडेशन पर एक लेख लिखा।

'उस रविवार को मेरा फोन सुबह से शाम तक बजता रहा। अच्छा लगता

है, जब लोग आपकी प्रशंसा करते हैं... ऐसा नहीं है सबको बस पैसे ही देने चाहिए।'

निजी पहचान से ज्यादा, इससे उनके स्टाफ को भी प्रोत्साहन मिलता है। 2010 में, जब सीएनएन-आईबीएन ने उन्हें हीरो अवॉर्ड के लिए चुना, तो उन्होंने अपना वह अवॉर्ड अपने स्टाफ को ही समर्पित किया।

'जब मैं अवॉर्ड लेने मुंबई गया, तो वे सब बहुत खुश थे। मैंने सबसे कहा कि यह तुम्हारा ही अवॉर्ड है, मेरा नहीं। चलो इससे प्रेरित होकर और काम करते हैं।'

2010 में, श्रीकिरण इंस्टीट्यूट ने 8000 फ्री सर्जरी कीं। आंखों के अस्पताल का सालाना बजट 4 करोड़ रुपए तक पहुंच गया, जबकि स्कूल का बजट था 18 लाख रुपए। दोनों संगठनों में 130 कर्मचारी काम कर रहे थे।

'2005 तक, हम अंतराष्ट्रीय अनुमोदन नहीं ले रहे थे। सिर्फ व्यक्तिगत डोनेशन, जिसमें से ज्यादा कनाडा से आ रहा था, जिससे हमारी 40 प्रतिशत लागत कवर हो रही थी।'

श्रीकिरण इंस्टीट्यूट की अपनी कमाई 30-35 प्रतिशत है (भुगतान वाले ऑपरेशन, दवाइयां और चश्मे की दुकान से होने वाली आय)। पेपरों पर, पूरी लागत का 20 प्रतिशत सरकारी मदद से पूरा होता है। लेकिन सिस्टम पैसा देता ही नहीं और उनका कर्ज बढ़ता रहता है।

एक बार फिर, डॉ. चंद्र सुजाता राव से मिले, जिन्होंने वादा किया कि जो भी बन पड़ेगा, वे करेंगी। लेकिन उनकी मध्यस्थता से भी बात नहीं बनी। मार्च 2013 तक, उनकी बकाया रकम 50 लाख रुपए हो गई थी और डॉ. चंद्र को समझ आ रहा था कि भविष्य में ऐसे काम नहीं हो पाएगा।

'हम दो जिलों में अपने संसाधनों से काम चला रहे हैं... मुझे यकीन है कि इस सिस्टम का कुछ नहीं हो सकता... यह अंदर तक सड़ चुका है।'

आंधी आए या तूफान, संकुराथ्रि फाउंडेशन अपना काम जारी रखेगा।

काम शुरू करने के 20 साल से ज्यादा वक्त में, श्रीकिरण इंस्टीट्यूट ऑफ ऑप्थाल्मोलोजी ने अब अपना 'बिजनेस प्लान' बना लिया है। उनका विचार है कि ऑपरेशन की संख्या को स्थिर किया जाए, और सर्विस को और बढ़ाया जाए।

'हम एक कॉरपस फंड शुरू करने की सोच रहे हैं। हम इसी संख्या में फ्री ऑपरेशन करते रहेंगे, लेकिन पैसे दे सकने वाले मरीजों की संख्या भी बढ़ाएंगे।'

यद्यपि श्रीकिरण इंस्टीट्यूट का 90 प्रतिशत काम मोतियाबिंद का ऑपरेशन ही है, तो यह अस्पताल और यहां के डॉक्टर सभी जटिल ऑपरेशन को संभालने में सक्षम हैं।

'हमने एक 8 महीने के बच्चे का ऑपरेशन किया--उसे जन्म के समय से ही आंख की ऐसी परेशानी थी, जो उसे अंधा बना सकती थी। हमने दोनों आंखों में कॉरनियल ट्रांसप्लांट किया।'

जबकि दूसरे किसी भी अस्पताल में परिवार पर 2.5 लाख रुपए का बोझ आता, श्रीकिरण ने यह ऑपरेशन उस परिवार के लिए बिल्कुल फ्री में किया। उनकी देखरेख और तकनीक किसी भी बड़े शहर के महंगे अस्पताल से कम नहीं थी। फिर भी संपन्न लोग 'गरीब लोगों के अस्पताल' में नहीं आना चाहते, क्योंकि उन्हें लगता है कि वह बेहतर पा सकते हैं।

'जब मरीज यहां आते हैं, हमारी सुविधाएं देखकर, डॉक्टर से बात करके उन्हें अहसास होता है कि उन्हें हैदराबाद या कहीं और जाने की जरूरत नहीं है!'

जब कोई मरीज आता है, तो काउंसलर उससे मिलकर उनकी पृष्ठभूमि जानने की कोशिश करते हैं। यह तय करते हैं कि उन्हें फ्री पेशेंट की लिस्ट में डालना है या नहीं।

'मैं मानता हूं हम गरीबों की पहचान करने के 97 प्रतिशत मामलों में सफल रहते हैं। लेकिन परेशानी उन 3 प्रतिशत मरीजों के मामले में आती है, जो खुद को जानबूझकर गरीब दिखाना चाहते हैं।'

उनके पास मध्यम आयवालों के लिए भी एक स्कीम है, तथा इसके अलावा दूसरे मरीजों को इलाज के पूरे पैसे देने होते हैं। सभी मरीजों के लिए सर्जरी एक ही की जाती है। लेकिन जो खरीद सकते हैं उनके लिए फाको और फोल्डेबल लेंस का इस्तेमाल किया जाता है।

'फाको लेंस सर्जरी की कीमत दूसरे अस्पतालों में एक लाख रुपए के ऊपर आती है। जबकि यहां पर इसकी कीमत 20,000 रुपए आती है।'

डॉ. चंद्र मानते है कि समय के साथ पैसे देकर इलाज करवाने वालों की आय से ही अस्पताल अपना खर्च खुद उठा लेगा।

'जब मामला 50:50 पर आ जाएगा, तब हम फ्री वाले इतने ही ऑपरेशन बिना बाहर से पैसे लिए किया करेंगे।'

70 साल की उम्र में डॉ. चंद्र पूरी तरह चुस्त हैं और वह सप्ताह के सातों दिन काम करते हैं। वह सुबह 4.30 बजे उठकर प्राणायाम करते हैं, फिर ई-मेल चैक करते हैं, और अखबार पढ़ते हैं। 8 बजे नाश्ते में इडली/डोसा/उपमा लेते हैं। 8.30 बजे वह अपने घर से निकलकर बराबर की बिल्डिंग, अपने अस्पताल में पहुंच जाते हैं।

वह शाम के 7 बजे तक या तो अस्पताल में या फिर स्कूल में होते हैं, जिसमें कुछ देर का लंच भी शामिल है।

'मैं किसी सामाजिक समारोह में शामिल होने के लिए कभी-कभार ही बाहर जाता हूं,' वह बताते हैं।

लेकिन डॉ. चंद्र स्कूल और कॉलेज छात्रों को संबोधित करने का मौका कभी नहीं छोड़ते। वह संकुराथ्रि फाउंडेशन के बारे में बताकर उन्हें उससे जुड़ने के लिए प्रेरित करते हैं।

'मैं उन्हें बताता हूं--सब सर्विस का मतलब पैसों से ही समझते हैं। लेकिन बात सिर्फ पैसों की ही नहीं है, खुद के बारे में विचार की है।'

उदाहरण के लिए, 1994 में, कनाडा में, सेंट ग्रेगरी कैथोलिक स्कूल, ओटावा के छात्रों ने वार्षिक समारोह के जरिए शारदा विद्यालयम के लिए पैसे इकट्ठे किए थे। सालों में वे 30,000 कैनेडियन डॉलर्स का योगदान दे चुके हैं।

'इस भावना की कमी हमारे समुदाय में बहुत खलती है...'

2010 में, संकुराथ्रि फाउंडेशन ने जेएनटीयू काकीनाडा के साथ मिलकर एक स्वयंसेवी प्रोजेक्ट पर काम किया। छात्रों ने 20 किमी. के दायरे में आने वाले गांवों में जाकर हमारे काम के बारे में बताया। छात्रों ने एक महीने में 19 गांवों में कैंप आयोजित किए।

'उन्हें टीम वर्क में काम करना और जिम्मेदारी का अहसास समझ आया।'

पिछले 3 सालों में, डॉ. चंद्र स्थानीय लोगों से मिलने के और ज्यादा प्रयास कर रहे हैं, साथ ही काकीनाडा में फंड इकट्ठा करने के प्रोग्राम आयोजित करने

की भी।

'मैं चाहता कि लोग हमारे काम के बारे में जानें। और कि हमें उनकी मदद की जरूरत है।'

और डॉ. चंद्र के बाद इसका क्या होगा। इतने जुनून और दिल से इसे कौन संभालेगा? इस आशावादी और तर्कवादी इंसान का मानना है कि ऐसा जरूर होगा। डॉ. चंद्र का भतीजा, जो इस फाउंडेशन से इसके शुरुआती दिनों से ही जुड़ा हुआ है।

'निकट भविष्य में यह सब संभालने के लिए वह बिल्कुल सही इंसान है। यही हमारी योजना है।'

उनके पास ऐसे सिस्टम और तकनीक भी हैं, जो रोजमर्रा के कामों का ब्यौरा रखते हैं।

'मैं हर साल 5-6 सप्ताह के लिए कनाडा जाता हूं, और यहां का काम ऐसे ही चलता रहता है,' वह मुस्कुराते हैं।

नेतृत्व आखिरकार सही लोगों का चयन और उनमें सही भाव का संचार ही तो है। बस जरूरत है विजन, मिशन और पैशन की।

सबकुछ आसान नहीं होता। कभी आप असफल भी हो जाओगे। डॉ. चंद्र एक पूर्व कर्मचारी का मामला याद करते हैं--वह युवा डॉक्टर जिसे बाहर ट्रेनिंग के लिए भेजा गया था। शुरू में तो उसने अच्छा काम किया।

'4 साल बाद, वह बस खुद के बारे में सोचने लगा और फिर टीम के साथ भी नहीं रहा। मैंने उसे बाहर निकलने को कह दिया।'

एक सीनियर डॉक्टर को इस तरह निकालकर बाहर कर देने से युवा संगठन पर काफी असर पड़ता है। लेकिन डॉ. चंद्र एक बात को लेकर बिल्कुल स्पष्ट हैं।

'कुछ चीजें हैं जिनसे मैंने जिंदगी में कभी समझौता नहीं किया है। अगर मुझे बंद करना पड़ा... तो मैं बंद कर दूंगा लेकिन क्वालिटी पर सौदा नहीं करूंगा।'

दूसरे डॉक्टर और स्टाफ डॉ. चंद्र के साथ खड़े रहे और अच्छा काम करके उन्हें अपनी मदद दी।

'मुझे कोई पछतावा नहीं है... संगठन की भलाई के लिए कभी-कभी मुश्किल फैसले भी लेने पड़ते हैं।'

पिछले 20 सालों का हिसाब-किताब अगर अंकों में किया जाए तो--1826 आंखों के कैंप, 1,80,000 सर्जरी। भावनाओं का हिसाब--दृढ़ता, गंभीरता और आत्मिक खुशी।

'जब मैं किसी अंधे आदमी को अस्पताल से ठीक होकर जाता देखता हूं तो बहुत खुशी होती है। जब मैं स्कूल में बच्चों को देखता हूं तो मुझे उनमें अपने बच्चे नजर आते हैं।'

'इससे मेरा दिल धड़कने लगता है।'

हर निराशा, हर संघर्ष कहीं खो से जाते हैं।

'आखिरकार, इन सालों में मेरे मन में भगवान या उन आतंकवादियों के खिलाफ कोई बैर नहीं रहा... मैं उन सबसे बिल्कुल ही अलग हो गया हूं। अब मैं मन की शांति का अनुभव कर रहा हूं।'

जब आप जीवन को उसी स्वरूप में स्वीकार करके, अपना सर्वस्व छोड़ देते हैं।

तभी आप पूरी तरह आजाद हो सकते हैं। और जिंदा भी।

*

युवा उद्यमियों को सलाह

देश का भविष्य और उसे हासिल करना अब युवाओं के हाथों में है।

जिम्मेदारी से काम करो क्योंकि सब आप पर ही निर्भर है।

मेरे विचार में तरक्की का मतलब इंटरनेट, स्मार्टफोन इत्यादि नहीं हैं। लेकिन हर इंसान के लिए, चाहे वह कहीं भी क्यों न हो साफ पानी, नालियों की व्यवस्था, शिक्षा, स्वास्थ्य और वो आधारभूत सुविधाएं हैं जिससे जीवन आसान हो सके।

सभी लोग सक्षम होने चाहिए; नहीं तो तरक्की देश को ऐसे विभाजित कर देगी, जिसे सहन कर पाना किसी के बस में नहीं होगा।

समाज में आधारभूत मानवीय आदर्श अब धूमिल होते नजर आ रहे हैं। उस तरक्की या विकास में क्या संस्कृति, मूल्यों, मानवता, परंपरा और पारिवारिक एकता शामिल नहीं होने चाहिए।

पैसा ही एकमात्र वस्तु नहीं है। अगर आप छात्र हो, तो आप अपने पड़ोस के बच्चों को पढ़ा सकते हो। उन्हें आधा घंटा गणित पढ़ाने में बिताओ। बहुत आसान है। हम जो भी कर सकते हैं, वही तो स्वयंसेवा है।

अपना दिमाग खुला रखो। कुछ नया सोचो।

तभी आप अपने सामने रखी अनेक समस्याओं का समाधान कर पाओगे।

हम होंगे कामयाब

दिलफिरोज काजी--एसएसएम कॉलेज ऑफ इंजीनियरिंग परिहासपोरा (कश्मीर)

1988 में, दिलफिरोज काजी ने श्रीनगर में महिलाओं के लिए एक पॉलीटेक्नीक की स्थापना की। हर चुनौती का डटकर सामना करते हुए--आतंकवादियों के हमले के बावजूद--इस साहसी महिला ने एसएसएम कॉलेज ऑफ इंजीनियरिंग की नींव रख दी। यह कश्मीर का पहला और एकमात्र कॉलेज था।

'अगर धरती पर कहीं स्वर्ग है, तो यहीं है यहीं है, यहीं है।'

मेरी इतिहास की किताब में लिखे यह शब्द खुद ब खुद साकार हो उठे जब मैं 1986 में पहली बार कश्मीर घूमने गई। शालीमार बाग और निशांत बाग सच में जन्नत ही हैं। मैंने जहां कनखियों से रेस्टोरेंट में काम करने वाले खूबसूरत वेटरों को देखा, तो वहीं गलियों में घूमते बच्चों के गालों पर मानो सच में सेब ही रखा था। मैंने सोचा कि ज़ीने के लिए कितनी बेहतरीन जगह है यह।

मैं तब नहीं जानती थी कि एक साधारण लड़की के लिए नौकरी ढूंढ़ना कितना बड़ा संघर्ष होता होगा। वास्तव में कश्मीरियों का जीवन उन रंगीन ब्रोशर, शिकारों और शालों से बिल्कुल ही अलग है।

मैं बेहद अफसोस से कश्मीर में होने वाली आतंकवादी गतिविधियों के बारे में पढ़ती। मैं असली मामला नहीं समझती थी, लेकिन मैं जानती थी कि इसका मतलब क्या है। पर्यटन उद्योग का बंद होना, बॉलीवुड फिल्मों की शूटिंग नहीं होना। हमारे जैसे लोगों के लिए कश्मीर 'नो एंट्री' इलाका था।

आम कश्मीरी लड़कों और लड़कियों का क्या? जबकि मेरे पास अपने शहर और देशभर में चयन के लिए सैंकड़ों कॉलेज थे, ऐसे में वे लोग कहां पढ़ाई करते होंगे? उन्हें नौकरी कहां मिलती होगी? इस बारे में कभी एक पल के लिए मुझे ख्याल नहीं आया।

उन हैंडसम कश्मीरी वैटरों के बारे में भी, जिनके पास अब ग्राहक तक नहीं थे। न ही उन सेब जैसे गालों वाले बच्चों के बारे में, जो अब बंदूक उठाने को मजबूर थे।

दिलफिरोज काजी को सुनते हुए मैं रो पड़ी, मैं अब भी रो रही हूं जब उसकी कहानी को पन्नों पर उतार रही हूं। ये लोग हमारे ही भाई-बहन हैं, सिर्फ अखबारों में कैद आंकड़ें नहीं।

दिल और दिमाग पर नफरत और घृणा की परत जम गई है। लेकिन झील में अभी भी पानी है। और हम कभी मानवता को खत्म नहीं कर सकते।

सच और शांति की तलाश में। बहुजन के हित में काम करते हुए।

एक महिला ने इस प्रण को बुलेट प्रुफ जैकेट की तरह पहन लिया। एक ऐसा प्रण जिसके लिए कलम को बंदूक से ज्यादा ताकतवर होना पड़ेगा।

* इस साक्षात्कार को श्रीनगर में लेखिका की ओर से आलिया बशीर ने लिया था।

हम होंगे कामयाब

दिलफिरोज काजी—एसएसएम कॉलेज ऑफ इंजीनियरिंग परिहासपोरा (कश्मीर)

दिलफिरोज का जन्म श्रीनगर के निम्न मध्यवर्गीय परिवार में हुआ।

'मैं छाताबल से हूं। एक मकान में पांच घर रहते थे, एक सेहन (बरामदा) हम सबके बीच साझा था।'

दिलफिरोज 4 बच्चों में बड़ी थीं, उनके पिता पर अपने बूढ़े मां-बाप और बहनों की जिम्मेदारी भी थी। हालांकि वह कई तरह के व्यवसायों में हाथ डालते रहते थे, लेकिन घर में हमेशा पैसों की तंगी बनी रहती थी।

'मैंने सरकारी स्कूल में पढ़ाई की, जहां फीस 2 रुपए महीना थी। लेकिन उसे देने में भी कभी छह महीने देरी हो जाती थी।'

उन दिनों वैसे भी लड़की को स्कूल भेजना बहुत बड़ी बात होती थी। पड़ोस की महिलाएं दिलफिरोज के परिवार के बारे में तरह-तरह की बातें बनातीं।

'उस माहौल में रहकर भी मेरी मां की एक अलग सोच थी।'

पड़ोस की अन्य महिलाओं से भिन्न वह चरखा चलाया करती थीं। स्कूल से आने के बाद दिलफिरोज भी उनका हाथ बंटाती। जो पश्मीना वे बुनते, उससे उनके परिवार की बड़ी आर्थिक मदद होती थी।

'मेरे अंदर एक बात घर कर गई कि हमें पापा की मदद करनी ही है, अपने पैर जमाने ही हैं।'

1981 में, दिलफिरोज ने नवाकदाल में लड़कियों के सरकारी कॉलेज में दाखिला लिया। संपन्न घर की लड़कियों की तरह उनके पास पहनने के लिए

अच्छे कपड़े और जूते नहीं हुआ करते थे। यहां तक कि उनका बैग भी सस्ता सा ही था। पर दिलफिरोज की पसंद बढ़िया थी। और खुद को साफ-सुथरा रखने का जज्बा भी।

'शायद मैं बोलने में सभ्य थी, इससे मुझे बहुत मदद मिली। संपन्न घरों की लड़कियां मुझसे दोस्ती करना चाहती थीं।'

ऐसी ही एक लड़की ने दिलफिरोज से पूछा, 'तुमने यह पर्स कहां से लिया है?'

अच्छा प्रभाव बनाने के लिए दिलफिरोज ने कह दिया कि 'मैंने इसे बाजार से 250 रुपए में खरीदा है।'

सहेली ने तुरंत कहा, 'अरे, ऐसा एक पर्स मेरे लिए भी ला देना प्लीज!'

सच बताने का समय निकल चुका था। दिलफिरोज ने अपने पिता से पर्स मंगवा लिया और उस पर 400 प्रतिशत का मुनाफा कमा लिया। कुछ ही समय में, उनके पास और भी ऑर्डर आ गए। दरअसल, कॉलेज में वह बैग तो एकदम हिट हो गया।

'अगर मैं कहूं कि मैंने वैसे 100 बैग बेचे तो वह गलत नहीं होगा। मुझे समझ आ गया कि मैं बिजनेस करके पैसे कमा सकती हूं।'

फिर, फिरन पहनने का फैशन आया। पढ़ाई के साथ-साथ दिलफिरोज फिरन काटने और सिलने का काम भी किया करतीं। फिर वह लाल चौक में एक दुकान से काम के लिए बड़ा ऑर्डर उठाने लगीं। दुकानदार उन्हें कपड़ा और प्रति फिरन 7 रुपए देता।

'इस तरह मैं पढ़ते हुए कमा रही थी!'

दिलफिरोज पढ़ाई में मध्यम दर्जे की थीं, लेकिन वह ऑल-राउंडर थीं। बिजनेस के अलावा, वे और भी बहुत सी गतिविधियों से जुड़ी हुई थीं। दरअसल उन्हें 'बेस्ट स्पोर्ट्सपर्सन', 'बेस्ट डांसर' और 'बेस्ट एनसीसी कैडेट' के अवॉर्ड भी मिले थे।

एनसीसी ने खासतौर पर उन्हें बहुत सा आत्मविश्वास दिया। एक साल उन्हें एनसीसी कैंप के लिए जम्मू जाना पड़ा। उनके पिता ने जेबखर्च के लिए उन्हें कुछ पैसे जमा करके दिए लेकिन उन्होंने बिना एक पैसा खर्च किए, अपने पिता को सारे पैसे लौटा दिए।

'मैं जानती थी कि उन्होंने जरूर कहीं से पैसे उधार लिए होंगे।'

यहां तक जो पैसे दिलफिरोज सिलाई से कमातीं, वह भी कभी खुद पर खर्च नहीं करतीं। बहुत समय पहले उनके दादा ने बैंक से 5000 रुपए का लोन लिया था, जो वे लोग लौटा नहीं पाए थे। अब ब्याज लग-लगकर वह कर्ज 20,000 रुपए का हो गया था।

'जब मैं छोटी थी, तो बैंक के अधिकारी हमारे घर आकर धमकी देकर जाते थे... मुझे बहुत डर लगता था।'

छोटी बच्ची उस दिन का सपना देखती, जब उनके परिवार पर कोई कर्ज नहीं होगा। लॉ की डिग्री लेने के बाद, उन्होंने सरकारी नौकरी की तलाश शुरू कर दी--ऐसा सपना जिसे हर पढ़ा-लिखा कश्मीरी देखता है। लेकिन उसे पूरा कर पाना इतना आसान नहीं था।

दिलफिरोज ने सब-इंस्पेक्टर की नौकरी के लिए आवेदन किया, जिसका इंटरव्यू जम्मू में था। किसी तरह उनके पिता ने आने-जाने के लिए 300 रुपए जुटाए। उस पद के लिए कम से कम 5 फुट 2 इंच कद की जरूरत थी। आधा इंच कम होने की वजह से दिलफिरोज को अयोग्य करार कर दिया गया।

और भी बहुत से इंटरव्यू हुए जिनमें कैंडिडेट की योग्यता उतने मायने नहीं रखती थी, जितनी 'कॉम्प्रोमाइज' की काबिलियत।

'मेरे अंदर गैरत है बहुत ज्यादा। मैं कुछ झुक नहीं सकती हूं, ज्यादा बोल नहीं सकती हूं।'

एक बार, दिलफिरोज ने जे के टूरिज्म में रिसेप्शनिस्ट के पद के लिए आवेदन किया, और उन्हें इंटरव्यू का बुलावा भी आया। वहां सैकड़ों कैंडिडेट लाइन में इंतजार कर रहे थे, लेकिन पहले दो लोग अंदर गए और उनका ही चुनाव कर लिया गया। बाकी इंटरव्यू कैंसिल कर दिया गया। सब लोग शांति से चले गए लेकिन दिलफिरोज का सब्र का बांध टूट चुका था।

'मुझसे बरदाश्त ही नहीं हुआ कि--ऐसा क्यों? पता चला कि डायरेक्टर

**'मेरे माता-पिता स्कूल में तो नहीं पढ़े थे,
लेकिन उनमें समझ थी। जज्बा था, बस पैसों की कमी थी।'**

टूरिज्म ने अपनी बेटी को नौकरी दी थी।'

अपने सर्टिफिकेट के साथ दिलफिरोज और उनके पिता मुख्यमंत्री, फारुख अब्दुल्ला के घर गए। हमेशा की तरह वहां लोगों की भारी भीड़ थी। भीड़ से जूझते हुए दिलफिरोज को आगे जाने का मौका ही नहीं मिल पाया।

हालांकि, फारुख अब्दुल्ला का एक सिक्योरिटी गार्ड उन्हीं के पड़ोस का था। उसने दिलफिरोज के पिता से कहा, 'अपनी बेटी को जल्दी भेजो, साहिब गाड़ी की तरफ जा रहे हैं।'

दिलफिरोज फारुख अब्दुल्ला की तरफ दौड़ीं, उनकी आंखों में आंसू भरे थे। उन्होंने बताया कि उनके साथ क्या हुआ है, और अपनी डिग्रियां भी दिखाईं।

मुख्यमंत्री ने कहा, 'बेटा, गाड़ी में बैठो।'

जब वे टूरिज्म डिपार्टमेंट पहुंचे, फारुख अब्दुल्ला ने उनसे लिस्ट मांगी।

वहां सब सन्न रह गए।

'उसका नाम लिस्ट में सबसे ऊपर होना चाहिए!' उन्होंने आदेश दिया।

जल्दबाजी में एक नई लिस्ट बनाई गई। टूरिज्म डिपार्टमेंट का डायरेक्टर कहीं बाहर गया हुआ था, इसलिए उसके हस्ताक्षर नहीं लिए जा सके। वह 1 जुलाई 1984 का दिन था।

अगली सुबह, फारुख अब्दुल्ला की सरकार गिर गई। लिस्ट अब हवा में बिखर गई थी और उसके साथ सपने भी।

'देखो अल्लाह की करनी थी, वह नौकरी मेरे लिए थी ही नहीं... मेरे लिए उन्होंने कुछ और ही सोच रखा था!'

तलाश जारी थी। दिलफिरोज ने औद्योगिक डिपार्टमेंट में गारमेंट यूनिट खोलने के लिए आवेदन किया, चूंकि उन्हें इस क्षेत्र का कुछ अनुभव भी था। हर रोज, वह बाग-ए-अली-मर्दाखान जाती, जहां वह ऑफिस था। लेकिन क्लर्क ने उनका नाम भी रजिस्टर नहीं किया, वह बस उन्हें इंतजार करवाता रहता।

'अच्छा लगता था कोई खूबसूरत लड़की बैठी है सामने, फिलहाल हम नजारा करें...'

दिलफिरोज वह सब बरदाश्त नहीं कर सकी--उन्होंने उस प्रोजेक्ट को छोड़ दिया। लॉ ग्रेजुएट होने के नाते, उन्होंने कोर्ट में प्रैक्टिस के बारे में सोचा। लेकिन उन्हें जल्दी ही अहसास हो गया कि वहां का माहौल लड़कियों के लिए सही

नहीं है। समय भाग रहा था, और कोई नौकरी नजर नहीं आ रही थी...

'मैं 25 साल की थी, हर कोई कहने लगा था--इसकी शादी कर दो। लेकिन मैं तैयार नहीं थी। मैं कोई हाउसवाइफ नहीं बनना चाहती थी।'

आखिरकार वक्त ने करवट ली। दिलफिरोज ने ओबराय पैलेस होटल में गैस्ट रिलेशन ऑफिसर के पद के लिए आवेदन किया था। जो लड़कियां इंटरव्यू के लिए आई थीं, ज्यादातर आर्मी पृष्ठभूमि से थीं, और बढ़िया इंग्लिश बोलने वाली थीं। दिलफिरोज को लग रहा था कि उन्हें यह नौकरी नहीं मिलेगी।

साक्षात्कारकर्ता ने पूछा, 'आपने कौन से स्कूल से पढ़ाई की है?'

दिलफिरोज ने धीरे से कहा, 'गवर्नमेंट स्कूल से।'

साक्षात्कारकर्ता ने सुना 'कॉन्वेंट स्कूल' और उन्हें नौकरी पर रख लिया। वह नौकरी 3 महीने के लिए थी, जब पीक सीजन होता था।

'पूरा समय मैं सोचती रही कि अगर उन्होंने मेरे सर्टिफिकेट देख लिए तो वो मुझे निकाल बाहर करेंगे। लेकिन ऐसा नहीं हुआ।'

और उस काम से उन्हें काफी कुछ सीखने को मिला। बहुत से भारतीय और विदेशी सभ्य लोग उस होटल में ठहरते। उनसे बात करके दिलफिरोज ने जल्द ही अपनी अंग्रेजी और कम्युनिकेशन स्किल सुधार ली।

'मुझे बहुत आत्मविश्वास मिला कि मैं अपना कुछ कर सकती हूं।'

तो जब नौकरी का समय पूरा हुआ, दिलफिरोज ने अपना बिजनेस शुरू करने का निर्णय लिया। उन्होंने लड़कियों का ट्रैनिंग इंस्टीट्यूट खोलने का निर्णय लिया। संपन्न कश्मीरी अपनी बेटियों को कॉलेज की पढ़ाई के बाद नौकरी नहीं करवाने देना चाहते, लेकिन वे चाहते हैं कि बेटियां शादी से पहले कोई न कोई कोर्स करती रहें।

'मैंने सोचा कि मैं लड़कियों को सिलाई-कटाई या टाइपिंग शॉर्टहैंड सीखा दूंगी।'

अच्छा बिजनेस शुरू करने के लिए पहली जरूरी चीज है अच्छी जगह का होना। दिलफिरोज ने श्रीनगर के आलीशान एरिया राजबाग में इंस्टीट्यूट खोलने का निर्णय लिया। उन्होंने किराए पर एक घर लिया।

मकान मालिक ने कहा, 'मैं आपको घर 5000 रुपए महीने पर दूंगा, लेकिन आपको 5 महीने का एडवांस देना होगा।'

'मेरे अंदर बहुत ज्यादा शौक था कोई भी काम सीखने का।'
'मैं कितनी भी फाइटर हो सकती हूं पर
एक औरत की जो नजाकत है, मैं उसे बरकरार रखना चाहती हूं।'

यह उस समय काफी बड़ी रकम थी--वह कहां से इतने पैसे लातीं? दिलफिरोज ने एक बड़ा कदम उठाया। उनके दादा ने उनके निकाह में गहने देने के लिए 22,000 रुपए जमा करके रखे थे।

'मैंने पैसे मकान मालिक, मि. बेग को दे दिए। यकीनन घर में इस पर काफी बवाल हुआ।'

उनके एक अंकल ने उन्हें समझाने की कोशिश की। इसको बिजनेस करने का इतना भूत है, तो उसे 7000 रुपए में एक ऑटो खरीदने दो।

'मैं तुम्हारे लिए 3 ऑटो खरीद दूंगा,' उन्होंने कहा। 'हर शाम को वह आकर तुम्हें पैसे दे देंगे... तुम्हें तो कुछ करना ही नहीं।'

लेकिन उन्हें महसूस हो गया था कि दिलफिरोज में कुछ करने की लगन है।

'मैं एक ऐसा काम करना चाहती थी, जिससे दूसरों के लिए भी काम करने के अवसर हो सकें।'

पहला काम था छात्रों को ढूंढ़ना। दिलफिरोज एक लड़की को जानती थीं, जो अच्छे घर से थी, लेकिन उसके घरवाले उसे यूनीवर्सिटी नहीं भेजना चाहते थे।

'रुखसाना, क्यों न तुम मेरे इंस्टीट्यूट में आ जाओ?'

रुखसाना आना तो चाहती थी, लेकिन उसे कोई जल्दी नहीं थी।

दिलफिरोज ने उसे उकसाया, मनाया।

'यार, एडमिशन ले ले।'

जब रुखसाना अपनी नानी के घर, करन नगर गई, तो दिलफिरोज अपनी फीस के 100 रुपए लेने वहीं पहुंच गईं।

जब एक बार रुखसाना ने दाखिला ले लिया, तो उसकी 3 सहेलियों ने भी दाखिला लिया। मार्च 1988 में, इंस्टीट्यूट ने काम करना शुरू कर दिया।

एक महीने में, वहां 9 लड़कियां कोर्स करने आ गई थीं।

दिलफिरोज इंस्टीट्यूट की प्रिंसिपल थीं, साथ ही प्रिंसिपल टीचर भी। जब वह उन्हें सिलाई-कटाई सिखातीं, तो पड़ोस में रहने वालीं ही एक बुजुर्ग सरदारनी क्लास में आकर फूल सजा जाती थीं।

'मैं उन्हें आंटी कहा करती, और उन्होंने कभी मुझसे कोई पैसा नहीं लिया।'

आखिरकार, दिलफिरोज को कुछ सिलाई मशीन खरीदनी पड़ीं। एक अंकल ने किस्तों पर 4 मशीनों का इंतजाम किया। आधारभूत सुविधाओं के बावजूद भी उन सबमें सीखने का जज्बा था।

'नए और रचनात्मक विचार मेरे दिमाग में आते रहते। जैसे एक दिन मैंने लड़कियों से कहा--चलो एक फनफेयर लगाते हैं।'

5 रुपए की कीमत वाली 200 टिकटें छपवाई गईं, और लड़कियों को उन्हें बेचने का काम सौंपा गया। सभी लड़कियां प्यारी और मीठा बोलने वाली थीं, तो टिकट बेचने में कोई दिक्कत नहीं आई। उन्हें और टिकटें छपवानी पड़ी और वे भी देखते-देखते बिक गईं। तो अब सारा ध्यान इस बात पर लगाना था कि फनफेयर में क्या किया जाए।

छात्राओं ने भी बहुत से सुझाव दिए। मसूदा कुछ मटके ले आई और 'मटका फोड़ो' स्टॉल लगा दिया। सहर ने तम्बोला स्टॉल लगा दिया। सिमरन ने अपना म्यूजिक सिस्टम लाकर नए इंग्लिश गाने बजाने की व्यवस्था कर दी।

दिलफिरोज कैश काउंटर पर खेलों की टिकट बेच रही थीं, और उनके पास सांस लेने की भी फुर्सत नहीं थी। लोगों की मांग पर फनफेयर एक और दिन बढ़ा दिया गया।

एक ईर्ष्यालु पड़ोसी ने कहा, 'जुम्मा जुम्मा आठ दिन भी नहीं हुए, ये कौन सा फनफेयर है!'

लेकिन दिलफिरोज ने ऐसी बातों की जरा भी परवाह नहीं की। दूसरा दिन खत्म होने पर उनके पास 1.5 लाख रुपए जमा हो गए थे। शामियाने वाले, बंदूक वाले और अन्य सप्लायरों को पैसा देने के बाद उनके पास 25,000 रुपए का मुनाफा था। ठीक इतनी ही रकम दिलफिरोज ने अपने घरवालों से लेकर मकान मालिक को दी थी।

'मैंने घरवालों को पैसे लौटा दिए, और तबसे कभी पीछे मुड़कर नहीं देखा।

'शुरुआत में मेरा ऐसा कोई सपना नहीं था कि यूनीवर्सिटी खोलनी है। मैंने सोचा था कि मैं छोटे-छोटे कोर्स करवाऊंगी, जिससे लड़कियां आत्मनिर्भर बन सकें।'

'विश्वास भी एक निवेश है। जब कोई आप पर भरोसा करे तो आपको उसकी उम्मीदों पर खरा उतरने की पूरी कोशिश करनी चाहिए।'

मैं एक के बाद एक जोखिम उठाती गई...'

किसी ने भी नहीं सोचा था कि लड़कियों का एक समूह इतना बड़ा इवेंट कर सकता था। इससे लोगों की नजरों में उनकी इज्जत और बढ़ गई।

अक्टूबर 1988 में, दिलफिरोज घरवालों की सहमति से काजी शबीर अहमद से निकाह को तैयार हो गईं। शबीर सैनिक स्कूल में इंग्लिश पढ़ाते थे, और वहां के कमीशंड ऑफिसर भी थे। हालांकि उन्हें दिलफिरोज के इंस्टीट्यूट चलाने से कोई आपत्ति नहीं थी, लेकिन उनकी सास को लगता था कि वह अपना समय बर्बाद कर रही हैं।

'वह मेरे घरवालों से कहतीं, इसको कोई जॉब करा दो। वैसे भी इसके पास 5-10 छात्रा ही तो हैं।'

जनवरी 1989 तक, राज्य में आतंकवाद इतना बढ़ गया कि वहां के सारे कॉलेज बंद करवा दिए गए। दिलफिरोज घर पर चरखा कातने में व्यस्त रहीं।

उनका घर पर खाली बैठकर पड़ोस में गप्प मारने का कोई इरादा नहीं था। वादी में हालात सुधरते ही उन्होंने अपनी क्लासें शुरू कर लीं।

'मैं उन महीनों में भी किराया देती रही, क्योंकि मैं जानती थी कि क्लासें फिर से शुरू होंगी।'

3 महीने का शॉर्टहैंड टाइपिंग कोर्स भी शुरू किया गया, जिसने छात्रों को आकर्षित किया। कोर्स खत्म होने पर लड़कियों को सर्टिफिकेट की दरकार थी। दिलफिरोज ने 'श्रीनगर स्कूल ऑफ मैनेजमेंट ट्रस्ट' के नाम से लैटरहैड छपवाया, और उस पर लिखा, 'यह प्रमाणित किया जाता है कि उक्त छात्रा ने 3 महीने का शॉर्टहैंड कोर्स किया है।'

लेकिन वो ट्रस्ट तो रजिस्टर्ड थी, लेकिन वह कोर्स मान्यताप्राप्त नहीं था। घरवालों ने आपत्ति जताई कि इस सर्टिफिकेट से नौकरी मिलने में कोई मदद नहीं मिलने वाली।

दिलफिरोज ने अपने कोर्स को मान्यता दिलाने के लिए टैक्नीकल बोर्ड से संपर्क किया।

'बोर्ड में एक डायरेक्टर थे, मि. सलाम भट्ट--अल्लाह उनको जन्नत नसीब दे--उन्होंने मुझे सलाह दी।'

मि. भट्ट ने कहा, 'दिलफिरोज टैक्निकल बोर्ड और एआईसीटीई सेक्रेट्रियल प्रैक्टिस के लिए सिर्फ 2 साल के पोलिटेक्निक कोर्स को ही मान्यता देते हैं।'

आर्किटेक्चरल असिस्टेंटशिप के लिए 3 साल के कोर्स हैं। दिलफिरोज ने इन दोनों कोर्स को शुरू करवाने का आवेदन दिया। जब वह मान्यता मिलने का इंतजार कर रही थीं, तब कश्मीर गवर्नमेंट पॉलीटेक्नीक के प्रिंसिपल मि. जी एम शेख अपनी बेटी के दाखिले के बारे में सोच रहे थे। वह लड़की सेक्रेट्रीयल प्रैक्टिस कोर्स की पहली छात्रा बनी।

'शायद शेख साहब को मुझ पर भरोसा था। मैं नहीं जानती--मैं कभी उनसे मिली नहीं थी। लेकिन उनके फैसले से बहुत मदद मिली।'

लोगों ने सोचा कि यह जरूर मान्यता प्राप्त, अच्छा इंस्टीट्यूट होगा। पहले ही साल में इसमें 22 छात्रों ने दाखिला लिया, जो बारामूला तक से आए थे। एआईसीटीई ने मान्यता दे दी और कोर्स चल निकला।

'मैंने 3 महीने के कोर्स करवाने बंद कर दिए और अकाउंटेंसी जैसे विषयों में थ्योरी पढ़ाने के लिए टीचर रख लिए।'

चूंकि छात्रों ने दाखिले के समय फीस दी थी, इसलिए स्टाफ की नियुक्ति के लिए कुछ पैसे थे। लेकिन आर्किटेक्चर जैसे कोर्स के लिए जरूरी ड्रॉइंग बोर्ड्स का इंतजाम नहीं हो पा रहा था।

'शेख साहब ने मुझे कुछ बोर्ड उधार दिए और अन्य सामान भी अपने पॉलीटेक्निक से मुझे तब तक उपलब्ध कराते रहे, जब तक मैंने अपने नहीं ले लिए। इससे मुझे बहुत मदद मिली।'

उनके छोटे भाइयों बिलाल और इकबाल, बहन अरिफा ने भी उनकी बहुत मदद की। वे प्रशासनिक पदों पर काम करते रहे, वो भी बिना पगार के।

'मुझे डर नहीं है—मैंने अपने बच्चे अपनी बहन के हवाले किए हैं कि कभी मुझे कुछ हो जाए तो इनको देख लेना।'
'मैंने हजारों इंजीनियर खड़े किए हैं, जो हमारी अगली पीढ़ी का निर्माण करेंगे। यही मेरा योगदान है।'

'हमारा कॉलेज उनके जीवन का मकसद बन गया, वे सभी अपनी उच्च शिक्षा को छोड़कर हमारे साथ जुड़ गए।'

ऐसी कोई योजना नहीं थी, यह बस अपने आप हो गया। उस दौरान उनके पिता बीमार थे, और अपना बिजनेस बंद कर चुके थे।

एसएसएम पॉलिटेक्नीक की सफलता से कई प्रतिद्वंद्वी भी आ खड़े हुए। 1992 में, राजबाग में 'काइट पॉलीटेक' नाम का एक इंस्टीट्यूट राजबाग में खुला। एक को-एड कॉलेज होने के कारण इसमें बड़ी संख्या में छात्रों ने दाखिला लिया।

'मैंने महसूस किया कि मां-बाप लड़के की पढ़ाई पर ज्यादा पैसा खर्च करते हैं, और प्रतिस्पर्धा में टिके रहने के लिए हमें खुद को बदलने की जरूरत होगी।'

एसएसएम विमेन पॉलिटेक्नीक अब को-एड इंस्टीट्यूट बन गया। जबकि काइट पॉलीटेक्नीक की चमक फीकी पड़ने लगी, लेकिन एसएसएम पॉलिटेक्नीक लगातार और मजबूत होता रहा।

छोटी-छोटी अड़चनों के अलावा दिलफिरोज को कई कठिन परिस्थितियों का सामना भी करना पड़ा। ऐसी एक परिस्थिति आतंकवाद की भी थी।

कूपवाड़ा की एक लड़की एसएसएम पॉलिटेक में हिजबुल मुजाहिद्दीन के मुखिया की सिफारिश पर आई। वह बिना कोई क्लास अटैंड किए सर्टिफिकेट लेना चाहती थी। स्थानीय हिजबुल कमांडर लड़की के दाखिले के खिलाफ था, इससे मामला और उलझ गया था। और उन दोनों की आपसी लड़ाई में दिलफिरोज फंस गईं।

'मैं उन दिनों को याद भी नहीं करना चाहती... जो भी बुरा हो सकता था, वह सब हो रहा था...'

एक सुबह, पेम्पोर से उनके भाई को अगवा कर लिया गया। आतंकवादियों ने 50,000 रुपए की मांग रखी। दिलफिरोज अपने भाई को छुड़वाने के लिए

खुद उनके कैंप में गईं। जब वह अंदर गईं, तो लंबी दाढ़ी वाले युवक कलाशनिकोव राइफल हाथों में लिए गोलियों की बरसात कर रहे थे।

'पर मेरे अंदर खौफ बिल्कुल नहीं था। मैं अंदर से बहुत मजबूत हूं।'

जब दिलफिरोज कमांडर से मिलीं, तो बोलीं, 'भाई, मैं आपकी बहन हूं...'

5000 रुपए देकर मामले को रफा-दफा किया गया।

इस बीच, जब डल गेट में दूसरी ऑर्गेनाइजेशन को पता चला कि उन्होंने पैसे दे दिए हैं, तो उन्होंने उनके शौहर का अपहरण कर फिरौती की रकम 50,000 रुपए मांगी।

'पहले ग्रुप ने रहम किया मगर ये लोग नहीं माने। उन्होंने कॉलेज में आकर तोड़-फोड़ की।'

इस सबके बावजूद दिलफिरोज ने कभी सब काम बंद करने की नहीं सोची। कॉलेज लगातार फैलता ही रहा, और 1995 तक इसमें कभी छात्र पढ़ने के लिए आने लगे थे। तब तक, एआईसीटीई ने भी अपने नियमों में बदलाव कर दिया था। एक कॉलेज को किराए की जमीन से नहीं चलाया जा सकता था--उनकी अपनी जमीन, और अपनी इमारत होनी बहुत जरूरी थी।

अब जमीन की तलाश शुरू हुई। श्रीनगर से 20 किमी. दूर परिहासपोरा में जमीन कम दामों में उपलब्ध थी। दिलफिरोज ने 25,000 रुपए प्रति कनाल* के हिसाब से 10 कनाल जमीन खरीद ली। फिर एक आर्किटेक्चर को बुलाकर, वह बजट का हिसाब लगाने लगे।

'जमीन खरीदने के बाद मेरे पास सिर्फ 20,000 रुपए थे।'

उन्होंने कहा, 'आपको कम से कम 2 करोड़ रुपयों की जरूरत है। और अभी कम से कम 20 लाख रुपए तो हाथ में होने ही चाहिए!'

चूंकि पैसे तो थे नहीं, तो शुरुआत में एक कच्ची सी इमारत में काम शुरू किया गया।

छात्र इमारत को देखकर कुछ कतराते, लेकिन जब उनकी पढ़ाई शुरू हुई उनके पास शिकायत की कोई वजह नहीं रह गई थी। उनका लक्ष्य मजबूत और

* एक कनाल 505 वर्गमीटर के बराबर होता है।

'मुझे गुस्सा आ गया, देखते हैं... कौन मुझे मारेगा!'

स्थिर था।

उसी दृढ़ता से दिलफिरोज ने कॉलेज के हर पहलू पर अपनी पकड़ बनाए रखी थी। एसएसएम के विस्तार और उसकी इमारत को बनाने के लिए उन्होंने पैसों का इंतजाम किया। और लोग उन्हें उधार देने को तैयार हो गए, क्योंकि वे जानते थे कि यह महिला जुबान की पक्की है।

'जब भी मैंने पैसे उधार लिए, तो समय पर लौटा दिए। कश्मीरी में इसको परतीत कहते हैं।'

कुछ समस्याएं होती हैं, जिनका समाधान जुनून और दृढ़ता से ही किया जा सकता है। और जब दूसरे लोग आपके अस्तित्व को हिला दें, तब अपने चरित्र और साहस को परखो। एसएसएम कॉलेज ऑफ इंजीनियरिंग के लिए यह इम्तेहान इफ्तिखार हुसैन अंसारी के रूप में आया। पाटन बेल्ट के शिया समुदाय का नेता।

अंसारी ने ऐलान कर दियाः 'मैं यहां कॉलेज नहीं चलने दूंगा।'

वह एक ताकतवर आदमी था, जिसकी पहुंच पुलिस तक थी। और खतरनाक भी।

सबने सलाह दी कि दिलफिरोज यहां से निकल जाओ।

'यहां तक कि मेरे पति ने भी हार मान ली। लेकिन कॉलेज अच्छी तरह चल रहा था, मैं ऐसे कैसे जा सकती थी?'

किसी तरह दिलफिरोज सब सहते जा रही थीं। धमकियां, मानसिक शोषण और गुंडागर्दी भी।

'शायद मैं महिला थी तो किसी तरह बच पाई...'

कई बार पुलिसवाले कॉलेज परिसर में घुसकर इमारत के निर्माण में तोड़-फोड़ करने लग जाते। सब अंसारी के कहने पर।

'मैं सामने आती थी तो औरत के ऊपर कुछ कर नहीं पाते थे।'

8 मई 1995 को, दिलफिरोज नई इमारत के लैंटर की निगरानी कर रही

थीं। उनके शौहर बैंक से पैसे निकालने गए थे।

उस दिन अंसारी खुद आ गया, ट्रैक्टर में गुंडों को लेकर। सभी के पास बड़ी-बड़ी लाठियां थीं। एक ट्रक एसएसएम कॉलेज में कुछ समान लेकर आने वाला था। अंसारी के आदमियों ने कॉलेज से कुछ दूरी पर ही ट्रक में आग लगा दी।

ट्रक पर चढ़कर बंदूकवालों ने कहा, 'जाओ, मैडम को लाओ।'

इस बीच गांववालों ने दिलफिरोज को कह दिया था कि कोई बड़ी मुसीबत आने वाली है।

'आप अभी इस वक्त निकलो यहां से, क्योंकि आपको मारने का आज पूरा प्लान है।'

कैंपस से सभी डरकर भाग गए, सिवाय दिलफिरोज के।

'मुझे गुस्सा आ गया, देखते हैं... कौन मुझे मारेगा!'

हालांकि, जब पूरा कैंपस खाली हो गया, दिलफिरोज को डर तो महसूस हुआ। उन्होंने अपने विजिटिंग कार्ड पर संदेश लिखाः 'प्लीज मेरी मदद के लिए आओ, कुछ गुंडों ने मुझे घेर लिया है।'

एक मजदूर उस कार्ड को पाटन में एसएचओ के पास ले गया। अधिकारी ने उस संदेश को गंभीरता से नहीं लिया। वैसे वहां न तो कोई गाड़ी थी, न ही ऊपर से किसी का आदेश आया था, तो कोई क्यों ऐसे में अंसारी से भिड़ने आता?

पर एक एडिशनल सुपरिंटेंडेंट ऑफ पुलिस 7-टन (फौजी गाड़ियों) के साथ सोपोर से श्रीनगर जा रहे थे। एसएचओ ने उनसे कह दिया, 'जनाब, वो मैडम ने यह लिखा है कि उसको परेशानी है।'

एसपी ने तुरंत कहा, 'चलो वहां चलते हैं!'

'यह कॉलेज मेरी प्रॉपर्टी नहीं है। कल को अगर यह बंद हो जाता है तो इसमें नुकसान किसका है? समाज का नुकसान है।' 'मुझे अभी भी संतुष्टि नहीं है... मुझे नहीं लगता कि मैंने कुछ किया है। या कि मैं कुछ हूं।'

रास्ते में उन्हें एक ट्रक जलता हुआ मिला, और एसएसएम का रास्ता पूरी तरह से वीरान पड़ा था। जरूर कुछ अनहोनी हो गई थी। एसएसएम पहुंचकर उन्होंने दिलफिरोज को बुलेटप्रूफ जैकेट पहनाकर कार में बिठाया। जब वे उस जलते हुए ट्रक के पास से गुजरे चारों तरफ से गोलियां चलने लगीं।

'मैं उन दोनों के बीच, छुई-मुई सी, मेरे ऊपर मशीनगन चल रही थीं।'

किसी तरह गाड़ी उस गोली-बारी से बाहर निकलकर हेडक्वार्टर पहुंची। एसपी ने ध्यान दिया कि पिछले दस सालों में पहली बार पुलिस को आतंकवादियों से निबटने के लिए गोलियों के 900 राउंड चलाने पड़े। इतनी भारी गोली-बारी से उनका जिंदा निकलना एक चमत्कार ही था।

यहां तक कि इस घटना के बाद भी, दिलफिरोज ने हार नहीं मानी। क्योंकि अच्छाई की बुराई के खिलाफ जंग में हार मानने का कोई सवाल ही नहीं उठता।

एसएसपी मुनीर खान ने दोनों पार्टियों के बीच समझौता करवाने की कोशिश की। उसने दिलफिरोज और अंसारी को अपने ऑफिस में बात करने के लिए बुलवाया। अंसारी खुद तो नहीं आया, उसने अपने भाई आबिद को भेजा।

'मैडम, आपको क्या चाहिए?'

दिलफिरोज ने कहा, 'ठीक है, मैं छोड़कर जाने के लिए तैयार हूं लेकिन मुझे मेरी जमीन और इमारत का हर्जाना चाहिए।'

जमीन की कीमत 9 लाख रुपए थी (30,000 रुपए प्रति कनाल के हिसाब से 30 कनाल) और इमारत के 16 लाख रुपए--पूरी कीमत हुई 25 लाख रुपए।

आबिद अंसारी ने अपने भाई से बात करके घोषणा की, 'यह 506 नंबर डीड गाय चरने की जमीन है--तुम इसे खरीद ही नहीं सकती थीं।'

दिलफिरोज ने विरोध जताया कि उसके ही आदमियों ने उन्हें यह जमीन बेची थी, और उनके पास पक्के कागज भी हैं। आबिद और झल्लाकर बोला कि जो जमीन इन्होंने कानूनी रूप से खरीदी है, उसकी कीमत 3000 रुपए प्रति कनाल है ही नहीं।

'इसके पास हराम के पैसे हैं,' वह बोला। 'मैं बस 2 लाख रुपए दूंगा।'

यह तो किसी भी तरह से नहीं हो सकता था। दिलफिरोज इतना बड़ा नुकसान नहीं सह सकती थीं। लेकिन यह तो ऑफर था ही नहीं। उनके पास कुछ नहीं रहने वाला था--दूसरी जगह कॉलेज शुरू करने के लिए न तो उनके

पास पैसा होगा और न ही जमीन।

'मैं मजबूत हो गई थी... अल्लाह पाक की कसम खाकर, मेरे अंदर एक अजीब किस्म की ऊर्जा आ गई थी।'

दिलफिरोज ने समझौते से भी मना कर दिया और जगह छोड़कर जाने से भी। आखिरकार वह लड़ाई सिर्फ जमीन की नहीं थी। वह लड़ाई थी उसूलों की। शिक्षा का अधिकार हमारा मौलिक अधिकार है, कोई इससे मना नहीं कर सकता।

'उनको लगा कि अगर यहां के लोग पढ़ेंगे-लिखेंगे, जागरूक हो जाएंगे तो उसको मानेंगे नहीं, वोट नहीं करेंगे।'

वो तो परिहासपोरा के लोग उनके साथ खड़े हो गए।

'जो उसके अपने मुरीद, अपने लोग थे, उन्होंने मेरा साथ दे दिया। वह सबसे बड़ी मदद साबित हुआ।'

कॉलेज बच भी पाया और बढ़ भी पाया, इस बात को साबित करते हुए कि कलम को कलाशनिकोव से ज्यादा शक्तिशाली बनाना चाहिए।

2013 में, एसएसएम कॉलेज ऑफ इंजीनियरिंग में अलग-अलग कोर्स में 4000 छात्र पढ़ रहे थे। अच्छी शिक्षा के लिए बढ़ने वाली मांग के साथ, यह कश्मीर का इकलौता प्राइवेट कॉलेज है। क्योंकि वादी अभी भी ऐसी विस्फोटक जगह है, जहां लोग निवेश करने से बचते हैं।

'हमारे पास कश्मीर में बहुत सारे इंजीनियर हैं, उनके पास काफी पैसा और जमीन है। तो खुदा ने मुझे ही क्यों इंजीनियरिंग कॉलेज शुरू करने के लिए चुना?'

क्योंकि पैसे और ज्ञान से ज्यादा इस काम के लिए दृढ़ता की जरूरत है। एक मकसद, एक मिशन की भावना।

'चाहे कोई भी मुल्क बने पर मेरे जो छात्र हैं, ये वो लोग हैं जो इस मुल्क को बेहतर मुल्क बनाएंगे।'

और नागरिक निर्माण एक महत्वपूर्ण काम है, जिसमें दिलफिरोज खास रुचि रखती हैं। हालांकि एक वाइस चेयरपर्सन होने के नाते उन्हें यह काम करने की जरूरत नहीं है।

'मैं अपने कॉलेज में एक-एक बच्चे से मिलना चाहती हूं। मैं उनकी

'मैं एक शांति सम्मेलन के लिए पाकिस्तान गई और जनाब मुशर्रफ साहब से कहा, *अगर आपको हमदर्दी है कश्मीर से तो आप पेन की जगह बंदूक नहीं पकड़ा देते... मुसलमान लड़कों को, छोटे छोटे बच्चों को।'*

समस्याओं को और करीब से जानना चाहती हूं।'

एक और मसला है, जिस पर वह काम करना चाहती हैं, मानसिक स्वास्थ्य। हाल ही में हुए एक सर्वे के मुताबिक, 20 प्रतिशत कश्मीरी, जिनकी उम्र 16 साल से कम है, तनाव के शिकार हैं।

'जिन बच्चों के हंसने-खेलने के दिन हैं वो क्यों तनाव में हैं? क्योंकि उन्होंने कभी हंसी देखी नहीं, उन्होंने सिर्फ गोलियों की घनघनाहट सुनी।'

बच्चों को जीने के लिए आजादी और शांति चाहिए। यद्यपि उनकी सोच राजनीति और धर्म को लेकर बिल्कुल स्पष्ट है, पर उन्होंने कभी मानवीय आदर्शों के प्रति झिझक नहीं रखी है।

एक युवक ने उनकी तरफ देखने से मना कर दिया, यह कहते हुए कि हदीस शरीफ के अनुसार मां या बहन के अतिरिक्त किसी भी महिला की आंखों में आंखें डालकर नहीं देखा जाता।

दिलफिरोज ने जवाब दिया, 'क्या मां सिर्फ वही होती है, जिसकी कोख से हम जन्म लेते हैं? मां वो नहीं होती जो पढ़ाती है, लिखाती है, आपको इंसान बनाती है?'

अपने बड़ों और शिक्षकों का सम्मान करना सार्वभामिक आदर्श है। लड़का समझ गया।

'उसने सर ऊंचा किया और आंख से आंख मिलाकर बात करने लगा।'

इतना ही जरूरी है शैक्षणिक स्तर और अनुशासन। एक बार, दिलफिरोज ने एक लड़की को थप्पड़ लगाया, जिसने सारी क्लासें और पेपर भी नहीं दिए थे।

'मुझे इसमें अपनी जिम्मेदारी महसूस हुई। क्योंकि उसके पिता लंदन में थे और उन्होंने कहा था, *मैं अपनी बेटी आपके हवाले कर रहा हूं*।'

हालांकि, इस घटना से उन्हें अहसास हो गया कि आज के समय में युवाओं के साथ संवाद के जरिए ही जुड़ा जा सकता है। ऐसा ही एक मसला है कि लड़के-लड़की आपस में कैसे बात करें--कश्मीर में यह मसला बेहद संवेदनशील है।

3 लड़कियां दिलफिरोज के पास आईं, और कहा, 'मैम, टीचर ऐसा क्यों कह रहे हैं कि हमें अपने प्रोजेक्ट डिस्कस करने के लिए लड़कों के पास नहीं बैठना चाहिए?'

दिलफिरोज ने उन्हें आजादी और जिम्मेदारी के बारे में समझाया।

'मैंने मां की तरह बोला कि देखो, इधर आपको खुला माहौल मिलता है। बदकिस्मती से कुछ बच्चे उसका नाजायज फायदा उठाते हैं। तो आप बताओ कि हम क्या करें?'

और उन्होंने वादा किया कि वे अपनी मर्यादा बनाकर रखेंगे। ताकि एसएसएम के छात्रों पर कोई नेता या अभिभावक उंगली न उठा सकें। लेकिन अगर कोई ऐसा मामला सामने आता भी है, तो दिलफिरोज तानाशाह नहीं हो जाती हैं।

'मैं छात्र को बुलाती हूं, बात करती हूं, देखती हूं कि उसकी समस्या क्या है, उसका काम कैसा है... मैं बस नाराज ही नहीं हो जाती, मुझे और भी तरीके आते हैं।'

ऐसे ही तरीकों से उन्होंने एसएसएम की राह में आने वाली अनेक अड़चनों का सामना करते हुए उसे कश्मीर में स्थापित किया। एक प्राइवेट कॉलेज को एआईसीटीई, जे एंड के स्टेट गवर्नमेंट और यूनिवर्सिटी ऑफ कश्मीर से मान्यता मिलना जरूरी है। इसमें 7 साल लग गए, और अभी भी कई नए कोर्सों के लिए मान्यता मिलनी जरूरी है।

'पिछले साल, मैं फिजिक्स और मैथ्स में एमएससी शुरू करना चाहती थी, जिसके लिए हमने एक इमारत और जरूरी सामान भी तैयार कर लिया।'

कॉलेज को उसके लिए जे एंड के की इजाजत मिल गई, लेकिन यूनिवर्सिटी की नहीं। और दिलफिरोज उनमें से नहीं हैं, जो हार मानकर पीछे हट जाएं।

'उन्होंने देखा कि दिलफिरोज इतना ज्यादा कर रही हैं। इसको और कोर्स दें? यह नहीं सोच रहे दिलफिरोज किसके लिए कर रही है।'

एक ही दरवाजे पर बार-बार दस्तक देना समय की बर्बादी है। बेहतर है

'जिन बच्चों के हंसने-खेलने के दिन हैं वो क्यों तनाव में हैं? क्योंकि उन्होंने कभी हंसी देखी नहीं, उन्होंने सिर्फ गोलियों की घनघनाहट सुनी।'

दूसरा रास्ता ढूंढ़ा जाए। 2009 में, एसएसएम ने हरियाणा में एमबीए और बीबीए के लिए एक सिस्टर कॉलेज (अपनी ही एक शाखा) खोला। एक ऐसा राज्य जो उद्यमिता को बढ़ावा देता है।

'अगर आप प्रक्रिया का सही से पालन कर रहे हैं, सारे नियम पूरे कर रहे हैं, एनओसी है तो मान्यता मिलना आसान है।'

द श्रीनगर स्कूल ऑफ मैनेजमेंट एंड टेक्नोलॉजी (एसएसएमटी), हरियाणा में 800 छात्र हैं, जो सभी कश्मीर से हैं। कॉलेज की जगह भले ही राज्य से बाहर हो लेकिन मकसद वही है--कश्मीरी युवाओं को प्रशिक्षित करना। उनमें कुछ करने का भाव जगाना।

ऐसा ही एक युवक कुछ महीने पहले उनसे मिलने आया। वह लंदन से आया था, जहां वह कॉफी की दुकान में काम करता था।

उसने कहा, 'मैं श्रीनगर में एक अच्छी कॉफी शॉप बना सकता हूं, *कैफे कॉफी डे* और *बरिस्ता* से बेहतर व सस्ती।'

दिलफिरोज को उसमें एक लगन नजर आई। उन्होंने उसे एक लाख रुपए दिए और कहा कि वह उनके कॉलेज में दुकान खोले।

'क्यों? क्योंकि अगर भट्ट साहब, शेख साहब ने मुझे मौका नहीं दिया होता, तो आज मैं कहां होती? उन्होंने मुझ पर भरोसा किया था।'

उनके बीच कोई एग्रीमेंट नहीं हुआ था, न तो किराया या एंडवांस ही तय किया गया था। जब उसने पैसे कमाने शुरू किए तो खुद ही आकर पैसे दे गया।

समाज का कर्ज उतारने के लिए दिलफिरोज ने कश्मीर के ग्रामीण इलाकों में बहुत सी महिलाओं को मुफ्त में कोर्स तो करवाया ही है, साथ ही साथ लोन भी दिया है। इसके अलावा, साल में दो बार वे 2 क्विंटल चावल, नमकीन, चाय और चीनी भी जरूरतमंदों में बांटती हैं।

'बहुत गरीबी है, मुझे लगता है कि कुछ किया जाना चाहिए... अपने बचपन की वजह से मुझे उनसे सहानुभूति है। यह मेरी सोच है।'

इसी भाव के वजह से दिलफिरोज ने कूपवाड़ा में बलात्कार से पीड़ित 30 महिलाओं के पुनर्वास में मदद की है। इस जैसे बहुत से प्रयासों की बदौलत दिलफिरोज काजी 2005 में, विश्व में शांति के लिए काम करने वाली 1000 महिलाओं की सूची शामिल हो नोबेल* शांति पुरस्कार के लिए नामांकित भी हुई थीं।

'जब मुझे उनका लैटर मिला मैं बस ब्लैंक रह गई... शाम को थोड़ी खुशी हुई लेकिन मैं सर्टिफिकेट और अवॉर्ड के लिए उत्साहित नहीं थी। वे सब राजनीतिक बातें हैं।'

दिलफिरोज की असली पहचान तो उनके अपने लोगों से है। उनके छात्र, भूतपूर्व छात्र और उनके मित्र। एक प्रोफेसर ने एक बार उनकी तुलना एक राजकुमारी से की थी जो परिहासपोरा--कश्मीर की प्राचीन राजधानी--में खुशियां वापस ले आईं।

'एक कश्मीरी के कहे गए ये शब्द मुझे बहुत प्रेरित करते हैं!'

लेकिन उनकी सबसे बड़ी प्रेरणा और सहारा तो उनका परिवार है। शौहर, शबीर काजी हर वक्त उनके साथ खड़े रहे हैं--चाहे सुख हो या दुख। जब भी उनकी आलोचना होती, शबीर कहते, 'आलोचना भी तो काम करने वालों की ही होती है!'

1989 से, शबीर भी संस्थान का एक हिस्सा है, और वर्तमान में वह एसएसएम कॉलेज के चेयरपर्सन हैं।

दिलफिरोज का सपना पूरा करने में उनके माता-पिता का भी बड़ा योगदान है।

'मैं बहुत खुशकिस्मत हूं कि मुझे वो मिले, उन्हीं की वजह से मेरे बच्चों को मेरी अनुपस्थिति का अहसास नहीं होता।'

दरअसल, उनके भाई-बहन भी उसी कंपाउंड में रहते हैं, तो शाम को पूरा

* 2005 में नोबेल शांति पुरस्कार इंटरनेशनल एटोमिक एनर्जी एजेंसी (आइएईए) और मोहम्मद अल बारदेई ने जीता था।

परिवार एक साथ होता है। वे बात करने के लिए एक विषय चुनते हैं और बहुत सारे गाने गाते हैं।

'गाना आपको तनाव से मुक्ति दिलाता है। मुझे बागवानी और तैराकी का भी शौक है।'

यद्यपि बड़ी बेटियां, इनसिया और सना, श्रीनगर से बाहर पढ़ाई कर रही हैं, लेकिन हया अभी भी स्कूल में है। वे समझते हैं कि उनकी मां काम की वजह से बाहर रहती हैं।

'मैं छोटी-छोटी खुशियों के लिए समय निकालने की कोशिश करती हूं। जैसे कभी हम बाहर जाकर आइसक्रीम खा आते हैं। मैं उनसे चर्चा करती हूं कि आज कॉलेज में क्या हुआ--क्या मैं सही थी?'

बेटियां ही उनकी जज, आलोचक और मित्र हैं। वे उनका मजाक बनाती हैं, जब वे वाजवान की बजाय सादे चावल और अंडा करी खाती हैं।

'मॉम आप किसलिए कमाते हो, आपको तो खाना पसंद ही नहीं है!'

क्या उन्हें महंगे गहनों और बेशकीमती शॉलों पर भी खर्च करना पसंद नहीं है। बस एक ही अपवाद है, वो है हर साल का विदेश दौरा। वो भी महज घूमने-फिरने के लिए ही नहीं बल्कि कुछ नया सीखने और जानने के लिए। इसी मकसद से दिलफिरोज अभी हाल में अपनी बेटियों के साथ गुरेज वैली घूमकर आई हैं।

'हमारे ही राज्य में घूमने के लिए बहुत कुछ बाकी है... लेकिन मुझे उसके लिए *अपना* शब्द कहना पसंद नहीं है। पूरा विश्व ही मेरा है।'

लोगों को आजाद छोड़ दो, उन्हें एक-दूसरे से सीखने दो, एक दूसरे को प्यार और स्वीकार करने दो। यही कश्मीरियत है, यही इंसानियत है।

'एक एनजीओ मुझे अपना चीफगेस्ट बनाना चाहता था, लेकिन उनका कहना था कि कश्मीर से सभी बाहरी लोगों को निकाल दो। मैं उनसे सहमत नहीं थी।'

और इसका देशभक्ति से कोई वास्ता नहीं है।

'खुदा ने पूरा जहान खूबसूरत बनाया है... किसी जगह पहाड़ रखा, किसी जगह समंदर रखा। किसी जगह संतरा उगाया तो किसी जगह सेब।'

पहाड़ी लोग समंदर देखना चाहते हैं, वहीं तटीय इलाकों के लोग पहाड़

देखने का सपना रखते हैं। यही प्रकृति का नियम है। बाधा तो हम लोग पैदा करते हैं।

'मैं हमेशा उससे कहती हूं--तुम्हारा है, तुम्हारे हवाले। मेरा तो है नहीं कुछ।'

तुम इस दुनिया में अकेले आए हो, अकेले ही जाओगे।

आप अपने पीछे बस अपने अस्तित्व की महक, विचारों की गंभीरता ही छोड़ जाओगे।

*

युवा उद्यमियों को सलाह

अगर महिलाएं बिजनेस करना चाहें तो वे सफल होती हैं। क्यों? क्योंकि महिलाएं बहुत सतर्क होती हैं। अगर एक बार वे कुछ ठान लें, तो ईमानदारी से पूरा करती हैं। हमने चीन देखा--वहां महिलाएं बहुत तरह के काम कर रही हैं, और इसलिए उस देश ने इतनी प्रगति की है।

बस एक समस्या है, महिलाएं जल्दी ही हार मान लेती हैं, उनमें लड़ने का जज्बा नहीं होता। मैं आपको एक बात स्पष्ट कर देना चाहती हूं कि संघर्ष करने के लिए एक योद्धा होना ही जरूरी नहीं है, बस आपके पास काम करने के तरीके होने चाहिए। क्योंकि जरूरी है मंजिल तक पहुंचना।

लक्ष्य हासिल करने का धैर्य और दृढ़ता रखो।

अगर मेरे लिए एक दरवाजा बंद हुआ है तो मैं विकल्प ढूंढ़ने की कोशिश करती हूं--शायद किसी खिड़की से ही मेरा काम बन जाए। दुनिया में ऐसा कुछ नहीं है, जिसको कि विकल्प न हो।

हमेशा आगे की सोचो। अगर आप मेरी डायरी देखोगे तो उसमें पहले दो पन्नों पर इस साल की मेरी योजनाएं ही लिखी होंगी।

सिजो कुरुविला जॉर्ज

संजय विजयकुमार

प्रणव सुरेश

पार्टी यूं ही चलेगी

संजय विजयकुमार, सिजो कुरुविला जॉर्ज और प्रणव सुरेश--स्टार्टअप विलेज कोच्चि (केरल)

केरल का पहला कैंपस स्टार्टअप एक नए मिशन पर है--स्टार्टअप का वायरस केरल के सारे कॉलेजों में फैलाना। उनका सपना है कि स्टार्टअप के 1000 प्रोडक्ट को वहां रोपित करके एक 'सिलिकोन कोस्ट' का निर्माण--भारत की सिलिकोन वैली।

मध्यवर्ग की पृष्ठभूमि वाले किसी युवक के लिए बिजनेस शब्द किसी इलीट क्लब जैसा है। आप दीवार के बाहर खड़े होकर पार्टी को बस देख सकते हैं।

लेकिन आप जानते हैं कि आपको कभी आमंत्रित नहीं किया जाएगा।

अंदर जाने का बस एक ही तरीका है--दरवाजा तोड़ दो। यही काम संजय विजयकुमार ने किया। कॉलेज ऑफ इंजीनियरिंग, त्रिवेंद्रम में इंजीनियरिंग के दूसरे साल के छात्र और उनके दोस्तों ने पॉकेटमनी के लिए बिजनेस करना शुरू किया। जो अच्छे से चल निकला। इस काम की सफलता से प्रेरित होकर और स्टीव जॉब्स को आदर्श मानकर, संजय ने अपने 7 सहपाठियों के साथ मिलकर एक कंपनी बनाई।

'त्रिवेंद्रम में टीबीआई (टेक्नोलॉजी बिजनेस इंटरनेट) की नींव रखने वाले पहले छात्र हम ही थे। यह अगस्त 2005 की बात है।'

उसी समय, लड़कों के पास और भी बेहतर आइडिया था। उन्होंने इसे 'ड्रीम ऑफ ए सिलिकोन कोस्ट' का नाम दिया--केरल में सिलिकोन वैली जैसा कल्चर। जो युवा उद्यमियों को प्रोत्साहन और प्रेरणा देता है।

'हम जिस भी महत्वपूर्ण इंसान से मिलते उससे अपने विचार साझा करते। लेकिन हम उस समय बच्चे थे--तो किसी ने भी हमें गंभीरता से नहीं लिया!'

7 साल बाद, *मोबएमई* (मोबाइल, मीडिया एंड इंटरटेंमेंट) 25 करोड़ रुपए की मोबाइल इंटरनेट कंपनी है और सफलता की एक प्रामाणिक कहानी। अब सरकार ने भी सिलिकोन कोस्ट के सपने को हकीकत में तब्दील करने के लिए इन 'डूड्स' के साथ हाथ मिला लिया है।

कोच्चि का स्टार्टअप विलेज टीबीआई के क्षेत्र में देश की पहली पब्लिक-प्राइवेट-पार्टनरशिप (पीपीपी) के मॉडल की कंपनी है। जो जोशो जुनून, ऊर्जा और विचारों से भरी हुई है। उनके कोरिडोर प्रेरक उद्धरणों से भरे पड़े हैं और उनके कोडर्स प्रेरक एप्प पर काम कर रहे हैं। लेकिन उन्हें एक मार्केट, निवेशक और कम से कम किसी ऐसे इंसान की जरूरत है, जो उनसे कहे, 'मैं समझता हूं। तुम अपना काम जारी रखो!'

'खुशकिस्मती से हमें अच्छे सलाहकार और मार्गदर्शक मिले, जिसकी जरूरत किसी को भी शुरुआत के लिए होती है।'

यह एक बड़ा सपना है, ऐसा सपना जो अपने राज्य और देश के लिए देखा गया, उद्यमिता का सपना।

दरवाजे को तोड़ डालो और पार्टी में शिरकत करो।

नए लोगों और नए विचारों को अंदर आने दो--एक नए जश्न की शुरुआत करो।

पार्टी यूं ही चलेगी

संजय विजयकुमार, सिजो कुरुविला जॉर्ज और प्रणव सुरेश—स्टार्टअप विलेज कोच्चि (केरल)

संजय विजय कुमार का जन्म त्रिवेंद्रम में हुआ।

'अगर आपका जन्म केरल में हुआ है तो आप या तो इंजीनियर बनोगे या डॉक्टर। लेकिन कुछ सनक के कारण मैं वह नहीं करना चाहता था, जो सब कर रहे थे।'

संजय का सपना बास्केटबॉल खिलाड़ी बनने का था। 9वीं-10वीं क्लास में वह नेशनल लेवल पर खेल रहे थे और आगे के प्रशिक्षण के लिए उनका चयन स्पोर्ट्स अथॉरिटी ऑफ इंडिया द्वारा कर लिया गया था।

लेकिन जब उन्होंने अपने पिता के पास जाकर कहा, 'आचा, मैं पढ़ाई तो कर ही रहा हूं, लेकिन मैं बास्केटबॉल खेलना चाहता हूं।'

उनके पिता ने कहा, 'अगर तुम क्रिकेट के सचिन नहीं बन पाए, तो कभी पैसे नहीं कमा पाओगे।'

केरल में बास्केटबॉल खिलाड़ी के लिए जो नौकरी सुनिश्चित थी, वह थी स्टेट इलेक्ट्रिसिटी बोर्ड के क्लर्क की।

संजय ने बास्केटबॉल का विचार छोड़ दिया और इंजीनियरिंग और आर्किटेक्चर की प्रवेश परीक्षा दी। पूरे देश में 22वीं रेंक हासिल कर उन्होंने दिल्ली में स्कूल ऑफ प्लानिंग एंड आर्किटेक्चर में अपनी जगह सुनिश्चित की। यह छोटे शहर के लड़के के लिए एक बड़ा एडवेंचर था, जो कभी ऊटी या कोडइकनाल से

आगे नहीं गया था।

लेकिन तब संजय के भाई--जो तब इंजीनियरिंग कॉलेज, त्रिवेंद्रम में दूसरे साल के छात्र थे--ने कुछ ऐसा कहा, जिससे संजय की जिंदगी की दिशा बदल गई।

'तुम दिल्ली क्यों जाना चाहते हो, जहां तुम किसी को नहीं जानते? केरल में बास्केटबॉल सर्किट के लिए अच्छा कॉलेज है--यहीं क्यों नहीं रहते!'

यह, और मां के हाथ के बने स्वादिष्ट खाने की वजह से संजय ने अपनी योजना बदल दी। उन्होंने इंजीनियरिंग कॉलेज, त्रिवेंद्रम (सीईटी) में इंडस्ट्रीरियल इंजीनियरिंग डिपार्टमेंट में दाखिला लिया। लेकिन उनका दिमाग तब भी मचल रहा था, कुछ अलग करने का कीड़ा तब भी कुलबुला रहा था।

कॉलेज गेट के पास 'सलप' कॉफी हाउस में दोस्तों के साथ मस्ती मारते हुए संजय नए-नए विचारों पर उलझते रहते। मोबाइल फोन की एंट्री कॉलेज कैंपस में बस हुई ही थी। संजय ने महसूस किया कि वह कैंपस में रिचार्ज कूपन बेचकर कुछ पॉकेटमनी कमा सकते हैं।

'हमें लगा कि मोबाइल कंपनियां बहुत सारी स्कीम बनाती हैं, लेकिन उनमें छात्रों के मतलब की कोई स्कीम नहीं है।'

2005 में, संजय और उनके दोस्त, विवेक फ्रांसिस त्रिवेंद्रम में बीपीएल मोबाइल ऑफिस में गए और कहा कि वे सेल्स हैड से मिलना चाहते हैं। बड़ी चतुरता से उन्होंने घोषणा कर दी कि वह कैंपस में अपनी पहचान नहीं बना पाए हैं, क्योंकि वह कॉलेज छात्रों को समझा नहीं पा रहे हैं।

'तो हमें क्या करना चाहिए?' वहां के सेल्स हैड ने पूछा।

वह अपने सॉफ्टवेयर में कुछ बदलाव करके एक स्पेशल 'टॉक-टाइम प्लान' बनाने को तैयार हो गए। स्कीम थी '6 महीने के पैसे दो, और 6 महीने फ्री बात करो' जिसमें समान नेटवर्क वाले दोस्तों से बात करने के स्पेशल रेट दिए गए थे।

'हम कैश नहीं दे सकते, लेकिन अगर आप हमें 100 कार्ड उधार दें तो, हम उन्हें अपने दोस्तों में बेच सकते हैं,' संजय ने कहा।

कंपनी खुशी-खुशी मान गई। संजय ने अपने प्रयासों में कुछ दोस्तों और सीईटी के बैचमेट्स को मिला लिया। उनका लक्ष्य था अगले साल तक 1000

सिमकार्ड बेचना। लेकिन सिर्फ 3 महीने में ही उन्होंने 14,000 सिमकार्ड बेच दिए थे, जिससे उन्होंने 8 लाख रुपए कमाए थे।

'अगले महीने हमने 4 लाख रुपए उड़ा दिए। हम कॉलेज की हॉट लड़कियों को फैंसी डिनर पर लेकर गए... बंगलौर गए, बाइक खरीदी और लेटेस्ट मोबाइल।'

एक बार खर्च करने का पागलपन उतरने के बाद, लड़कों ने अब गंभीरता से कुछ करने का सोचा।

'हम स्टीव जॉब्स से बहुत प्रभावित थे और अन्य सिलिकोन वैली से भी। तो हमने सोचा--क्यों न हम अपनी कंपनी शुरू करें?'

संजय और विवेक ने साझेदारी में एक फर्म शुरू की 'टॉक्यू टेक्नोलॉजी सोल्यूशंस'। इसमें उनके साथ 5 दूसरे सीईटी बैचमैट्स भी थे--सोनी जॉय, प्रणव सुरेश, अनिल एंटोनी, विष्णु गोपाल और जोस ल्यूक। चारों दोस्त सही मायनों में चड्डी फ्रेंड थे, क्योंकि वे त्रिवेंद्रम के लोयोला स्कूल में केजी क्लास से साथ पढ़े थे।

यह सब तो ठीक़ था--लेकिन यह नई कंपनी काम क्या करने वाली थी? लड़कों के दिमाग में मलयालम फिल्मों के प्रचार के लिए रिंगटोन और वॉलपेपर बनाने का। हिंदी फिल्म उद्योग में तो यह सामान्य बात थी, लेकिन केरल में ऐसा किसी ने नहीं किया था।

'हमने ममूटी से मिलकर उन्हें अपनो आइडिया बेचने का फैसला किया।'

लेकिन कॉलेज छात्रों का एक समूह 'केरल के अमिताभ बच्चन' से कैसे मिल सकता था? वह कोच्चि आए और उनसे मिलने के एक स्टूडियो से दूसरे स्टूडियो में गए। आखिरकार उन्होंने सुपरस्टार को ढूंढ़ ही लिया और संजय और उनकी टीम उनसे मीटिंग करने में सफल हो पाए। कहीं भी 'घुस' जाने की यह योग्यता कभी-कभी बहुत कम आती है।

'मूलतः हम लोगों को उन चीजों के बारे में बताते, जिनके बारे में वे नहीं जानते हैं, लेकिन वह उनके लिए बहुत फायदेमंद हो सकती हैं।'

तकनीक और गैजेट के प्रति दीवानगी होने के चलते, सुपरस्टार अपनी आने वाली फिल्म *राजमाणिक्यम* के लिए कुछ अलग करने को तैयार हो गए। जब फिल्म बेहद सफल हो गई, तो बहुत से प्रोड्यूसर उनके पास आ गए, सब वैसा ही काम करवाना चाहते थे।

'एक उद्यमी को बैल की तरह काम करना चाहिए, और बंजारे की तरह जीवन जीना चाहिए।'

'हमें केरल के हर बड़े सितारे के *राइट* मिल गए, तो हम मलयालम फिल्मों के लिए *हंगामा* और *मौज* बन गए।'

मॉबएमई का जल्द ही सभी बड़ी कंपनियों, ऑनमोबाइल से लेकर इंडियाटाइम्स तक, के साथ करार हो गया। टीम एक बार फिर से और नए आईडिया लेकर बीपीएल मोबाइल के ऑफिस गई, इसमें से एक था 'आउट डायलर' सर्विस के लिए वॉइस सर्वर सेट करना।

'मजेदार बात यह थी कि हमने कभी अंदर से सर्वर रूम देखा तक नहीं था, और न जानते थे कि वह कैसा दिखता है।'

जब उन्होंने आईबीएम में फोन करके सर्वर के बारे में पूछा, तो सेल्स विशेषज्ञ उनसे उसकी 'जरूरत' के बारे में पूछने लगा।

'हमने बस कहा--दो लाख रुपए की एक मशीन भेज दो। हमने हिसाब लगाया कि महंगी मशीन होने की वजह से वह लोड ले लेगी और हम जो करना चाहते हैं, वह हो जाएगा।'

इस अपरंपरागत रास्ते से चलते हुए, टीम आगे बढ़ी। लड़के जल्द ही अपना ज्यादा समय क्लास से बाहर बिताने लगे। लेकिन वे समय बर्बाद नहीं कर रहे थे--बस वह थ्योरी से ज्यादा प्रेक्टिकल को अहमियत दे रहे थे। जमीन पर उतरकर, काम को अंजाम दे रहे थे।

अगस्त 2005 में, कॉलेज के 5वें सेमेस्टर में, टीम ने अपने बिजनेस के बारे में गंभीर होने का फैसला किया। त्रिवेंद्रम के सेमिनार में उद्यमिता पर छपे एक लेख ने उनका ध्यान आकर्षित किया।

'हम बंगलौर के अपने औद्योगिक दौरे में कटौती करके टेक्नोपार्क गए, जो गजब की हाई-टेक जगह है, जहां शीशे की इमारतें हैं...'

टेक्नोपार्क टेक्नोलॉजी कंसल्टेंट, मि. आर सी दत्त समझ नहीं पा रहे थे कि कॉलेज छात्रों के इस समूह को किस काम में लगाएं, जिनके पास न तो बिजनेस आइडिया था, न ही पैसे। लेकिन, उन्हें उनकी लगन अच्छी लगी, और

वह उनमें संभावनाएं भी देख पा रहे थे। वह कंपनी के पहले मार्गदर्शक बन गए।

टॉक्यू को 'टेस्ट केस' के तौर पर, टेक्नोपार्क ने डिपार्टमेंट ऑफ साइंस एंड टेक्नोलॉजी (डीएसटी) में एक नया इंक्यूबेटर खोलने के लिए आवेदन दिया। टेक्नोलॉजी बिजनेस इंक्यूबेटर (टीबीआई) अगस्त 2006 में अस्तित्व में आई। संजय को इसके बोर्ड में शामिल किया गया, जिन्हें नीतियों को एक शक्ल देनी थी।

'उन्होंने मुझे बताया कि जो भी चीज तुम्हें चाहिए, उसे एक नीति के रूप में लिख लो, जिससे तुम्हारे बाद में आने वाले नए लोगों की मदद हो सके।'

जैसे किराए का उदाहरण लेते हैं। उस समय फैकल्टी में 4-सीट वाली जगह की कीमत 14,000 रुपए महीना थी। दाम को कम करके 4000 रुपए किया गया, फिर भी यह टॉक्यू के लिए काफी ज्यादा था।

'पूरे सेमेस्टर की हमारी इंजीनियरिंग की फीस 5000 रुपए थी!'

आखिरकार, टेक्नोपार्क टीबीआई ने 12 महीने के लिए पूरा किराया माफ कर दिया। युवा उद्यमियों ने टेलीकॉम ऑपरेटर्स और टीवी चैनलों के साथ मिलकर काम करना शुरू कर दिया।

'हमारे साथी, विष्णु गोपाल प्रोग्रामिंग में दक्ष थे--बाकी तो सब बस सीख रहे थे!'

सीईटी के तीसरे साल के छात्र, विष्णु ने गर्मी की छुट्टियां एक ऐसे प्लेटफॉर्म को डवलप करने में लगाई, जो एग्जाम के रिजल्ट को मोबाइल फोन पर दिखा सके। उन्होंने मॉबएमई में 7 लोगों की टीम का नेतृत्व करते हुए, एक ऐसे प्रोग्राम को डवलप किया, जिससे कंपनियां मोबाइल ऑपरेटरों के पास बल्क मैसेज भेज सकें। इस प्रोग्राम का नाम था--फास्टकोड।

यकीनन, पढ़ाई और क्लाइंट को एकसाथ संभाल पाना आसान नहीं था। किस्मत से, 2007 के मध्य तक उन्हें सिजो कुरुविला जॉर्ज के रूप में एक सीईटी के स्नातक मिल गए, जिन्होंने इंफोसिस की नौकरी छोड़कर उनके साथ फुल-टाइम काम करना शुरू कर दिया।

इन शुरुआती मुश्किल भरे दिनों में, युवा लोगों की टीम को उन पर यकीन करने वाले लोग मिल गए। ममूटी ने उन्हें अपने सीए, सनिल कुमार से मिलवाया।

'एक मार्गदर्शक आपको समाधान नहीं दे सकता, एक अच्छा मार्गदर्शक बस आपको संदर्भ बता सकता है– मैं ऐसी परिस्थिति में यह करता।'

'सीए की हमारी सफलता में बहुत बड़ी भूमिका है... हमें अपना पहला निवेशक भी उन्हीं के जरिए मिला।'

सनिल कुमार को जानना एक लिंकदेन नेटवर्क को जानने जैसा ही था। उन्होंने मॉबएमई की टीम का परिचय जोस पटारा, एक मलयाली उद्यमी से कराया, जिसने गल्फ में काफी नाम कमाया था। और उसे उनके बारे में ज्यादा छानबीन भी नहीं करनी थी, वह बस टीम का जोश और जुनून देखकर ही निवेश करने को तैयार हो गए।

पटारा ने 12 दिसंबर 2006 को उनके काम में 80 लाख रुपए निवेश किए।

एक और व्यक्ति की भूमिका बहुत महत्वपूर्ण रही, वह हैं इंफोसिस के क्रिस गोपालकृष्णन। संजय ने उन्हें एक ई-मेल भेजी, 'मैं बहुत प्रभावित हूं कि किस तरह से मध्यवर्गीय इंजीनियरों ने एक विश्वस्तरीय कंपनी खड़ी की। मैं आपसे मिलना चाहता हूं, जब भी आपका अगली बार त्रिवेंद्रम आना हो।'

न सिर्फ क्रिस मिलने को तैयार हो गए, बल्कि वह कंपनी के टेक्नोपार्क स्थित छोटे से ऑफिस में भी आए।

आसपास देखकर उन्होंने कहा, 'हमने इंफोसिस की शुरुआत इससे भी छोटे कमरे में की थी।'

उसी दिन से क्रिस गोपालकृष्णन इस युवा टीम के सलाहकार और मार्गदर्शक हैं।

2006 के खत्म होते-होते, पार्टनरशिप फर्म 'टॉक्यू' 'मॉबएमई वायरलैस सोल्यूशंस' प्राइवेट लिमिटेड में बदल गई। जुलाई 2007 में, मॉबएमई को जॉर्ज ब्रूडी के रूप में दूसरा निवेशक मिला, जो केरल के ही रहने वाले थे और सिलिकोन वैली में काम कर चुके थे। ब्रूडी मॉबएमई बोर्ड के चेयरमैन भी बन गए।

'अगर आप सफल होना चाहते हैं, तो आपको अपने आसपास ऐसे बहुत

से लोगों की जरूरत होती है, जो आपको सफल देखना चाहते हैं। किस्मत से हमारे पास ऐसे बहुत से लोग थे।'

इसमें उनके प्रोफेसर, एचओडी और सीईटी के प्रिंसिपल भी शामिल थे--खासतौर पर डॉ. बी अनिल (स्टाफ एडवाइजर) और प्रो. मीरा कुमारी (स्टाफ रिप्रजेंटेटिव ऑफ द कॉलेज यूनियन)। कॉलेज के फाइनल ईयर में संजय की अटेंडेंस 0 प्रतिशत थी, फिर भी उन्हें 90 प्रतिशत अटेंडेंस देकर पेपर में बैठने की इजाजत मिल गई थी।

इस सबके बीच, टीम ने एक कॉन्सेप्ट तैयार किया, जिसका शीर्षक था 'ड्रीम ऑफ सिलिकोन कोस्ट'--सिलिकोन वैली की तर्ज पर केरल में बना एक इनोवेशन हब।

'यह वाईकॉम्बिनेटर* से पहले की बात है, और इंक्यूबेशन का आइडिया लोकप्रिय हो गया,' प्रणव सुरेश याद करके बताते हैं। 'हमारा विचार एक ऐसी जगह बनाना था, जहां छात्र घूमने आ सकें और कुछ नया शुरू करने को प्रेरित हों।'

लेकिन इतने बड़े सपने को कैसे साकार किया जा सकता था? जब भी टीम को किसी महत्वपूर्ण इंसान से मिलने का मौका मिलता, वह अपना प्रस्ताव उनके सामने रखते। ऐसी ही एक हस्ती थे--डॉ. ए पी जे अब्दुल कलाम।

उनकी मीटिंग अप्रैल 2007 में, राष्ट्रपति भवन में हुई। जो 45 मिनट उन्होंने इस ग्रुप के साथ बिताए, डॉ. कलाम बहुत सपोर्टिव रहे।

'युवा लोग ही इस देश का भविष्य हैं,' कलामसाहब ने कहा। 'आपको सोसाइटी को देने के बारे में भी सोचना चाहिए।'

हालांकि, सिलिकोन वैली अपने समय से आगे की सोच थी--इसलिए उसे कोई मदद नहीं मिल पा रही थी। टीम के पास खुद को साबित करने के लिए काफी काम था।

साल 2007 मॉबएमई के लिए महत्वपूर्ण साल रहा, तब इसकी मूल टीम स्नातक हुई थी। उनमें से सभी कंपनी के साथ ही नहीं टिके रहे। मूल टीम

* वाईकॉम्बिनेटर एक सफल सिलिकोन वैली है जो 550 लोगों को डिजिटल काम शुरू करने के लिए निवेश कर चुकी है, जिसमें ड्रॉपबॉक्स, रेडिट और एयरबीएनबी जैसी पहल भी शामिल हैं।

में से संजय, विवेक, सोनी, प्रणव और सिजो काम कर ही रहे थे। उन्होंने काम के लिए 2.4 करोड़ रुपए उठाए हुए थे। अब चुनौती थी कि आगे कैसे बढ़ा जाए।

टेलीकॉम ऑपरेटर्स के नजदीक रहने के लिए ऑफिस को कोचीन शिफ्ट कर दिया गया। जब मॉबएमई को 'इंडिया इनोवेशन ग्रोथ' प्रोग्राम के लिए चुना गया तो टीम के कुछ सदस्य दिल्ली आ गए।

'हम एयरटेल और सीएनएन-आईबीएन 'सिटिजन जर्नलिस्ट' के लिए काम कर रहे थे, तो हमने गुड़गांव में एक मार्केटिंग ऑफिस बना लिया।'

उस समय तक टीम ने एक एप्लीकेशन 'मॉबशेयर' बना ली थी, जिससे यूजर अपने फोन के जरिए फोटो और वीडियो शेयर कर सकते थे। 'मॉबएमई' देश की टॉप टैन आईटी इनोवेटर्स कंपनी में शामिल हो गई। 2008 के अंत में, मॉबएमई के 30 कर्मचारी थे और उनकी सालाना आय 1.74 करोड़ रुपए थी।

हालांकि तब तक उनकी टीम छोटी हो गई थी। संजय और सोनी तो टिके हुए थे, लेकिन दूसरे लोग या तो कोई नौकरी या एमबीए प्रोग्राम में व्यस्त हो गए।

'कंपनी को हम सबकी जरूरत नहीं थी, तो बेहतर था कि बाहर आकर पीजी प्रोग्राम किया जाए और दुनिया को देखा जाए,' प्रणव कहते हैं। 'और हुआ तो फिर किसी दिन वापस आ जाएंगे!'

यद्यपि प्रणव आईआईएम कोलकाता (2008-10 बैच) में शामिल हो गए, जबकि सिजो ने चेन्नई में एक साल का मैनेजमेंट कोर्स किया। दोनों ने ही कैंपस रिप्लेसमेंट को स्वीकार लिया। सीजो ने 2010 में ब्रेक लेने से पहले दो साल तक पीडब्ल्यूसी और डिलोइट के साथ काम किया।

'मैं कोच्चि आया, कुछ किताबें पढ़ीं और एक साल तक बिना कुछ करे आराम से बैठा रहा!' वह बताते हैं।

यह समय खत्म होते-होते वह एक बार फिर से संजय के साथ जुड़े। 2007 में उन्होंने जिस 'इनोवेशन हब' का प्रस्ताव दिया था, उसे भारत सरकार के सलाहकार एच के मित्तल ने पसंद किया था। डॉ. मित्तल ने महसूस किया कि उद्यमिता के लिए जो वर्तमान स्कीम है, वह उतनी असरदार* नहीं है।

वह पहले विशेषज्ञ थे जिन्होंने कहा था, 'हमें पीपीपी इंक्यूबेशन की जरूरत है।'

डॉ. मित्तल ने कड़ी मेहनत करके इस प्रस्ताव को विभिन्न सरकारी कमेटियों तक पहुंचाया था। इस प्रोसेस में लगभग 2 साल लगे थे। इस दौरान संजय ने क्रिस से आग्रह करके उन्हें 'मुख्य मार्गदर्शक' के तौर पर बोर्ड में शामिल कर लिया था।

'आपने मेरे दिल में एक आग पैदा कर दी है,' संजय ने कहा। 'अब मैं चाहता हूं कि आप इसी आग को लाखों लोगों तक पहुंचाओ!'

इस प्रकार एक मिशन तैयार हुआः केरल के विविध कॉलेजों में उद्यमिता का प्रचार-प्रसार। और अगले 10 सालों में इंटरनेट और मोबाइल के 1000 नए विचारों को हकीकत का जामा पहनाना।

केरल सरकार और टेक्नोपार्क के सहयोग से नवंबर 2011 में उन्हें अप्रूवल मिल गया। तब संजय बोर्ड के चेयरमैन थे और सीजो दिसंबर में सीईओ के तौर पर कंपनी से जुड़े थे।

'मैं स्टार्टअप विलेज का पहला कर्मचारी था, जो एक नॉन-प्रोफिट सोसाइटी थी, जो मॉबएमई से पूरी तरह स्वतंत्र थी।'

'टेलीकॉम इनोवेशन हब' जैसाकि इसे प्रस्ताव में कहा गया, को 5 करोड़ रुपए के फंड की जरूरत थी। जिसमें से 50 प्रतिशत सरकार से और 50 प्रतिशत निजी क्षेत्र से आने थे। प्राइवेट पार्टनर इसके इंफ्रास्ट्रक्चर और कामों के लिए जिम्मेदार था।

केआईएनएफआरए (द केरल स्टेट इंडस्ट्रीरियल पार्क प्रमोटर) ने कोच्चि में एक बायोटेक पार्क बनाया था, जो बिना इस्तेमाल में आए बेकार पड़ा हुआ था। वह एजेंसी भी पार्टनर के रूप में बोर्ड में शामिल हो गई और उन्होंने पार्क में से 5000 वर्गफुट की जगह स्टार्टअप विलेज को दे दी। बहुत कम कीमत पर, 2 रुपए प्रतिवर्ग के हिसाब से।

'दरअसल बिल्डिंग के ऊपर एक वॉटर टैंक था, जो बांस के सहारे टिका

* 1980 के दशक से काम करते हुए डीएसटी ने 60 इंक्यूबेटर्स लगाए थे, लेकिन वह सभी सफल नहीं हो पाए थे।

'यह सबके लिए खुला है--हम किसी अवसर को न नहीं कहते, न ही किसी आइडिया को...'

था। हमने कहा--इसे हमें दे दो, और हम देखते हैं कि इसका क्या करना है!'

मलयाली नेटवर्क एक बार फिर से काम आया, जब सीजो ने बिल्डर जोस थॉमस से निर्माण में मदद करने को कहा। रिकॉर्ड समय में 40 मंजिला इमारत खड़ी करने के लिए मशहूर थॉमस ने अपनी टीम को काम पर लगा दिया। इस तरह, एक 4 माले की बिल्डिंग उन लोगों ने 7 दिनों में ही तैयार कर दी।

स्टार्टअप विलेज 15 अप्रैल 2012 से काम करने लगा।

उनका दूसरा काम था इंक्यूबेशन, जो आश्चर्यजनक रूप से आसान निकला।

'लोग मॉबएमई को देखते तो सोचते--उनके माता-पिता सरकारी नौकरियों में थे लेकिन उन्होंने एक कंपनी शुरू की। तो मैं भी ऐसा कर सकता हूं!'

कैंपस कनेक्शन और कुछ बाहरी प्रोग्रामों के जरिए स्टार्टअप विलेज को 12 कंपनियों का पहला बैच मिल गया। 2012 के अंत तक, उनके पास 400 आवेदन आ गए थे, और 150 इंक्यूबेट्स को स्वीकृत किया जा चुका था। लेकिन और आगे बढ़ने के लिए, स्टार्टअप विलेज को मदद के और हाथ चाहिए थे।

इस पॉइंट पर संजय ने प्रणव के साथ फिर से संपर्क किया--उन्हें मनाने में ज्यादा समय नहीं लगा। प्रणव अपनी कॉरपोरेट नौकरी छोड़कर स्टार्टअप विलेज में सीओओ के तौर पर काम करने लगे।

'आगे बढ़ने के लिए हमें 4 चीजों की जरूरत थी--ज्यादा निर्माण, ज्यादा मार्गदर्शक, पूंजी और मददगार नीतियां। हमने हर पहलू पर कटौती करने के लिए कड़ी मेहनत की।'

दिसंबर 2013 तक, ऐसे लोगों की संख्या 494 हो गई, जिसमें से 173 तो 'स्टूडेंट स्टार्टअप' ही थे, जो अभी भी अपने कॉलेजों में पढ़ते हुए अपनी टीम के साथ काम कर रहे थे।

'कॉलेजों में होने वाले सत्र के दौरान हम उद्यमिता शब्द का इस्तेमाल भी नहीं करते। हम बस कहते, जिसमें भी आपको रुचि है, उस पर काम करना शुरू कर दो!'

इसका कोई कड़ा मूल्यांकन या जटिल प्रक्रिया नहीं है। एक आइडिया है, जो किसी भी रूप में बाहर आ सकता है।

निडल, निजिल और श्रीकुमार एक साल पहले ही स्टार्टअप विलेज में आए। वह बस कोच्चि यूनिवर्सिटी से निकले ही थे, उनके पास ई-पब्लिशिंग का विचार था। उन्होंने एक हार्डवेयर प्रोडक्ट बनाया, 'मशिंगा'--आईआर सेंसर का इस्तेमाल करके मल्टी-टच टेबल।

महज 8 महीने में ही टीम ने एक प्रोटोटाइप बनाया, कुछ फंड का बंदोबस्त किया और अपना पहला ऑर्डर हासिल कर लिया। यही तो 'इकोसिस्टम' का जादू है। स्टार्टअप विलेज की टीम जानती है कि 'क्रेजी आइडिया' को शुरुआती दौर में बचाने के लिए क्या करना चाहिए।

'सिलिकोन वैली में, पहले 1,00,000 डॉलर उठाना आसान है, लेकिन भारत में नहीं।'

यही पर स्टार्टअप विलेज की भूमिका शुरू होती है। यह डीएसटी के अंतर्गत विद्यमान स्कीम से पैसे लेता है। और राज्य सरकार भी युवा कंपनियों के लिए निवेश का बंदोबस्त करती है। ऐसी योजनाएं आपको 2-5 लाख रुपए तक की रकम बिना ब्याज और जमानत के मुहैया कराती हैं।

दूसरे स्तर पर, यह उद्यमियों का संपर्क निवेशकों से कराती है। स्टार्टअप में जुलाई के आखिर में आयोजित की गई 2 दिन की वर्कशॉप, जिसे 'वीकेंड' कहा जाता है, में 40 कंपनियों ने निवेशकों से सीधे बात की। अगले सप्ताहों में उनमें से 5 को टर्मशीट भी मिल गई।

'हम उन लोगों की भी मदद करते हैं, जिन्हें महंगे उपकरण खरीदने होते हैं, जिससे वे बेहतर ढंग से काम कर सकें।'

'बैकबेंच स्टूडियों' में नए लोग 'लिटिल होल्म्स' नाम की 2-डी एनिमेशन सीरिज पर काम कर रहे हैं। कंपनी को भावी निवेशकों के लिए एक महीने में वीडियो तैयार करना था। स्टार्टअप ने उन्हें 3 लाख रुपए की एक डिवाइस

'*सिलिकन कॉस्ट* का विचार एक सपना है,
यह कोई बिजनेस प्लान नहीं था।'

के लिए लोन दिया, जिससे आप सीधे स्क्रीन पर ड्रॉ कर सकें।

लेकिन सबसे ज्यादा जरूरी है वह आजादी जो स्टार्टअप में आपको मिलती है। बेमेल, बेवकूफ और अलग सोचने वाले--सभी का यहां स्वागत है। वे ऐसे कॉलेजों से आते हैं, जिनका किसी ने नाम भी नहीं सुना, लेकिन यहां इससे कोई फर्क नहीं पड़ता। यहां सिर्फ यह जरूरी है कि आप क्या कर रहे हो।

फोकस है कुछ नया करने पर। यहां कोई ऑफिस वाला माहौल नहीं है।

'हमारे पास बाहर से भी कई मार्गदर्शक हैं। इस सबसे परे यहां लोगों को एक-दूसरे से बात करने का मौका मिलता है।'

पहले साल के खत्म होते-होते, डीएसटी की नेशनल एडवायजरी कमेटी ने स्टार्टअप विलेज के काम का मूल्यांकन किया। उन्होंने निष्कर्ष निकाला कि उन लोगों ने 5 साल के लक्ष्य को एक ही साल में पूरा कर लिया है। इसलिए डीएसटी उनके साथ अपने प्रपोजल को आगे बढ़ाने के लिए तैयार है।

लेकिन स्टार्टअप विलेज वालों का सपना इससे कहीं ज्यादा बड़ा था।

2013 की गर्मियों में, सीजो, संजय और दीपक रविंद्रन* को सिलिकोन वैली में 'राजीव सर्कल' फेलो के लिए चुना गया। यह फैलोशिप आशा जडेजा मोटवानी अपने स्वर्गीय पति राजीव मोटवानी की स्मृति में देती हैं। वह गूगल के लैरी और सेरजे ब्रिन के मार्गदर्शक थे।

फैलो को वैली में जैक डॉरसे (ट्विटर), मार्क एंड्रीसन (नेट्सकेप), राम श्रीराम (शेरपालो वेंचर्स) जैसी कई बड़ी हस्तियों से मिलने का मौका मिला।

'उनसे मिलकर हमें अहसास हुआ कि भारत में भी करोड़ों डॉलर्स की कंपनी बनाई जा सकती है। यह मौका सिर्फ हमारे ही पास नहीं, बल्कि उन 600 मिलियन लोगों के पास है जिनकी उम्र 26 साल या उससे कम है।'

स्टार्टअप विलेज की सीढ़ियां और कोरीडोर्स सिलिकोन वैली के विशेषज्ञों द्वारा कही गई प्रेरक बातों से भरे पड़े हैं। कहीं चमकते कंप्यूटर के आगे बैठा बंदा ऐसा भी है जो यह नहीं सोचता, 'यह भारत में नहीं हो सकता।'

'ये बच्चे भी नौकरी कर सकते हैं लेकिन अपने जीवन के शुरुआती साल

* स्टार्टअप के दूसरे कैंपस में रविंद्रन के इनोज का चयन किया गया। वह स्टार्टअप विलेज के बोर्ड में भी हैं।

यह अपनी सोच को पूरा करने में लगाते हैं। हमारे सामने उन्हें सपोर्ट करने की चुनौती है।'

यह कैसे होगा? मार्गदर्शक का नेटवर्क बढ़ाकर। पूरे केरल के 500 कॉलेजों में ऐसे छोटे-छोटे सेंटर शुरू करके जहां नए विचारों को पनपने का मौका मिले। और एक साल में कम से कम 1000 एप्प ड्वलपर्स तैयार किए जाएं।

स्टार्टअप विलेज को 10 मिलियन डॉलर का एंजल फंड बनाने के लिए सेबी से अप्रूवल मिल गया है। एक नई 1,00,000 वर्गफीट की फैकल्टी के निर्माण का काम भी चालू है।

'हमारा सपना है एक ऐसी जगह का निर्माण करना, जहां कोई भी कभी भी आ सके। वहां आपको अच्छी क्वालिटी के बीन बैग और बढ़िया इंटरनेट मिल जाएगा। बाकी सब आपको खुद संभालना है!'

ऐसा ही मॉबएमई की टीम ने भी किया था। मार्च 2013 में, इंजीनियरिंग के छात्रों द्वारा शुरू की गई इस कंपनी ने 25 करोड़ रुपए से ज्यादा की सालाना आय की थी। 10 करोड़ रुपए का मुनाफा और 100 करोड़ रुपए की बाजार में साख। लेकिन 29 साल के संस्थापकों का जीवन जीने का अपना ही एक फंडा है।

'हमारे मार्गदर्शकों ने हमेशा यही बताया कि इससे कोई फर्क नहीं पड़ता कि आपने कितना पैसा कमाया है।'

हम सभी को एक दिन मरना ही है और हममें से कोई भी अपने साथ पैसे नहीं लेकर जाएगा।

'जिंदगी में आपको एक मकसद, मिशन और एक दर्शन की जरूरत होती है...'

अपने विश्वासों पर चलते हुए मॉबएमई ने दूसरे लोगों को भी राह दिखाई है। सरकारी नौकरी करने वालों के बच्चे अब 'सिक्योर जॉब' से परे कुछ सोचने लगे हैं।

और केरल सरकार अपने आप में एक अनोखी सरकार है, जो 'छात्र उद्यमियों' के लिए विशेष नीति लेकर आई है।

4 प्रतिशत ग्रेस मार्क्स और 20 प्रतिशत अटेंडेंस वह कंपनी चलाने वाले छात्रों को देते हैं। सरकार अपने बजट में से एक प्रतिशत (500 करोड़ रुपए)

युवा उद्यमियों के लिए भी संरक्षित करती है।

उनका विचार सिर्फ नए उद्यमियों को पैदा करना ही है। और भारत में तो यह अनोखी ही बात है कि नेता अपनी राजनीति को परे करके सही मायनों में राज्य के लिए कुछ कर रहे हैं।

'ऐसा इसलिए हो पाया है कि हम सिस्टम से लड़ रहे हैं... हम नई पीढ़ी के लोग हैं।'

और जब सब लोग मिलकर एक ही सपना देखने लगे तो उसे पूरा होने से कोई नहीं रोक सकता।

'हमारा सपना वह दुनिया है, जहां सूर्य निकले तो सिलिकोन वैली में डूबे तो सिलिकोन वैली में...'

ऐसे सूरज की चमक को दुनिया के किसी भी कोने से देखा जा सकता है।

नई पीढ़ी के लिए 'ट्राइस्ट विद डेस्टिनी', नए प्रकार की आजादी।

*

युवा उद्यमियों को सलाह

संजय

हम ऐसी दुनिया में रहते हैं, जहां लोग मरने से ज्यादा असफल होने से डरते हैं। हर छोटी सी गलती को जरूरत से ज्यादा बड़ा करके देखा जाता है। मेरा मानना है कि अगर आपके दिल में हिम्मत है तो आप असफलता से बिना डरे जीत का सफर तय कर लेंगे। हम कुछ नहीं जानते थे--हमने सबकुछ खुद ही सीखा है, लेकिन हमें सलाह देने के लिए कुछ अच्छे लोगों का साथ मिला। उन्होंने कभी हमें कोई आसान राह नहीं दिखाई। लेकिन आपको मिशेल जॉर्डन बनने के लिए फिल जैक्सन जैसे कोच की भी जरूरत होती है। कोच के बिना आप गेम तो जीत सकते हैं, लेकिन चैंपियनशिप नहीं।

कॉलेजों को ऐसे छात्रों की भी मदद करनी चाहिए, जो अपना बिजनेस करना चाहते हैं। कम से कम उद्यमियों को खेल कोटे और एनसीसी की तरह ही नंबरों और अटेंडेंस में कुछ आरक्षण मिलना चाहिए।

सीजो

जब तक आपको अपने काम से प्यार न हो आप उसे शानदार नहीं बना सकते। उद्यमिता में छलांग लगाने से पहले आपको अच्छी तरह पता होना चाहिए कि आप यह क्यों करना चाहते हैं।

यह आसान नहीं है, बहुत मेहनत लगती है।

लेकिन अगर आपको चुनौतियों से और अपने काम से प्यार है तो आप इसका मजा ले पाएंगे।

इसे एक सबक, अनुभव एक सफर की तरह लीजिए।

पैसों के लिए उद्यमिता में मत आओ--पैसा हो सकता है आए, या नहीं आए लेकिन आप अनुभव के धनी जरूर हो जाएंगे।

प्रणव

युवा उम्र में काम शुरू कीजिए। कॉलेज इसका सही समय है। यकीनन तब आप पर कोई सामाजिक या असफलता का दबाव नहीं होता।

सभी जिंदगी में कभी न कभी असफल तो होते ही हैं।

तरीका तो बस यही है कि असफलता को दिल से मत लगाओ।

शुरू करने का दिन तो बस अभी ही है, अगर आपके पास कोई विचार है तो उस पर लग जाओ।

बाकी तो आप हिसाब लगाओ कि आपको चाहिए या नहीं।

दुनिया में अच्छे लोगों की कमी नहीं है जो तहेदिल से आपकी मदद करने को तैयार हो जाएंगे। बस जरूरत है तो उन्हें ढूंढ़ने की।

संपर्क करने के लिए

अगर आप इस किताब में उल्लिखित किसी उद्यमी से कोई मदद या सलाह के लिए संपर्क करना चाहते हैं तो उनके ई-मेल आईडी नीचे दिए जा रहे हैं। आप कोशिश करके अपने सवाल पूछ सकते हैं और जवाब मिलने में थोड़ा धैर्य तो रखना ही पड़ेगा।

1. **चंदूभाई वीरानी**-- *contact@balajiwafers.com*
2. **नंद किशोर चौधरी**-- *nkc@jaipurrugsco.com*
3. **विवेक देशपांडे**-- *vivek@spacewood.in*
   किरिट जोशी-- *kirit@spacewood.in*
4. **सी वी जेकब**-- *c/o georgepaul@synthite.com*
5. **पराक्रमसिंह जडेजा**-- *ceo@jyoti.co.in*
6. **जगजीत सिंह कपूर** (*c/o*)-- *kapl.ritu@gmail.com*
7. **मुख्तारुल अमीन**-- *mamin@superhousegroup.com*
8. **बहादुर अली**-- *c/o drjaiswal@ibgroup.co.in*
9. **दीपक दाधोति**-- *deepak@servocontrolsindia.com*
10. **रोहित भट्ट**-- *rohith@robosoftin.com*
11. **श्रीराम सुब्रमण्या**-- *sriram.subramanya@integra.co.in*
12. **संदीप कपूर**-- *sandeep@yorktransnational.com*
13. **विराट कुठाल**-- *vkhutal@gmail.com*
14. **अभिजीत बरूआ**-- *premiercryo@sify.com*
15. **विभोर अग्रवाल**-- *info@multimax.in*
16. **श्रीकुमार मिश्रा**-- *srikumar.misra@milkmantra.com*
17. **ए मुरुगनाथम**-- *murugnatham_in@yahoo.com*
18. **डॉ. चंद्रशेखर संकुराथ्रि**-- *chandra@srikiran.org*
19. **दिलफिरोज काजी**-- *qdilafrose@gmail.com*
20. **संजय विजयकुमार**-- *sanjay@mobme.in*
    सिजो कुरुविला जॉर्ज-- *ceo@startupvillage.in*

मदद के हाथ

यहां कुछ शैक्षिक संस्थान और संगठनों का जिक्र किया जा रहा है, जिनसे आप मदद ले सकते हैं।

1) स्टार्टअप विलेज कोच्चिः

पब्लिक-प्राइवेट पार्टनरशिप का यह उद्यम ऐसे नए छात्रों को एक प्लेटफॉर्म मुहैया कराता है, जो तकनीक के क्षेत्र में कुछ नया करना चाहते हैं। स्टार्टअप उन्हें निवेश, टैक्स में छूट और कन्सल्टिंग जैसी सेवाएं मुहैया कराता है।

http://www.startupvillage.in

2) देशपांडे फाउंडेशन इंडिया–हुबली सेंडबॉक्स

हुबली, कर्नाटक में स्थित यह संस्थान नए उद्यमियों की सामाजिक उद्योग, स्वास्थ्य और पर्यावरण में मार्गदर्शन करता है।

http://deshpandefoundationindia.org email: infodcse@dfmail.org

3) नेशनल इंस्टीट्यूट ऑफ टेक्नोलॉजी (एनआईटीसी)

टेक्नोलॉजी बिजनेस इंक्यूबेटर--नेशनल इंस्टीट्यूट ऑफ टेक्नोलॉजी, कालीकट (टीबीआई-एनआईटीसी)

नेशनल साइंस एंड टेक्नोलॉजी एंट्रीप्रेन्योरशिप बोर्ड और भारत सरकार के विज्ञान और तकनीक विभाग की साझेदारी में एनआईटीसी युवा उद्यमियों को तकनीक मदद, इंफ्राट्रक्चर, ट्रेनिंग और फंडिंग में मदद देता है।

http://www.nitc.ac.in/index.php/?url=content/index/175/2/145/145
Email: tbi@nitc.ac.in

4) तिरुचिरापल्ली रिजनल इंजीनियरिंग कॉलेज--साइंस एंड टेक्नोलॉजी एंट्रीप्रेन्योर पार्क (टीआरईसी-एसटीईपी)

टीआरईसी-एसटीईपी युवा उद्यमियों को उत्पादन के लिए जनरल मशीनें मुहैया कराने के साथ इंफ्राट्रक्चर, ट्रेनिंग, तकनीकी शोध की लैब और लाइब्रेरी की सुविधा भी देता है।

http://www.trecstep.com

एग्जीक्यूटिव डायरेक्टर आर एम पी जवाहर को ईमेल के लिए jawa_ts@yahoo.com

5) आईआईटी के बिजनेस इंक्यूबेटर्स

आईआईटी खड़गपुर पर टीबीआई

http://www.step-iit.org

ई-मेल के लिए mdstep@hijli.iitkgp.ernet.in

आईआईटी गोवाहाटी पर टेक्नोलॉजी इंक्यूबेशन सेंटर

www.iitg.ernt.in/tic Email: tic@iitg.ernt.in

आईआईटी कानपुर, सिडबी इनोवेशन एंड इंक्यूबेशन सेंटर

http://www.iitk.ac.in/siic/index.html Email: siic@iitk.in